人文社科研究方法丛书

广东省高等教育“创新强校”项目“外语科研方法系列研究”
广东外语外贸大学翻译学研究中心 资助

# 人文社科
# 论文修改发表例话

黄忠廉 等 著

科学出版社
北京

## 内 容 简 介

针对学人与学子的困惑，本书以30余篇刊于学术报刊的级别较高、分量较重、作者收获较大的论文为真实案例，专论其修改与发表，重在修改；师生和文友互批互改，作者与编辑互动切磋，接地气地细致探讨论文修改与发表的真经，所论涵盖选题甄别、逻辑设计、思路梳理、观点吸收、结构调整、篇幅增减、语言雕琢、退修意见、退修反馈直至发表等方面。全书展示定稿前的选题、构思、展开、自改、成文的过程，描绘沙龙上师生、同门互批互改的轨迹，揭示讨论后的修改心路，甚至包括与编辑互动的细节，或是发表后的回眸，或是对不足的反省，或是对可拓空间的前瞻；还特设了“旁观者清”部分，以期多角度、有针对性地揭秘论文写作与发表。

本书适用于人文社科学者、各级各类研究生以及对人文社科研究感兴趣者。

**图书在版编目（CIP）数据**

人文社科论文修改发表例话/黄忠廉等著. —北京：科学出版社，2020.7
（人文社科研究方法丛书）
ISBN 978-7-03-065224-9

Ⅰ. ①人… Ⅱ. ①黄… Ⅲ. ①人文科学–论文–写作 ②社会科学–论文–写作 Ⅳ. ①C

中国版本图书馆 CIP 数据核字（2020）第 088235 号

责任编辑：张 宁 赵 洁/责任校对：贾伟娟
责任印制：师艳茹/封面设计：蓝正设计

科 学 出 版 社 出版
北京东黄城根北街 16 号
邮政编码：100717
http://www.sciencep.com

天津市新科印刷有限公司 印刷

科学出版社发行 各地新华书店经销

*

2020 年 7 月第 一 版 开本：720 × 1000 B5
2023 年 1 月第四次印刷 印张：21 1/2
字数：430 000

**定价：68.00 元**

（如有印装质量问题，我社负责调换）

# 序

## 文不厌改　问世有道

做文章如同讲故事，文章并非落笔立成，唯频频改之，方成佳作。文章不断修改，可以逐渐发现自己，发掘自己，发挥自己，直至发表。如何习得文章改发之道？笔者以师生学友二十余人之亲力亲为汇成一编，现身说法，为读者去疑解惑。

### 一、独辟蹊径觅议题

本书例话分为两大类：一类是原理篇，另一类是例话篇。原理篇以片段入原理，从文章修改、发表中提炼写作要点，比如从选题、立意、架构、炼纲、炼句、规范等方面寻找修改的问题，从投稿、退修、加工等环节寻找体会最深的收获之处。例话篇以完整的案例入例话，撰写思路别具一格，夹叙夹议，兼理兼情，有感而发，情真意切；文章修改与发表中的感触、求索、苦闷、兴奋、喜悦、踌躇、沟通等均有入书，笔者以此力求写出有血有肉的文字。

几十则例话涉及面广，主题广博，既涵盖英语、俄语、西班牙语等语种，又辐射翻译学、语言学、文学、文化学、宗教学、教育学、艺术学、系统科学等学科；既包罗学术论文、学术随笔、书评、会议综述、学术报道等类型，又涉及学术期刊、权威报纸等媒介。

书中例话或是笔者论文，或是师生合作成果，或是笔者指导学生的产物，或是笔者与友人切磋之作，以前两种为主。例话的内容多数来自作者当时的写作心得以及当下的回眸反思。笔者及所带的硕士研究生和博士研究生撰写论文都坚持写学术心得，曾推出《译学研究批判》[①]，也主要是师徒相互批评的结晶。只有学会自我发掘，才能自我超越，才能独辟蹊径。

---

① 黄忠廉，关秀娟，等. 译学研究批判[M]. 北京：国防工业出版社，2013.

## 二、文不厌改出佳作

好文章是改出来的。修改，不仅仅是改文字，更是改结构，改思想，甚至改选题。修改的痕迹见于学人的手稿或草稿，其命运各异：或因时间而消亡，或付之一炬，或失于存储。只有那些以铅字形式问世者才算幸运。我幸有此运，我的学生也有此幸运。

本书涉及宏观框架调整、微观词句润色、格式规范阐释等，作者从中提炼要点，力求写得内容具体，思想出新，观点鲜明，感受独特，既有智慧，又有灵气。本书旨在袒露作者在文章写作各环节修正的心路，分析成文过程，重在反复写、反复改的过程，原来如何、改为如何、优劣如何，如此等等，一一道来。论文的立意、观点、引言、综述、摘要、结构、结语、规范等常见的问题虽然均可列为议题，却多为常识，因而尽量不涉及；若有涉猎，则更强调特性，力求写得更细更精准，更好更有理。

## 三、写而不发便出局

发表是硬道理，《不发表　就出局》[①]一出，便颇受学界关注。本书根据投稿及与编辑往来的信件，总结文章发表的过程。发表涉及但不限于以下方面：选定期刊，了解其要求与特色，并总结投稿如何初步中的，命中后如何推进终审录用，如何巩固编辑的认可，等等，主要分为以下三种情况。

（1）完全同意编辑部意见与要求，据其修改，从中总结自己的种种不足或不同，以促进步，向审稿人和编辑学习。

（2）不完全同意编辑部意见，与编辑切磋修改，共同探讨审稿人意见，在往复交流中相互了解与理解，共同推进修改，使文章达至发表水平。双方在视角差异、主动与被动中深化对研究的认识，也结下良好的编撰友谊。

（3）完全由编辑改定，有时编辑不给反馈，但仍可通过比较文章发表前后的变化，再次提高自己，感谢编辑改对的地方，有错或有不足之处，择机与编辑商榷，加深印象，增进认识。

写作前如何找到学术空白，发表时如何尝试填补空白，发表后又如何持续跟进、发现新的空白乃至推进系统研究，这些疑问或可在本书中找到答案。本书还将论文面世后所催生的研究成果作为后续反思写入例话，或者是发表后虽

---

① 李连江. 不发表就出局[M]. 北京：中国政法大学出版社, 2016.

未产生系列研究，但现在反思仍存在不足，并点明可进一步研究的角度、层次、侧面、阶段、领域等。要言之，重在既往，兼及将来，既为升华自己，也为启迪同人。

## 四、点面结合写心得

本书的结构是点面结合。修改发表的“原理篇”是面，共 2 章；修改发表的“例话篇”是点，共 20 章。零星的修改发表案例片段也如点，融入“原理篇”；20 篇例话如点，放大成章，又构成了不同的面。整体上，阐释论文修改发表的原理在前，各篇例话在后。每篇例话之末另设“旁观者清”部分，旁观者即笔者，所“清”者，即论文修改发表之前、之中、之后笔者的思考，或是合作中笔者侧身一旁的所见所闻；或是合作时笔者的独到收获；或指文章发表后的“马后炮”，即后期的反思与自我批判；或展示如琢如磨的过程；或回忆历历在目的探讨；或透露撰文的小秘密；或补白成文的细节。

各篇例话长短不限，但求尽量写出精彩。因是例话，全书便不求体系严整，基于各有千秋的写作再尝试形成相应的体系。因各位作者写作习惯不同，各章写作尽显个性；正因其个性，才具实操借鉴价值。由小见大、由个案提升到共性，正可彰显例话的功用，给人以思考的空间。

扣住事实的抽象功夫于学者极其重要，因此，敬请读者批阅各篇各章时下载相应的文章。定位高、写法实是本书的特点，其语言既讲究学术性，适当使用方法论术语，以期达到理论高度；也追求可读性，整个写作闪烁着学术思维和智慧；同时注重趣味性，甚至用了“春秋笔法”，情景交融。全书少说或不说车轱辘话，力荐实打实的干货。文章之事，本无定法，故本书所示，读者可各有会心，择善而从。书中 300 多个立论、修改、发表方面的问题或能带给您不同启迪；其中不当之处，也祈望批评指正。

黄忠廉

2019 年阳春

于白云山麓三语斋

# 目　　录



## 原　理　篇



## 例　话　篇

### 本体深究类例话

## 学科交叉类例话

## 教育教学类例话



## 龙虫并雕类例话

## 报纸文章类例话



## 东西会通类例话

## 期刊书评类例话

# 原　理　篇

# 第 1 章　论文修改关

只要视角独特，感觉新奇，言之有物，或言之成理，促人警醒，或实在朴素，易读易懂，哪怕能给人一点教益，都是好文章。可是好文章并非一挥而就，多改方可入妙。文章之妙出于常改，而非仅在于“写”。写了并不等于能发表。

人文社科研究论文可能平淡枯燥，味同嚼蜡；也可跌宕起伏，叫人爱不释手！事在人为，在于才情，在于灵感与激情！起草时会冲动，有种不吐不快之感，思绪处于最佳状态，信心满满，激情澎湃；修改时则如雕刻玉石，需细琢慢磨；而发表的奥秘主要是多读、多思、多写、多改，既可以多发，也可以少发。多改起于前面的多读、多思与多写，又是发表的前奏，不可或缺，需引起重视。

## 1.1　成活环节

成文的步骤大致有五：初稿成形、缮稿成型、同行批稿、返修改定与发稿成活。

### 1.1.1　初稿成形

初稿成形，指思想按规定构成某种形态的过程，即具备了文章的模样，有了文章的雏形。建议写作早早入手，以便初稿成形后，定期反复修改。

论文反映科研过程，写作程序相对固定，已被同行默认，即提出问题、文献综述、分析问题、解决问题、得出结论等。写作模式相近便于交流，写作模式要求作者统筹兼顾全文各部分，合理安排，保持平衡。各部分的标题最具概括性，论证力求重点突出，思想表达力求明确，论证力求严谨，结论力求可靠。写文章要“目中无人”，突出自己，充分彰显自己的思想，将一己之思放大至极，而别人的思想和材料是谈助。最好是先写出自己的思想，以自己的思路主导文章的思路，文章的魂魄在于形成自己的论点，或有新发现，或补充前人，或修正前人，或推翻前人。

文章的大框架尤其需要一气呵成，暂不需细致打磨细节或局部，宛如先搭框架，再填砖瓦，或先长筋骨，再长血肉。由思考至文章初成，是心动到行动的开始。随时写下脑中所想，从中找到可论述的点，列成前后逻辑相关的纲，再填入手边足量的理据与事实，即已开始写作了。大纲列好后，有人建议按序写，以确保流畅与衔接；有人建议从最简单、最拿手的写起。至此，写作不再是思考，而是在展示和证明自己的观点，设法将想法变为明确的陈述与论述。无论如何，笔要开写，指要开敲，嘴要开讲，录音转成文字，不再止于空谈构想。初稿不急于修改。不能指望初稿搞定一切，否则会滞缓速度，浪费时间，但基本要求是不断回望提纲，若离题，立即打住；若在此卡住，可转向下一点写作。

初稿重在“初”，并未一锤定音，暂时不改初稿的内容。不在小处误时，先找大方向，先求整体成形。比如 1996 年夏天，笔者在江汉石油学院（现长江大学）草成 7 文，脚泡水桶，头吹吊扇，静心思考，相对集中地写作，结果发了 6 文，刊于《外语教学与研究》《现代外语》《外语与外语教学》《外语电化教学》等刊。

初稿即粗稿，甚至是大致的框架填充基本的材料，可以一蹴而就，之后慢修。初稿如搭建大厦的架构，需大局观、全局观，需将帅之气，需要灵感和激情。开工即是良好的开端。初稿只需写下来，抓住要点和主题，语句力求正确，令人明白即可。在思想活跃时写作，找个能静心的时空专心思考与写作。随时随地考察外文事实，想可做的题目，向人请教，与导师商定。以研究生为例，一年级定论文范围，也可写作；二年级正式选题定题，边做边发表，通过研究带动学习，通过学习驱动研究，书是读不完的，写是初步的。拟初稿时，一有想法就迅速记下，激情写作，最能出彩，也最动人。只管写下，在纸上、计算机上，只抓要点，语句不通、语法错误等暂不去纠结，当然写作能一次规范到位最好。初写时，不要担心语句、拼写或者标点，有想法就写，保持节奏。暂忘一切，发挥自己的最佳状态，以十足的信心和饱满的激情，初稿一气呵成。不论将来如何大修小改，先将文章雏形立起来，赋之以基本的精气神。初稿如毛坯，不必苛求完美，也不可能完美。不论好坏，先写后改。初稿草拟，旨在定文章之魂，立文章框架，训练驾驭复杂事实和粗描观点的能力。

初稿，也可以是短稿，采用写长法，先列纲，反复改纲，再逐步细化，越写越长，最后改定。信心伴着文章增长，而不是先乱写一通，再去乱堆里理头绪，那样费事、费力、费时、费神。能写全时便写全，写不全时，零星的想法均留下点迹，以提醒和启发后面的思考，甚至是留下空白，表明此处宜加内容但未想出。将疑点空出或做上标记，或明示缺什么，留待回头再写再改。快速和顺畅地写作，可用缩写词，不能马上想起的句子就空下。可以直抒己意，只有自己清楚，才能保证读者明白。初稿可分段写作，写作不求一次完成，文章可按小节分段，也不一定按序写作，取决于理据与事实的备用程度。

论文开写后，因前期的精心构思准备，写作基本遵循构思或开题时的框架，而内容需随写作进展而调整。不过，也建议初稿一开始就注意语言、格式、文献出处、标注等，以免后患无穷，在论文后期耗时于冗余与细节。论文进展到后期，需回溯深化，一方面从宏观角度调整论文的整体框架，如按内容比例重新划分章节等；另一方面从微观角度结合整体框架补充，如完善理论阐述和例证分析。

初稿即草稿，很乱，可将所有原始想法、理论资源与事实集中按序标号，再将其按逻辑归类，逐步成型，逐渐产生成就感。写是硬道理，改也是硬道理；打印出来看和改是最好的方法。每次都打印出来，每次修改都是进步。写在纸上或打印出来更好，有平面感，可随时添加，尤其是能见思维轨迹，随时可改回来。当然也可随时输入新的思考，但是每次补充较多后要打印出来；若要改回，得去查上一版本。

### 1.1.2　缮稿成型

缮稿成型，指思想组合成文章最终整体形态的过程，即思想的初稿经过加工，达到报刊最终发表要求的形态。报刊的要求酷似模具，具有定型的作用。

初稿已成，还需“修缮”，此时是冷却阶段，也是理论提升、深入分析、文献补充的阶段，主要是对初稿理论发掘求丰富，论证方法求严谨，材料补充求完善，以便“小题大做”，精细归纳，高度提炼，深思熟虑，促其定型。宏观构建，微观修补，这是初稿完成后的首要任务（具体参见本章 1.2 节和 1.3 节）。

文章不改难发表，有的甚至经过几次、十几次、几十次不断修改，直至无法提高为止，才可成型，最终得以发表。自批自改阶段，可能存在粗放型思考，对写下的过量文字和不稳定的结构需趁热打铁，开始自我审阅和编辑初稿，再以批评者的立场审视自己的文章，自问自答：观点鲜明否？结构稳当否？文从字顺否？长句意明否？等等。舍去无关或欠相关的内容，紧缩句与句、段与段的关系，使其更精练，更连贯，更具条理。每次修改时，尤其是最初的改稿，可以要求自己列出思想与论证体系图，为文章理清思路（图 1.1）。

（一）思想体系

1 句话概括文或章的核心观点、新发现或对前人的补充、延伸、修正或否定；

2～4 句话概括，相当于摘要，200 字以内；

5～6 句话概括，相当于结论，300 字左右。

（二）论证体系

分论点 1（100 字）：事实 $_1$—事实 $_n$。

分论点 2（100 字）：事实 $_2$—事实 $_n$。

图 1.1 思想与论证体系

养成天天写作与修改的习惯。坚持每天写 1 小时左右，改 1 小时左右，其余时间用于读与思，可以克服拖延症与完美主义，持之以恒，结果惊人。平时写、改练功，周末可以放松。初稿要速成，之后可冷却，二者并不矛盾。人都很难全面或正确地校改自己的文章，遇此情形，初稿即成，至少留出一两天，换做其他事情，或写其他内容。将初稿置于一旁冷却，相当于退一步让自己保持清醒，若连续作战，难以自校自改，需要静思或远观：冷眼看清人我关系，如何凸显自己，如何让他人为己佐证，甚至是以放松思考来冷却自己。如前所述，1996 年暑假笔者在江汉石油学院写 CET-4 翻译测试系列论文，写第一篇放下，写第二篇再放下，回头改第一篇，交替写作，10 多天完成了 7 文的初稿与改稿。

拉开时空距离再回望，才会发现更多问题。二稿修改以改逻辑为主，以改宏观为主，暂不处处修改，不必推敲每句话，不必字斟句酌。可利用冷却的时间一面读本方向其他相关的理论内容或实践材料，继续寻找理论与实例；一面继续读与论文相关的最新文献。浏览新文献，适度精读，足以证明论点即可，读得太少，不足以形成论点；读得太多，一旦觉得公说公有理婆说婆有理，又会失控，目迷五色，湮没于他人观点而迷路，于学术新手尤其如此。若有时间，还可以读读闲书。阅读中，灵感乍现，马上放下手头，记在心头，捕捉稍纵即逝的灵感！一旦有了灵感，旋即添入初稿相应的地方，不断地丰富和完善初稿。

另一主要修改是理论升华和例证分析。例析时，可穿插自己的思想，但要注意思想论述与例证分析的结合与剥离。借鉴已有理论分析例子，通过演绎，理与例结合会有新发现，新的发现可提升为思想或理论。为彰显自己的思想，分析中颇具理论性的表述最好与例证剥离，加入前面的理论阐释中，如例 1.1。

【例 1.1】

3.2　借代辞格式增译

借代是利用事物的相关性用 A 事物指代 B 事物，如汉语用表行为的“翻译”指代从译主体“译者”和行为的结果“译作”，俄语用表行为的 охрана（保护）指代这一行的主体 охрана（卫队）。据事物的相关性，借代有如下类型：主体→客体、行为→主体、行为→结果、行为→客体、处所→主体、工具→主体、抽象特征→具有该特征的人或物、行为→所使用的材料、行为→所使的工具等。

在语际翻译中，原文可能用 A 事物借代 B 事物，即使译出 A，一般人不能明白，要道出 B 的真正内涵，才可让译语读者读懂。比如，依据原语的行为译出行为的主体、依据原语的行为译出行为的结果等，与原文相比，语义上增置了表示行为的主体、结果的翻译单位，语表上就增加了词语。总而言之，译者显现了原语借代辞格所隐含的事物之间的语义相关性，将相关性用语言手段外化，使译语形式比原语要丰富得多，使译语概念的内涵扩大，外延缩小。如：

[15] Я люблю читать Пушкина （Лу Синя）.

原译：我喜欢读普希金（鲁迅）的作品。

试译：我喜欢读普希金（鲁迅）。

[16] Мы много читали Менделеева как великого химика России.

原译：我们读过俄国伟大化学家门捷列夫的许多著作。

试译：我们大量地阅读了俄国伟大化学家门捷列夫的著作。

上述两例，原文都采用了借代辞格，用作家、科学家、画家的名字来代替其个人成果。例 15，普希金是俄国作家，鲁迅是中国作家，读普或鲁，自然不是指把人当作阅读的对象，而指读作家的作品，所以添上“作品”二字，有的中国读者才可明白原文所指；倘若所论者是不为人知的作家（者），则更是如此。现代中国也可直接说读×××，其前提是语涉听读者比较熟悉的作家或作者，如试译。例 16，原文已交代所读对象是俄国伟大化学家，因此所读的应是其科学论述，除增“著作”之外，还可用“作品、著述”等替代；比较译文与原文可知，Менделеев（门捷列夫）在俄语中内涵小，外延大，既可指人，也可指物，而其汉译则内涵大，外延小，只指人。

例中楷体是由析例所得的概括，后将其移至两例之前，成为本小节对“借代”定义、细说类型之后结合翻译过程所呈现的增译机制，提升了本小节的理论性。这正是先演绎后归纳的研究思路，我们既要学会充分吸收已有理论，又要学会提出己见，例证分析点到为止，思想表述尽量明晰，让自己的思想免受分析的湮没，而以成片表述引起读者关注与引用。

修改还可集中于结论的逻辑反思，即归纳总结与逐层抽象。以学位论文为例，每一节的结论是本节标题内容的扩充，每一章的结论是各小节结论的抽象，而全篇论文结论是各章结论的再次抽象。写作过程中，要注意不同层次结论之间的逻辑联系及结论与引言之间的前后呼应，在点题的基础上凝练文章要旨。结论写作要多花心思，让思之精髓在结论中完整呈现。通过结论修改彰显自信：写如专家，改如编辑。

改后文章应力求融合学界现状与专业理论知识，基础扎实，前沿凸显。这般文章岂有难发的道理？！

### 1.1.3 同行批稿

同行批稿，包括老师、同门或同事批改，以及同行批阅和编辑部的终审。

老师、同门或同事是最近的同行，其修改会有较强的针对性：或理思路，或修观点，或补材料，或改文字，甚至是建议或助你设计各种图表。有的导师改第一篇时还会将不同的内容刷蓝、刷红或加粗，边读边改边标记，以捕捉思路；依此提出的意见，不会空泛，多半能切中要害。无论是单篇论文，还是学位论文的某章，建议写出全文或样章后，按照定稿的高标准从内容到形式严要求，要改得不能再改了然后存档或打印，或发给导师，同时附上目录。例 1.2 为笔者对博士后王林来稿[①]的批阅，下划线为所阅对象，楷体为批阅建议或意见。

**【例 1.2】**

一、引言

<u>人物话语或思想表达方式（mode of speech or thought presentation）是小说家最重要的叙事技巧之一，特定话语方式的巧妙运用可以创造独特的叙事风格，加强作品主题意义、增强其艺术效果。在利奇和肖特（Leech & Short，2001）所划分的人物话语或思想表达方式中，自由间接引语（Free Indirect Speech, FIS）和自由间接思想 （Free Indirect Thought, FIT）是更为微妙的话语表达方式，其独特的文体效果一度是学者们感兴趣的话题。因 FIS 和 FIT 的大多数语言特征都是一样的（它们之间最主要的差异在于插入句中引述动词的不同，即前者通常是 said，而后者通常是 thought），它们又被合称为自由间接话语（Free Indirect Discourse, FID）（参见 M. J. Toolan, 2001）。本文中我们用 FID 通指 FIS 和 FIT，而在必要时使用 FIS 和 FIT。FID 由特定的语言形式和特征构成，由于译者对 FID 标记性语言特征的不切当处理，FID 在翻译中经常发生变形。</u>（此前并不重要，或过多。引言过长，会失去引的作用。）句子结构是构成自由间接话语（FID）（与下页的全称不一）的重要语言特征之一，也是更易于被译者忽视从而导致 FID 在翻译中发生变形的层面之一。如 Rouhiainen（2000）发现，芬兰语译者在翻译英语 FID 时将具有模拟人物心理语言的重复（repetition）要么用同义表达语代替，要么省略掉了，这样的改动会由于中性化叙事者和人物话语之间的文体差异而弱化人物的声音。Rouhiainen 还发现，译者喜用更书面化的句法，从而使译文中的人物似乎用更精心设计的句子来表达他们的思想，这样的翻译当然会对原作的 FID 话语方式造成损害。Bosseaux（2004）曾考察了《到灯塔去》（*To the Lighthouse*）<u>中的 FID 的法语译文。她发现，译者 Lanoire 将原作中五个 FID 句子变成了间接话语（ID），将六个 FID 句子变成了直接引语（DS）</u>（译者是谁不重要，句子可省，用一两次的缩略语不如用汉译全称。下同改：1）语言；2）缩略语；3）不必要的术语括注。）；另外，Lanoire 的句子比原作者的句子要流畅（fluid）得多，而译者 Merle 的句子比原作者的句子更加连贯（coherent），这样对原文

① 王林. 句子上的叙事：谈自由间接话语的翻译处理[J]. 外语教学与研究, 2014，（2）: 294-302, 321.

句子的“改进”也必然造成 FID 的变形。杨斌（2005）的（去之）研究认为，英语 FID 的口语体文体在汉译时被换成了“叙述话语典型的典雅和书面语文体，使人物引语变成了叙述者的客观叙述”，同时由于译者对标点符号和句子顺序的调整，原作的 FID 被译成了叙述话语。尽管有关 FID 在翻译中的变形的研究对句子结构这一层面已有所关注，但鲜有研究者对之进行深入的专门研究。因此，本文旨在从句子结构的视角探讨英语 FID 及其叙事效果在汉译中的变形。（直接说“尽管 FID 的翻译变形研究有所涉及，但未见从句子结构视角探讨 FID 叙事效果汉译时的变形”，可否？）

同行批阅即一般意义上的外审，也包括编辑部的终审，对发表具有决定性作用。最权威的同行批阅者是同行专家。外审者一般从大的角度提出意见，是全面的批评；偶见肯定性意见，主要转向指正或质疑式的批评，其批评意见是拒稿或最终发表的催化剂。例 1.3 为同行评审意见。

**【例 1.3】**

（1）视角独特，以一线贯通不同期译者身份的伦理问题，颇具理论意义。

（2）引言过长，近 1000 字，建议缩至一半。

（3）关键概念还可进一步澄清，“译者伦理”的定位稍欠清晰：有时指译者的翻译操作伦理，有时指译者与其他主体之间的关系，可在引言部分简要点明两者之间如何关联。

（4）是否需要对几次转变之间逻辑关系做一宏观梳理，更能见其历史脉络，显出一种发展观？作者可进一步阐明译者伦理身份历时流变的阶段性特征。如“奴性伦理”与“忠实伦理”之间的区别性特征，对解构主义时期的译者伦理仍可清晰定位。建议在前面用 1～3 句话简要点明中西翻译理论的历史分期。论证结束后对三个伦理身份之间的区别稍加说明。

（5）第三节的下级标题还可命得更准确，为其伦理定性。

（6）结语部分建议更加简明、清晰地点明本文观点。

（7）部分细节可讨论。

1）“传统译论”时期除宗教翻译外还有大量的文学翻译，本文仅第六段少量提及，并不充分。

2）切斯特曼四模式是对既有翻译伦理模式的总结和归纳，体现的是“对翻译进行评判的翻译伦理”，而非本文作者所说的译者伦理，建议修改此处。

3）从作者对“译者女人身份”的建构追溯来看，似乎是指向梅纳日、贝尔特朗、歌德等人的相关论述，但上述三人并不属于结构主义语言学时期，似有错位之嫌，可再查。

### 1.1.4 返修改定

作者返修是对编审者意见的反馈且修改定稿的行为。最好一次用心改到位，少给编辑或审稿人再次否定或提出质疑性问题的机会，改得足以发表。返修是增强审稿人认可（有时会让改后再审）和编辑部认定发表的关键时机。若是有关主题、论述等方面的性质性问题，则需做出说明，直陈己见，如例 1.4。

【例 1.4】

尊敬的编辑先生：

您好！

再次感谢贵刊拟用拙稿！贵刊有一批业精艺高的审稿专家，两位专家就拙稿费尽了心血，所提意见大都在理，多数意见本人吸收了，做了改正。略有几处保留。对各条审稿意见本人也做了回复（见下），最后还请编辑先生定夺。顺颂

编安

×××　敬上

附：对专家 1 批阅意见的答复：

1. 文章采用了黄忠廉先生的变译理论叙述严复的翻译实践倾向，立论合理，论据充分，结论正确。严复那个时代的翻译观念与当今不同，翻译与创作多有混同，极端者如林纾。因此，把严复的翻译实践归入变译之列实属应然，题中并无观点创新。

答：如果学界接受了变译范畴，那么以“全译＋变译”来综观和为严译定位，本来就是正本清源之效，在译界或译学界这并非是当然和应然的事，因而有些新意。

2. 作者的贡献是对这种变译的起因和条件分析得较为深刻，即译者所处的时代、国际形势、个人学养、创作欲等有关论述令人信服；对严复的翻译手法的变化、在不同译作的体现等判断、评价得较为客观；文中所用例证很可靠（但是对所用手法的归类还是主观的，因为未加界定）。因此，文章依然需要细节方面的修改。

一是英文摘要的文字需要润色。

答：已改。请定夺。

二是对“全译”“变译”“摘译”等术语做必要的概念界定或引用。

答：这些概念已不是新概念，文中可不可以不再赘述？请明示。

三是个别文字和数字要核对精确，如第 5 页倒数第 6 行“回国后 1880—1994 年”或为 1894 年之误。

答：谢专家细心，已改。

返修一般按编辑部的要求反馈，如：①打印修改后拍发；②各小节段落之中若是有具体问题，最好是在相应处做出修改，用修改符标明，或刷蓝、刷红等；③列出样稿，采用左右对照列表式，在右栏将改动处用黑体、下划线等标出；④改定后，最好给编辑部专复一函，反馈意见。例如，例 1.5 是对外审返修意见的回复。

【例 1.5】

尊敬的编辑先生：

您好！

我们是《语篇翻译语域三步转化观》的作者，首先感谢贵刊对所投稿件的支持并给出修改意

> 见，同时也就未及时上传退修稿件给您工作所添麻烦表示诚挚的歉意。收到贵刊退修通知后，我们一直反复思考如何精修文章以便符合贵刊用稿标准。现向您简介本文修改之处：
>
> （1）充实最新文献，精补文献综述。充实语域代表性论文尤其是最新英文文献，挖掘拓展本文研究的文献依据，正文加入文献小综述升华本文研究的理论基础。
>
> （2）整改文章结构，深化文章内容。力求在增强文章论述理论深度的同时，将本文核心论点打散磨碎，使理论融于语篇翻译具体操作过程之中，将本文理论视角的新意具化到问题的讨论解决中。
>
> （3）细化分析过程，巧妙安排论述。同本文所提三步转化的翻译过程相对，例证分析亦分三层逐步推进，且每层分析再分层分步，进一步明晰文章关键例证逻辑推理过程，详化分析步骤。
>
> （4）凝练语言，优化表达，规范稿件格式以使本文符合贵刊用稿形式规范。
>
> （5）改动之处均刷成蓝色，以便编辑先生核实对所提意见的修改，也方便编辑审读。
>
> （6）同时对作者顺序也做了调整，特此说明。
>
> 虽然我们已尽全力反复修改稿件，但限于时间、视野和水平，本文可能仍存在一些疏漏和片面之处，因此我们也迫切地渴望得到贵刊的批评指正！再次感谢贵刊编辑部对我们的帮助和鼓励！
>
> 祝您生活愉快，万事如意！
>
> 黄忠廉 孙瑶
>
> 2016.10.16

从初稿到改稿到投稿，再到编辑部反馈，又过了一段时间，可能有新文献出现，为对读者也对刊物负责，应该立即补上。也许还有未读到的文献，也不妨全面收集，最终补入文中。要继续读书，既充分理解已用的理论，完善自己的论述，又基于原稿深入思考，将读书的思考与论文内容结合起来，将论文所涉及问题逐一深化。

论文返修时仍需仔细推敲，润色语言，要注意增加论文的说服力与可读性。论述的严谨、逻辑的推演、表达的连贯等方面都是返修的重点。注意段落之间、章节之间、句子之间的逻辑关系与衔接，以及句子的长度，要有过渡，不能跳跃性太强。

### 1.1.5 发稿成活

经过初稿和缮稿，文章逐渐成型，外审之后再经终审，决定录用。经作者最后改定之后，编辑要编辑加工，如加字体、字号、通栏、分栏、排版等符号，按报刊的要求一一做好，责编即可签字发稿，一篇论文即将付印，最终就可以面世成活了。

发稿前一般都有清样过目环节，除了编辑校改外，多数期刊还会让作者看终稿清样。2004 年笔者撰文讨论 language acquisition 与 language learning

的汉译问题[①]，在用稿通知上两位审稿人均在“完全可以刊用”一栏画了勾，连清样都没有校对就发表了。例 1.6 即是笔者看清样校对捉出的“虫子”。

**【例 1.6】**

摘要部分：

第 6 行，中间部分“that determine subsequent three-step register transformation”，subsequent 前面宜加定冠词 the。因为 subsequent 为形容词，后面是被修饰的中心名词，整个为名词结构，应有个冠词修饰限定，以使语义更加清晰，表示特指本文描述的三步转换法。

正文部分：

P202　2.1 第 1 段第 3 行，韩礼德引言，引号内多了个句号?

　　2.1 段 1 倒数第 6 行的“本文……”可否换行，以免大段文字不易阅读。

下面的例子，原文为（1）a，应为（1a）?

P203　第一行，例子 b.应为（1b），以便与行文保持一致?

　　图 1，中间三个箭头上的汉字及左边三角内的汉字，排版尽量上下对齐?

　　右边三角形中的“能指”应改为“能指（$S_2$）”!

　　右边的“体现”为什么压扁? 因空间有意而为? 可否恢复正常?

P204　2.3 第一段，倒数第二句，句末标点应在引号外面?

P206　例 5 末掉了加圈的序号⑪与⑫:

　　⑪President and Chairman of Degree Awarding Committee

　　⑫××University

P206　例 5 末行括号内的“例 5”应为“例（5）”!

P207　倒数第 4 行，“戴乃迭译”应为“戴乃迭 译”!

P208　4.1 下段 1 中行 2 与行 4 中“例 5”应为“例（5）”!

　　4.1 下段 2 中行 3 中“例 5”应为“例（5）”!

　　4.1 下段 3 中行 1 中“例 5”应为“例（5）”!

P209　4.2 下段 1 中行 3 与段 2 行 1 中“例 5”应为“例（5）”!

P210　“图 4”与其后文字之间应空一汉字空间!

P212　最后一条俄语文献中 Теорияперевода 应为 Теория перевода，句末应加西文句号!

## 1.2 宏观微调

论文修改程序应是从宏观到微观，至少需要五六个回合，至多则无上限。想逐步悟出作文的门径，千古华山道一条：反复改。首先立于宏观，微调慢改，如火钵煨汤，用的是文火。成文后，宏观框架不可大改，否则就是构思或开题或中期检查未做好，造成了大返工，因此宏观上只能微调，如文题对应、框架调整、重新定位、篇幅再调、“深新紧凑”等，还涉及因报刊而做的格式调整。

① 黄忠廉. Language acquisition 与 language learning 汉译之我见[J]. 当代语言学, 2004, （2）: 185-188.

### 1.2.1 文题对应

文题不对乃文章之大忌。文不对题或跑题，写也白写，发了也误人。撰文著书，一般是先立名，后著述，再据述而易名，题文之间多次反复。题，既可能最初定，也可能最后定。总之要求文与题相对，包括文纲相对，文题相对。

文题相应，一般是据文改题容易，较少据题改文，因为后者的改动量过大，相当于另起炉灶。多半是题文反复互动，最终才定题。有趣的是，审稿人多半依题判文。请看题文互动反复的例子（例 1.7）。

> 【例 1.7】
> 选题策划：现代性视域下中俄文化发展的道路与理念
> 初稿命题：中俄在文化发展中的相互影响
> 中期定题：文化现代性的中俄互鉴
> 最终定题：文化现代性发展的中俄互鉴①

该文为约稿，《中国社会科学报》“特别策划版”的主题是“现代性视域下中俄文化发展的道路与理念”。命题作文就顺题思考，先写下自己的思路，同时搜集相关的文献，起草初稿。写作之初期，开始调整题目，初稿题为“中俄在文化发展中的相互影响”，中期将“相互影响”改为“互鉴”，且与“中俄”组合更紧；后来觉得还是应突出“现代性”，且是“文化现代性”，定题时又加上选题策划所关注的“发展”。尤其是“互鉴”一词的敲定及其内涵的发掘（鉴别与借鉴），反向规约了文章的思路：文化与现代性、现代性的两面性、中俄文化现代性方向、互鉴 1（相互鉴别）、互鉴 2（相互借鉴）；前三点占一半，后两点占一半。该文发表后，还被该报的英文版采用，由其国外学术网站发布。

据文改题，可虚实对调，或化虚为实以求实在，或化实为虚以求提升。篇名或主题若是过于笼统，就缺乏针对性，如常见人用“……初探”，看似谦虚，实为不当表达，所写的内容若是第一次论及，才可谓“初探”！如何改文章的主题？主题即要探究的问题，可用一句话表达，将其范围缩至易于把握的高度与深度。微调之道，可以是澄清主题，即改变措辞或表达方式，使主题的表述明白易懂。主题陈述，即解释既定研究目标的句子或段落，常在引言中呈现为“本研究旨在……”。修改方法可以是细化主题期待回答的问题，多是主题研究的基本问题或子问题，用于展开研究进程；主问题之下逐一寻找所有子问题的答案，答全

① 黄忠廉，毕筠茹，李梦龙．文化现代性发展的中俄互鉴[N]．中国社会科学报，2018-01-26.

了子问题，主问题也便得以回答。例如，《中国译学："问题"何在？》[①]的反复修改一直聚焦七对子问题，最后改成：历史与现实、原创与译介、语言与文化、内部与外部、基础与应用、本体与关系、译学与译术。

据文改题，可宽窄伸缩，或化宽为窄以锁定具体对象，或扩窄为宽以拓展为更大的对象。追加副标题也是良方之一，如项目、博士学位论文的内容均可如此设计成系列论文。除了主副标题互改外，副标题为较大对象时，可用带"……之一/之二/之三"的副标题彰显其系列性。学术名流、期刊主编或编辑，或可掌控发表的进程，常用此法。一般人无此条件，则可多次用"之一"，也可显为系列；如笔者的博士学位论文《小句中枢全译说》原定冷却后再发系列论文，后因教育部人文社会科学重点研究基地评估需要以专著形式出版，被迫急于发表，于是2008年前后，笔者多以"小句中枢全译说研究之一"为副标题，发表了10余篇论文。若时间等得起，连续发表的间隙略长也可以用；发表时间若是过久，如一两年以上，则不便于使用。若能受学界支持，也可"之一""之二"地连用，如笔者的硕士学位论文 *Новое понятие перевода*（《翻译新概念》）第三章"翻译的内在规律"便以"论翻译的内在规律'似'"为副标题连载于《语言与翻译》（1995/3、1996/2、1996/3 和 1996/4），主标题分别为：①"'似'的必然"；②"'似'的结构Ⅰ：意似与形似"；③"'似'的结构Ⅱ：风格似"；④"'似'的内涵"。

据文改题，可长短增减，或化长为短以求凝练，或化短为长以求丰富。标题是文章的标签，是对论文内容的精准概括，由题目可见论题与选题。标题要贴切、新颖、简洁，要反映主题，让人阅读生趣。标题可用常规陈述句，也可提问质疑；二级标题表明观点，不过20字。准确反映核心内容的关键词尽量入题，便于检索、抓点与追踪。比如述评类文章不能偏题，宜深入紧扣关键词和主题，必带鲜明的问题意识。篇名一般有限度，题目过长或过短都不好，过长不便于记忆和阅读，过短又不能反映内涵。题的长短有时会人为规定，如项目名称要求不超过40字，期刊论文题目一般以15字左右为宜。

文题互动对应，既包括全文标题，也包括各级标题与内容的互动修改。例如，《翻译研究创新术语逻辑化问题——以"翻译生态学"VS"生态翻译学"为例》[②]的结论第4稿时还是一整段，与主标题最相关的结论只有73字，与副标题"以'翻译生态学'VS'生态翻译学'为例"相关的结论有196字（表1.1），

---

① 黄忠廉. 中国译学：问题何在？[J]. 外国语, 2014, （4）: 9-11.

② 曾婷，黄忠廉. 翻译研究创新术语逻辑化问题——以"翻译生态学"VS"生态翻译学"为例[J]. 外语教学, 2018,（4）: 75-79.

因考虑到主副标题与内容的关系，从抽象到具体，从案例到结论，特将与主标题相关的结论增至 122 字，与副标题相关的结论则字数未增，而且将上述两部分的内容分段，以显层次，也便于读到前面更具概括性的思想。

**表 1.1　文题相对修改对比**

| 改前第 4 稿 | 改后第 8 稿 |
| --- | --- |
| 思想创新推进了理论创新，理论创新推进了学科创新。而思想创新表现为术语创新，为思想创新创制新的术语，首先要明确其内涵与出处，再去创建理论，组建学科。本文以翻译与生态为例，二者组合而成的“翻译生态”和“生态翻译”，在内涵上翻译生态为喻指，生态翻译为实指；喻指与实指各有所指，二者的外延决定了理论或学科各自的发展，其中翻译生态的外延较宽，生态翻译的外延较窄，所构成的相应的翻译生态学也具喻指性，生态翻译学也具实指性，两个学科均属交叉学科，在学科性质上既分立，又关联，翻译生态学或含生态翻译学。就目前来看，“翻译生态学”才是逻辑化程度较高的术语！ | 创新是科学发展的根本，没有创新就没有发展。创新首先是思想的创新、概念的创新，思想创新推进了理论创新，理论创新又进一步推进了学科创新。而术语的创新是思想和概念创新的表征，为思想和概念创新创制新的术语，首先要明确其内涵与外延，再创建理论，组建学科。<br>本文以翻译与生态为例，二者组合而成的“翻译生态”和“生态翻译”，在内涵上翻译生态为喻指，生态翻译为实指；喻指与实指各有所指，二者的外延决定了理论或学科各自的发展，其中翻译生态的外延较宽，生态翻译的外延较窄，所构成的相应的翻译生态学也具喻指性，生态翻译学也具实指性，两个学科均属交叉学科，在学科性质上既分立，又关联，翻译生态学或含生态翻译学。就目前来看，“翻译生态学”才是逻辑化程度较高的术语！ |

### 1.2.2　重新定位

文章因报刊而定位，每家报刊均有自己的办刊宗旨与特色，选题一定要与所投刊物的办刊宗旨、定位、风格一致，应“知己知彼，百投不殆”。由当下外文类期刊的名称可知，其同质化明显，不如国外办刊多按具体学科或领域命名更好。不妨从如下几个方面为文章重新定位。

期刊分综合类与专业类，二者定位不同。综合类期刊多发相对宏观的文章，如《中国社会科学》《外语教学与研究》《当代语言学》《外国文学评论》等。专业类则求专深，勇于做开拓性原创研究，开辟自留地或学术根据地，后人涉及这一领域，绕它不开。如《现代外语》看似不发翻译学文章，实际上因其定位而定：外国语言学及应用语言学。2017 年拙稿《语篇翻译语域三步转化观》①

① 黄忠廉，孙瑶. 语篇翻译语域三步转化观[J]. 现代外语，2017，（2）：201-212；语篇翻译语域三步转化观[J]. 人大复印报刊资料“语言文字学”，2017，（7）：125-134.

运用语域理论研究语篇翻译的宏观转化问题，即被其刊用，旋即被中国人民大学《复印报刊资料》全文转载。不过，专业类期刊偏原创性的研究，最初往往比较简单；偏跟踪性的研究，其概念和方法往往比较成熟，研究容易形成套路，同行较多，研究结果相对容易发表。

研究一棵树，不忘一片林。对多数研究而言，其追求的是广义共性，起于又超越具体研究。在此并非是建议放弃具体研究而做不合适的抽象研究，即便是具体研究，对其他类似研究也可产生影响。也反对过度抽象，过度抽象是危险的。研究宜讲究顶天立地，无立地基础支撑，难出顶天的理论。常说论文空洞，是因未能立地而空洞。实践已验证某种做法正确，尚未理论化发表，表明它已立地，尚缺理论化提升，直至发表。论文定位应基于实际求高远，如以 play football（踢球）为对象，可写《Play football：踢球乎？踢足球乎？》，也可写《词素与词合译论》，更可写《跨层合译的语义-认知诠释——以俄/英语词素与词合译成汉字为例》[①]，前者为知识或现象型，告诉读者 play football 应译作“踢球”，偶尔才译作“踢足球”；中者为规律型，告诉读者词素 foot- 与词 play 可合译为“踢”，总结出词与词素合译的规律；后者为方法论或理论型，则需基于前二者，进一步抽象词与词素合译，实为跨层合译，这便是更高一级的抽象，更具规律性，更具理论性。

论文突出学术性与论证性。学术论文，特别是实证研究，其写作重点多在论文撰写的程序过程。如果撰写重点在于提出建议与对策，而缺少结论的说理与论证过程，则凭空得出的结论缺乏理论基础。这只算是建议稿，研究过程的缺失会导致学术研究的空洞与泛化，不利于作者学术思维的锻炼与培养。

文章如何定宽窄期限？文章触及面越大，被读机会越多，被引概率也越大。小语种选题或题目命题尽可能宽泛一些，便于发表，便于进入索引领域；太专会影响作品问世。若是某小语种，可不标明语种，即使在本国期刊上发表，也不必。论文选题分短期性与长期性，出文章和学新知并不矛盾，继续做已着手的选题，若发现它不可再做，则果断抛下，勇于开拓且投入新选题，不能傻等，可像熊掰苞谷，掰一个扔一个，或扔下选题期待未来他人研究。例如，《语篇翻译语域三步转化观》[①]第 6 稿投给编辑部时题目为“语篇全译语域三步转化观”，反馈意见第一点便是：“论题中的‘全译’这一概念在翻译理论中未见有这样的提法，是相对于‘不完全的翻译’而言？需要有明确的界定，尤其需要聚焦于本研究，通过全文主题内容的讨论得到体现，需融入研究问题的讨论

---

① 黄忠廉，孙瑶. 语篇翻译语域三步转化观[J]. 现代外语，2017，（2）：201-212；语篇翻译语域三步转化观[J]. 语言文字学，2017，（7）：125-134.

中，要能充分体现‘语篇全译’带来的新意，现有内容的新意体现不够。”当时所选例子多是全译，想突出该对象。既然审稿人对这一概念不太熟悉或不太接受，若是再界定，又需多费篇幅，所以毅然放弃，将其提至上位概念“翻译”。至于文中所涉的变译，则不提，也不提全译，留待将来分头细做。

才情型写作还是知识型写作？突出自己，还是彰显他人？好不容易定好选题，理论列出ABCD，援引罗织不少，最后来点自我缀尾，似乎压轴，却非重点。投入地研究一次，忘了自己。引用过多，自创太少，知识有余，而见解不足，这是知识型写作，而非智慧性写作。此类现象尤见于读书多实践少的博士研究生，他们最初多擅长于综述，这也是必修的一课。

与定位相应，论文追求的目标或力避的结果大致可归纳为四类：①浅入深出，此乃文章大忌，对事物认识不深，表达却烦琐，文字深奥，是最坏的学风，是作秀。②浅入浅出，在某些特殊场合，如通俗宣传，也有其存在价值；普及是门学问和艺术，通俗而不低俗，浅显而不肤浅。③深入浅出，是最高境界，以大同行能看得明、听得懂的方式表达才算普及；只有经过复杂的训练，才知深在何处，才可把握深浅之度，才能写出简明华章。④深入深出，深出固不可取，但深入可讲究；学术语言不等于佶屈聱牙、晦涩难懂。究其原因，是对所研内容未能融会贯通，写不出干净、有味、可懂的语言，更不用说轻松幽默了，结果语言或欧化梗塞，或食古刻板。

### 1.2.3 框架调整

文章搭框架极其重要，主要是知方向，晓主次，明需求。文章修改，始于框架或纲目的修改，从宏观到微观，从结构到文字，学会构筑文章的三四级标题以及标序规则。框架调整主要考察章法、布局、谋篇、构成、架构、组织、目的等的关系是否和谐。路径大致有二。

第一，从题目出发，基于发散性思维反思章、节、点之间的逻辑关系，每一章、每一节、每一点能否继续扩充，甚至一句话能否扩充为一篇论文。过于宏大的选题，一篇小文讲不清，往往只是整合纷纭的众说，甚至是整合不够，更多是知识的杂合，而非原创性学术研究。这是缺乏学术历练的写作。

学会从论文中找到内部扩充增厚的依据，同时向外扩展可继续研究的选题，一旦发现可拓展的对象，即刻另建文档，将灵感记下，一面修改原稿，一面构思新作。理论部分可以例说稀释为一篇，例解部分可以理论提升为一篇。对章而言，还可考虑增加多少节？章与章、节与节的逻辑关系可否成文？同理，点与点间的关系可否组合成文？

第二，从结论出发，基于收敛性思维倒推，直至引言，甚至题目，会更加严格地检验文章的逻辑性。倒推应由结论出发，可从得出观点的角度严格考量条件或推理过程，很容易发现小节、小点、引用、理论阐述、例证分析等合适与否，冗余与否，进而做出取舍与调整。至于每句是否文通字顺、长句是否说明主题、是否表意清楚、是否需要分成短句等问题均属次要了。

比如，从表 1.1 的结论“在内涵上翻译生态为喻指，生态翻译为实指；喻指与实指各有所指，二者的外延决定了理论或学科各自的发展”出发，第 3～8 稿修改了文章的第 2 节的宏观结构（表 1.2）。第 3 稿时第 2 节是题文浑然一体；第 4 稿时将标题提至外语术语层面，将具体事例分为两点，且点明实质，各设两小节；第 5 稿时不再泛用如何“定制”，直接指明是“以明确概念的内涵”，将两个术语的实质合并为一点，以显二者的关系，专列一点，内容显得更鲜明突出；第 8 稿时将“喻指与实指应相符”概括为“名实相符问题”，再次讨论抽象性问题，既与本小节主题直接相应，也与全文主题遥相呼应。

**表 1.2　二级标题因结论而完善的过程**

| 稿序 | 节的目录变化 |
| --- | --- |
| 3 | 2. 翻译生态与生态翻译的内涵：喻指与实指 |
| 4 | 2. 外语术语定制如何明确<br>2.1 翻译生态为喻指<br>2.2 生态翻译为实指 |
| 5 | 2. 外语术语定制：以明确概念的内涵<br>2.1 翻译生态为喻指，生态翻译为实指<br>2.2 喻指与实指应相符 |
| 8 | 2. 外语术语定制：以明确概念的内涵<br>2.1 翻译生态为喻指，生态翻译为实指<br>2.2 名实相符问题 |

篇章，即篇等于章，学位论文或专著一章的篇幅与万字论文相当，其写作过程大致相同：选题→大题目→一级标题→二级标题→三、四级标题→初稿→改稿→定稿。我们以单篇论文提纲的调整为例，常改常新，旨在梳理思路。

调整框架可先首尾调整，如红烧头尾可品鱼的味道：①锤炼摘要不可忽视，有利于增加入选概率。好摘要呈现问题，包括研究路径、方法、观点、贡献以及理论价值等，要深耕细作。②图表精致、论理充分、论据充足是发好刊的基础，因此有必要审视图表设置的大小比例，图表与文字的并茂、相应关系等。③考量结论是否绵软无力、不痛不痒等，是否如同硬凑的结束语。文至结尾，若观点不鲜明，编审者怎能对大作有信心？结语最好写成结论，直接亮观点，字字见血，不写无关的话。例如，《达：严复翻译思想体系的灵魂——严复变译思想考之一》[①]的结论用 300 余字的篇幅，概括了文章的内容，也亮出了观点（例 1.8）。

> **【例 1.8】**　严复利用《天演论》践行了“达旨术”，在其“译例言”里提出了信达雅，三者之中力推“达”。据语料库考证，严复的达决定了信，也决定了雅，为信即为雅为达，达是三字的核心。“达旨术”是严译《天演论》和其他七部著作的实践策略，可细分为增、减、编、述、缩、并、改七大变译策略，占《天演论》翻译策略的 99.14%，而全译策略只占 0.86%。严复最突出的翻译思想是“达”，为求达，则求通，为求通，则求变；反言之，变为通之因，通为变之果；通为达之因，达为通之果。整体上看，变为根本，通为手段，达为效果。由变而通，由通而达，达正是严译行动的目标与手段，也是严复变译思想的核心。严复“信达雅”的变译思想决定了“达旨术”的变译策略，变译策略又构成了摘译、编译、译述、缩译、综述、述评、译评、阐译、改译、译写、参译共十一种变译方法，三者构成了严复变译思想体系。

参考文献规范是佳作的必备，既为论证和观点提供支撑，又体现学术能力和学术修养，总体上要考虑文献量或比例的增减：①多引用知名度高的期刊，主要观点和论据应来自最具说服力的成果。名刊论文一般更具权威性，应关注权威刊物。②少用或避用二次文献，常用多用，会降低论文的可信度；用二次文献很便捷，应通过二次文献进一步查阅原始文献。③国际化、信息化、全球化时代，中英文参考文献越来越趋向均衡，要优先调整加入近五年的文献。

写文章如同讲学术故事，故事就在正文。有的文章正文内容分散，重点不突出，缺乏系统性、条理性，创新不足，晦涩难懂，因过于追求理论性而缺少“具象”思维，对此可利用案例、比喻、图表等方式活跃抽象的理论和判断。相反，有些实证文章实证有余，分析不足；结构不合理，篇幅过长或过短；所得出的多是众所周知、不需要经过论证即可知的常识。鸟瞰框架时，还要防止教材式写作，从结构上加强标题的新颖性，以反映内容的创新。这类写作看似很成体系，却多写常识，或写已成定论的知识，属于常识型论文。教材式论文的框架缺少新意，常阐述某一问题的概念、定义、内容、必要性、意义、理论基础、前提条件等，内容多是已有成果的总结或借用，缺乏新的核心观点、理论根据和论证过程，缺少强有力的结论。

正文的修改若是向同行请益，或向导师汇报，建议附上“框架调整变化”表。所得反馈将更加具体，更具针对性，因为框架的嬗变优化过程可便于同行或导师按图索骥，捕捉框架思路，同行或导师有抓手，更易撞出火花，便能深入大作，反馈到位。请看表 1.3。

---

① 黄忠廉. 达：严复翻译思想体系的灵魂——严复变译思想考之一[J]. 中国翻译, 2016,（1）: 34-39.

表 1.3　论文框架准确具象生动化过程

| 第 2 稿 | 第 4 稿 | 第 6 稿 | 第 11 稿 | 第 14 稿 |
|---|---|---|---|---|
| 语域理论视角下语篇翻译层次<br>1. 引言<br>2. 语域与语篇翻译<br>2.1 作为社会符号的语域<br>2.2 语域与语篇翻译过程<br>3. 语域与语篇翻译层次<br>3.1 语域实指的剖析与重构<br>3.2 语域所指的解析与调整<br>3.3 语域能指的完型与重现<br>4. 结语 | 语域与语篇翻译层级观<br>1. 引言<br>2. 语域与语篇翻译<br>2.1 作为社会符号的语域<br>2.2 语域与语篇翻译层次<br>3. 基于语域的语篇层级翻译策略<br>3.1 语域实指的剖析与重构<br>3.2 语域所指的解析与调整<br>3.3 语域能指的完型与重现<br>4. 结语 | 语篇全译语域三步转化观<br>1. 引言<br>2. 语篇全译语域空间转化<br>2.1 作为社会符号的语域<br>2.2 语篇全译语域转化过程与层次<br>3. 语篇全译语域实指重构<br>4. 语篇全译语域所指调整<br>5. 语篇全译语域能指重现<br>6. 结语 | 语域翻译三步转化观<br>1. 引言<br>2. 语域转化的过程与原因<br>2.1 作为社会符号的语域<br>2.2 语域翻译转化的过程<br>2.3 语域翻译转化过程的原因层次<br>3. 语域翻译转化第一步：实指重构<br>3.1 语域实指去冗性重构<br>3.2 语域实指增益性重构<br>3.3 语域实指替代性重构<br>4.语域翻译转化第二步：所指重调<br>4.1 语篇意义结构重调<br>4.2 语域所指强调重点重调<br>5. 语域翻译转化第三步：能指重现<br>5.1 词语层重现<br>5.2 句子层重现<br>5.3 语篇层重现<br>6. 结语 | 语篇翻译语域三步转化观<br>1. 引言<br>2. 语域转化的过程与原因<br>2.1 作为社会符号的语域<br>2.2 语域翻译转化的过程<br>2.3 语域翻译转化的原因<br>3. 语域翻译转化第一步：实指重构<br>3.1 语域实指去冗性重构<br>3.2 语域实指增益性重构<br>3.3 语域实指替代性重构<br>4. 语域翻译转化第二步：所指重调<br>4.1 语篇意义结构重调<br>4.2 语域所指强调重点重调<br>5. 语域翻译转化第三步：能指重现<br>5.1 词汇层重现<br>5.2 句子层重现<br>5.3 语篇层重现<br>6. 结语 |

表 1.3 是笔者与学生合作改框架的过程，以下是 5 次框架调整思路。

第 2～4 稿：①弃用“A 之下的 B 研究”模式化思维，直奔研究对象“层级观”；②2.2 的“过程”不如“层次”具体，层次可将过程切分；③第 2 稿第 3 节的“层次”移入第 4 稿的 2.2；④第 4 稿第 3 节原有的“层次”改为“层级”更显动态，大标题中原来的“层次”改为“层级”，另加“翻译策略”突出翻译行为本体研究。

第 4～6 稿：①语域与语篇翻译是关系研究，“层级观”既已概括，不如将层级再次凸显，具体化为“三步转化观”；②欲将翻译定位于“全译”，因为全译与变译已成一对新的翻译范畴；③全译的精髓在于转化，转的是内容，化的是原文与译语形式之间的矛盾，因此第 6 稿第 2 节加了“空间转化”；④转化属于过程，又将“转化”拾起进入 2.2；⑤随着“三步转化观”的确立，我们将第 4 稿 3.1～3.3 的三大策略升为第 6 稿的第 3、4、5 三节，以与文相应，同时全部加上“语篇全译”，三个标题更加术语化、主题化，更严谨。

第 6～11 稿：①将第 6 稿第 3、4、5 节中的“语篇全译语域”缩略为“语域翻译”，进入第 3、4、5 三节，欲进一步术语化；②将第 6 稿 2.2 一分为二，同时深化层次，实为转化的原因层次；③既然是三步转化观，将第 3、4、5 三节的标题进一步具体化，又将三节之下各点列为标题，形成思路网络，亦即观点系统；④将第 6 稿第 4 节的“调整”改为“重调”，与另外两节的“重构”“重现”构成术语系统。

第 11～14 稿：①担心“语域翻译”过于术语化而致费解，吸收审稿人意见（“全译”之说不常见）后恢复为“语篇翻译”；②第 11 稿 2.3“过程的原因层次”，因 2.2 是转化的过程，接下来讨论转化的原因，语境之下可省前因“过程”及其下位概念“层次”。不过，标题虽改为“语篇翻译”而弃“全译”，但是整个框架仍用“转化”，留下了矛盾，不太熟悉提出变译后将全译视为独立研究对象的读者是难以明察的。此番交代虽为马后炮，却有必要。

建议框架每次调整后单存一个 Word 文档，以阿拉伯数字顺序命名，存入“框架”或“纲目”文件夹。改纲之后最好写心得，记录自己思考的、修改的原因与依据、成片的心得，总结成与败、喜与乐，尤其是与同行、导师等人的不同之处，以及自己坚持之处。这实为自我成长的轨迹档案，若是养成习惯，便成长得更快更优，终身受益。

### 1.2.4　篇幅再调

论文要求一定的篇幅与字数，字数多可左右逢源，互相取势，便于彼此映衬或遮掩，也显得丰富；过少则简，稍有破绽就会暴露，会因简陋而流于单调与寡淡。不过，字少意深，印象也会深刻，不可因求简而轻意，更不可因求简而漫不经心。提倡能简不繁，能短不长，力求舍弃陈词，用性灵文字彰显精短文风。

考虑到文章影响因子和转引率，许多期刊不成文地规定文章至少在 8000 字以上，不再或很少刊登短文。将文拉长已成时尚，字数有时还成为多拿奖励的参数。对有些作者不论题材与体裁，不顾驾驭能力，一落笔就洋洋洒洒，动辄万言，笔者并不提倡。其实，作品大器还是小器，未必取决于篇幅的长短，而取决于学养与精思。惜墨如金，寥寥数笔，才、情、智齐备，应是佳作的主流或航标。

除整体控制篇幅外，局部则讲究言简意赅，最终可控全篇的幅度，简洁性是汉语的文化遗产，应力避仿效印欧语的长篇大论，其前提是论证充分。简洁利于传播，较之于西方语言，汉语更简、更洁。内容明而文字洁是学术的至高境界，是思维简洁的折射。只有研究目标明确，才不会旁逸；只有中心突出，才不会无际。只有主干独立，才不会枝蔓；只有思路清晰，才不会冗余。只有一味求新秀智慧，才不会科普说常识。试比较表 1.4 前后的修改，改前 168 字，改后 50 字。

**表 1.4　修改对照**

| 改前 | 改后 |
|---|---|
| 论文引言的作用是开宗明义提出本文要解决的问题。引言应开门见山、简明扼要。有的写机器人的文章，绕了太大的圈子，有点“言必称希腊”。很多论文在引言中简要叙述前人在这方面所做过的工作，这是必要的。特别是那些对前人的方法提出改进的文章更有必要。应该注意的是，对前人工作的概括不要断章取义，如果有意歪曲别人的意思而突出自己方法的优点就更不可取了。 | 有人作文，引言爱绕，言必称希腊，凡事从头讲。简述既往虽有必要，但不可烦琐，断章取义，更不许有意歪曲。 |

文章越长，可批判的对象也越多。论述简洁而有逻辑力量，言短而意深应是所求的目标。学术语言越来越合法不合气，缺乏灵性，“掉书袋”现象越来越严重，影响阅读。古人笑话博士买驴，书券三纸，不见“驴”字。博士浪掷千金，未必胜过善用百金。洋洋洒洒未必胜过短小精悍。写作反对华而不实、繁缛堆砌，题材取舍剪裁要意深言简，有高度概括力，表达则要生动形象，于含蓄寓褒贬，简而有法，文不空言，字字有用。比如博士后王林比较原稿与发表稿①，

① 王林. 句子上的叙事：谈自由间接话语的翻译处理[J]. 外语教学与研究, 2014, （2）: 294-302, 321.

感觉原稿的确需要修改和完善。其经过与笔者和同门交流，修剪文章多余的枝叶，增减相应部分，论述更富逻辑性，字数由原稿的 9093 字，降为终稿的 7891 字，论文干净简洁地问世，使人顿觉神清气爽。

长短控制始于“引言”，开头不简，头没开好，不知章法，后面往往受其影响。讲话不重开头者，发言常常不得要领。文章也是如此，引言忌长，重在“引”，不必详说。引言多含小综述，文献综述可用比较和对照法，按时序或逻辑顺序综述文献，侧重介绍此前相关的代表性与问题性成果，是思想和方法的综述，以说明现状与不足，简介新的问题及选题的缘由。若是探索性问题，须指明其实用价值或理论价值，以明选题、理论、方法等方面的新意。此外，附录不能过多，注释不必过繁；文献只是必用，一般是每千字约 2 篇文献，如 7000 字文章，15 篇文献左右为宜。

如何制定论文的长短？核心在正文部分，可检验论文结构能否成立，概念或术语的使用是否准确，推理判断是否严谨。论述即说理，论点宜鲜明，表述宜突出，论据宜充分，推理宜严谨。比如，实证论文的格式是引言、假说、数据、方法、实证结果、相关讨论、结论性评述，其中行文需协调引文与已见的关系。有人以引用西方观点为荣，视国内同行、同辈、晚辈而不见。要引用国内论文，还可自引。传统文化多为自谦，导致不敢自引，怕被人说。该自引而不自引，也不科学。否则自己科研成果的连续性、发展性如何体现？既可他引，也可自引，是掌握论文长短的方法之一。

文章的体例格式如何巧妙设计，也会涉及篇幅大小。比如，引文单独占一段，要不要整体右向缩进 2 个汉字；图表如何设计更省篇幅；注释与参考文献是否重复；等等。起初，《基于翻译本质的理论翻译学构建》①将入《中国翻译》拟开的专栏，要求字数不超过 4000 字，短小精悍，论述清晰，只出思想。基本成文后，字数约 9370 字，篇幅要压缩一半以上，前 3 次删除了大量引用和陈述，力求表述精练，突出核心问题。第 4 次再次压缩，修改了部分表述，删除总结性和引导性话语，增加部分连词，篇章更连贯，用词更凝练，表述更得体，最终改得 3800 字，接近专栏要求。其有效方法之一是将大图换作小表，省去不少空间，如图 1.2 换作了表 1.5。后来专栏撤销，又恢复长文发表，就可以留用图 1.2 了。

① 黄忠廉，方仪力. 基于翻译本质的理论翻译学构建[J]. 中国翻译, 2017, （4）: 5-10, 128.

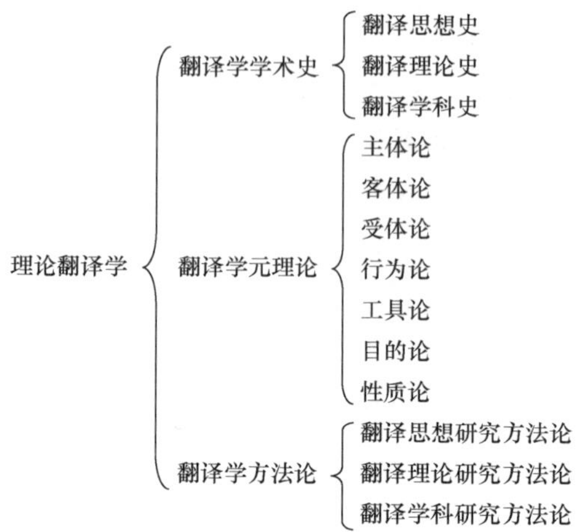


图 1.2　理论翻译学学科架构

**表 1.5　理论翻译学学科架构**

| 翻译学学术史 | 翻译学元理论 | 翻译学方法论 |
|---|---|---|
| 翻译思想史<br>翻译理论史<br>翻译学科史 | 主体论　客体论　受体论<br>行为论　工具论<br>目的论　性质论 | 翻译思想研究方法论<br>翻译理论研究方法论<br>翻译学科研究方法论 |

### 1.2.5　“深新紧凑”

学术史表明，有深度的思想或理论才能传承。文章有新意又有深度，才会为人所欣赏。要有深度，就得精益求精；要有精度，就得讲究紧凑。这是修改之道，欧阳修“作文既毕，贴之墙壁，坐卧观之，改正尽善，方出以示人”（何薳《春渚纪闻》）。深度有时也是高度，指选题立意要有一定高度，即选题要有重大的理论或现实意义。

文章分析论述要深刻、充分、全面。深度，指文章观点独特新颖，论据充分翔实，论述深入全面。文章具有且突出自己的独特观点极为重要，不能人云亦云。论述深入，须把观点说深说透，力求全面充分而有据，不能浮光掠影，自言自语，既无理论，又无事实，想当然，经不起推敲；亦非总是旁征博引，离主题渐行渐远，滔滔千言，甚至跑偏了，离题万里，论述越多越无价值；更非假借理论联系实际，提高理论性，而不切入具体论述。学会分析和分类是深入研究的手段之一。比如，博士后王林发现原稿由于未做详细恰当的分类，论述的层次感不强，给人感觉思路不够清晰；修改时对自由间接引语在翻译中出

现的问题和现象做了分类并以译例论证。如此一来，论文显得更丰满而“有货”，甚至多了一点创新，比如，新增一类——自由间接引语和自由间接思想的混合体及其叙事效果在翻译中的问题。修改后的论文[①]主体部分结构层次更为清晰，读者读起来也更为一目了然，或许更受审稿人青睐。

作文境界有三：①以人说人，多为译介或抄袭；②以己说人，多为转述或引用；③以己说己，多为自抒或独创，应是学问的最高境界。中国传统学术有“我注六经”的习惯。“六经”俱在不见“我”。书读不少，成两脚书柜，通篇多见“某某说”“某某认为”，多是他人观点的罗列，唯独少见自己说，或说得不明确。那么，如何突出“我”，彰显新意?

判断选题新意的最佳方式是依关键词检索，可知选题是否有新意，是否重复。该选题有过哪些研究？哪些与自己相关？引文搜索或查询，也用关键词搜索。文章出新，要有新事实、新理论、新视角、新方法等。以理论出新为例，修改阶段要补全文献，再次穷尽所有新文献。最新文献所引的文献是最佳线索，应以文献查文献，顺藤摸瓜追踪。自己的文章主见已定，可挑选支持自己观点的论据，及时补入文章，以增其厚度，扩其广度。以新事实为例，基于新事实的具体分析与论证及其理论化提炼，远比那些宏大叙事来得真切感人。

阐清自己的研究如何超过以往，显示自己的优势，直接指明以往的优劣，胜过直陈自己的观点，若能对自己的观点展开有力的论证，区分自己与他人的观点则更好。例如，俄罗斯科学院最新资料统计显示：苏联解体后，俄罗斯共存 86 种语言，分属不同的语支、语族和语系，其中少数民族语言 55 种。刘丽芬敏锐地抓住这一变化，比较分析了此前有关苏联语言介绍的状况，指出解体给俄罗斯的语言谱系带来了变化，新的俄罗斯语言谱系分类特点如下：①分类更细；②新增语系和语种；③名称有变化，语言有分合；④不再采用古亚细亚语系这一笼统提法，而是予以明确定位；⑤由于分类更细，有的语言所属谱系发生改变。因其资料最新，观点鲜明，论文刊于《当代语言学》之后被《中国社会科学文摘》摘录[②]。

论文只有紧凑才会更加显深、显新。紧凑重在逻辑严谨，以逻辑的力量吸引人。科研写作最常见的毛病就是无逻辑，全文调整常落脚于逻辑调整，期刊

① 王林. 句子上的叙事：谈自由间接话语的翻译处理[J]. 外语教学与研究, 2014, （2）: 294-302, 321.

② 刘丽芬. 俄罗斯最新语言谱系分类[J]. 当代语言学, 2012, （2）: 212-217; 俄罗斯最新语言谱系的分类特点[J]. 中国社会科学文摘, 2012, （10）: 153.

也会因为逻辑混乱而拒稿。初稿后的二稿主要改逻辑，其修改极为关键，往后就较少关注大改了，多转向具体词句的修改。投稿前，一定要整体读一遍，对个别词句略作改动，更应关注主次的设置、结构的搭建、逻辑的先后、图表的取舍、时序的安排等，这是文章自救的临界点。逻辑趋向紧凑，旨在讲好一个完整的学术故事，有开端、发展、高潮和尾声，不要把全过程无主次、无巨细地如实写来。试试先写要得出的结论，再逆向思考，越是倒推，其逻辑性越要求严谨。文章要点应该一目了然，要点的特征和对应的各大小节应清晰呈现，关键词、论点和论据应在篇中多次或依次出现。如表 1.3 所示，语篇、语域、所指、能指、实指、重现、重构、重调、过程、原因等关键词，演绎出全文紧凑的结构，依结构又可展开全文。

### 1.2.6 再纳百川

论文修改完善过程中，要继续读书，一为充分理解所用的理论，提升自己的论述；二为增加写作修改期间新出现的文献的新思想以及新发现的其他理论视角。论文所引文献新、语种广、有权威性，说明作者搜集信息能力强、信源广、立论实、起点高，也就更加接近前沿，结论会更可靠，创新性与学术性会更强。引文陈旧折射作者思想趋向过时，创新性不够，水平不会太高。不过，某些经典理论是学科发展的根基性文献，虽老，却常被引用。国内外最新的文献取近五年左右为宜，以表明作者密切追踪最新动态，了解学科前沿。文献尽量引用权威期刊、权威学人或学术新锐的文章，这也是写作、发表高层次论文的前提。

一定量外文文献成了论文优产的条件。文献的语种可助编辑推断作者对国内外现状掌握的程度，确定论文的水平。文献的语种分布反映国内外视域的广度，两门语言为必需，一门看住国内，另一门瞄准国外，及时借鉴和吸收内外智慧，能确保研究出新。若有两门外语，岂不是更具国际视野？于外语专业尤其如此。比如《语篇翻译语域三步转化观》①因两位作者均是由俄语跨语种研究了语篇翻译的语域转化问题，汉语文献第一多，英语文献第二多，另涉俄语文献。第一次编辑部审稿意见就提出“关于所借鉴的理论来源，有关语域理论的代表性文献涵盖不够全面，尤其是缺乏最新的英文文献及其相关内容的文献综述”，笔者增加了几条国外最新文献，做了小综述，见表 1.6 下画

① 黄忠廉，孙瑶. 语篇翻译语域三步转化观[J]. 现代外语, 2017, （2）: 201-212; 语篇翻译语域三步转化观[J]. 人大报刊复印资料“语言文字学”, 2017, （7）: 125-134.

线部分。

表 1.6 文献与小综述的增加

| 改前第 11 稿 | 改后第 14 稿 |
| --- | --- |
| 1. 引言<br>目前译界对翻译活动的"跨学科""多角度""复杂性"已达成共识。如我们将镜头进一步聚焦，将具有独立性、完整性的语篇系统置于跨文化交际的翻译过程中考察，则所涉因素变得更为驳杂。静态上，语篇全译包括内容-形式、整体-部分、功能-结构等二元对立的语言不同侧面和层级；动态上，语篇全译又必然牵涉至少两种以上不同言语交际背景中的交际者、情景语境、文化背景等语言外部成分。那么，面对如此繁复的多维系统，语篇翻译究竟该从何切入，操作有无具体层次可寻？目前已有语篇翻译理论对此问题的回答和解释似乎并不充分。从方法论上专谈语篇翻译的文献不多，结合语域研究的更少见。基于此，本文将语域理论引入语篇全译过程，尝试用符号学方法为问题解决提供新视角。 | 1. 引言<br>目前译界对翻译研究的"跨学科""多角度""复杂性"视角已达成共识。若将镜头进一步聚焦，将具有独立性、完整性的语篇系统置于跨文化交际的翻译过程中考察，则所涉因素变得更为复杂。静态上，语篇翻译包括内容-形式、整体-部分、功能-结构等二元对立的语言不同侧面和层级；动态上，语篇翻译又必然牵涉至少两种以上不同言语交际背景中的交际者、情景语境、文化背景等语言外部成分。隐藏于语篇语域之后的语言、思维、文化差异加剧了跨语转化过程的复杂程度，面对如此繁复的多维系统，语篇翻译究竟该从何切入，操作有无具体层次可寻？对此国内外学者已展开部分研究。<br>在国外，Catford（1965）和 Hatim & Mason（2001）等是先后从不同视角对语篇翻译中的语域问题展开研究的，但侧重静态语言对比，因而受到翻译研究文化学派的批评。近年来语料库语言学兴起，为语域翻译研究提供了新工具，如 Marais & Naudé（2008）基于语料库以描述研究的方式讨论了通俗宗教文学文本翻译后发生的语域变异现象，Kreinkühle（2012）用类似方法对科技文本翻译中的语域迁移作了探究，Kruger（2012）通过译作与原作语料对比分析发现，翻译文本语域变体相对较少，语域敏感性下降。Neumann（2014）从方法论层面探讨了语域导向的跨语言分析在翻译研究中的应用。国内学者早期只在理论层面强调语域对语篇翻译的重要性（李运兴 2000；吴群 2002）实质性理论推进较少，近年来有学者尝试结合译作文本分析从词汇层面（陈晓等 2014）和语言变体层面（曹明伦 2016）分析语域的翻译再现问题，王晓华、柴秀娟（2009）提出"语域迻译"（register shift）概念并结合实例验证其适用性。整体而言，现有语篇翻译研究已经证实了语域翻译问题的复杂性，但侧重从译作语域变体分析层面对翻译中语域变化进行回溯式描述，缺少从操作和方法层面对语篇翻译过程中语域转化问题进行分层分类考量。基于此，本文将语域理论引入语篇翻译过程，尝试用符号学的方法为问题解决提供新的视角。 |

增加引用要适度，忌大段大段地引用。"续论""也论"之类的论文，可用已发论文转述，浓缩思想。用过的例子，要小心查重，如某位朋友撰写有关变译理论的论文，因是"再论"，对自己和他人此前的内容转述较多，

经查重，就超过了应有比例，虽进了三审，最终却不予发表。人文学科类论文的引文长度常常失控，社会科学类论文参考文献量常常失衡，甚至达百篇以上。请问自己的思想何在？综述性论文的文献要多，原创性论文的文献则少得多。

## 1.3 微观大改

文不厌改，佳作是改出来的。本节立于微观，放大局部构整体，主要指文字的锤炼，是为精炼思想而雕琢形式。哲学家语含智慧，若多点情味便更好。思想，学界有时不缺，却毁于晦涩。学术文章不妨充满生命意识，有些生机和灵气，让人好读。若想用优美文笔写枯燥论文，不妨借读朱学勤著《书斋里的革命》，看思想如何富有人文性。学者要像作家一样爱语言，要向语言文字讨饭吃，理应是语文的热爱者。学术语言也讲性情：准确、鲜明、简洁、生动。

### 1.3.1 改出文气

外语学科属于人文科学，整体上更应显得有文气。“文气”源于古代哲学概念“气”，万物有“气”，才有生命力。人有了“精气”，不但有生命，而且具有“神”，便有了精神；文气现指贯穿于文章的气势，也指文章的连贯性。汉语美在文采，强调文字功力极有必要。有独特思想，取独特视角切入，却无独特语言表达，则是莫大的冤屈。文字润色修饰，以求通畅。熟悉的字经人集成，就会产生视觉或听觉的冲击力。唐诗动人，历久弥新，众人多崇尚精练的华章，厌恶啰唆的絮叨。要改出论文的文气，也即庞卓恒等所主张的“文字修饰加工，务求通顺、简练、明白，修改病语、病句，删冗去空”[①]。

内容深入，语言浅出，可以增加论文的可读性；用易懂严谨的语言写出复杂高深的作品应是学术写作的方向。敢于且善于表达自己，宣传自己的智慧、学养、情感、禀赋和个性，能独立思考，自由言说，有情有味地表达，此类作者所写的让读者眼前一亮的文章，才是受欢迎的佳作。专业性论文能被半个内行看懂很重要，因为审稿人多是大类同行，因此语言应专业但深入浅出，便于通过审稿，最终便于读者捧读，传播作者的思想。

最容易忽略的是润色，即修饰文字，使其有文采。写作时偷工减料、能省

① 庞卓恒，李学智，吴英. 史学概论[M]. 北京：高等教育出版社，2006: 229.

就省的环节往往是润色，其实，该阶段约占写作时间的 10%。很多时候，舍不得时间润色，会导致论文粗糙。文无气则萎，无韵则枯，无情则涩，无趣则死。如果气、韵、情、趣四大皆无，只剩知与理，不如直接读哲学好了。周作人晚年语言俗白、纯净而有韵味，无 20 世纪三四十年代“掉书袋”的沉闷，滤去了昔日散文的苦涩，变得明朗、轻松和洒脱，余味依然。可见，言之无文，行而不远。文字表达思想，以简洁晓畅之语表达深刻繁难之思，而非相反。当下的学术文字中西混杂，佶屈聱牙，以示深奥，读之如同不中不西的中介语。

润色尤其见于众人合作，因为一人创作，有利于文气贯一；多人合作，更应注意文气的一致。有时一篇文章多人合写，而内容、形式、风格要一致，第一作者须读全文，完成统稿，使其文气贯一。润色还见于多人如何同改一文，如表 1.7 所示，从第 12 稿到第 18 稿就是笔者所撰初稿，得到十多位前辈与弟子的批评，最终改出的文气是：外文—全称内涵及历史—所构成的学科—业界通称—启用缘由—以史拯今。语言越来越简，句子越来越短，内容越来越丰富，改出的文气越来越顺畅。

**表 1.7　文气贯通的修改**

| 第 12 稿 | 第 13 稿 | 第 18 稿[①] |
|---|---|---|
| “外文”二字，一直是国内老牌大学的情之所钟，它们以语言为基础，想恢复偏重文学、更重人文素养的传统。所以，在此用“外文”简称“外国语言文字”“外国语言文学”“外国语言文化”，一则可含更多的主干学科，拓宽包容面，彰显未来趋势；二则以求改变其工具性与单科性，以显人文味道，注入精髓与灵魂。 | “外文”抑或“外语学科”乃外国语言文字、外国语言文学、外国语言文化的通称。外文或外语学科教学一向为国内大学尤其名牌大学所看重。名牌大学力主以语言为基础，兼及文学、人文素养的传统；故扩充了外文和外文教学的内涵和外延，使之涵盖更多的方面，包容更宽的领域，彰显未来的趋势，以求消除其单科性、工具性之弊，以应形势变化之需。 | “外文”，是外国语言文字、外国语言文学、外国语言文化的简称，历来受老牌大学看重，所构成的学科为“外国语言文学”，通称“外语学科”。在此使用“外文”二字，旨在承传薪火，重振以语言为基础、偏重文学、更重人文素养的传统，使其涵盖面更广，包容度更大，昭示未来趋势，以求消除其单科性、工具性之弊，以应形势变化之需。 |

文气首先与形式上的文句长短相关。论文每段长短有据，既不能如专著那样有时一页长为一段，也不必像报纸文章那样分段多而短。期刊论文分段相对报纸较少，每段较长；相对专著较多，每段较短。汉语创作各段之中，平均句

① 黄忠廉，刘丽芬，外语小科研入门[M]. 北京：商务印书馆，2018：总序 I.

长为 12 字左右，学术论文则稍多，也不能超过汉译的平均句长 15 字左右。最大限度地保证可读性，大多数的句子最好平均在 15 字以内。

学术语言有韵味，文气顺通，一定少不了音乐性。学术文字要有可读性，便于理解，而非故作高深、晦涩难懂、疙里疙瘩。文字简洁大气用笔极简，字字句句有讲究，文如字画，耐得把玩。现代写作必用白话，可由简洁而显出神气和富贵气，二气来自传统文脉和文化，文气、雅气和才子气溢于字里行间，这种语言近代可看《老残游记》《儿女英雄传》等，现代可看钱锺书、汪曾祺、老舍等人的作品。如：

【例 1.9】

One two three four, /We don't want the war! /Five six seven eight, /We don't want the state!

一二三四，战争停止！五六七八，政府倒塌！[①]

本例是钱锺书入《管锥编》的汉译，余承法认为："原文为纽约民众的游行口号，带有诗歌的节奏（四行的音节数分别为 4、5、5、5）和韵律（aabb）。钱锺书不仅保留这一特色，还采用汉语中朗朗上口的四言八字，再现英语口号的气势，既对仗工整，又铿锵有力，使汉译在表达手段和效果上更胜原文一筹，实为胜似！"[②]

### 1.3.2 改出准确

木匠拉线，旨在确切，语言要有力量也循此理。文字该有则有，该无则无，才能确切。大道至简，精准落笔，表达朴素，于学至关重要，又难以达到，所以需要磨砺。高明笔墨，在于以少胜多，以小观大，言有尽而意无穷。因此，需检验论文的概念是否准确，判断是否严谨，推理是否合理，是否用好了同义词、同义句、同义句群。

同义词修改首先体现为关键词的选择与修改，如果提取的关键词都不关键，全文的术语化程度则难以得到保障，学术性也会打折扣。比方说，为表明论文的内容与意图通常用 3～5 个最核心与最简练的专业术语，每个关键词最好不超过 5 字，浓缩的都是精华，同时便于文献检索，如《翻译研究创新术语逻辑化问题——以"翻译生态学"VS"生态翻译学"为例》[③]关键词的调整。

---

① 钱锺书. 管锥编（第 1 册）[M]. 2 版. 北京：中华书局, 1986: 64.

② 余承法. 全译方法论[M]. 北京：中国社会科学出版社, 2016: 5.

③ 曾婷，黄忠廉. 翻译研究创新术语逻辑化问题——以"翻译生态学"VS"生态翻译学"为例[J]. 外语教学, 2018,（4）: 75-79.

【例 1.10】
第 3 稿：翻译研究；术语；逻辑；翻译；生态
第 4 稿：翻译研究；术语；逻辑化；翻译；生态
第 5 稿：翻译研究；术语创新；逻辑化；翻译；生态
第 6 稿：外语研究；术语创新；逻辑化；翻译；生态

第 3 稿“翻译研究”与“翻译”相重，前者是从翻译学角度选取，后者是从副标题“以‘翻译生态学’VS‘生态翻译学’为例”选取；第 4 稿将“逻辑”改为“逻辑化”，凸显修改递进的动态；第 5 稿将“术语”改为“术语创新”，反映文章讨论学科交叉的创新宗旨；第 6 稿听取编辑部意见，将“翻译研究”改为“外语研究”，选其上位概念，扩大学术领域，一并解决与“翻译”相重的问题。

文字准确是整篇文章准确的基石。文风严谨精练而风度雍容，清新脱俗又平易近人，与令人目眩的新潮恰成鲜明的对比。为求准确，得反复修改。或许有人会改得自己厌烦，但更应改得感人动己。没有感动，就谈不上欣赏。写作的语言要浅显明白、生动准确，就得向百姓学习。有些词语本身并不起眼，普通而又平淡，但在特定的语言环境却是那样妥帖（表 1.8）。

**表 1.8 词语准确性修改对比**

| 第 3 稿 | 第 8 稿 |
|---|---|
| 顺应时代之“变译”<br>译，易也，即改变。翻译，是语言之变、形式之变，各种变化都服务于语际信息传递。<br>“变译”最初被称作“翻译变体”，是翻译的一种变化形式。它缘起于读者对信息的特殊需求及翻译活动的知识产权牵制等，使读者能够“多”（信息量大、密度大）、“快”（翻译速度快）、“好”（质量高）、“省”（省时省力）地获取原作信息。 | 变译理论学科反思<br>译，易也，即变化。翻译本身就是变化过程，据中国哲学“变化”范畴，变即变通，指质变、巨变；化即转化，指量变、微变。转化是全译的精髓，转移原作的内容，化解原作内容与译语形式之间的微观矛盾，亦即钱锺书之“化境”，由此可以产生全译理论。变通是变译的精髓，正是借语际形式之大变服务于内容之通、信息之通和文化之通，能多、快、好、省、准地传达原语文化，解决原作之供与译语读者之需的宏观矛盾，亦即严复之“达旨”，由此产生变译理论。 |

表 1.8 是为《外语与翻译》“变译理论研究专栏”所撰“主持人语”[①]的修改。除了标题升为学科反思外，文章对“变”“化”做了哲学探源，逐步准确

① 黄忠廉，陈媛. 变译理论学科反思[J]. 外语与翻译, 2018, （2）: 6.

界定，即变—变通—质变、巨变，化—转化—量变、微变，并与古今两大翻译思想联系起来，简短之中还着力于对变译的介绍，力求引向理论高度。比较可知，整个修改过程基于单一显出了丰富，基于主流突出了创新，基于对比衬出了特性。

较长的同义短语或同义单句的修改体现为正文和标题的修改。选题多呈现为短语，要适中，过大过小均不宜，大题常小做，偶尔大题大做。倘若大题小做，则会蜻蜓点水，多半缺乏深度。正标题本身的修改是重点，如例 1.11[①]，文章写作早期是针对整个外语界有感而发，标题比较口语化；中期因研究对象主要是翻译的交叉学科，故将范围缩小，重点落脚于学科术语，考察的是逻辑化过程；最终标题首先突出学术创新，同时吸收编辑部意见，回归宽泛的主题，以扩大受众面，而具体的内容交由副标题揭示。

> **【例 1.11】**
> 早期标题：外语研究应讲点逻辑
> 中期标题：翻译研究术语逻辑化问题
> 后期标题：翻译研究创新术语逻辑化问题

正标题若是题意需要更加明确，可加副标题，改单一标题结构为主副标题结构，则可明确论题。有人爱用副标题，殊不知副标题的范围多半比正题窄，而不能比正题范围宽。其实，副标题作用大致有三：①调整角度，如拙文《外文科研急需方法论——基于“外文科研方法丛书”的思考》（《译苑新谭》，2018/10）、与刘丽芬合作的《论翻译的美学层次——以〈Glories of the Storm〉的翻译为例》（《外语与外语教学》，1996/4）等。②限定范围，如与李亚舒合作的《翻译学的创建——全国译学学科建设专题讨论会述评》（《上海科技翻译》，2001/3）、拙文《“太大而不能倒”而非“大而会倒”——与张欙先生商榷》（《中国社会科学报》，2011-10-13）等。③突出重点，如拙文《思维研究：叩问翻译的奥秘——兼评〈英汉互译思维概论〉》（《外语研究》，2003/2）、与杨荣广合作的《应用翻译研究：进展与前瞻——基于〈上海翻译〉卅年办刊宗旨之嬗变》（《上海翻译》，2016/2）等。

凡深藏学问者，总能把深奥的道理说明白。只有会的人，才能说得少、说得好。说得不好，反证他不是真会。只有深懂研究之甘苦，才能洞悉语言之奥

① 曾婷，黄忠廉. 翻译研究创新术语逻辑化问题——以“翻译生态学”VS“生态翻译学”为例[J]. 外语教学, 2018, （4）: 75-79.

妙，才有鞭辟入里之言，而少皮相空泛之论。说理的优化多表现为同义复句或句群的修改，彰显的是推理的逻辑力量。标准推理格式是三段论式，但有时只有大前提而无小前提或结论，结论留给读者做；有时只有小前提和结论，而无大前提，因为不言而喻，如例 1.12。

> 【例 1.12】
>
> 胡庚申也认为："生态翻译学研究，自然会包括这样一些草木鸟兽、山水土石方面的真正意义上的'绿色'翻译及其相关研究，尽管这些不一定是生态翻译学的主要指向。"（胡庚申，2013: 287-288）既然生态翻译不是学科的主要内容，为何在学科命名上不遵守这一逻辑，不用"翻译生态学"，而用"生态翻译学"？这可反证生态翻译的外延较窄，不足以涵盖胡庚申《生态翻译学》的全部内容。①

例中楷体是改稿增加的复句。原稿先引用作者观点，再通过质疑而正面讨论两个术语的矛盾，所加部分则是反面点明同一矛盾，一正一反加大了论证的深度。本次推理省去了大前提，即"生态翻译学的主要内容是生态翻译"，这是据胡庚申所创学科导出的，依其书中观点，绿色或生态翻译不是"主要指向"，笔者的正面分析则提出疑问，实为否定，算是小前提，而反证则是结论。

准确性还可落脚于引文与译文的准确性。认真核对引文与译文，尤其是转引的容易以讹传讹的文献。有的论文的引文或译文有误，引起编辑怀疑其他地方是否也不准，与其校改其他种种可能不准之处，以证实该文不用，不如采用证伪法，一例否决文章，索性弃用。这是编辑最简便的处理方式。曾有一学生刚留学回来，非常敏锐地抓住了一个与汉语有关的选题，成文投稿某知名期刊，已经三审要刊发，最终因一个术语的汉译导致编辑对其他术语的否定，最终未能面世。

### 1.3.3 改出简洁

文章坐实于微观便是文字的完美搭配，好笔墨缘于最佳搭配，正如五官美丑全在巧合。爱美之人吝惜文字，会逐字逐句改文章，同一意思，能少不许多。同义选择是修辞，更是艺术，甚至是美学。洗练是严于律己，字字准确，惜字如金，将如金光阴送给读者。洗练也显出行家身份，带着一份自信。洗练的前提是有礼节制，点到为止，不滥于情而止于秀。因此，在句内，能用字不用词，能用词则不用短语。如例 1.13 若是汉译入文，其英语关系代词带定语从句后置，限定前面的名词，为汉语所无，较难翻译。要么原封不动，顺序而译；要么解

---

① 曾婷，黄忠廉. 翻译研究创新术语逻辑化问题——以"翻译生态学"VS"生态翻译学"为例[J]. 外语教学，2018，（4）：77.

构原序，分为两个或两个以上的短句或短语，启用古汉语中仅存的“者”“其”等关系代词，所得译句文气，雅洁！

> **【例 1.13】**
> The person who knows how will always have a job. But the persons who knows why will be his boss.
> 原译：谁知道如何做，他就会有工作，但谁知道为什么，他就会当老板。
> 改后：知其然者，任事；知其所以然者，任人。

质朴简洁，则显得实诚而感人，无装腔作势，无故意卖弄，无人云亦云，无套话连篇。百字何必成千言，以炫渊博？文字平淡，意味才深长。“干净洗练不仅是一种技巧、风格，更是一种教养，一种对社会、对读者的智力与时间的尊重。确实，饶舌是冒犯也是掠夺，社会确实应对饶舌者课以重税，收以罚金。”[①]以洁为准修改句段，最大限度地保证可读性，英语平均句长 15～20 词，汉语则 12～15 字，要避免无用的句子，一句顶十句，别低看了读者，剥夺其思考的空间。因此，在句层，能用短语不用单句和复句，能用短句不用复杂长句，如例 1.14。

> **【例 1.14】**
> 译者以一种隐身的面目出现，译文中看不见译者的痕迹，它抹杀了译者在翻译过程中的干预作用。
> 改后：译者隐身，译文不见其踪，其作用被抹杀。

“隐”本义为“藏而不露”，“以一种隐身的面目出现”内含矛盾；“译文中看不见译者的痕迹”可略为“译文不见其踪”；代词“它”可承前省略；“译者在翻译过程中的干预”是对“译者干预翻译”名词化改造的结果，属于欧化现象。改后比原译 40 字减少了 24 字，字数减掉近半[②]。

好论文因表述不当而不能发表，亦十分可惜。上好的论文，编审者乃至读者第一时间能准确地捕捉到其中新论点和精致的论证，判定其价值。论文写作用最简洁的语言表达最明白的思想，因此观点清新，论证精练，以简洁为标准可以修改句段。因此，句以上能用单句不用复句或句群，能用复句不用句群。例如，《小句全译语气转化研析》[③]结论的修改，将原稿的引例及分析删除，同时将四点原则由段合为一个大句群，免除了狗尾续貂式累赘！尤其是第四点，原为句群，删除后面一复句，连所举例子（更大的句群）也一同删除了（表 1.9）。

---

① 王蒙. 我为什么喜爱契弗[A]//上海译文出版社编. 作家谈译文[C]. 上海：上海译文出版社, 1997: 3.
② 黄忠廉. 汉译的“雅”与“洁”[J]. 读书, 2014,（4）: 9-13.
③ 黄忠廉. 小句全译语气转化研析[J]. 外国语, 2010,（6）: 70-75.

表 1.9 结论简洁过程

| 改前 | 改后 |
| --- | --- |
| 4. 结论<br>全译包括理解、转化和表达三阶段，理解是由语表获得语里和语值，转化是语里和语值的转移，而表达则是从语里和语值出发，寻找最恰当的译语语表形式，这是一个从语义语用到语形（或从语里语值到语表）的过程，正好实现句子的功能。而语气是语用因素，它将与语义一道移入译语，其转化规律有对译、增译、减译、转译、换译、分译和合译七种，统而言之，其转化原则如下。<br>第一，从文体看，从科技类到社科类，再到文艺类，随着情感越来越充沛，语气转换、增减、分合的频率越来越快，转化要求越来越高，翻译难度越来越大，也越发因难见巧。<br>第二，陈述语气占全译的绝对主体，多半如实对译；疑问语气、祈使语气和感叹语气相对较少，也可以对译。<br>第三，语气对译是常态，是主体，语气的转换次之，语气的增减和分合较少。<br>第四，最大的艺术显示在陈述语气、疑问语气、祈使语气、感叹语气之间的互换。有时如果作者没能充分显示语气的魅力，译者完全可以锦上添花。如：<br>Ah, money, money, money! What a thing it was to have. How plenty of it would clear away all these troubles.<br>原译：啊，钱，钱，钱哪！有钱多好啊！得有多少钱，才能将这一切烦恼扫得一干二净啊！<br>原文第一句连用三个 money，气势不断叠加；第二句为感叹句，反倒没了语势；第三句增长，语气更是式微。汉译如果都用感叹号，甚至在感叹号数量上也呈递增状，原文的感慨之叹也许更能跌宕上升；试译中三个语气助词，也可以不用，更能展现情感的急切态势。<br>试译：啊，钱，钱，钱哪！有钱多好哇！！得要多少钱才能将这烦恼一扫光啊！！！ | 4. 结论<br>全译包括理解、转化和表达三阶段，理解是由语表获得语里和语值，转化是语里和语值的转移，而表达则是从语里和语值出发，寻找最恰当的译语语表形式，这是一个从语义语用到语形（或从语里语值到语表）的过程，正好实现句子的功能。而语气是语用因素，它将与语义一道移入译语，其转化规律有对译、增译、减译、转译、换译、分译和合译七种，统而言之，其转化原则如下：第一，从文体看，从科技类到社科类，再到文艺类，随着情感越来越充沛，语气转换、增减、分合的频率越来越快，转化要求越来越高，翻译难度越来越大，也越发因难见巧。第二，陈述语气占全译的绝对主体，多半如实对译；疑问语气、祈使语气和感叹语气相对较少，也可以对译。第三，语气对译是常态，是主体，语气的转换次之，语气的增减和分合较少。第四，最大的艺术显示在陈述语气、疑问语气、祈使语气、感叹语气之间的互换。 |

勇敢地删减，不要罗列所有事实、引用等，为了凑字数或分量，内容并非越多越好，务必舍弃与主旨关系不大的内容。否则，将导致文章累赘松散，甚至暴露破绽。俗话说：舍得舍得，有舍才有得。多数读者看文章都是一掠而过，所以一定要言简意赅，舍去不必要的文字，留下精练的思想。

### 1.3.4 改出鲜明

“惟陈言之务去，戛戛乎其难哉。”（韩愈语）季羡林的导师瓦尔德施米特教授在指导他写作博士学位论文时，要求他删去一切陈言，在研究中遵守学术贵在创造的信条①。去陈言固然不易，简单、新鲜而自然则更难。高洁的文字需细读、多读、久读，才能发现常言常语的至情至理，才能于精练处见生动，于平淡处见绚烂，于朴素中见清新，于旧词内见新意，于忠厚见幽默。事实多寡，理据恰当与否，或补或删，或调整主次重轻，或突出典型等，均会影响文章的鲜明程度。当下不少论文的结语成了多余，一种摆设。最好是避用结语，写出结论，直接亮观点，不写无关的话；或者虽用“结语”，却写得很“结”。试比较表 1.10 中的第 1～3 稿。

表 1.10 结论鲜明修改过程

| 第 1 稿 | 第 2 稿 | 第 3 稿② |
|---|---|---|
| 概而言之，严复的“信”，指部分信守原作和取信于读者，具体而言，是部分内容取自原作，忠于原作，更多的内容来自原作之外，旨在方便译语读者。<br>概而言之，严复的“达”，指通达，具体而言，是变通原作、以服务于译语读者的行为。达分两层含义：一是达传播原作之要旨，二是达服务读者之宗旨。 | 据严复《天演论·上卷》变译语料库考证，其本文（33 814 字）和案语（17 704 字）中主线是赫胥黎的原作，辅线是斯宾塞的思想，还穿插有中西方其他学者以及自己的思想，因此严译之“信”指部分信守原作（部分内容取自原作，忠于原作，占 27%）和取信于读者（多来自原作之外，旨在方便译语读者，占 73%）。<br>严译《天演论》至少启用了增、减、编、述、缩、并、改七大变通策略。据语料库统计，《天演论·上卷》变译之处达 99.14%，全译仅占 0.86%。因此，严译之“达”，指通达，即变通原作、以服务于译语读者的行为，包括两层含义：一是达传播原作之要旨，二是达服务读者之宗旨。 | 据严复《天演论·上卷》变译语料库考证，其本文（33 814 字）和案语（17 704 字）中主线是赫胥黎的原作，辅线是斯宾塞的思想，还穿插有中西方其他学者以及自己的思想，因此严译之“信”指部分信守原作（部分内容取自原作，忠于原作，占 27%）和取信于读者（多来自原作之外，旨在方便译语读者，占 73%）。严译《天演论》至少启用了增、减、编、述、缩、并、改七大变通策略。据语料库统计，《天演论·上卷》变译之处达 99.14%，全译仅占 0.86%。因此，严译之“达”，指通达，即变通原作以服务于译语读者的行为，包括两层含义：一是达传播原作之要旨，二是达服务读者之宗旨。 |

① 中国社会科学院科研局编．中国社会科学院学术大师治学录[M]．北京：中国社会科学出版社，1999：563．

② 黄忠廉，朱英丽．严译《天演论》“信”“达”真谛考——严复变译思想考之一[J]．中国外语，2016，（1）：101-106．

文章是克制的活计，写作不可信马由缰，需要克己为人。铺陈或抒情要节制内敛，以免脱缰。因为读书是享受，又非磨砺意志，更不是耐着性子读废话。写作过程，可能绕过弯路，思路、设计等曾经的变化，这些弯弯绕绕不要入文。自知即可，文章直指人心，见性成佛即可，如表 1.11。

**表 1.11 行文鲜明修改过程**

| 第 2 稿 | 第 3 稿 | 第 4 稿 |
| --- | --- | --- |
| 以严复为例，其“信达雅”说久已深入人心，按说“信”居于“达”“雅”之前，其翻译必定是极其忠实于原文的，然而事实恰好相反，其所有译著中，“变”的比例远大于“化”。再看鲁迅的“宁信而不顺”，这个主张本身就带有一点悖论的意思，因为文字上的不顺，势必也会造成一种“不忠实”。在刻意求“化”之处，尚且不能无“变”，可见于翻译而言，“变”才是根本属性。换言之，“全译”只是翻译活动的一部分，而且其中还往往包含着“变译”的因素。这并不是说，“变译”一定高于“全译”，只是说，应该还“变译”一个合法地位。“全译”加上“变译”，这才是翻译的全貌。这也许是对翻译本质的一个比较全面的认识。 | 以严复所有译著为例，其“达旨”之“变”术的比例大于“化”。于翻译而言，“变”才是根本属性。换言之，“全译”只是翻译活动的一部分，另一部分则是变译。二者无优劣，各有其用，各美其美，美美与共，共绘人类翻译的全貌。由此双管齐究，才可对翻译本质形成比较全面的认识。 | 即以严复而论，在其所有译著之中，为求“达旨”，“变”的比例亦远大于“化”。可见于翻译而言，“变”才是根本属性。换言之，全译只是翻译活动的一部分，全译之外，还有变译。二者无高下之分，各有其用，各美其美，美美与共，才是人类翻译的全貌。由此双面齐究，才可对翻译本质形成比较全面的认识。 |

表 1.11 是为《上海翻译》“变译理论研究专栏”所撰“主持人语”①的修改。第 2 稿画线部分所谈“信达雅”并非考察的重点，鲁迅的思想更是题外话，不足以进入 1000 余字的主持人语。删剪繁枝，再添绿叶，以全译比对或衬托变译，让变译之花开得更艳。

文笔好，常常是不刻意，无饰痕，行文起落率真自然，精神饱满鲜活有度。说吃肉，偏说成“审美主体对有机客体的规定性解构”？说看花，偏说是“有机主体对植物的生殖过程的审美意象”？《死魂灵》里不说坐凳子，而说“请满足这把椅子想拥抱您的愿望吧”，这是调侃，是果戈理对地主的讥讽。可见，表述越严密，越紧凑，越具表现力，就越鲜明。如例 1.15“时空”的概括，据语境去虚词，去“对它有着”等，显得干净利落，观点如水落石出，更为鲜明。

① 黄忠廉，袁湘生. 变译理论专栏：古今纵鉴，中西平视[J]. 上海翻译，2018，（4）：71.

> 【例 1.15】
> 什么是翻译？不同的民族在不同的时间和空间对它有着不同的认识，因而赋予它不同的定义。
> 改文：何为翻译？不同时空不同民族的认识不同，定义也不同。

文献引用失当也会影响文章的鲜明程度。科研参阅一定量的文献，是论文的基础。文献量太少，反映作者不善利用，对动态把握不足，研究起点较低；文献过多，审稿人又难以发现论文的新颖度与理论独创性。与国际期刊相比，国内文后列出文献量要少。文献只有广泛检索、认真阅读、精准引用，才能衬托论文的创新。文献主要引用他人的，但是他人文献引用太多，会湮没自己，因此文献并非越多越好。引用过多，则杂陈观点，会削弱论证，喧宾夺主，表明作者不善抓要，降低了原创性，有凑数之嫌。为了突出自己的思想，彰显其鲜明程度，可大胆地基于自己的文献展开前瞻性阐发，纵横拓深拓宽，这样既可彰显自己，又兼顾了文章的质与量。因为已发文章与新思想天然合一，更有助于推陈出新，将自己的思想推向更高，使其更为鲜明突出。

### 1.3.5 改出生动

有的论文，初读几行几页，便能引人入胜，欣赏就占了上风。有时一见好题，即刻决定要细读一番，可见标题是文章的门面，一定要生动、新颖、简洁。标题一般不用完整句，多是名词或名词性短语，长不宜过 20 字。标题忌大而不当，忌平淡无奇，忌用空话、套话、口号等。各级标题忌相同，同级标题忌大部分内容相同。标题修改，力求改出新术语，或含动态，或形象生动，或显褒贬，或显价值，如例 1.16。

> 【例 1.16】
> 原题：《楚辞》在西方世界的翻译与传播研究
> 2017 年申报选题：《楚辞》百年西传得失与中国典籍译介路径研究
> 2018 年申报选题：《楚辞》百年西传得失与中国典籍的译介路径研究[①]

原题是事实现象的描述和总结，看不出问题导向和意识，更无创新迹象。2017 年的改题限于百年，已定时段范围。用“西传”简化“在西方世界的翻译与传播”，高度凝练。“得失”以其鲜明的反差彰显了问题意识，旨在为《楚辞》及其他经典的未来译介寻找有效对策奠定基础，因而比原题生动。改题中“中国典籍译介路径”具有战略意义，即寻找中国文化典籍走出去的差异化对策；

① 田传茂, 2018 年国家社会科学基金项目。

至此，《楚辞》如点，中国典籍如面，点面结合，选题价值更加凸显。2018 年选题加了“的”字，反倒破坏了术语的紧凑感。

写作不能干巴，文章写得行云流水，好读、耐读、幽默，甚至俏皮，能令人轻松读进去，明白走出来。学术文字自然多半严谨，但严谨并非不能兼容生动，可以来点闲笔，必要情况下可使用轻松笔调，但前提是符合学术规范。闲笔在此并非等闲，而是高妙的写作艺术，有意造成文意中断、气氛变化、节奏间歇、论旨飘逸，它是穿于行文别有深意的手法，是驾驭篇章结构的张力，也是平添研究情趣的表现。文章忌平铺，求妙趣，可用幽默，生动活泼，机智调侃，引人入胜。把文章写得厚重且轻松，应是大手笔。例如，比喻是学术中的闲笔之一，用熟悉说明不熟悉，以便理解；用具体描绘抽象，赋之以形象性，产生联想，激活被表达的对象。再如，口语比书面语更显生动，这种笔法尤其见于学术随笔等。

那么，如何品味语言的生动，推动论文的修改？

第一，朗读是最佳方法。反复朗读，以至耳醉其音，心醉其情。句长超过 Word 文档的四行，或缩减，或分割，三行已嫌长。大脑不宜处理长句。譬如，笔者某日在《文学是什么？》中读到下面一段话。

> 艺术家对于自然有着双重关系：他既是自然的主宰，又是自然的奴隶。他是自然的奴隶，因为他必须用人世间的材料来进行工作，才能使人理解；同时他又是自然的主宰，因为他使这个人世间的材料服从他的较高的意旨，并且为这种较高的意旨服务。①

这是作者转引自《歌德谈话录》的名言，是汉译。但过多过密的关联手段以及语义的冗余，导致句子虽不长，但读来有些拗口。依据汉语语法结构趋简的特点，借助语境可以简练汉译，以简洁的词句囊括丰富的内容。即使不懂德语，上句汉译也可再次锤炼。

> 改后：艺术家与自然是主仆二重关系，前者指使材料服从且服务于己意，后者指须用材料促进理解。

原译前面提到“主宰”和“奴隶”，做出总说，后面分说，理当遵循前面的逻辑顺序，不能颠倒，不然有悖于读者的阅读心理。换言之，原文逻辑失序，汉译有必要改正。最重要的是汉语讲究语境省略，如“他、自然、人世间”等可承前省略；“他必须用人世间的材料来进行工作，才能使人理解”本为两句，

① 傅道彬，于茀．文学是什么？[M]．北京：北京大学出版社，2002：12.

将两句合为一句“用材料促进理解”，用汉语的连动式将表工具义的“用材料”和表目的义的“使人理解”衔接起来；“他使……服从他的较高的意旨，并且为这种较高的意旨服务”也是两句，用“服从且服务于”谓语动词的合取，共同支配“己意”，将复句简化为单句形式[①]，由 101 字减至 38 字。

第二，推敲，即联系语境咀嚼文中词句，咬文嚼字，含英咀华，体味“平字见奇，常字见险，陈字见新，朴字见色”的境界，如表 1.12 所示。

**表 1.12 生动性凸显过程**

| 原稿 | 改稿[②] |
| --- | --- |
| 1991 年春，无锡，第四次全国科技翻译研讨会，席间。<br>“小伙子，来自哪里？”一位长者问道。<br>“湖北。”初出茅庐的青年回答。<br>“湖北哪里？”长者更近了。<br>“湖北荆州。”青年想说出天下共知的地名。<br>“荆州哪里？”长者追问。<br>“荆州监利。”青年觉得长者动了情。<br>“啊，小伙子，我们是老乡。我是公安人，县挨县。你就直呼我‘亚舒’吧，以便平等交流。”说毕，长者更为兴奋，激燃了青年的乡情，畅聊起来。 | 1991 年春，无锡，第四次全国科技翻译研讨会。<br>“小伙子，来自哪里？”长者问道。<br>“湖北。”青年回答。<br>“湖北哪里？”长者更近了。<br>“湖北荆州。”青年说出了一个众人皆知的地名。<br>“荆州哪里？”长者追问。<br>“荆州监利。”青年觉得长者有些动了情。<br>“啊，小伙子，我们是老乡。我是公安人，县挨县。你就直呼我‘亚舒’吧，以便平等交流。” |

表 1.12 展示了《光明日报》“光明人物”版拙文开头的修改。原稿中“席间”“初出茅庐”“说毕，长者更为兴奋，激燃了青年的乡情，畅聊起来”多余，改后尤显口语生动无须多余文字侵扰的效果。去掉“一位”使“长者”直接与“青年”对应；“天下共知”换作“众人皆知”更符合“荆州”的影响；地名前加上“一个”，更反映了开头怕对方不知新地名的心理预期，如同用英语的 an 替换 the，符合语义与语用的规定。

第三，比较，即用意义相同或相近的词语句置换表达，对照改稿与原稿，领会遣词造句的艺术。马克·吐温说过，要想写好，很简单，去掉所有的形容词，尤其是动词，能用 use 就不用 utilize，如表 1.13 所示。

---

① 黄忠廉. 汉译的“雅”与“洁”[J]. 读书, 2014, （4）: 9-13 .

② 黄忠廉. 李亚舒：“80 后”的翻译人生[N]. 光明日报, 2016-07-21.

表 1.13 生动性彰显过程

| 改前 | 改后 |
| --- | --- |
| 中国的外文研究的目标有三，求真求是为经世。<br>求真，即追求外文的本质，换言之，指立于外国语言文字、文学、文化与翻译的具体事实而立论，不空谈，不玄乎，讲究科学性，揭示其本质。<br>求实，即探索外文的规律，追求真理，正如司马迁所言“究天人之际，通古今之变，成一家之言”。高层次科研，不失严谨，富于思辨，充满睿智，揭示其规律。 | 中国的外文研究目标有三，曰：求真、明理、经世。求真，即追求外文的本质，换言之，指基于外国语言文字、文学、文化与翻译的具体事实而立论，不空谈，不玄乎，讲究科学性，直透本源，揭示本质。明理，即探索外文的规律，追求真理，正如司马迁所言“究天人之际，通古今之变，成一家之言”。高层次科研，志不在一事一物，而在普遍规律，故耳聪目明之外，更要求虑远思深。 |

这是博士研究生袁湘生做的批改。除了将三段合为一段外，用“求真、明理、经世”三个双音词替换七言“求真求实为经世”更为准确，同样显得有节奏。尤其是末句的修改，参差相当，因“一事一物”“耳聪目明”的添加，通过具体性而增强了生动性。

### 1.3.6 改出厚实

文章厚实，一指思想丰厚，表现为丰富、有深度；二指内容扎实，表现为丰满、很紧凑。为求二者，可从自设理论库中寻觅思想以丰富文章的理论水平；可从国内外文献中获得更丰富的新思想。因为文献在编辑眼中不仅体现作者严谨的学术态度，而且是评判论文水平的依据，常用作鉴别质量的利器，也是改进深化文章的理论源泉。例如，王林从博士学位论文中析出一文①，又经更多的文献资料查阅、论证，内容更为丰满，增加了基于韩礼德（Halliday）和班菲尔德（Banfield）句法理论有关自由间接话语（FID）的句子特点的论述，增强了理据性。

或者，从自设事实库中精选最恰当的事例或实例，放在恰当处，以增强论文的事实证据，再加以细致分析。例如，《语篇翻译语域三步转化观》的第二条反馈意见是“在全文作为论证数据的数个例子中，其他例子能够比较好地说明论点，但唯独用于论证主要论点的例 1.5 不够典型，未能有力地论证观点”。面对该意见，有两条出路：一是置换新例，二是深析原

① 王林. 句子上的叙事：谈自由间接话语的翻译处理[J]. 外语教学与研究, 2014, （2）: 294-302, 321.

例。笔者选择了第二条路。第 6 稿投稿时共 7 页，改稿后共 13 页，结构的变化可见表 1.3，其中内容变得厚实，仅对反馈意见所涉实例的细致分析就占了 1/3，做到了典型例子典型分析，完全改变了返修再审者最初的看法，让审稿专家看到了作者诚恳改稿的决心与效果，也是对审稿人最大的尊重。请窥一斑。

**【例 1.17】**

第 6 稿

**4. 语篇全译语域所指调整**

从例（5）语域所指层来看，$s_1$ 与 $s_2$ 突显的意义范围和语义结构存在差异。首先，从语域所指强调重点来看，学生获取学位证书的前提是修满学分和通过论文答辩，学术机构按照规定履行程序授予证书，这些语义要素在 $s_1$ 中被突出和强化。而到 $s_2$ 中这部分信息则转为预设和隐含性信息；相反，$s_1$ 中隐含的获得学位证书带来的优势和荣誉，在 $s_2$ 中则转为明示信息。其次，从语篇语义结构上看，$s_1$ 语义发展脉络遵循典型的汉民族逻辑思维方式，语篇语义推进按照客观事理发生的自然顺序和规律进行（见图 2）。

韩梅梅，女，××年×月×日生

在我校俄语语言文学学科（专业）已通过博士学位的课程考试

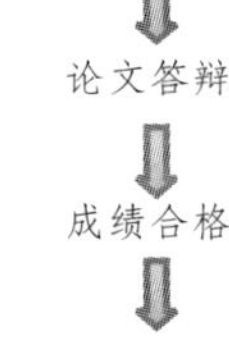

论文答辩

成绩合格

授予文学博士学位

图 2　例 5a 的语义结构

而例（5b）英译语篇语义推进基本遵循“邻近原则”，语义在主位信息基础上向外扩展，语义关联成分在线性排列上尽量避免隔断，语篇组织依靠丰富的形态变化和衔接标记，构成层次繁复的树形结构。

到了第 14 稿，将第 6 稿图 2 中的内容压缩为“自然信息、专业学习、答辩结果、授予学位”几个要点，而将第 6 稿的上述内容提升，增设标题“4.1 语篇语义结构重调”，增画“语篇意义结构调整”图。为了对比翻译前后汉英语文本的语义变化，加上相应的提升与分析，内容由第 6 稿的 1208 字增至第 14 稿的 2435 字。

【例 1.18】　第 14 稿

**4. 语域翻译转化第二步：所指重调**

4.1 语篇语义结构重调

从语域所指层来看，$s_1$ 与 $s_2$ 突显的意义范围和语义结构存在差异。首先，从语篇语义结构上看，如例 5 中，$s_1$ 语义发展脉络遵循典型的汉民族逻辑思维方式，语篇语义推进按照客观事理发生的自然顺序和规律进行：自然信息、专业学习、答辩结果、授予学位，外化为语篇能指层，详见例 5 原文，也可图示为图 2 上一行。

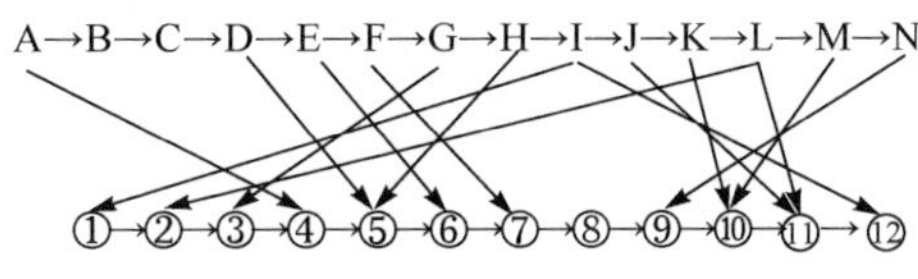


图 2　语篇意义结构调整

而英译语篇语义推进需要遵循“邻近原则”，语义在主位信息基础上向外扩展，语义关联成分在线性排列上尽量避免隔断，语篇语义构成挣脱了事理自然顺序而靠说话人认知发展推进统筹，语篇上可呈现为例 5 的译文，或可图示为图 2 下一行。语篇组织依靠丰富的形态变化和衔接标记，构成层次繁复的树形结构，与 $s_1$ 简洁的竹形结构相对，$s_2$ 螺旋迂回式语义发展形成了语篇借助丰富的形态变化和衔接手段保持语义一致联系的繁复树形结构。

此外，将所需资料备齐，比如数据、文献、图表和图片等设置妥当，做到图文并茂、表文相得。善于读图、读表、读数据，也是促进论文厚实的最佳方法之一，例 1.17、例 1.18 已是明证。再如例 1.19，第 4 稿先说翻译与生态的内涵，再说构词规则结构；第 5 稿将该段升为一小节，且先用代数方式设计论述，更将二者内涵的各种组合关系布于表中，深化了文字表述的内容。

【例 1.19】

第 4 稿

翻译有三解：主体“译者”、行为“译”和结果“译作”。生态仅有一解，即生存和发展的状态。如同 A 与 B 构词，组构方式大致有 AB 式和 BA 式。“翻译”与“生态”的组合有：翻译生态和生态翻译。二者形式上可以组构，逻辑上能否成立，或多大程度上成立，或当下还是未来成熟，应以事理逻辑为准。

第 5 稿

**2.1 翻译生态为喻指，生态翻译为实指**

先设“翻译”为 A，“生态”为 B。而翻译有三解：$A_1$ 主体“译者”、$A_2$ 行为“译为”和 $A_3$ 结果“译作”。生态仅有一解，大致是生物在自然环境下生存和发展的状态。A 与 B 构词，组构方式大致有 AB 式和 BA 式。二者形式上可以组构，均能成形（见表 1），成形后能否成活，即逻辑上能否成立，或多大程度上成立，或当下还是未来成熟，均应以事理逻辑为准。

表 1　“翻译”与“生态”的排列组合

| A 翻译 | B 生态（生存和发展的状态）与 A 的组构 | | | | |
|---|---|---|---|---|---|
| | | AB | | BA | |
| | $A_1$ 译者 | $A_1B$ | 译者生态 | $BA_1$ | 生态译者 |
| | $A_2$ 译为 | $A_2B$ | 译为生态 | $BA_2$ | 生态译为 |
| | $A_3$ 译作 | $A_3B$ | 译作生态 | $BA_3$ | 生态译作 |

恰到好处的自引可以自证社会影响，可以促进文章的形象丰满，这一优势显见于系列研究。文中自引一两篇相关高水平论文，编辑可依此类推所投文稿的水平。编辑也可能网查作者信息，因此有必要通过正常渠道将自己的学术信息和论文清单放在网上，时常更新。如笔者 1995～1998 年 10 篇有关 CET-4 翻译测试的系列文章产生了图 1.3 所示的滚动式发文效应，即每篇论文均引前一两篇文章，有效地推进了系列研究。

外语界　1996/1
外语界　外语教学与研究　1996/3
外语界　外语教学与研究　外语与外语教学　1997/1
外语界　外语教学与研究　外语与外语教学　现代外语　1997/2
外语界　外语教学与研究　外语与外语教学　现代外语　外语电化教学　1997/4
外语界　外语教学与研究　外语与外语教学　现代外语　外语电化教学　中国俄语教学　1998/3
……

图 1.3　自引发表的马太效应

### 1.3.7　改出精彩

古人立言很高明，懂得如何出彩。史上许多著作可当散文读，古代姑且不论，仅以钱锺书、费孝通、季羡林等海归为例，无论写什么都简明出彩。精简精彩的传统未能延续，为白话文革古文的命所中断。不过，“存乎一心，藏而不露”的哲学已深入国人基因，思想有时很深、很复杂、很精妙，只可意会不可言传，尽在不言中。正式的学术论文要思精语简，学术随笔也可追求精练出彩，如表 1.14 所示。

表 1.14　精彩修改对比

| 第 3 稿 | 第 4 稿 | 第 8 稿[①] |
| --- | --- | --- |
| 一般人是通俗读物，我最爱读的是恩师邢福义教授——一个真性情真学问之人，一本耐读终生的大书。他宛如耐读的经典，每读一遍，都有新发现；只要细细品味，就有新感觉。<br>邢师著述等身，一如巨著，由书一本本摞起。他的语言最耐听，寓意深刻，值得长时间品味；他的文字最耐读，意味深长，可读性强，值得回味。 | 一般人只是通俗读物，而恩师邢福义教授是一本耐读终生的书，是我的最爱读。<br>邢师著述等身，一如巨著，由书一本本摞起。他的语言最耐听，寓意深刻，值得长时间品味。2003 年华中师范大学百年校庆，光明日报记者为邢先生拍照，一见先生说："没想到邢先生这么年轻！都快七十了，还以为您五十几呢！"先生立即回应："那你小看我啰！"引得大家一堂笑语。他的文字最耐读，意味深长，可读性强，值得回味；犹如耐读的经典，每读一遍，都有新发现；只要细细品味，就有新感觉。 | 一般人只是通俗读物，恩师邢福义教授却如一本终生耐读的书。<br>邢师著述等身，一如文库，由书一本本摞起。他的文字朴素耐读，却又意味深长；犹如耐读的经典，每读一遍，都有新发现；只要细细品味，就有新感觉。<br>他的语言耐听，寓意深刻，值得回味。2003 年华中师范大学百年校庆，光明日报记者为邢先生拍照，一见他就说："没想到邢先生这么年轻！都快七十了，还以为您五十几呢！"他立即笑答："那你小看我啰！"引得一堂笑语。 |

本例内容越改越丰富，结构越改越优化，语言越改越精练。先是将人比作书，分出一般与杰出，为恩师邢福义定位，第 4、第 8 稿将此独立成段，以示凸显。第 4 稿将语言与文字分述，加入《光明日报》记者的小插曲，以彰显邢师语言的风趣，尤其是一"小"字，精辟且幽默，这是笔者参与邢师指导学生的拍摄时亲耳听到的！至第 8 稿即终稿时，发现邢师毕竟是以文字立世多，听过其一流教学者不多，能与其面谈者更少，因此第 8 稿将与文字相关的内容前移，与比作经典的文字融合；将语言及小插曲后挪作为开篇的末尾，读后更是余味无穷。

从第 4 稿到第 8 稿，文字与语言两方面比着写，比着提炼，如"他的语言最耐听"去了"最"字；"值得长时间品味"去了"长时间"。与此相应，"他的文字最耐读"也去"最"字，给"意味深长"加一"却又"，产生对立。将"可读性强，值得回味"完全去掉，这一结论由后面的内容产生。此外，将邢师比作"经典"，后换为"巨著"，好像都是一部，况且"巨著"与"一本本"相互矛盾；因邢师著述等身，仅专著就几十本，所以最后定为"文库"，更是

① 正式发表稿见黄忠廉. 邢福义：语言之思[N]. 光明日报, 2017-01-18.

喻指邢师是座知识宝库！

古汉语的简约既是语言表达方式，又是思维习惯。内心情感和外界景致都力求以最精彩、最准确的语言表达。学术写作时常体验古韵诗情的醇美简约，修改时我们更应借助于经典，经典多是古典，比如古诗词，尤其是五言七言绝句律诗，字字精练，语句简短。古今好诗，最好多背一些，不能背，诵读也行，可净化心灵，继而凝练语言。念古文有用，做文章，前后对一对，讲点音韵，文章瞬间就更有了意趣，可以追求经典式语言，不求处处经典，偶尔为之，可为文章添彩，如《中国译学："问题"何在？》[①]开篇的前6次修改（例1.20）。

**【例1.20】**

第1稿：翻译学学科，20世纪80年代千呼万唤，21世纪初才正式确立！中国译学发展势头不错，涉及问题多多。大致可归为七对范畴，现综括各自的问题，提出总的对策。

第2稿：这个"问题"是个问题，需要界定。一指整个译学研究的问题，二指译学需要研究的问题。

第3稿：这个"问题"是个问题，需要界定。一指整个译学研究的问题，二指译学需要研究的问题。当然，这里只是泛泛而谈。翻译学学科，20世纪80年代千呼万唤，21世纪初才正式确立！中国译学发展势头不错，涉及问题多多。大致框定为七对范畴，七对矛盾，或者七大问题。

第4稿：这个"问题"是个问题，需要界定：往大处，指整个译学研究的问题；往小处，指译学需要研究的问题。译学研究越来越重问题意识，借此小窥中国译学研究未来的发展。

第5稿：题中"问题"是个问题，需要界定：往大，指中国译学整体研究的问题；往小，指需要研究的问题。大小合一，可归为七对问题，就当下译学界而言成对之中宜有侧重。

第6稿：题中"问题"是个问题，需要界定：往大，指当下中国译学研究存在的宏观问题；往小，指需要研究的微观问题。大小合一，可归为七对问题，每对之中各有侧重，可按照古今中外、从具体问题到学科建设的逻辑顺序排列：历史与现实、原创与译介、语言与文化、内部与外部、基础与应用、本体与关系、译学与译术。

第1稿开门见山；第2稿文题结合，点明"问题"本身仍是个问题，指明文章要讨论的问题；第3稿将前二者合并。第4稿将"一指""二指"的并列关系改为层级关系，且留住了问题，舍去了数字。第5稿将"这个"换作"题中"，巧连题与文，去掉两个"处"，文字更精。直至第6稿，"往大""往小"仍然两两对应，各自又分出宏微对应，然后大小呈合一关系，共同归为七对问题。七对问题不是平分秋色、最后再点明排列的原则，且鱼贯列出七对问题，以吸引读者。

做文章，一气呵成者往往被批得体无完肤，精雕细刻者常获好评或产出佳

① 黄忠廉. 中国译学："问题"何在？[J]. 外国语, 2014, （4）: 9-11.

作。语言学家丁声树研究课题总是设法收全材料，周密研究，写作时冥思苦想，反复推敲，一遍遍修改，直到感到无懈可击才肯发表。吕叔湘说他“悬格太高，要能颠扑不破才肯拿出来”，季羡林说他“每一篇文章都是千锤百炼的产品，达到很高的水平”①。精辟的思想、空灵的文字、凝练的形式，古韵诗情归去来兮！

## 1.4　修改艺术

校改是锻炼逻辑思维的重要环节。论文写罢少则修改两三次，多则可达几十次。改稿如装饰，旨在铸就文章的灵魂和精神。文章不厌千遍改，改一次进步一次，才可将结构精美、言简意赅、新意十足的论文呈奉给编辑和读者。

### 1.4.1　自改及他改

文章自改，是最重要的一步；自我修改，自我总结，才有最大的进步。之后，如果有人同你一起改，则是莫大的幸运。哪怕是被他人改过一次或一处，也要从中认真揣摩，每看一次，就悟一次。一字之师常珍惜，日积月累渐长进。语言出身者更应改出美的文章。

写作之初，胸中自有丘壑，多半在自说自话。胸中丘壑绕弯，别人不明就里。写出的其实是意识流，自己痛快，别人不明何意。不如放一放，待激情已消，意识流尽，再冷眼观文，肯定能发现需要修改的地方。

自改是从作者自身角度修改。自己的文章先得自己改，不能指望他人，逐字逐句地修改，能少一字则不多字。同义表达，可择最到位、最恰当的一种。自改可以提高自己，自我批评，自批自明；有的问题先期想问，最终不问了，最应问的只是最有价值的问题，或最迷惑的问题留被他人指出，于自己都是最大的提高。比如，有学生初稿已成，自己改得不能再改，开始还很疑惑，本有问题，想发给老师求解，后来读书修改，好多疑问就淡然冰释了，自己想明白了。

自改自查，作者可从不同角度自问：①斟酌结构，看是否合理，是否虎头蛇尾，是否文题不对；②梳理逻辑，看是否连贯、严谨；③雕琢词句，看表达是否通顺简明；④查证文献是否有误有漏；⑤核对注释，看是否存在差错。

无论是经谁指导修改，作者最好写修改心得，这是自改强迫自己提高的方法。磨刀不误砍柴工，金子必经打磨出。改一次写一次，次次有提高，要学会

① 中国社会科学院科研局编．中国社会科学院学术大师治学录[M]．北京：中国社会科学出版社，1999: 507．

全面总结自我成长之路。每篇文章如履薄冰，才能篇篇收获智慧与方法。自改可以晨读暮思，建议早晨朗读自己的文章，关注语音、流畅、连贯等微观语言问题；晚上静思全文的思想和结构，思考内容与形式的宏观布局，试做学问的"将军"。

正如作家能创作，可以自改却难以自评，论文写作也是如此。初稿力避粗糙，要精心组织，总体上深入浅出，无拼写、用词、语法等错误。修改一旦陷入疲劳，连多一眼都不愿看时，可以稍息。然后从自己角度反复修改，改得不能再改了，则可再从读者角度改，甚至是以编辑或审稿人角度改，反串角色，即当旁观者，最好是自当编辑或审稿人，反观自己的文章，从更严、更高的角度审稿；横挑竖剔，要入木三分，以审稿的眼光审视自己的文章，通过对自己不断地否定赢得审稿的肯定。

作者好自恋，总觉得孩子还是自己的好。因此，修改仍受个人习惯局限，最好是让别人指正。初稿改得不能再改后给人看，请别人提意见。首先是团队内部修改。当下越来越强调合作，文章要整体上保持一致，第一作者有责任通读统稿，包括文字修改。其次是同门或朋友批评。错误在那里，自己却可能熟视无睹。别人与你条件、背景、角度、思维方式等不一样，便容易看出不同，发现错误。因为太熟悉而不易发现毛病，同事或同门不妨互帮互助，互看互审，换眼看破绽。再次是请上述三者之外的同行或外行狠批，有时请外行看，也不乏惊喜，他们可看文字、结构、可读度等；同行则可看内容、逻辑、创新性等，说不定在内容、形式、深入浅出等方面可以给出极好的建议。最后的"别人"可能是编辑、审稿人，他们更多地是从选题、政治性、创新性、严谨度、语言等角度提出修改意见，请看本书所示的审稿意见单。审稿人是论文的法官，不是导师，也非助手，但也会从宏观到微观，甚至是行文等方面提出修改意见。他人改，最恰当、最易受益的是读书期间导师的指导性修改。导师应就选题、结构、论点、论据等提出宏观意见和建议，而不应仅限于错别字、病句之类的微观修改，详见本书 1.4.4 小节。

### 1.4.2 清楚规范

写作之中与之后均须遵循一定的规范，使文章顺起来、亮起来，如目录、摘要、前言、结论、图表、附注、参考文献等。不要把过多的规范任务留给审稿人或编辑，他们是论文的法官而非修改者，把修改任务转嫁于人，不利于论文被接受。

论文是写出来的，所以一定要“写”，不要等。不要以为等想法成熟了，才能动笔写。有一点想法，就写，写多写少均可。通过写，逐渐深化思想；再通过改，逐步定形和定型思想。整个写与改的过程都伴随着基本的规范。

规范有多种，从大到小都应有所训练、有所知，修改均须参考。比如国家对学术有道德规范，反对学术腐败；另外国内有保护，也须了解相关法律法规和知识产权。写作有规范，如各种格式，引言、正文、结论的比例与写法等；引用也有规范，直引、转引各不相同，夹在论述中与单独成段不同，等等。

刊物对投稿有规范，如另页附上作者姓名、单位、职称、学历、研究方向、通信地址及邮编、电话号码、电子邮箱地址等；有的对来稿有规范，尤其是与众不同或强调之处，如“摘要必须包括研究意义、研究过程、研究方法以及研究结果和结论方面的内容”“属于基金项目的论文，请注明项目名称及项目编号”“小标题一般单独占一行，一律使用阿拉伯数字（从 1 开始）表示为：1.1、1.2……；2.1、2.2……”“（如有图表，可用 RTF 格式作备份）”，等等。

小的规范涉及诸多方面，学习与训练写作之初就应加以留心，如引文、文献、附录、注释、统一和规范论文中的标点符号等。比如，攻读硕士学位的研究生，第一年大量阅读，完成课程，读书读刊，既吸收内容，也学规范。每天坚持写一点，第二年尤其要加量加速，不能光看不写。点滴写作和不断修改促想法成型、系统化和不断深入，撰写之中也从点滴处学规范，实践出真知。比如格式，养成照章作文的习惯；如大小标题设置、脚注与文献标注格式，以及中西标点符号区分与运用等，用一篇文章严训到位，一朝养成，终身受益，不再每次作文都对格式等从头改到尾，不再纠缠于小事，留着时间与精力做要事——题材选定、篇幅剪裁、观点提炼、内容锤炼等。细节决定成败，事虽小，却反映做事的态度。聪明或认真者能举一反三，下不为例。不上心或懒惰者常犯同一错误，累人累己废光阴。

以摘要为例，摘要即论文的“简历”，应总括或浓缩全文的观点，精当地概括论文的要旨、创新点，而非论文各小节标题的简单叠加；应持中立立场，以第三人称撰写，避用“本文”“本人”等字眼，忌用“总之”“因此”“因而”“综上”等归结式三段论。

又如，任何研究都基于前人，所以引用、参考、借鉴他人的科学研究成果正常且必需，参考文献的著录格式是否规范，反映作者论文写作经验和治学态度。如实规范地标注文献是学者必备的素养，表明作者尊重知识、尊重科学、尊重他人，也为同行提供信息，便于查阅，启发其思维，促进研究。学术期刊文献著录规则基本一致，作者应遵守《中国学术期刊（光盘版）检索与评价数据规范》。文献的无序号、与注释混淆、标注不规范、标注失真、多引少标或多标少引等，侧面反映了作者缺乏学术经验，或态度马虎。每见一次错误或失范，审稿人对投稿人的好感就递减一分，真是毁誉容易获誉难。但报纸就不一样，投哪家报，就观察其规范与要求。

修改过程更应注意文稿各版本之间、文内前后之间的规范统一。比如文章多半是边写边读边改，下笔之前读完所有的书，是不现实的，也是做不到的。投稿之前最好先搜索数据库，以防漏掉最新的相关文献，一则可以保证研究的新颖性，二则给编辑或审稿人留下良好印象：作者紧跟学界动态。添加的文献要与其他文献格式一致，且用不同的标记标明，如刷蓝等，以示所加，留待校改。最后复查时要消除修改的痕迹，如修改符、所刷成的不同颜色、存疑之处[如引用文献时写的“（×××，2008：233？）]”等，别因小失大，影响文章的录用。

还要注意某些刊物特立独行、不按业界主流的标准，一不小心，作者就“掉进坑里”了。有时还要看具体刊物有无特殊的要求，这一点特别重要，如期刊与著作的著录方式不一样，各刊的规范和体例也有所不同，除国标之外，语言类刊物如《语言学研究》、汉语类刊物如《中国语文》等都有所不同，改稿投稿时应遵从其规范，一丝不苟。

### 1.4.3 修改时空

文章修改可以择时选地，有时需讲究时空观。修改有四时，包括一日、一周、一月、一年的四时，要看修改的对象与时效。

一日之改如何改？因人而异，多数人自有规律，但最可坚持的是一日之改。若是改思路，宜静，时间宜长；若是改文字，可以见缝插针，随时可改。习惯早起者，既可静心读书，也可潜心改稿。清晨头脑清醒思路明，宜做宏观调整，也宜从细处剖析。建议晨读自己的成稿，或朗读，修改流畅性问题；或默读，修改逻辑性问题；投期刊的论文可日读一遍，求学位的论文可日读万字。

文章日日改，一般不常见，更常见的是一周之改或一月之改。一周或一月之内集中修改，打攻坚战，快速修改，可趁热打铁。若有学术团队，如同门的定期学术沙龙，更可从文章的纲目展开改起。一旦集中沙龙，反复修改的力度可能加大，修改时间很短，可趁人多力量大之机，使文章几天之内完成“发芽、添叶、伸枝、完型”，甚至“成活”！因此，修改有时宜早不宜迟，宜快不宜慢，最好设计在一周或一月之内。单篇文章训练修改所用的时间，一般半成手可用半年以上，初学者可用一年以上。

一年之改，所改对象多半是专著或是成稿较早的博士学位论文，但偶尔也有单篇论文，属于一年磨一剑式修改，将时间留得充裕，或再补充观点，或再添文献，或可深化主题，或可扩大试验对象……想起时看看，有空时改改，有条不紊地打磨，按部就班地完善，往往也能出精品。有人真正一剑磨十年，正是有赖于平时，如每年的思考与改进。

修改还涉及环境或空间，既分有形空间，也有无形空间，可以兼顾。

机上、纸上兼顾修改。网络时代，修改更为方便，宜充分利用。不妨打印出来修改若干次，改一稿，就打出一稿。打印修改，往往会比在计算机上直接修改能查出更多问题，可减少一些错误，因为打印稿可形成全局观，一览众山小，尤其便于前后翻阅，上下比读，几张文稿放在左右，可左顾右盼，可瞻前顾后，这是屏幕再大的计算机也不可比的。比如，学生发来纲目或初稿，可在计算机上修改眉批，而论文终稿，笔者一般都打印出来改。与计算机批改相比，纸质版可以前后兼顾，修改完毕，返还或拍发给学生。

心改、手改兼顾。何谓心改？改文不必次次端坐桌前，比如坐车、出差等境况下不好看书写字，完全可以闭目养神思考已成的文稿，灵感乍现，赶紧记下或用手机录下，一旦坐定，即可输入稿中。这算心改。笔者出差总要带上几篇提纲或草稿，若出长差，则要多带，充分利用零碎的时间，才可提高心改兼手改的效率。

前后兼顾修改，可以互动、互启、互发。读文首尾，就可大体揣知其品味。文章首尾，也是文章要害，读引言可察文章的问题意识，读结论可见文章的核心观点。前后还包括前期文稿与当期文稿的互动修改，如未改处要改，改错处要恢复，已改处再补充，因前一版本已改为手写，未改为打印，泾渭分明，便于改前改后对照，发现新旧内容嬗变。

局部全局兼改。从结构上看，词、语、句、段、节、篇、书逐级构成了局部与全局，可在局部改，从微观向外改，改词成语，改语成句，改句成段，改段成节，改节成篇，改篇成书；可在全局改，从宏观向内改，立于书改篇，立于篇改节，立于节改段，立于段改句，立于句改语，立于语改词。要以系统观结构，更易发现可改之处。

动静兼顾修改。一人独处，是难得修改之时，安静处所更有助于静思全文的思想深度和结构之妙，思考整个论文的全局问题。无此条件，则可去资料室、图书馆、公共的休息场所（如候车室、候机室等）修改；即使在有噪声的地方，也要避开熟悉（如同语种、同事、同乡、同行等）的声音，一旦入境，也不会受陌生的声音干扰，比如，人们易受家人声音干扰，却不大会受外人的干扰。

### 1.4.4 从师修改

做学问，人人都要从师，有人是及门弟子，有人是私淑弟子。研究生在学习期间与导师交流最多，收获最多。经与导师反复的修改与讨论，可从中学到许多，如学术风格、对问题的理解、思考方式、分析角度、学问规范和技巧等，甚至是科学研究的基本素养与精神。

从师改文是最重要也是最直接、最带温度的过程，往往也是最大的收获之道。众所周知，作家不同阶段的手稿与问世稿若做比较，可琢磨处不少，而学术手稿较少公布，所以只有从师修改最有可能学得真经，包括：第一，比读导师发表前后的稿子；第二，导师改学生的稿子。前者从高往低学；后者从低向高学，更切合学习者。

研究生读书期间要多训练写文章，导师却只能全程指导一篇，带研究生的导师至少为每人详改一文，少则几遍，多则十几遍，甚至几十遍，使其体味过程感，训练完整的写作修改发表过程，现身说法，并责其总结修改全过程，师生各备一份，建立学术论文写作成长档案，写出心得。其意义不仅仅在于成文本身，而且在于训练学生经历、体悟、掌握写作的过程和为文之道。师生均应重视这一教学相长的过程。除导师提意见外，同门也常一起讨论文章的优劣与修改方法。

从师改文，始于框架修改，从宏观到微观，从构思、结构到文字，学会构筑文章的三至四级标题体系，以及标序规则：主标题、副标题、标题长度，不断调整，缩小范围。学会将一文拉长，将文三分，或将二三文合一。学会自己产生问题，研究生自己“研究”自己“生”，学会自我成长。更进一步，学会自定文章价值，找个“好婆家”。还有一种绝对的让学生领悟修改的方法，即同一题，师生同时开工，写出来，师生交互修改，相互比较得失，教学相长；老师再带学生融合两人的文章，可补一人之短，扬二人之长。

从师修改一定要设法处于积极主动状态，不要轻易给导师看所写的文章。有的学生常对导师采取先斩后奏式袭击，即不事先告知就写成文章，发给导师

修改，殊不知，文章要从立意、列纲、成文逐步地与导师交流，才可步步为营上正道。常规方法之一是向导师汇报某一选题后，可列出一二三级纲目，导师从宏观上把握方向，提出甲乙丙丁若干条意见，学生回去思考，改纲；发给导师再审，导师又针对新纲提出 ABCD 若干条意见，学生再完善，思考得八九不离十了，便可以开工正式写稿。

有人撰文，一有想法，就潦草成文，保证成型，却不管成活，即写成有思想、有看头的文章！未经深思熟虑，未殚精竭虑，就匆忙送导师批阅；得几点反馈，又草草修改，自己不纵横自批自改，就再次匆匆发导师，请再指教。反反复复，自己多半处于消极等待中。“自己研究自做主”，自己最有发言权，最清楚问题之所在，只是有时不愿多想而已。导师读文，消化你的观点，本身就需时间与精力，再指出问题，更不容易。导师多半是看思路是否清楚、论点是否鲜明、论据是否充分、事实是否可靠、研究方法是否对路等，不会过于纠缠细节，尤其是第一次回批，所以不能过于指望导师，更多要自立，自立才能自强。即使导师只改过一文，只改过一次，也需从中经常揣摩，每看一次，就多悟一次。大家之大，先生之先，精密之精，高手之高，在何处？在小处，小中见大；在早期，防患未然；在细处，见微知著；在低处，立地顶天。

从师，除导师外，也别忘了由导师形成的团队（自己也是队员！），其气场与潜能是巨大的。向团队学习修改往往是在合作中。师生（学生或不止一人）或团队合作常见的修改环节可能有以下几种。

（1）导师或学生发现选题，分头构思，列出粗纲，约时间碰头或互发邮件，导师训练学生整合大致思路，理出头绪，形成初纲，突出己见。

（2）经导师指导，学生学会搜索文献，学会文献综述，由他人之见出新见。

（3）学生拟稿，或师生分工分头拟稿，由学生先挑自己最拿手的部分，剩下由导师做。

（4）导师对初稿做出宏观批阅，主要是详略、主次、逻辑、取材等问题；若是分工拟稿，则可师生互改、互批对方的稿子，站在全文角度审视各自所写的部分，训练宏观及互补意识。

（5）参考导师或同门评论和修改意见，学生完善第 2 稿，学会甄别与吸收意见。

（6）导师或同门基于第 2 稿再提微观的修改意见，或部分内容如何改写，或利用理论如何分析事实，或由事实如何提升为理性认识。由学生提出修改方案，学会比较出优劣，形成第 3 稿，新改处刷蓝或标以其他符号。

（7）导师与学生讨论第 3 稿，交回学生再评论和修改，此次主要改语言，拟就第 4 稿。

（8）导师引导如何确定投稿的期刊，训练学生如何为文章定位与投稿，最后由学生严格按所投期刊的规范整理定稿。

修改历练上述过程，学生身临其境，对规范的学术论文“养成记”有了直观感受。反复修改中，分别针对研究问题意识强与弱、数据是否准确和如何提取、结构是否合理、表述是否准确、篇幅长短是否合适、格式体例是否规范等情况有亲身体验，就能向高人、强人学得真经。

### 1.4.5 修改手段

若要是自改，可以自用一套修改符号，因人而异。只要是两人以上的相改，就需制定相互认可的修改符号，要形成共识，便于团队内通行，共同遵守，提高效率。文稿可在计算机上改，也可打印出来改，前者便捷，后者也有特效，即纸上修改如同《兰亭集序》的书法涂改，保留了创作的现场感，也让作者体悟到被改的过程。比如，笔者的研究团队至少采取过如下措施：

（1）采用计算机软件自带的各种修改方式，如自动的修改符、“审阅”之下的“新建批注”等；

（2）将改动处用下划线、加粗等符号标出；

（3）所改结果刷蓝，刷蓝面不能太大，真改之处才刷蓝；

（4）整段修改则可在该段之下另起一段，改后刷蓝；

（5）将被改处刷蓝，在其后的括号内或直接给出结果，或提修改建议；

（6）左右栏对照，左为原稿，右为改稿，且将具体的改动处刷蓝，以便被改者一目了然；

（7）若是纸质稿，可用图 1.4 中的符号修改；

（8）面对大句群或一大段的删除，还可在整个句群或整段的左侧或右侧画竖线，再用删除符标示，最后扫描或拍发给对方。

若是改与编辑或审稿人，最好采用业界现行的编辑校对符号修改。修改的手段有各种符号，也有文字描写。修改量较多时，可用统一的符号标示（图 1.4），如平常的修改；修改量较少时，可用文字描写，如最终清样的修改，如例 1.21。

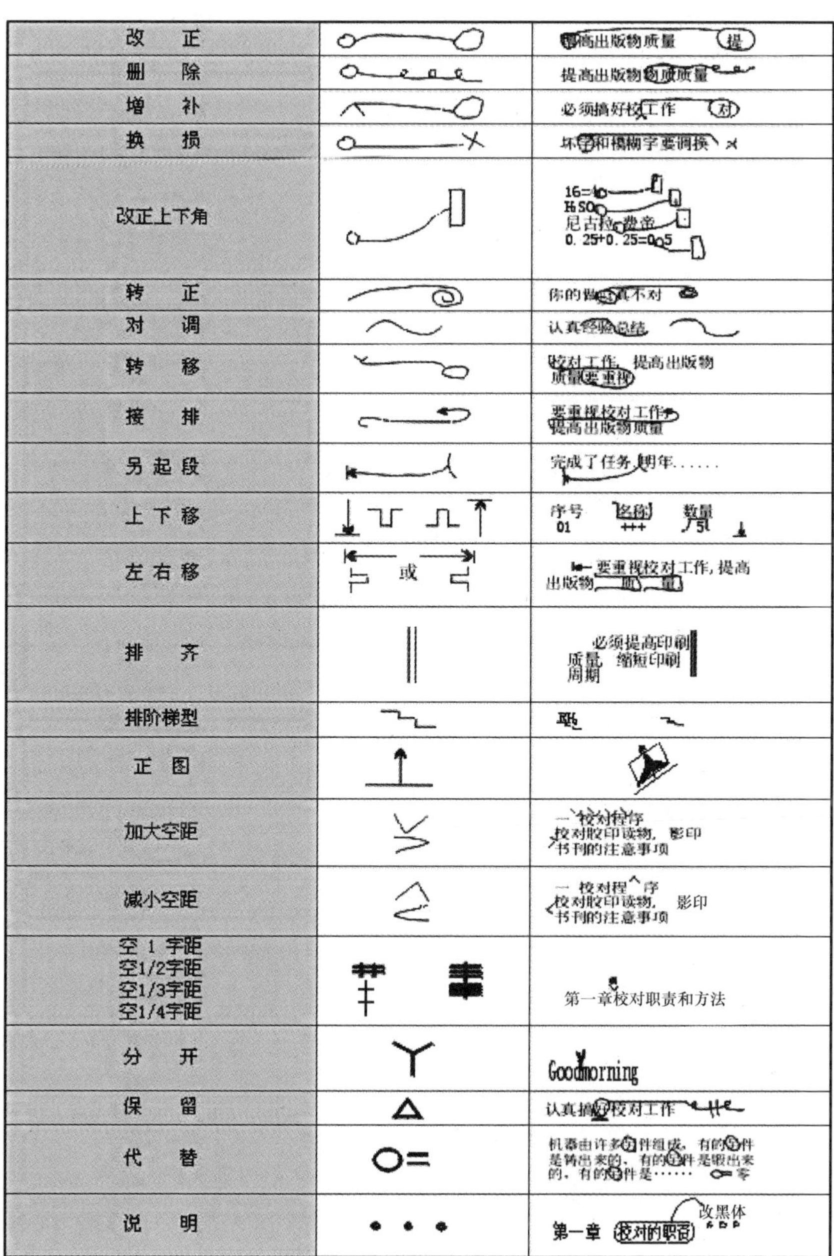

| 改　正 | | 提高出版物质量 提 |
|---|---|---|
| 删　除 | | 提高出版物物质质量 |
| 增　补 | | 必须搞好校工作 对 |
| 换　损 | | 坏字和模糊字要调换 |
| 改正上下角 | | 16=4<br>H SO<br>尼古拉 费帝<br>0. 25+0. 25=0 5 |
| 转　正 | | 你的做法真不对 |
| 对　调 | | 认真经验总结 |
| 转　移 | | 校对工作，提高出版物<br>质量要重视 |
| 接　排 | | 要重视校对工作<br>提高出版物质量 |
| 另起段 | | 完成了任务。明年…… |
| 上下移 | | 序号　名称　数量<br>01 |
| 左右移 | 或 | 要重视校对工作，提高<br>出版物　质　量 |
| 排　齐 | | 必须提高印刷<br>质量，缩短印刷<br>周期 |
| 排阶梯型 | | |
| 正　图 | | |
| 加大空距 | | 一、校对程序<br>校对胶印读物、影印<br>书刊的注意事项 |
| 减小空距 | | 一、校对程序<br>校对胶印读物、影印<br>书刊的注意事项 |
| 空 1 字距<br>空1/2字距<br>空1/3字距<br>空1/4字距 | | 第一章校对职责和方法 |
| 分　开 | | Goodmorning |
| 保　留 | △ | 认真搞好校对工作 |
| 代　替 | ○= | 机器由许多零件组成，有的零件<br>是铸出来的，有的零件是锻出来<br>的，有的零件是……　○=零 |
| 说　明 | • • • | 第一章 校对的职责 改黑体 |

图 1.4　常用校对符号①

① 详见 http://www.cgan.net/science/popular/cookie/check.htm.

【例 1.21】

1. 标题改为“翻译研究”，摘要、正文中的“外语研究”也可不改，涉及面更大？

2. P26: 右栏段 3 行 2，字母 A、B 后的数字为下角标。

3. P27: 左栏段 2 倒数第 2 行，破折号为汉语破折号“——”。

4. 表 1 加粗为修改后的内容。

5. P27: 右栏段 1 行 5，第 4 字“均”可去，以避重。

6. P27: 右栏段 2 行 1，改“先生”为“庚申”，以示客观。

7. P27: 右栏表 3，标题可稍微压扁，以免回行占一字！

8. P28: 左栏段 3 倒数第 2～3 行，据新标点法，多个引号之间不用顿号。

**表 1 “翻译”与“生态”的排列组合**

| A 翻译 | B 生态（生存和发展的状态）与 A 的组构 | | | | |
|---|---|---|---|---|---|
| | | AB | | BA | |
| | $A_1$ 译者 | $A_1B$ | **译者生态** | $BA_1$ | 生态译者 |
| | $A_2$ 译为 | $A_2B$ | **译为生态** | $BA_2$ | 生态译为 |
| | $A_3$ 译作 | $A_3B$ | **译作生态** | $BA_3$ | 生态译作 |

9. P28: 左栏表 4，第一行的标题居中；第 3 列可右向调整，以便第 2 列最后一行的文字位于一行。

10. P28: 右栏段 2 行 3“总第 4 期”改为“第 2 期”。

11. P28: 右栏段 2 行 4，“1、5、23”改为“（1、3、5）”。

12. P28: 右栏段 2 行 5，据新标点法，多个引号之间不用顿号。

13. P29: 左栏段 1 倒行 2，“既然是是”改为“既然是”。

14. P30: 右栏段 2 行 2，“思想的创新”后的顿号改为“和”；“概念的创新”后顿号改为逗号。

# 第 2 章　论文发表关

学界不应唯论文论，也不能不论论文，论文投稿与发表即是研究者与学界沟通的主要渠道。研究多年而不发文，学界能相信你有重要发现或重要成果？能有助于学术进步与思想传承？古人曾言“述而不作”，亦曾曰“十年磨一剑”。于今而言，作与不作，当看有无新思想。若有思想火花，当读相关文献，乘兴而作，冷却之后反复改，改定就投。所谓“十年磨一剑”，也不是说十年只磨一剑，而是一剑磨十年。用到学术领域就是说，一篇文章要反复修改。学会自定文章价值，精准投刊。发表论文的总原则是：不写不痛不痒的文章，兼顾数量与质量，数量、质量求平衡。

本章写作来源有六：①报刊类的各种规范（常识力求少谈）；②主编或参编人文社会科学期刊和科学技术信息研究期刊的经历；③向多家报刊投稿的经验；④发表文章的教训；⑤与主编和编辑交往观察之所得；⑥为多家期刊审稿的体会。

## 2.1　必经发表

做研究，讲节奏：先多出文章，借此持续申请项目，逐渐推出专著。先将重要成果快速发出，影响面越广，受益时间越长，对学界贡献也越大，所获学术地位也越高。选题应相对集中，忌东一榔头西一棒锤，文发好刊成系列，书出好社成拳头，产生规模效应。

认真科研，问题研究透了，论文自然顺产。学术探索可能走偏，甚至出错，这并不可怕，可怕的是为求完美而迟迟不肯动笔。大胆思、写、改、发，在发表中成长。研究生读书期间，除了保质完成毕业论文外，还可完成若干中短篇论文，争取发表一二。研究生毕业谋职少不了论文要求，不同学校招聘时对此有明确规定，应了解行规。国内外某些高等学校不要求学生发表论文，但学生如未发表论文在国内求职中明显吃亏。

文章只有多写多改，才可出思想，只有多读多批，才能超越他人，投稿才有成功的希望。有人看似发表多，内中却有不足为外人道的多重因素，如资历、年龄、思维优势、学术训练、知识体系、外围人脉……研究者本人不要以为发文不少，引用也多，就自诩为水平高或学术达人。混个脸熟不等于为人熟知深知，学界知你名，是因为你的外因还是因为你的思想？研究者只有做出独创性成果才能广为学界承认，才可真正成名成家。

## 2.2 投稿须知

真学人不为文而文，论文只是科学研究的副产品，甚至是偏得，但要发表，除明白“投稿须知”外，至少还须知以下几点。

### 2.2.1 了解报刊

做学问，埋头拉车，还得抬头看路。期刊一般都定期刊登投稿须知，旨在帮助作者成功投稿，加快论文发表进程。通过阅读投稿须知，可了解办刊宗旨、征稿范围、栏目设置、投稿要求，但还须了解审稿程序、从投稿到受理或退稿的时间、发稿率、发行量等。

投稿须知读得越仔细、越认真，投稿成功率越高。定期浏览国内外电子和纸质报刊，了解其征稿启事和近期动态，知悉其定位，如学者群体、专栏特色等。所投文章要与办刊宗旨高度相关，办刊宗旨决定了期刊学术风格、选文范围、风格与体例。投稿前，须知报刊的出版周期，是季刊、双月刊、月刊，还是半月刊、周刊，或者是日报、周报、半月报、月报。应据文章的风格选择合适的刊物，或据期刊风格改造自己的论文。

知晓期刊的栏目。栏目反映期刊的学术风向，尤其是特色栏目独具优势，问题意识强，有填补空白的性质，能推动学界发展，深化研究，扩大期刊在学术界的影响力和竞争力。有些期刊每期都有特色栏目，会保障每期发文量，往往采稿率比一般栏目要高。有些期刊不一定标明特色栏目是什么，但聪慧的读者和作者一般都能发现期刊侧重的专题，定点投稿。了解刊物，还得了解刊物与时代的特点。比如，1998 年是严译《天演论》问世 100 周年，笔者给当时的《福建外语》（现《外国语言文学》）去信，建议为纪念严复办一专栏，自己也毛遂自荐一篇，最后很快见刊。

而国外发表论文则要熟悉海外规则，一是常读外刊，二是模仿佳作。比如阅读内容与自己研究方向相关的 10 余篇代表性文献，总结开头、正文与结尾常用表达式与常用短语，由正文可掌握如何用外语定义、分类、描述过程、提出观点、分析问题、得出结论。与自己课题相近的论文先精读，按照标题、作者、摘要、背景、目的、材料、方法、结果、讨论、致谢、参考文献、图例、图、表、照片、说明等的统一格式来写。其好处是方便改为其他期刊的格式。

研究成果宜刊于更多的大刊、名刊，而不限于一家或几家特定的或自办的刊物，以提高影响力。理工科论文可刊于 SCI 或 EI 源刊，文科论文可投 SSCI 或 A&HCI 源刊。这些国际性索引源刊，以英语为媒介，传播范围广、影响大，尤其有独到优势。毕竟，不刊于 SSCI，怎与国际同行交流？学界怎么知道你的重要发现？当然，鼓励发表外刊，不可过分，不可扬外抑内，唯国外论。同时，也应办好汉语期刊，可与国外相当对待。国内各高校对期刊多半有分类，如权威、CSSCI、核心、一般。重质也重量，在 CSSCI 及以上期刊发文很不易。几年不发文，一般要陷入考核的窘境；无一定量的前期成果，又难以拿到课题。作者应先给论文定水平，权威代表顶级，CSSCI 代表一流，核心代表业内认可，一般代表中等水平。

### 2.2.2　投稿明理

学问不是想做就能做，没有兴趣别勉强做，训练不够也难做，急不得；坚持积累与训练，多读多思多写，多投才能多发。学界对论文的需求评价，可采取质与量结合制，适当倾向代表作制。唯以不变应多变，量中显质乃万全之策。为此，投稿须明如下四理。

第一，明行规。行规或行于大范围，或限于小范围；或有明文规定，或无迹可查。投稿有一定之规，如东稿西投、南稿北发；科学研究项目要注明，层次越高越有利于发表；办刊单位多少会为本单位预留一些版面，本单位论文接受率较高；了解所投刊物是否发过相关论文，其研究内容和方法是否可资借鉴；每人一刊一年只发一篇，每个单位不能太集中，集中就要挤掉相应的量，等等。笔者有一博士后投某刊，因该刊年内已有同一学校论文 2 篇，署名不能署在站学校，只有改署原单位。

又如文稿的编辑问题。以当年刊物为准，可算出各杂志的页码，最长和最短的文章的页数，一般需多长，以及每页多少字数。所投稿件一般略长，供其压缩。期刊文章发表时尽量不要空出半版空间。“转见第×页”过多，不利于学术交流。不必按刊物的分栏要求做好，字体、字号不用过多变化，基本编辑即可，分层次，分标题结构，行间距、字间距不变，行距单倍即可；正文字体五号为宜，以便编辑按16开纸计算字数。加快编审过程，可以减少退修次数，使文章发表更容易、更快捷。

再如，篇名要讲究。篇名会影响期刊的阅读量，影响其转引率。“标题党”要反对，但可学其命题艺术。比如，论文篇名是否一定要加上语种？俄语界多加，英语界有时加有时不加，汉语界则不加。国外如韩礼德写功能语言学，看似属普通语言学层面，实为“英语”功能语言学。论文答辩也涉及篇名问题，俄语界有的学校很在意，一定要研究俄语或俄汉之间的问题，不得超出学科的范围。办法是：答辩时加上语种，发表时则不限于俄语，还可加英语或汉语的材料，以探讨共性问题。

总之，理解各种规定，一切按行规进行。比如某刊“欢迎理论性、实证性、综述性、有创见、有优质学术品位的学术论文，正文篇幅在8000字左右”，这是一般规定。“间或发表新书评价，字数为5000字以内”“同时务必邮寄纸质打印稿至……本刊不接受寄至个人的稿件”，这是另行规定。

第二，明质量。研究要讲质量，用有限的人、财、物追求优质适量的成果，找到成果质与量的平衡点，以创新为其最高追求。学术期刊受众面小，目标读者受过学科训练，阅读兴趣在于求新：新观点、新方法、新证据、新思路等。所以创新是学术论文的灵魂与根基。论文若是不错，可投权威及CSSCI期刊；觉得可以，可投核心期刊；觉得一般，留待修改，再投一般期刊。

论文求量轻质固然不妥，但也别一味追求发表在权威及CSSCI期刊，质和量兼顾最理想。不论刊物级别高低，投稿人都要高标准要求自己，了解刊物级别与相关信息，比如CSSCI、权威期刊的把关越来越严，来稿越来越多，投稿者自己要替编辑严把质量关，或可提高命中率；一般刊物或新刊来稿不多，也需认真对待；知名刊物来稿很多，更要从严把关，为编辑省心，把最重要的工作留给主编或编辑去做。

第三，明彼此。投稿时要知己知彼，方可百战不殆。必须了解拟投期刊。有的刊物用稿要求不一定写在“须知”中，如有的大刊只讨论重大问题，篇幅2万字左右，须有重大现实性意义，不求具体研究，要求相对宏观；以问题意识为导向，开门见山，如国内外动态如何、别人存在何问题、想推进什么；反对引用二手资料，强调引用一流杂志高水平文章；如此等等。只有多读其刊，才知其“潜”规则。

论文有大小，水平有高低，定位很重要。应发现自己发表高质论文的瓶颈，投稿时要知己知彼，熟知期刊等级、出版周期、论文容量、组稿倾向、读者对

象、自己的学术地位等。比如，期刊分综合类与专业类，定位不同。综合类多发宏观一些的文章或不同栏目仅发几篇文章；专业类则专深一些，所发文章相对较少。又如，国内外某些期刊投稿周期长，返修期有时也长，视期刊不同而有别，前期可与编辑沟通，尽早得知文章是否适合其刊。再如，要学会用文献。投某刊，至少要关注该刊发过的相关文章。

第四，明出路。写文章是门技术活，需要不断学习，反复琢磨。比如：① 仿作以超越。新手入行，宜多察高手产出，揣摩高手文章，模仿且超越，偷学仿作一篇，胜独撰多篇，胜读几十篇。②向强者学习。读书与研究，多与强者相处或学习，既会增加科研压力，又能学到方法，或许更能提高产出率。③学打组合拳。发优质论文的瓶颈是理论水平低，还是方法落后？自知才能自救。确定打破瓶颈的方法，一是补课，二是合作。科研合作是良方，合作可以取长补短，理论水准若不够，就找长于理论者；实验条件若不够，就寻有类似优势的人。④琢磨所投期刊的文章。文章“嫁”给哪家？投稿首先必须对路，接着了解其栏目及所发的文章。“投稿须知”所做的规定多是抽象的、概括性的，而该刊近期的文章才是具体生动的案例，对标题拟制的特点、摘要和结论的写作要求、稿件格式等揣摩再三，更能悟得其径。

### 2.2.3 慎重首投

科学研究讲求规范，一是内容科学，二是形式规范。编辑与审稿者正是通过来稿了解其内容的可信度，对人、对文的第一印象全来自文稿。有些稿件不成熟，甚至文理不通，逻辑混乱，版面设计粗糙，不经细修就草草投出，给编辑的不良印象一旦刻下，难以改变。作者漫不经心，编审何以上心？别过多指望审稿人，作者应做好分内事。

写作如绣花，“两句三年得，一吟双泪流”（贾岛语）。先慢慢写，压住性子。写毕，放上一两周，再改。投稿之前，要一改再改。首投文稿一旦有错，或组织不当，还会影响后续投稿。所以，文不厌改，力求尽善尽美，刊物级别越高，要求就越高。这并非表面文章，在不了解文章内涵之前，形式比内容更重要，形式更多的时候本身就是内容。

首投最好是高质量文章，讲究精准投稿。1996 年笔者向《外语教学与研究》投去 CET-4 翻译测试首次实施的文章，瞄准的就是 CET-4 测试：1 月全国统考，3 月文章投稿，5 月采用，7 月刊出。有人将文章先投顶级期刊，不做期刊调查分析，一旦被拒，再依次降级往下改投，既浪费时间，又浪费机会，还会坏了心情。投稿要对路，改投一次，规范得重整，非常耗时耗力。要了解投稿指南，符合期刊的格式，否则审稿人会认为你不懂该刊，或许连入门的资格都不给。

首投时巧妙地自我推荐。期刊界不太提倡过多自引，但是适当自引也是一种毛遂自荐。编辑不常是小同行，难解文章的价值，不知牛奶的质量，却可先了解奶牛:作者是否发过同质量或更高质量的文章？如果作者自引 1～2 篇相关高水平论文，编辑还可网查。作者可通过各种方式将学术简历和论文列表在网，以备查考。

首投时还要小心署名顺序，不仅仅是因为名人效应，更主要是因为人名之间的效应，以免遗留其他后患。合作文章各人贡献不等，第一作者远大于第 $N$ 作者，几篇第 $N$ 作者的文章甚至抵不上一篇第一作者的文章。因此，师生联袂发表就有署名问题，当下因此而闹别扭甚至对簿公堂者不少，详见下一节。

### 2.2.4 投稿七忌

投稿有讲究，也需用心设计，下面从不应该做的角度谈七点忌讳。

**忌草稿** 稿要精写，切忌疏于修改。佳作可提升科研档次，率性写作则可降低档次。有人成稿后不细心修改就想投，结果败多成少。审稿人大多较忙，审稿若成享受，而不是相反，你就有指望了。因此，稿子改得不能再改了，再多请人看，至少 2 人；若有高人审读，当是幸事。尤其是学术起步期，开门要红，一旦黑了，后期努力修复形象，或许越描越黑。有些稿件极不成熟，或文理不通，或逻辑混乱，或数据不严，或版面粗糙，至多算作中稿，难算终稿。

**忌草投** 切莫为赶时间草率投稿，欲速则不达。草投表现有二：一是稿子质量不过关；二是不研读所投刊物，“投错了胎”，发不了理想的园地，或者所投不对被“枪毙”，反而损了信心。若是草稿草投，一旦给编辑留下深刻记忆，可能导致编辑部不再接受其投稿。虽经后期更改，也会事倍功半，仍不被编辑部看好，留下遗憾。要知道，编审者所凭的正是论文的文字、逻辑、推理、数据、图表等判断其可信性。

**忌盲投** 不要一稿多投，也不要一刊多稿。网络投稿点击之间，投稿成本降低，新手或不常写作者免不了撞大运、广种薄收的心态，同一论文同时投送几家刊物。更有甚者，几篇论文同时塞给一家期刊，以便编辑多中取一。编辑对此很反感，觉得是粗制滥造，不尊己爱人，徒增工作量。

**忌借名** 不可随便署上他人姓名，国内曾有学生擅自添加导师姓名，论文东窗事发，导师受牵连而失职失位。比如经导师指导，学生发表论文，师生可

共同署名，署导师名要通气。师生联合署名大致有三种情况：①导师提供研究经费，选择科学研究课题，设计技术路线，指导实验过程，导师署名第一或第二都名正言顺。②导师提出思想，指导学生完成，导师署名第一。③学生提出思想，受导师指导共同完成，一般是学生署名第一，导师署名第二。

**忌催复**　初次投稿，不少人希望马上有复，不出一月就焦急等复；不出两月，开始写信催复；或者三月限期未到去电催问，或找人旁敲侧击打听；更有甚者，设法弄到编辑、副主编、主编的微信或手机号，强行添加直接问。正规杂志不用催，受稿期内会有回复。审稿越久，有时说明越难挑刺；时间越长，说明越受待见。当然，被遗忘者不在此列。三个月未复，可以改投。好在网络投稿系统越用越广，审稿进程可以追踪了。

**忌误解**　认为刊物有偏见，重名气。好刊的确重名，一重名家，二重名誉。重名家，有人抱怨期刊只发名人稿，其实并非如此。名家惜名，不轻易出手，多数是成熟思考的结果，知道刊物所需，来稿比较规范，少有语病，而不必多改，稍编即发，也易转载，编辑省心，更有成就感。而有的小卒反正不在乎名，广投薄收，规范不够，需改量大。若稿源不缺，编辑不用反而省心。此外，刊物要保住品牌，力争上游，只会为刊物做加法，需要名流支撑，不会全为关系发文章，也有名家稿子被退现象。所以，这种误解应消除，以形成良好心态。

**慎广投**　青年学人广投薄收的心态可以理解，虽不在所忌之列，但提出来，请慎重对待。广投之前，要广读多写，不同文章投不同的报刊。投出的是玉，才可能被人识得，若所投均为石头，自然会石沉大海。一稿多发肯定是学术不端，这是原则问题，但也有例外，一是征得同意或因出版发行需要，且交代清楚原因；二是经过改写，以应不同读者或园地之需。如长文刊于专业杂志为探讨，短文刊于报纸为普及，同一话题写作角度与篇章构架会有较大不同，行文也各具特色。若是广投，有一家录用，一定要马上通知其他家，以免造成一稿多发而贻害自身，坑了报刊。

## 2.3　发表程序

发文难，于期刊或是伪命题，因为优质论文期刊求之若渴。发表难，严格说是发高质期刊难。那么，了解一定的发表程序，知己知彼，投稿十次，或有一中。其中审稿是重要一环，本书后文将单列而成 2.4 节。

### 2.3.1 “齐、清、定”投稿

研究是基础，形式规范是保证。国内外期刊都定期刊登“投稿须知”，研究者应当认真阅读，以便成功投稿。根据须知改定稿子，明白用稿格式。多数刊物用稿要求相差无几，略有不同。交付的文稿一般要求“齐、清、定”。“齐”，指文、图、表等齐全，首尾连续设计页码；“清”，指文稿整洁清楚，文中各种标记清晰可辨；“定”，指文、图、表等内容确定无疑，如例 2.1。

**[例 2.1]**

1. **整体要求**：稿件要有新意，要具有科学性、思想性和学术价值；论点明确，论据可靠，论证严密，语言精练，标点正确，引文无误；字数 8000 字左右。

2. **稿件内容顺序**：中文文题、作者姓名、工作单位、邮政编码；中文摘要、中文关键词；英文文题、作者姓名、工作单位；英文摘要、英文关键词；正文；注释；参考文献。具体要求如下。

（1）**中文文题**：力求简明、具体、确切，以 20 字以内为宜，必要时可加副标题。

（2）**作者姓名**：真实姓名，多位作者之间以逗号分隔，第一作者要在篇首页页脚标注作者简介，包括姓名（出生年份—）、性别、民族、籍贯、职称、学位、研究方向。

（3）**工作单位**：单位全称，单位所在省市名及邮编，作者来自不同单位的，在作者名字右上角注 1、2……，单位分别标注，以分号分隔，并在作者单位名称前标注 1、2……。

（4）**中文摘要与关键词**：摘要要反映论文主要内容，要求 200 字以内，并选 3～8 个能反映主题内容的关键词，每词之间用分号分隔。

（5）**英文文题、英文摘要**：与中文摘要和关键词对应，含文题。作者姓的所有字母、名的首字母大写；给出准确的英文单位名称，并在省市名及邮编后加国名，其间用逗号分隔。

（6）**正文**：文中各级层次标题序号为 一、（一）、1.、（1）。

（7）**注释**：对正文特定内容的解释与说明，文中用上角标，统一列于文后参考文献之前，序号用①……标注，文中与文后要一一对应。

（8）**参考文献**：按照引文先后在文中标出序号，并与文后参考文献序号一致，用[1]……标注，正文中未标注序号的文献列于标注序号文献之后。同一文献在文中出现两次或以上的，要标同一序号，并在文中每次出现的序号后标明页码范围。参考文献类型及类型标识（略）。

3. **文章标题层次**：一级标题一、二……；二级标题（一）、（二）……；三级标题 1、2……，以此类推。或者 1、1.1、1.1.1……，具体以刊物规定为准。

4. **文中图、表及数字**：表序号及表题居中写在表的上方，表格用三线制；图序号和图题居中写在图下方，图中文字等要清晰；公历世纪、年代、年月日、时刻、图表序号用阿拉伯数字。

5. **基金项目类文章**：请注明基金名称及项目编号，并注于首页页脚作者简介之上。

6. **联系方式**：文末留下作者详细邮寄地址、电话和电子邮箱，便于联系。

现在通行在线投稿，可充分利用。一般刊物至少有投稿邮箱，有的刊物会要求纸质稿与电子稿一并寄送。

若遵循上述要求投稿，将有利于：①文章很少或无错误，格式合规，留

下好印象；②快速进入审稿程序，尤其是初审；③初审加快转入外审稿过程；④减少退修次数；⑤提高命中率。

### 2.3.2　审与被审

编辑部有时难觅合适的审稿人，或会要求作者提供3位左右审稿人。投稿人不要错失良机，可用足推荐审稿人的机会，但要当心，尽量不要推荐亲友，以免适得其反。推荐名单宜求平衡，才会被编辑看好，不要给人以小圈子的感觉。同行评议极为重要，有必要讲究推荐艺术。完全反对你思想的人可不选，所选的学者中最好包含被你引用者，他将会乐意审稿。即便是为你点赞的同行也不能直说可用，也得提点意见，以便精益求精。

谁可当审稿人？如果你曾发表过相关文章，编辑也许会邀你审稿，或被其他投稿人推荐。期刊也乐于接受新的审稿人，尤其是中青年学人，一则可以了解该领域的新锐思想，二则可知道同一问题是否有同样发现，意见相同还是相左，等等。

很多期刊的稿件多由特约审稿人评审，编委一般不审稿。刊物定期或不定期公布审稿人，作者投稿前，不必唯其马首是瞻。但投稿毕竟是背靠背交流，与大作的命运休戚相关，虽不能猜中是谁，但可大致预测其学术兴趣，或引其观点，或依其正确视角改出更佳水平，以激起审稿人学术之同情。

反过来，若有幸被推为审稿人，请抓住学习的机会，可从审稿人角度雕琢自己的文章，思考自己该如何写作或修改，将心比心，非常难得。审稿是积累文章发表经验的最佳方式之一。

### 2.3.3　捕捉机遇

投稿讲巧，须持之以恒常投稿。如果投出就不再管它，就别指望一投即发。压低期望值，以最坏的打算迎接最好的结果。但是，题对文、文对刊之外，还得留意机遇。

注意把握时机。比如，论文按时效性可分强、弱两类。时效性弱者投稿不急，时效性强者须打提前量。通常是双月刊、月刊至少提前半年，核心期刊至少提前大半年，CSSCI至少提前一年，SSCI类则两年左右。高定位需要高起点，高起点要求准备时间长，期待久。新闻类稿件，如会讯、会议综述等越及时越好，报刊发行周期越短，提前量相应越小。如2018年在广东外语外贸大学召开有关变译的专题研讨会，笔者一位学生写了综述，投给一家翻译期刊，谁知早已有另一篇进入了编辑部视野，结果只有遗憾了。

文稿投出，希望及时得到回音，虽是人之常情，却不符合编辑常理。编辑部每天收稿量大，须走程序。投稿应持良好心态，以多取胜，手头要常有3～5篇文章处于改、投、返修、改投中，要坚持投。越不发，越改越投，连续运动中寻求机遇。稿源足的期刊，来稿可能未经细看就处理了，屡投屡退，屡改屡投。论文确有水平，只看一眼，就会引人注目。

投稿也讲博弈。新手投稿，可采用博弈论之“田忌赛马”的战略，以好对中，以中对低，可取“三打二胜”的特效。由低而高渐次投，刊物的级别越低，发行量越小，稿源越不足；好稿投去，命中率较高，创知名度的新人多关注此道。有一定知名度的作者，通常是好稿试投高级别期刊。

或为国内当下学术生态所逼，或因学术生存压力较大，学术新手既要追求学术，也要讲究生存。研究领域确立一二，研究方向选题可设二三，其中一个打名声，两三个创据点，可在一个特色或窄小选题上持续深入研究，但忌所有鸡蛋搁一篓，需不断开辟两三个新的相关领域，这样发表的机会或许会增多。

### 2.3.4 力求命中

翻阅近期报刊，明其读者定位、文章偏好、用稿取向等，按其风格写与改，可增加刊发概率。关注期刊的特刊、专栏、专刊之类的征稿，适时及时投稿，也会增加命中率。如2003年，笔者翻阅《当代语言学》，见2002第3期是“心理语言学专号”，主编在期刊首页脚注中公开征集文章，主题是：讨论两个术语的汉译。天赐良机，不可错过！于是笔者将自己的第一感觉的观点先写出，列简纲，查资料，用CCL语料库，定量与定性地论证这一问题，一气呵成《Language acquisition与language learning汉译之我见》，成文就投去。未经返修，很快录用，刊于2004年第2期。

投稿也讲究时空战略：声东击西巧投稿，南稿北投求命中。比如，20世纪90年代，笔者将硕士学位论文的一章拆分为4篇，于1994～1995年投给新疆维吾尔自治区民族语言文字工作委员会主办的《语言与翻译》，连载4期，形成了“翻译内在规律”研究系列，这对于一位不足30岁的青年学者来说是莫大的鼓励！

关于所投论文归类送审哪个栏目，投寄时不妨标明栏目名称，以便编辑及时处理，如《华中师范大学学报（人文社会科学版）》要求直接投各栏目编辑邮箱，提高用或不用的决断速度。因此要常翻报刊，这是中国知网目前所不能查证的。只有做到心中有数，投稿有的放矢，命中率才会提升。

### 2.3.5 系列发表

零星发表如天气，系列发表成气候。发文如同嫁女，家有千金若干，依次成长待嫁。先有了点子，逐渐地搜集材料，慢慢地思考，一步一步地写，然后扩充、修改、冷却，成熟一篇写一篇，写成一篇发一篇。这些文章或成散点，或成系列。可是，单篇文章不易引人注目，多角度或分环节的系列论文见于不同期刊，规模效应便可产生。例如，1996年前后，关于CET-4翻译测试，笔者发表了9篇论文，迄今为止变译研究已刊论文近70篇，出版专著5部、承担课题3项。一家刊物前后集中发表一人的论文不多见，若有，或特稿连发，或为大家，或新办刊物，或自家办刊；一般是多刊发表，在学界形成系列。系列之中既有质又有量，质和量兼顾，更重质，能产生马太效应。

为此，不妨确立平均水平，将论文分级为权威、一流、核心、一般，分层发表。定好论文质与量的平衡点非常重要。用有限的精力、能力和智力追求论文的数量与质量。如何把握质与量之间的关系？笔者认为研究者应力求形成几个主要方向，产生几个系列文章。持续研究五六年，潜心思考，一般都能做出比较有原创性和系统性的研究。写完一篇，不妨思考：该文所论话题可否延伸至其他方面、其他领域？如果能做，便写下题目，存下来，排序，留待将来做。对于此类研究，可以尝试列纲，乘胜追击，展开连动式或滚雪球式研究，形成系列。

系列发表是申请项目的有效准备，前期成果即为系列，横看成岭侧成峰，有时一个点子写一篇文章，较大的点子做系列文章；或者反过来，获批项目后，再发系列文章。系列研究有主动的系列，有自动的系列，偶见被动的系列。前者是写作之初即有明确设计，要写几个方面或几个环节，以及写多少篇；中者则是写着写着，无形中成了系列；后者为被邀，被动写成了系列。若有可能，研究某个专题到了一定的时候，可以开专栏，做成特色。比如变译研究，2018年笔者组织国内学人在6家期刊开辟专栏，集中讨论变译研究的不同问题。又如，自2020年起，受《当代外语研究》双月刊之约，笔者就翻译研究和外文研究发表系列看法，拟连载两年。

系列发表始于何时？一般人始于学位论文，少数人能发表硕士学位论文，多数人是发表博士学位论文。博士学位论文可分篇发表，成为系列。博士学位论文是整体，分出部分，自己清楚，但别人不清楚，需调整，细挖扩充，穿鞋戴帽，添加前言、结论等。例如，笔者的硕士学位论文 *Новое понятие перевода*（《翻译新概念》）20世纪90年代发表了9篇，而博士学位论文21世纪前十年发表了10篇。

## 2.4 三步审稿

论文主观上由作者自己完成，客观上是编审者助力完成，是审稿过程催熟了文章,比如国外有机构专雇编辑为论文润色。国内学术期刊则实行三审制，审稿流程一般是三审三校，即初审、二审和三审。由责任编辑按栏目初审，初审通过进入二审或外审，外审通过后主编终审。也偶见四审或五审制，如某重要文摘杂志的审稿过程是：编辑初审；学科负责人二审；匿名外审；各大部主任三审；总编终审，最后是发稿会，决定最终用否。

### 2.4.1 初审

论文投稿首闯编辑部的初审关。50%～90%的投稿直接由编辑否定退回，大刊稿源足，编辑审定稿件格式等，多数来稿由其拒绝。当下学术刊物的编辑多数是学者，但并非作者的小同行；论文投稿首过当期责任编辑这一关，责任编辑按栏目或方向分稿，如外语类期刊分语言学、文学、翻译学、文化学等，再将其分给各栏目编辑。编辑越来越学者化，正是由其决定多数论文的去留。他们要面对大量来稿，迅速断定论文的去留，半数以上论文的命运由此落定。表 2.1 是某刊的审稿要求，既可用于初审，也可用于二审，其中的每个环节都可成为初审的靶子。

表 2.1　审稿看重的要素

| 序号 | 考察点 | 具体要求 | | | |
|---|---|---|---|---|---|
| 1 | 论文的创新性 | ① 很高 | ② 高 | ③ 一般 | ④ 无 |
| 2 | 论文的学术水平 | ① 国内领先 | ② 国内先进 | ③ 一般 | ④ 落后 |
| 3 | 论文的应用价值 | ① 很高 | ② 高 | ③ 一般 | ④ 无 |
| 4 | 政治性错误 | ① 有 | ② 无 | | |
| 5 | 泄密问题 | ① 有 | ② 无 | | |
| 6 | 文通句顺，结构严谨 | ① 是 | ② 否 | | |
| 7 | 稿件能否在本刊发表 | ① 可以发表 | ② 修改后发表 | ③ 修改后再审 | ④ 不宜发表 |
| 8 | 对稿件的评审意见 | | | | |

初审看形式，以形式规范与否作为判定标准。初审多是大同行，多看表面指标，如发文数量、所发期刊、何人引用、有无高级别项目、学历学位等。再审其科学性、理论性、创新性等，考量是否有价值，是否重要，是否具有普遍意义。编辑若是看了几分钟，还不见思想，语言毛糙，格式失范，就难以选用。因此，论文的标题、思路、方法、观点等应力求超凡脱俗，亮眼夺目。初审大多采取“抓大放小”的方式，以重点环节为要，如题目、作者、摘要、引言、正文各级标题、结尾、文献等。认为文章有价值，才会继续通读。初审时，题目尤为重要，因为“题”即“额”，“目”即“眼”，好题能画龙点睛、先声夺人，不少文章因题不妥而被否。

国内编辑部越来越专业化，初审基本由其定夺。责任编辑或编辑不只是坐收来稿与二审意见，其负责初次审稿，有时参与定稿。初审时来稿是实名的，编辑对作者全知，他读文识作者，还会依作者识论文，与论文质量看似无关实有关，作者的年龄、学历、方向、成就等信息都成了评判论文质量的辅助信息。因此选文时，初审编辑不会轻易淘汰学术名人的论文。编辑也有能力不足的时候，此时就转入二审。

### 2.4.2 二审

二审，即送出文章请同行专家审稿。初审和三审透明，二审是匿名评审。专家匿名审稿，即盲审，是双盲，评者不知被评者何人，被评者也不知评者何人。因此，现在有刊物定期或不定期公示审稿人，表达对审稿人的谢意，却有违匿名的初衷。匿名确保了评审可避权力、关系、名气、经济等因素的干扰，创造了公平的机会。当下业界重文轻书，主要是好的期刊都坚持匿名评审，保证了学术质量。

规范的期刊选稿程序严格，多数来稿由初审决断，但有少数来稿质量较好或比较专业，编辑不好自做裁决，就得依赖审稿人，即进入二审阶段，最终只有少数来稿会送二审。但国内现行的编委成了荣誉头衔，而真正审稿则需另聘一批专家，多是相关领域的同行。

何时二审？编辑部无专家，或内有争议、吃不准时，就需送外审，多靠小同行。外审不是随意选定审稿人，多半由责任编辑，有时甚至是主编选定审稿人。期刊多数都有评审专家库，一般请两位专家匿名审稿，写出意见。二人最好各有侧重，双双肯定，容易通过；一肯一否，再找人审。评审人能从其感兴趣的相近领域论文中发现有用或新异之处，才能写出中肯的意见。

如何审？审稿一般采用清晰的推理提出每项意见，指出论文的优缺点、漏引用的文献等。审读摘要、引言和结论之后再从头至尾读完全文。逐点评论很有价值，更易于阅读和反馈。对每一点意见，都应阐明其对论文的接受有多重要。高明的审阅不会将自己的观点或假设强加于作者，至于文章能否发表，会给编辑最终的意见。

期刊质量主要取决于高质量的外审。写作时宜从审稿人角度去写作，尽量考虑周全，如语言组织、论文逻辑结构、图表表达、数据统计、事实与理论常成为关注的对象。同行评审严把质量关，除对论文的创新性、重要性、广泛性、实用性等评价外，会为其指瑕，提出建设性修改意见；论文若不适于A刊，或许适于B刊，负责的期刊或审稿人有时会建议改投他刊。外审案例见例2.2。

**【例2.2】**

作者大致勾勒了一幅字幕翻译的“沉浮”图，有助于国人了解这一较新且正在发展的新型翻译领域的全貌。“沉浮”比较亮眼，文章也有看头。值得商榷者有几处。

（1）标题中“东西方”或显过大，中国不能代表“东方”。而且有些欧洲国家，如法国、德国、意大利、奥地利、西班牙，至今依然流行配音翻译，相比而言，字幕翻译并未出现“浮”之态势。另外，还有一些国家如俄罗斯、乌克兰、波兰，voiceover（旁白）至今也很受欢迎。

（2）全文多是字幕翻译实践、字幕翻译研究等事实观点的堆砌，自己的观点及思想较少。

（3）文内介绍国外视听翻译，应该参考过某些文献，但文内未见出处。关于“字幕翻译研究”最后一个自然段，参照刘大燕（2011）一文做出的总结，文内未指明。

（4）“字幕翻译原则”提到“要求‘隐形’，倡导‘显身’”，欲与标题“沉浮”对上，略嫌附会。从时间上看，作者在“隐形”和“显身”部分引用的参考文献，并非都是主张“隐形”的文献就年代久远，“显身”的就靠近当下，而是二者交叉重叠，这只能说明是两种不同的观点，而不能说明由“沉”到“浮”的转变。

（5）参考文献较陈旧，国内近至2016年，仅一篇；国外近至2012年，国外近几年在这一领域文献大增，与标题的“西方”似不很贴。

审稿多半是尽义务，或略取报酬。大专家都忙，多半不愿过多地审稿，常常拒审或拖延，因此二审以较有知名度的中青年专家为主，多是：①真正的同行专家，熟悉本界学术前沿信息，有强烈的问题意识，了解学术信息；②对本界学术较熟、离一线研究渐行渐远者，但有成就，有资历，有学养，有积淀，有视野，懂方法，能会通，在立意、逻辑、论据、表述、价值等方面也能下断语；③研究与鉴别能力至少在平均水平以上者，学术上具有公信力；④能对期刊、作者和学术共同体负责者。

同行评议受制因素较多，专家之“专”是相对的。专家二审也有偏颇，如青年有锐气，易脱颖，爱创新，却常因写作经验、行文规范等不足而被淘汰。

专家是人，有情感，水平不一，松严不一。因各家杂志标准不同，专家审稿下判语的松严程度有时也视该刊的收发率而定。收稿量大大高于发稿量者，常严判；反之则松判。作者认真，优稿也会赢得优审，审稿人愿为你付出宝贵的时间；否则，作者敷衍，审稿人也不愿费时费力，找条理由否定并不难。一般而言，长者仁厚，中年“手狠”。所谓同行公正评审只是“力求”，是一种理想化追求。

有些审稿意见不痛不痒，有些则褒贬分明。有的期刊要求审稿人给出接受或拒绝的意见。不过，二审意见并非等量齐观，知名审稿人的意见分量相对要重。类似的二审案例见例 2.2 和例 2.3。

【例 2.3】

（1）本文是介评文章，但未充分显出介评的作用。题目不鲜明，不如点明“翻译素”。若要用，大修之后，不妨以短篇作一简介，但要观点鲜明，重点突出。

（2）转换素的本质特征是什么，未说清，无助于突显其价值。转换素既然可分多级，应是不同级次转换素之间的转换关系，而非对应关系，对应只是全译转化机制之一种。

（3）“翻译单位当作是一种过程”有悖于“翻译单位”的本质界定。

（4）前言中，“笔者对其进行了深入的思考”似乎与介评文章定位不符。

（5）第一小节仅为论述贡献的背景或视角，篇幅不宜过大，宜简宜精，才可反衬贡献。

（6）第二节中唯一的简单例子剖析不深，能将简单例子析透，也就能透析复杂对象了。不能细析，也就难以动人，说理也就不深。

（7）第三节才是本文要说的重心，可反倒轻了。要在当下翻译单位研究中彰显其价值，必加重分析与肯定的比重。

（8）结束语而非结论，不痛不痒。

（9）其他意见见文稿中的批注。

二审有四种结果：①可以发表；②修改后发表；③修改后再审；④不宜发表。第一种属于肯定性的，有少许修改意见；第二种肯定性意见多于否定性意见，修改即可完善；第三种肯定和否定相当，有价值，也有问题，需大改；第四种属于否定性的，完全拒绝发表。二审之间有争议时，决定权就返回三审。

### 2.4.3　三审

三审主要是由编辑委员会或主编决定，主编有最终决定的权力。专家审后，还有主编把关。三审其实最难，要平衡，要取舍。主编要汇总各方审稿意见，更要从刊物栏目、选题方向、作者背景、地域分布、项目来源等全局或外部角度予以平衡。主编更关注论文的消极面，而非积极面，采用最优法难决断时，就采用末位淘汰制。只有过了三审，文稿才算尘埃落定。

编辑越来越专职，甚至成了专家，一般比二审读得细。二审多从宏观把握，编辑则宏微并重。二审意见返回后宜与编辑审读意见结合，结合中以编辑意见为主，融合二审意见。责编对来稿提出建议，最终由主编裁决。主编看返回的审稿意见,他要对评审意见进行评审:是否研读过？公允否？合理否？全面否？他应能识别何人过严，何人过宽，何处被忽略，何处受重视。被批者并非不好，被赞者并非就对。二人点赞或否定，相对易于决断；二人持异见，说明有真问题在，可以甄别后采用。即便二人否定的意见相对，也不妨再深入读稿，或会发现好稿，这时三审或主编要有担当。三审或主编可以主导期刊的热点、卖点、焦点和导向，此时最能体现其有无胆识，能否宏观把舵，以最终确保期刊的质量。可见，期刊取决于主编的学养与胸怀，国内不少刊物的主编为挂名，甚至是跨行担任，主事者却是副主编或执行主编，或不署执行主编的副主编。

民主的编辑部通过开会讨论定稿，如某些刊物几位主编、副主编甚至是栏目编辑定时讨论定稿，既民主又集中，以保证质量。实际上，高质量期刊编辑和主编不全听从审稿人的建议，尤其是审稿人意见有分歧时。好稿多时，主编也不得不拒稿，或将当期不能刊发的佳作移至下期或若干期之后。主编凭什么标准进行终裁？除上述原因外，正当的理由至少有 11 点：①主编熟悉的领域可当机立断，有争议者由他裁决；②问题意识是否鲜明；③是否解决了重要或重大问题；④ 选题是否有普遍意义，普遍性是一时的还是一世的；⑤对作者的了解程度；⑥多篇中选原创性最大者，剔除缺点最多者；⑦过长之文不妥，中等略长有思想者优先；⑧作者的知名度；⑨是否为宏观且有所发掘的选题；⑩文章除了质量高之外，是否有传播力，能产生广泛影响；⑪文章是否为系统性与持续研究中的成果。

## 2.5 面对反馈

编辑部经过初审和二审，按规定应有回复，或几个月后作者自行处理。现在各刊启用了投稿系统，反馈意见可以随时追踪，最终结果无非 4 种：录用、修改拟用、返修再审、不用。谁都期盼论文一次性得以录用发表，可是好题皆自磨砺出，佳作来自反复改。投稿的最佳心态是耐心等待，虚心接受，妥善吸收。

### 2.5.1 学会等待

投稿后要静候回音。国内论文接受与发表的时间平均约为 1 年，拒收时间平均约为 3 个月。一投稿就急盼回复，或未到时间就写信去电催问，不太礼貌。

正规期刊一般不用催，承诺时间内会有结果。编辑部快速回复只有两种情况：优稿速复、劣稿速退。

文章审得很久，大致有三种情况：①评审人的确很忙，不会专等为你审稿，需要挤时间审稿，但未超出所定的时间，其实编辑也在等，他会替你催；②专家难找论文的问题，文章留的时间越长，越不能轻易否定；③文章有争议，两位审稿人相持不下，得另找专家仲裁；④审稿返回编辑部，难以决定录用与否。因此，投稿要学会等待。

### 2.5.2 面对拒稿

拒稿是常态，于青年学人或一般作者而言，录用才是偶然。被拒之后，要正确对待审稿意见和退稿，认真总结，找出不足，修改补充，自我提高。投寄的文章能经优质期刊的评审系统过滤，若因重要性或创新性不够，即便退稿，能得到审稿意见（国外有的写好几页，国内也是好几点）也是一笔财富，可谓因祸得福，弥足珍贵。习惯被拒才会减少被拒，更为重要的是可吸收审稿意见后转投低级别甚至更高级别期刊，所以对拒稿应存感激之心，如例2.4。

**【例2.4】**

（1）观点不突出，未见集中表述，无创新，无私想。

（2）文不对题：文章的重点是汉典外译策略，却不见策略。

（3）A之下B结合式研究，并未鲜明展示A与B的结合点C。

（4）大谈思维，且是主体思维，却不见思维与策略的关系过渡。

（5）理论与策略两张皮，因无策略，故不见理论与策略的因果关系。

（6）大量介绍认知翻译观，未能与所立目标（翻译本质再阐释）相一致，跑题了。

责任编辑会综观审稿人的意见与国内外包括本刊已发同类论文的创新性，或兼顾作者所在地的区域性，最后做出拒稿或返修意见。拒稿分两种：一是断然拒用，太差的来稿编辑初审就拒了，较好的来稿主编通常最后也会因稿多等原因而拒用；二是部分拒绝，部分文章含有用的内容，拒绝是因内容有缺陷、方法不当，等等。

面对第一类拒稿，请关注拒稿信中的意见，不要怕，要尊重审稿意见，确因选题严重不足，就听从放弃，但须分析总结每条意见或建议，找出不足，以利今后的研究。面对第二类拒稿，确因部分不足或重要性、创新性不够，则吸收意见，认真修改，不妨搁一搁，找到更广泛的证据后，再修改，寄回同一杂志，或许对方会考虑重新受理；或者修改之后，再改投同级期刊，或转投级别稍低的刊物，可能会顺利得多。如此拒稿越多，吸取教训越多，发表的机会也将越多。

### 2.5.3 面对批评

审稿意见可能是同行从不同角度理解你的问题，比如你做定性研究，他说缺乏定量；你做个案研究，他说不系统、乏共性；你做应用研究，他说缺理论；你做理论研究，他说缺实例；你在引言中小综述了三五个代表性文献，他说缺乏广泛的综述；等等。因此，不管意见如何，你都能了解到同行的看法，认真吸收，都会促进文章表述更清晰、更全面、更易于接受。尽量按评审意见修改。评审专家有时针对的可能只是一二字、三两句，却往往要回复一大段，详述缘由，以理服人，如例 2.5。

**【例 2.5】**

感谢您百忙中查阅此邮件！更感谢您切中肯綮的修改意见！我已经参照修改建议，对全文做了全面修改。为便于您阅读，修改部分全部用蓝色字体标识，同时也将参照您的修改意见逐条给予说明：

1. 本刊 2017 年第 1 期曾发此书的书评，重新评论应有所深入和创新。

修改点 a：点明 2017 年书评是“就书评书”，本文则是在更普遍的意义上对其具有的方法论价值进行阐发。

修改点 b：大面积修改正文（参见正文第 2～3 部分蓝色字体），强化理论阐述，削减对《变译考》内容的陈述，引证相关研究，从正面说明和侧面比较两个角度强调本文的论点，以凸显其创新点和理论深度。

2. 作者应参考 2017 年第 1 期×××的文章修改此文，剔除重复部分，重审并删节叙述部分，强化自己新观点。

修改点 a：在本文引言部分引证郝（2017）文，并对其做简要评论，指明本文的侧重。

修改点 b：压缩正文中对《变译考》内容的评论和引述，增加关于传统译论重识的方法、路径的陈述，尤其注意以凸显自身观点为主，以归纳《变译考》内容为辅，在强化自己新观点的同时，有意凸显与前文之间的差异。

修改点 c：重写论文结尾部分，进一步强调本文的新观点。

3. 文章图 3 中第 1 行文字框中的 11 个词均为同义词，请审核重新提炼归纳。

修改点 a：鉴于此部分容易引起误会，修改稿中我改变了行文的方式，删除此表，加入理论论证和文字阐释。

修改点 b：重新制作部分图表，使其更紧凑、清晰，以便于贵刊排版。

4. 参考文献以其在文内出现的次序编排索引序号，同时在文内相应处用上角号“[ ]”标示。

修改点 a：逐条对比参考文献，有错误处已修正。

再次感谢您的修改意见!从这次修改中我更加明白如何能够凸显新观点，如何通过重组和补充理论阐释增加理论深度！

大同行看热闹，小同行看门道。收到评审意见时，无论意见是委婉还是严厉，都要先冷静，即便是后者，也别沮丧，莫生气，看他说得有理无理，如果不在理，甚至有误，就恰当地向编辑解释。与编辑宜保持良好关系，即使误审，也别与编辑争吵，不要感情用事，言辞过激，更不能攻击，说他不懂。多数的辩解或解释或许会返给评审。评审是匿名的，也是低酬的，甚至是无偿的，尤其在国外。你不知道是谁评你，你只能跟编辑打交道。只能摆事实，讲道理，争取编辑理解，甚至说服他站在你一边，最终说服评审。

审稿人提的问题若是非常尖锐，即便评审意见在你看来不妥，也要当作一面镜子，善于从中发现养分，毕竟人家无偿奉献了思想，弥足珍贵。若认为评审意见与自己南辕北辙，不能或不愿据之修改，也完全可以撤稿转投。

如何回应与修改？有人放弃观点，也有人改得面目全非。其实，审稿人提问，首先是他认为选题有意义而进一步追问，促你讲清，给作者阐明的机会。至此，转入下一步。

### 2.5.4 返修复审

一篇论文需要与编辑多次对话，几经修改，反复雕琢，才能发表。审稿流程可能并不完美，每位审稿人并非都是所审论文领域的行家，也并非每位编辑次次都能正确决策。审稿人的确是大作的首批读者，是读者意见的代言人，他们第一时间反馈了于你修改至关重要的意见。

因来稿多，责任编辑有时也无力细读全文，若两位二审专家的意见是修改再审，编辑则将审稿人意见汇总，悉数转发作者。文章返修了，未达发表要求，即看来有望，至少未一棒打死，所存问题有修改余地，因不知能否改出佳作，就需要重审。返修重审为作者又创造了机会，作者修改甚至是写出申辩理由，可再次进入二审。不过，只是编辑给了机会，并非录用，因此精心修改非常关键，是当务之急，也忌讳匆匆修回！耗时思考一两周都不为过，除非编辑部要求马上改回重审。回复信开头要有一两句真诚的致谢，然后直奔主题，以问答方式推进为好。

审稿意见是同行专家从不同角度对文章的看法，是了解同行看法的真实途径。审稿人多数态度认真，应认真分析其每条意见，尽量吸纳。将编审者意见再次视作修改的起点，而非终点；严改论文，才可能改出令编审者满意的结果，以减少被改的次数。大致程序如下：

（1）收到审稿意见，对审稿人表示感谢，显示对审稿劳动的尊重，也表达自己认真修改的诚意。

（2）细读评审意见，按要点标序，揣摩审稿人的意图；再思考能否解决，若可，如何解决。仅是文字修改，还是逻辑问题？是事实有缺陷，还是分析不深入？思考之后，一旦接受了中肯的意见，立即老实修改。

（3）就审稿意见提出的问题一一说明新改稿是如何解决的，若是未能或不能解决，则说清理由：是主观的，还是客观的？是可以解决的，还是根本不能解决的？是目前不能，还是永远不能？不能让这些问题成为文章发表的阻碍。

对异见有理有据地慎重作复，是为自己争机会，也是对编辑的尊重。一经完善，马上发回编辑部，尽快争取编辑或专家重新受理。回复时，针对带有偏见或有明显误解的意见，身为作者应该先自我反思，再礼貌作复。若要坚持己见，或有较大不同意见时，宜尽量周全地阐述理由；对自己认为不妥的意见有理有据地与审稿人探讨；对被误解之处，则先自查原因，再陈述其他理据，确保思想更加显豁，如例 2.6。

**【例 2.6】** **对返修意见的回复**

**意见 1：** 文章作者没有明确说明研究严复的变译思想意义何在，只为一考？

**答：** 仅为一考，描写事实。意义不是本文旨意所在。

**意见 2：** 文章副标题为“严复变译思想考”，见出作者探讨的是严复的变译思想，但文中除了 3.3 提及严复后期翻译的《原富》《名学浅说》《群己权界论》序言中关于使用变通翻译手法的辩解外，主要探讨的是变译实践的方法，题目与内容有出入。

**答：** 谢专家毒眼，听取意见，副标题已改为“严复变译研究之一”。

**意见 3：** 作者在文中没有对核心概念如变译、全译等进行必要的定义和陈述，让人读起来感觉很笼统。“译述”“写”这样的概念用得随意了些。此外，翻译实践中的变通是否就是变译，也需要很好的论证。就变译而言，视为一种策略似乎更合理，而翻译实践中的变通，则是一种翻译方法或技巧。

**答：** 对变译、全译等概念，本人或同人有过专文或专书涉及，在此不赘，可否？

**意见 4：** 变通是变译的手段，有八种，曾有过论述。另，变译的变通是专门，有别于全译的转化，《翻译变化观》（《外语学刊》2012 年第 6 期）已做过区分，《“翻译”新解——兼答周领顺先生论“变译”》（《外语研究》，2012 年第 1 期）也做过界定。

**意见 5：** 文章的题目为严复翻译实践考，但从文中可看出作者主要的用例来自《天演论》，如作者所言，“严复其他著作的变译实践不是本书的重点，现仅略作说明”也能看出这一点。严复的其他翻译涉及较少，说服力有所欠缺。

**答：** 这是选材的说明，用了不完全归纳法，有此危险。读者不信，可以证伪。这是归纳法的优与劣。

**意见 6：** 论述逻辑上有些混乱和不清晰。作者在结论中说：“严复一生的翻译起于全译，贯于变译，声名鹊起于变译，也成就于变译。”但文中陈述严复“翻译起于全译”全部建立于“可能”“很可能”这样的推断上，如果由这样一个不落实的基础推出严复一生从译的策略选择就是“全译—变译”，似乎过于武断。

**答**：文中现做了交代："可惜译作及其原文现在无法查寻，只能是推测。"这是考证研究的遗憾，先把假设提出，等待历史研究的深入。

**意见 7**：文中讲到严复译《天演论》选择变译策略时，作者把主要原因归于"储备甚丰者如严复怎能抑制创作的欲望？！又怎能掌控译笔的走向？！他很难对原文亦步亦趋，也就难做到四平八稳的全译了。"虽然在众多严复翻译研究论文中指出了除"社会原因"之外的另一种原因，但这种对译者心路历程散文化的描述，很难让人信服。

**答**：此处可能有人文社会科学研究的感性成分。似乎偶尔用之，也无妨。中国传统学术文章是很可读的。请编辑先生定夺。

**意见 8**：此外，作者文中写道"因此《天演论》之后的其他七大译著仍然是变译与全译相夹杂。这些译本现在越来越多受到思想界的研究，在此暂以严复为数有限的《圣经》的翻译为例，看其全译实践"，也让人看到逻辑上的乖谬之处，因为严复《天演论》之后的其他七大译著并不包含《圣经》的翻译。

**答**：其他七大严译属于名译，而在此用作全译例子是另外的《圣经》片段翻译，并未指明它也属于七大名译，并不矛盾。

### 2.5.5　修改拟用

二审或复审后均会提出修改意见，编辑部要求修改回复，简称"修回"，这表明有希望进入三审，有发表的可能。千万重视二审"修回"意见，需再用心投入，千万别急于修回！宁可用足时间，据所提修改意见，潜心修改。修回复函的语气要不亢不卑，有针对性地答复，大致包括：①回复时，先对编辑部深表谢忱；②细读意见，标明重点或要点，以免答非所问；③正确的意见宜写赞成的话，自己坚持的内容，应阐述理由，心要平，气要和，有理有据；④对所完善之处逐一答复，同时用不同的字体或颜色标明修改之处，以便编辑迅速复查和处理。见例 2.7。

**【例 2.7】**　　**返修复函**

尊敬的编辑先生：

您好！

再次感谢贵刊拟录拙稿！贵刊有一批业精艺高的审稿专家，两位专家就拙稿费尽了心血，所提意见大都在理，多数意见本人吸收了，做了改正，略有几处保留。对各条审稿意见本人也做了回复（见下），最后还请编辑先生定夺。顺颂

编安

×××　敬上

### 2.5.6 录用完善

三审一旦确定录用，就进入后续的编辑与作者之间的沟通环节。此时主要是按编辑部要求不断完善文稿编辑，需要特别注意各种细节，也是最后精雕细琢论文的半成品，作者更要用心，一方面是自己不松懈，文不厌改，重在润笔，炼思想，大框架不再有大变动；另一方面是编辑为你完美打造，更多是从编辑规范角度，偶尔也伴随着内容的讨论。完善最集中的体现莫过于清样校对与篇幅微调。请看例 2.8。

**【例 2.8】**

**清样校对与完善**

尊敬的×××作者：

您的文稿“×××”将刊登于《×××》201×年第×期上。现将文章的电子文本以附件方式发给您校对，请按照以下要求修改文稿。

1. 收到校样后，请先通过此电子信箱确认，并告知联系地址，以便我们日后给您邮寄赠刊。
2. 请打印稿件，认真审核，进一步润色文字、核对数据和精简内容。
3. 改动不多于 5 处时，请将改动的“描述”或“勘误表”，通过 E-mail 发送至×××@×××.edu.cn 邮箱，邮件主题为“作者姓名+校样”。如果改动的地方较多（添加整段文用 E-mail 发送），不方便填写勘误表，请以特快专递或传真方式将打印稿校样寄送回编辑部。
4. 请务必于本月 25 日以前将校样返回编辑部。
5. 请将文稿篇幅压缩至 6 页内；确定 P.69 例（1）中是 A 还是 Ax。

感谢您的配合！

《×××》编辑部
责任编辑：×××
2018-09-11

除编辑部要求外，清样不宜大改，因为编者已对原稿加工润色或压缩。校对时请注意：①改正错别字与文句不通顺处；②再次细核引文、数据、参考文献、通信地址等；③随稿提供个人身份证号码，或登录该刊网站在“个人信息”中添加，因稿费发放已纳入国家税务系统。

清样包括 Word 和 PDF 两种形式，文章含图表时用 PDF 较好，图表不会走形。仅以 PDF 为例，至少有三种修改方式：①打印出来修改，快递返回至编辑部，信封注明“清样校对稿”，或扫描发回编辑部；②用 PDF 阅读器或编辑器相关软件在其需改之处添加批注或说明；③附上校样修改说明，注明所改的页、栏、行和文字。第一种是传统修改方式，后两种充分利用网络的便捷性，校对完毕，在该刊网站作者查稿页下上传校样修改说明或校样稿。

# 例 话 篇

# 本体深究类例话

# 第 3 章　他山之石可攻玉*

**疑点·重点·难点·焦点·突破点**

1. 如何使用他山之石?
2. 如何借用相邻学科理论?
3. 如何通过学科交叉产生新论题?
4. 如何基于他人思想产生选题?
5. 如何基于论题本质寻找论点?
6. 论点、论据如何巧妙结合并呈现?
7. 如何围绕论题结合论点提炼标题?
8. 如何有效解读标题构思论文框架?
9. 归纳演绎如何巧妙结合析出关键词?
10. 如何基于关键词合理构建论文框架?
11. 如何迎合标题调整框架凸显论文主题?
12. 如何借用关键词的反复出现凸显主题?
13. 如何在写作中充分论证达至理论自信?
14. 论文刊发后如何深入思考拓宽研究领域?
15. 如何借一论题展开系列研究做到星火燎原?

2011 年底,《术语翻译的术语化探究》①(以下简称《术语》)一文几经修改,成文,投稿,最终被《外语学刊》录用,刊于 2012 年第 1 期。从思想萌发到框架构思,从体例修改到成文刊发,汗水包裹着思想,滴入纸间,最终开成了一朵灿烂的花。对于笔者的学术成长路而言,此文的意义自不必说,正因

---

* 作者简介:信娜(1981—),女,博士,黑龙江大学俄罗斯语言文学与文化研究中心副研究员,硕士研究生导师,主要研究方向:翻译学。

① 信娜. 术语翻译的术语化探究[J]. 外语学刊, 2012,(1):125-127.

如此，它的成文路才值得时时揣摩，以获取新的思路去解决科研路上的下一个难题。科研论文，记录的是思想，再次阅读，收获的却是新知。时隔数年，新知已不再是星火，而呈燎原之势，照亮了笔者今后的科研路。

## 3.1 借问他山之石

### 3.1.1 叩探他人思想

2011 年 11 月，笔者在博士学位论文《俄语术语汉译方法论研究》进行到第五章“俄语术语意译策略理据”时，百般思索哪一种术语学理论能够恰如其分地解释术语翻译，以及可以使用意译策略的理据。手头恰有两篇博士学位论文：《术语的功能与术语在使用中的变异性》[①]和《俄语术语的称名学研究》[②]。阅读中发现，“术语的产生经历了无意识的‘自在’阶段，最后上升到有意识的‘自为’阶段。即专业术语的形成过程或者说是专业概念的命名过程一般包含两个阶段：自然阶段（стихийный этап）和有组织、有目的的系统阶段（системный этап）”[③]。术语翻译过程中，原语术语的概念脱离形式，进入译语世界，寻找译语表达的过程正是专业概念的命名过程，因此，术语翻译的译语表达过程也可被视为术语的称名过程。

寻找到了术语称名与术语翻译的契合点，笔者进一步搜索相关文献，扩大文献阅读范围，《学术摹因的跨语际复制——试论术语翻译的文化特征及研究意义》[④]激发了笔者的极大兴趣。论文以例开篇，指出“喀斯特”汉译术语定名过程经历了先由英语名称 Karst 音译为“喀斯特”，再由中国学界片面改译为“岩溶”，后又恢复原名三个阶段。另一例术语“天坑”的定名过程更是有趣。21 世纪初，中国学者确定使用“天坑”指称西方地理学学术话语中的“特大型塌陷漏斗”所描述的地理样貌。之后，这一术语出现了五花八门的曾用名，2005 年起，国际喀斯特学术界一致认可术语“天坑”并在国际上通用 Tiankeng。反观这两例术语的定名，笔者不禁思索，为什么汉译术语可以音译后改为意译，意译后再改为音译？这是由术语的特性决定的吗？带着疑问继续往下读，笔者

① 孙寰. 术语的功能与术语在使用中的变异性[D]. 哈尔滨：黑龙江大学博士学位论文, 2009.

② 孟令霞. 俄语术语的称名学研究[D]. 哈尔滨：黑龙江大学博士学位论文, 2009.

③ 孟令霞. 俄语术语的称名学研究[D]. 哈尔滨：黑龙江大学博士学位论文, 2009: 65-66.

④ 魏向清，张柏然. 学术摹因的跨语际复制——试论术语翻译的文化特征及研究意义[J]. 中国外语, 2008, （6）: 84-88, 94.

看到了令自己无比兴奋的一句话："对于'强势语言与文化'而言，外来术语的译介往往要采取从'归化引入'到'异化更新'的道路，比如我国中医术语英译策略的变化，而对于'弱势语言与文化'来说，外来术语的译介方式往往恰恰相反，即可能首先倾向于主动接纳'异化'译名，以后到了一定的发展阶段才又有了重新'归化'修正的意识，比如 telephone 从'德律风'到'电话'的译介定名变化。"①由此得知，术语的译介往往经历一定的过程，具有阶段性，原因在于"术语在其产生与演变发展的过程中时时都会受到来自复制主体的认知影响，不断地（被）融入认知主体阐释的成分，尽管这种影响有时完全是'刻意无意识的'"②。因此可以得出结论：术语翻译具有阶段性和过程性。那么，相比较于"翻译的过程性"，术语翻译的过程性具有哪些特殊性？于是笔者开始阅读有关"翻译的过程性"的文献。

### 3.1.2 深思论题本质

翻译具有过程性毋庸置疑，广义上，翻译的过程可分为译前、译中、译后；狭义上，翻译又可分为理解、转换、表达三个阶段。而对翻译过程性的研究，关注点并不在于翻译这一行为的完成所需要的步骤或程序，而在于翻译结果进入译语世界并存在的过程。"翻译的历史性"这一概念进入了笔者思考范围，随即阅读了几篇有关"翻译的历史性"的文献，得知翻译是一种历史产物，"如果不和文本作者的历史性联系起来，文本就难以理解和解释；如果不和解释者本人的历史性联系起来，文本的理解和解释也就失去了意义和目的"③。众所周知，翻译即解释，是一个寻求原语文本在新的文化中获得理解的过程，也是一个寻求译本在新的文化背景下的历史性定位的过程。理解的历史性意味着翻译无法摆脱其历史局限性，因此，很多学者提出"翻译不可能有定本"。可以推断，术语翻译的结果也不可能有"定本"。随之，新的问题产生了，提及翻译的历史性，大多是针对文学翻译而言，那么，能否提出"术语翻译的历史性"这一概念？两者之间的区别和联系是什么？术语翻译结果的无"定本"和前文提及的"术语译介的过程性"是同一问题吗？

术语是"某种语言中专门指称某一专业知识活动领域一般（抽象或具体）

① 魏向清，张柏然. 学术摹因的跨语际复制——试论术语翻译的文化特征及研究意义[J]. 中国外语，2008，（6）: 86.

② 魏向清，张柏然. 学术摹因的跨语际复制——试论术语翻译的文化特征及研究意义[J]. 中国外语，2008，（6）: 85.

③ 张今，张宁. 文学翻译原理[M]. 北京：清华大学出版社，2005: 17.

概念的词汇单位”[①]，术语翻译是用译语再现原语术语的科学信息以求信息量极似的思维活动和语际活动，是翻译概念的下位概念，在具备翻译概念所有特征的同时又有其特性。所以，理论上应该存在“术语翻译的历史性”这一概念。术语是用来指称和限定科学概念的，科学概念是在人们认识事物本质的过程中形成的，总是随着人的实践和认识的发展而变化和发展，主要体现为原有概念的内容逐步递加和累进，或是新旧概念的更替和变革。译者从自己所处时代出发理解术语，所获取的术语内容必定带有特定时代的特点。翻译转换后，译语术语需符合时代的需求和读者的认知，获得新的时空定位才能在新的历史语境中得到理解。科学概念的历史性决定了术语翻译具有历史性，术语翻译结果无“定本”。从语言系统角度来说，术语在不同语言之间具有不对应性，某些术语在另一语言中缺少对应术语，这时就需要以普通词汇去对应原语术语，出现“非术语翻译结果”，这一结果可能会经过术语化过渡到术语范畴，也可能会以非术语形式一直存在下去。翻译结果在术语和普通词汇范畴之间的转换是术语翻译结果无“定本”的另一体现方式。至于“术语译介的过程性”，主要指术语翻译的阶段性，除理解、转换、表达三阶段外，翻译结果的术语化还应纳入术语翻译过程中，这是由术语的特殊性决定的。

基于上述分析，结合术语翻译的历史性和术语译介的过程性，研究对象可初步确定为“术语翻译结果的术语化”，论据有以下几点：①术语翻译具有历史性，特性在于科学概念的变化、发展或新旧更替；②术语翻译结果无“定本”，翻译结果有时会以音译术语替换意译术语，或相反；③原语术语用译语再现后，如果是非术语形式，则还会经历“术语化”。为使论文具有一定的理论意义和创新性，“术语化”这一概念被选为论文的核心论题。

### 3.1.3　解题初定标题

“术语化”是术语称名的一种语义手段，即普通词表达术语意义的过程，换言之，即“某一词汇单位开始由普通词范畴向术语范畴过渡”[②]。术语翻译应遵循准确性原则，术语形式应遵循简明性原则，因此，当原语术语进入译语时，若无法用术语形式体现翻译结果，则必然要求这一翻译结果向术语范畴过渡，也即普通词表达术语意义的过程。用“术语化”这一术语的称名学理论可以恰

---

① Лейчик В. М. Терминоведение: Предмет, методы, структура[M]. Изд. 4-е. М.: Книжный дом “ЛИБРОКОМ”, 2009: 32.

② 孟令霞. 俄语术语的称名学研究[D]. 哈尔滨: 黑龙江大学博士学位论文, 2009: 118.

到好处地解释术语翻译为什么会经历由“归化引入”到“异化更新”或相反的过程。标题中的关键词“称名学解读”暂时确定。

解读的对象“术语翻译会经历由‘归化引入’到‘异化更新’或相反的过程”是否可以用“术语翻译过程”来归纳和概括？笔者进一步思考。提及“翻译过程”，笔者首先想到的是翻译的具体操作过程，将外延扩大，可将翻译结果的译语传播与接受纳入该过程。具体至术语翻译，其“归化引入”到“异化更新”或相反的过程更多强调术语的跨文化译介方式，它包含术语翻译的理解、转换、表达阶段，以及术语翻译结果的传播与接受，但不仅限于此，它还从术语跨语言传播角度指向了术语的语际“旅行”途径及方式，从广义的翻译概念出发，这一过程也可纳入“术语翻译过程”研究。明晰了研究对象的内涵与外延，笔者遵循由归纳到演绎、由现象到本质的逻辑思路，将术语称名学理论用于术语翻译过程的理据论证，标题暂定为“术语翻译过程性的称名学解读”。

## 3.2 精炼文章标题

### 3.2.1 基于论题找论点

论文标题暂定后，笔者进一步阅读相关文献，深思“术语翻译过程性”，为论文框架构思及撰写打好基础。欲解“术语翻译过程性”，需深思“翻译过程性”，找出“术语翻译过程性”的特色之处，以及术语翻译过程与术语译介过程的联系，从而找到论证的出发点。

基于翻译过程的三分法，原语理解使原语脱离形式转为意义，语际转换使意义超越时空进入译语世界，译语表达使意义再次依附形式成为译语语言文字。以此推理，术语翻译理解阶段需透过术语形式获取术语概念及附加意义，语际转换使术语概念及附加意义进入译语世界，译语表达使术语概念及附加意义与译语语言形式结合成为译语术语。一般来说两种语言在词和短语方面具有不对应性，术语一般体现为词及短语形式，因此双语术语必定具有不对应性。当原语术语概念进入译语无法找到对应的语言表达，就出现了上文提及的“归化引入”“异化更新”等现象。很多学者认为翻译具有不可译性，术语翻译则是很好的体现。因此尝试将“归化引入”等划归为术语翻译的表达阶段，目的是明确研究对象，并且将术语翻译的表达阶段视为术语的称名过程。译介即翻译介绍，除关注语言文字层面的转换外，还需关注译作的译介主体、受众反应、接受方式、传播媒介、传播途径、译介效果、译作影响等，研究范围大于翻译，

然而大多数情况下，译介即为翻译，只是前者的侧重点在于翻译结果。术语翻译具有过程性，而其所包含的术语化过程的关注点也在于翻译结果。所以，笔者暂时将术语翻译过程与术语译介过程等同，进一步重点思考术语翻译的表达阶段。

一般意义上，术语翻译的表达阶段即原语术语的概念与译语语言形式相结合的过程。当原语术语经理解和转换阶段后，原语术语所指概念需与译语相应概念系统对接，或直接移植，或映射转换，进入译语世界。当寻找到匹配的语言表达形式后，术语翻译过程结束。如双语的概念系统匹配对应，则较容易找到相应的译语形式表达，反之，寻找译语表达则需经历一定的曲折，一般需暂时借用译语的语音形式或书写形式来表达。深入思考这一过程，可发现其与术语称名的相同之处，即用语言的物质形式指称概念，也就是从内容到表达层面，从概念到名称。术语因其自身的特性要求，其称名过程一般包含两个阶段：第一阶段可以看成是对某一概念的原始表达，即前术语阶段；第二阶段则是将非术语引入专业术语词汇，最终将术语确定。反复比较“术语翻译过程性”与“术语称名阶段性”，发现后者更能揭示术语翻译的特点，因此将标题中的关键词“术语翻译过程性”更换为“术语称名阶段性”，进一步思考如何将其与“术语翻译”结合。

### 3.2.2 结合论点炼标题

“术语称名阶段性”这一关键词确定后，如何将其与“术语翻译”结合才能言简意赅地表达论文的主题是需要思考的问题。“术语翻译”是思考的起点，是论题，“术语称名阶段性”是“术语翻译”呈现特殊性的理论依据，是论据。笔者尝试以下组合方式。

第一种，两者简单结合为“术语翻译的称名学解读”。用“解读”二字可让读者知晓作者的意图，即借用称名学理论去解释术语翻译。其不足在于缺失关键词“阶段性”，进而导致标题过于宽泛、俗套，无法引起读者的阅读兴趣。况且，“术语翻译”的可研究角度甚多，用称名学解读哪一角度，读者不得而知。

第二种，将“术语称名的阶段性”这一特征直接用于“术语翻译”，凸显“术语翻译阶段性”，“称名学”作为理据直接跟随其后，形成“术语翻译阶段性的称名学解读”。这一标题包含了论文全部的关键词，表达了主题，而且颇具新意。缺陷在于“术语翻译阶段性”具有多义性，既可指广义上的术语翻译过程，即理解、转换、表达，也可指某一过程的阶段性，即术语翻译理解的阶段性等。而论文拟要论证的是“术语表达阶段性”或“术语跨语传播的阶段性”，标题所指略有不明。

笔者再次尝试使用“术语化”这一概念。现代汉语中，“化”可做后缀，加在名词或形容词之后构成动词，表示转变成某种性质或状态。“术语化”即指转变成“术语”，具有“术语”的性质。翻译术语时，原语术语脱离原语形式经过转换进入译语世界，此时的存在形式为概念，在寻求译语表达的过程中可能出现两种结果：术语或普通词。后者还须经历一个阶段转换为术语，术语翻译过程才能结束。笔者基于此再次缩小研究范围，将其确定为术语翻译结果初次体现为普通词的情况，重点研究普通词如何转换为术语，完成术语翻译过程。“术语化”用于此恰好说明这一阶段或过程。另外，科研论文标题讲究言简而意丰，相较于“术语称名的阶段性”，“术语化”形式缩减，意义未失，更适合用于标题中。

### 3.2.3　点据结合成标题

确定“术语化”作为标题后进一步思考与“术语翻译”的结合方式。两者的结合点在于术语翻译过程可能需要经历“术语化”过程才能完结。转换思路，将理据论证转换为现象研究，即研究术语翻译过程中的“术语化”这一现象，浓缩为标题形式，可尝试表达为“术语翻译过程的术语化研究”。与“术语翻译过程性的称名学解读”类似。然而，“术语翻译过程”所含甚广，而其后的“术语化”只涉及其中的表达阶段，不甚理想。

将“术语化”纳入术语翻译研究是创新点和新意所在，也是术语学理论与术语翻译的成功结合。从字面意义理解，“术语化”是成为术语的过程，将其置于术语翻译过程中，它一般指向术语翻译的表达阶段，而理解和转换阶段是无须“成为术语”的，只要术语所指概念存在即可。因此，尝试将术语学理论与术语翻译直接结合，不再强调术语翻译过程，将标题表述为“术语翻译的术语化探究”。

标题暂定后，基于标题可将研究内容描述为：术语翻译的术语化主要指术语翻译结果的术语化，具言之，即以非术语形式体现的术语翻译结果向术语范畴过渡的过程或结果。笔者以此总结出了写作要点，即术语化的两个层面与三个机制：两个层面指内容的术语化与形式的术语化，三个机制指概念化、称名化与系统化。同时，将上述内容以 PPT 形式在翻译学沙龙上呈现，得到了导师

及同门学友的肯定。笔者于是开始了下一阶段，即建构框架，为写作做好准备。

## 3.3 雕琢文章框架

### 3.3.1 解读标题思框架

以关键词“术语化”为中心点，笔者围绕中心点深入分析术语翻译结果“术语化”的内在机制与体现层面。根据索绪尔的观点，笔者将术语看作概念和音响形式的结合，也即内容与形式层面。术语翻译结果的术语化应该分别体现为内容的术语化与形式的术语化，内容的术语化可具体为概念化，而形式的术语化可体现为称名化与系统化。遵循从“是什么”到“为什么”的逻辑思路，论文的框架初步设计为：第一部分解释什么是术语翻译的术语化，目的是使读者明晰研究对象；第二部分为理据论证，解释术语翻译结果为什么需要经历术语化过程。框架初步设计为：

**1. 引言**
**2. 术语翻译的术语化内涵**
  2.1 术语化
  2.2 术语翻译的术语化
**3. 术语称名阶段性**
  3.1 自然阶段
  3.2 自为阶段
**4. 术语称名特殊化**
  4.1 术语称名符号性
  4.2 术语称名借用性
  4.3 术语称名主观性
**5. 结论**

### 3.3.2 迎合标题调框架

初步框架主体包含三部分，第一部分介绍术语翻译的术语化具体内涵，从术语学理论“术语化”过渡到术语翻译中的术语化，由已知到未知，符合一般的认知思路；第二、第三部分为理据论证，分别从术语称名的阶段性及特殊化层面论证术语翻译过程中为什么存在术语化这一特殊过程，术语学理论充分融入术语翻译的研究中，颇具新意，理据充分。

论文框架是标题的延伸与丰富，透过框架反思标题，深剖标题反观框架，笔者发现：标题的核心在于“术语化”，回答问题“是什么”，而框架的核心在于“术语称名”，回答问题“为什么”，两者存在一定距离，即论文框架不能很好地说明标题的内涵。因此，结构须调整，将“术语化”内容扩展，使其占据论文的主体，第二、第三部分的理据论证合并浓缩，成为论文辅助部分，以期通过此方式凸显论文主题，使结构更加严谨。根据这一思路，论文框架再次调整为：

1. 引言
2. 术语翻译的术语化内涵
   2.1 术语化
   2.2 术语翻译的术语化
3. 术语翻译的术语化机制
   3.1 概念化
   3.2 称名化
   3.3 系统化
4. 术语翻译的术语化究因
   4.1 术语结构双层性
   4.2 术语称名阶段性
5. 结论

调整后的框架每一小标题都含关键词“术语化”，很好地体现了论文主题，第二、第三部分详细描述术语翻译中的术语化，是术语学理论的移用与验证，属演绎研究，可发现“术语化”置于术语翻译过程中的特殊性，这一特殊性又反过来可补充术语学理论，丰富术语学的研究视角，也是翻译学反哺其他学科的有益尝试。第四部分则结合术语翻译的术语化特点，寻找到最具说服力的理论依据：术语结构的特殊性及术语称名的特殊性。

基于此框架笔者开始写作，2 个月后成型，前后修改 5 次，最终成稿。限于篇幅，不再赘述这一过程。

## 3.4 点燃星星之火

### 3.4.1 新思迸发成新题

论文完成后投往《外语学刊》，很快收到回复，稿件被录用，刊于 2012 年第 1 期。因自己的学术论文第一次被 CSSCI 期刊录用，笔者心里着实高兴了一阵，付出的心血终于有了回报。拙文付梓之际，恰是博士学位论文答辩时，在准备博士学位论文的预答辩及答辩时，《术语》一次又一次进入脑海，于是时不时翻开杂志细读一番，有时是欣赏，但更多的是忐忑，总觉得遗漏了什么，或有思虑不周的地方，但因忙于答辩，思考总是被打断，没有成系统。

2012 年 6 月，笔者顺利通过了博士学位论文答辩，为 20 余年的求学生涯画上了句号。答辩结束后随即留校，开始了工作。直至暑假才有了空暇，继续思索博士学位论文以及刊发的部分论文。再次阅读《术语》，并不是想对其做出修改，而是想以此为起点，发现新的可研究之处，继续术语翻译研究。此外，继续阅读术语学的相关文献，发现术语化不仅是术语的称名手段之一，而且是术语产生的途径之一。提及术语的产生途径，一般指术语形成的语义手段或形态手段。语义手段指的是普通词通过词义派生指称专业概念，形态手段则指普通词通过形态构词成为术语。术语翻译的术语化是以非术语形式体现的术语翻

译结果向术语范畴过渡的过程及结果。区别于术语形成过程中的术语化，语义手段主要指借助译语术语进行概念化并与之结合完成意指进而过渡到术语范畴，形态手段主要指经过称名化赋予译语术语称名特征而进入术语范畴。两者之间还是有显著的区别，主要在于无形中扩大了术语化的外延，将空洞的语言形式与概念结合以及调整语言形式符合术语要求也视为术语化。外延的扩大是否会歪曲术语化的本质，需要进一步思考。

### 3.4.2 新题深究成新文

在思考过程中，笔者将某一阶段的思考结果整理出来，以“术语翻译过程性的称名学解读”为标题成文，将翻译具有历史性这一结论进行演绎，以术语翻译为对象，进一步探讨术语翻译的过程性，并从术语称名学角度进行论证，得出结论：术语翻译过程性是翻译历史性的个体性演绎，这一概念旨在强调某一新术语进入异质文化的过程，术语称名的阶段性可允许译者采用从“直译引用”到“意译更新”或从“意译引介”到“直译更新”的模式；术语称名的借用性允许译者移译原语术语，待熟知概念后再意译；术语称名的主观性允许译者自己选择概念特征表达译语术语，科学发展后再优化译名。该论文刊于《俄罗斯语言文学与文化研究》2016 年第 1 期，另一姊妹篇《术语翻译的非术语化探究》正在思考中。

由“术语翻译结果”到“术语翻译过程性”，再到“术语翻译阶段性”，而后扩展至“翻译历史性”，由个体到一般，自下而上寻求一般规律；由“术语化”到“术语翻译的术语化”，再到“术语翻译结果”，由一般到个体，自上而下演绎已有结论。两相结合，充分运用术语学理论解读术语翻译过程中的特有现象，对术语翻译的认识更加深入。根据这一思路，我们还可以继续追问：①术语翻译结果体现为非术语形式是否合理？为什么？②术语翻译策略及翻译主体所处文化语境对术语翻译结果的影响是什么？③从历时角度审视术语翻译结果，是否会有不同？④文化关键词的翻译是否也遵循这一规律？

科研路漫漫其修远兮，吾将上下而求索。

## 旁观者清*

“当局者迷，旁观者清”，语出《旧唐书·元行冲传》，意为：对同一事物，

* 书中“旁观者清”部分均由黄忠廉撰写。其中的“作者”指本章的写作者，“笔者”指点评人黄忠廉。其他章节的“旁观者清”部分同理，不再赘述。

旁观者往往比当局者看得更清楚、更全面。语境为对弈，当局者即下棋人，旁观者即观棋人，本是精妙的棋语，却可用来认识论文修改与发表。

该文是作者首发 CSSCI 期刊之文，其鼓励与反思作用非同寻常。建议所有问学之人不妨时时揣摩自己的处女作或首刊之作。它是原生态演唱，是演唱生态之源，常看常赏，常思常新，总会有意外收获，正所谓温故而知新。回眸一望或常望，看似后知后觉，实为与自己前后博弈，也不失为一种自我提升。

闪身一旁，作者开始冷静地自我剖析，仿佛与另一个“我”在对话。如何跳出写作的棋局？如何换位思考，由点到面深入透视，洞悉本质，体味文章修改发表之道？写作本是一个由迷至清逐渐悟道的过程，系列研究更是一个长悟的远征。

作者善于在文献阅读中捕捉灵感，读他人文章，撞出思想火花，获得新知，更善于将所读与所研究的问题或方向结合，找到契合点，深读细耕，由点而面地拓展研究域，大胆地提出自己的问题，如“术语翻译的历史性”等。有了问题意识，就基于问题找论点，提出论题“术语翻译结果的术语化”，开始了炼题过程。有了初步的论题，又反向解题，从逻辑出发明晰研究对象的内涵与外延，初拟标题“术语翻译过程性的称名学解读”。

基于论题找论点，结合论点炼标题，论点与论题反复互证之后，作者再结合汉语特点（这常为外语学者所忽略），提炼出最终的标题“术语翻译的术语化探究”。确定了最核心的关键词“术语化”，便可以其为中心，剖析术语翻译结果“术语化”的内在机制与体现层面，由“是什么”至“为什么”，逻辑化地构建论文的框架。明白了论文框架是标题的延伸与丰富，作者又透过框架反思标题，倒推由“为什么”至“是什么”的关系，反向调整论文框架，让关键词贯穿各级标题，确保了全文的凝聚力与向心力。

该文与作者当年的博士学位论文写作相关，却非其内容，属于生发性研究，付梓之际正是作者答辩之时。答辩之后作者再读，又发现新的可究之处，结合博士学位论文的下山训练，继续成文《术语翻译过程性的称名学解读》。此后，新的思考源源不断，探索之道或自下而上，或自上而下，尤其对“文化关键词的翻译是否也遵循这一规律？”的乘胜追问，诱出了 2015 年国家社会科学基金课题“中华文化关键词俄译的语料库实证研究”。

由迷至清始悟道，清醒时分析迷途，应该是青年学人踏上学术长途的必经之路。

# 第 4 章　问题驱动构框架*

**疑点·重点·难点·焦点·突破点**

1. 何为问题?
2. 如何提出问题?
3. 如何培养问题意识?
4. 如何由标题析出问题?
5. 如何从问题析出研究问题?
6. 如何根据研究问题筛选文献?
7. 如何通过文献阅读整合研究问题?
8. 如何通过研究问题优选突出研究重点?
9. 如何紧抓重要研究问题构建可行性框架?
10. 如何有效剖析问题并提出有效的理论观点?
11. 如何根据问题整合内容突出文章独特观点?
12. 如何增删细节围绕问题亮明思路和理论观点?
13. 如何反复修改措辞凸显问题与论文的主要内容?
14. 如何反复修改文章纲目凸显问题与论文的主要内容?
15. 如何在写作中把握问题，紧扣主题，构建自身独特理论?
16. 论文刊发后如何深入思考拓宽研究领域?
17. 如何借一论题展开系列研究做到星火燎原?

研究始于问题，问题驱动研究。对于理论研究而言，研究问题的提出不仅是理论构建的前提，更是理论价值的直接表征。所谓“问题”，与“问难”“探

* 作者简介：方仪力（1980—），女，博士，四川大学外国语学院特聘副研究员、硕士研究生导师，主要研究方向：翻译史。

讨”同义。如果理论研究的最终目的是要对经验世界做出系统性解释，并由此获得对经验世界更深和更高层面的洞见，那么研究问题即是通过找寻存在于经验世界中的矛盾，产生解释世界的原动力。是以，探讨“矛盾性”的过程即是理论构建过程。然而，对经验世界的观察因个体视角不同而存在差异。视角各异，背景不同，对问题的理解也存在差异。这也意味着，在理论研究中，研究问题须结合研究者、研究对象和理论背景三者及其相互关系加以审视。一方面，随着认识的深入，研究范畴不断缩小，研究问题不断细化，此所谓问题之精炼过程；另一方面随着视野的调整，对问题之共性着力更多，宏观性的构建逐渐增强，此所谓问题之放大过程。同时把握上述两个过程，是理论研究的成文之道。简言之，在文献阅读和经验总结中不断精炼问题，将研究问题从宏观层面降至微观层面，析出问题的“矛盾性”，确立可行性框架；又在剖析和解决问题的过程中，不断从微观层面上升至宏观层面，获得对问题“矛盾性”系统性的解释，增删细节，突出观点，形成全文。下文以《基于翻译本质的理论翻译学构建》[①]（以下简称《构建》）为个案，基于个人经验总结，从如何精炼问题读文献，围绕问题修纲目，宏微结合显逻辑等三个方面，详细陈述上述论文成文过程，以资探讨。

## 4.1　精炼问题读文献

研究问题的提出与研究者如何看待特定事物、行为或现象的内在矛盾性密切相关。由标题析出矛盾性，并通过文献阅读，不断拷问文献的解释力度，缩小研究范围，即是精炼问题的过程。

### 4.1.1　由标题析出问题

分析标题有助于确定初始研究问题。以《构建》一文为例，细读之后我们可以提出若干问题，分属以下三个不同层面：关于研究对象“理论翻译学”的内涵外延，此其一；关于研究内容“学科构建”的方式方法，此其二；关于研究范畴“翻译本质”的本体意义，此其三。围绕以上三个方面，又可析出若干相关问题。

首先，从研究对象出发，初始问题可概括为：

① 黄忠廉，方仪力. 基于翻译本质的理论翻译学构建[J]. 中国翻译, 2017, （4）: 5-10, 128.

（1）为何要重新构建一门翻译学？

（2）理论翻译学与翻译学的关系为何？

回答以上两个问题的关键在于理解“学”之概念。“学”可作“系统性知识”解释，也可理解为“学科”“学问”。而在该文中，“学”或许更应该从“学科”角度加以解读。为解答上述两个问题，首先需要厘清“学科”的定义，其次需要厘清学科发展的基本规律。通过查阅工具书，笔者发现，“学科”可理解为是人类的活动产生经验，经验的积累和消化形成认识，认识通过思考、归纳、理解、抽象而上升为知识，知识在经过运用并得到验证后进一步发展到科学层面上形成知识体系，处于不断发展和演进的知识体系根据某些共性特征进行划分而成。因而，“学科”的概念可概括为“知识体系和分科之学”。随之而来的问题是：

（1）翻译学是关于翻译的知识体系吗？

（2）翻译学下属分支的研究对象是翻译，但科学层面形成的知识体系存在不同吗？

（3）知识体系为何不同吗？

（4）知识体系不同是因为不同的翻译现象、不同的层面吗？

为解答以上问题，笔者查阅了科学学的相关资料，以确定问题的价值和真伪以及解决问题的途径。所谓科学学，就是关于科学的学科。科学学的主要任务就是要向人们明确回答两个问题：第一，究竟什么是科学（要有准确的科学定义）？第二，科学都有些什么特征，如内容、方法、使命、社会功能与规矩，等等？那么，科学学就是人类最具统摄力的管理科学，管理并规范人类所有的科学，如语言文字学、数学、哲学、社会科学、政治与经济学、自然科学以及揭示人类自身的科学，等等。显而易见，科学学的主要作用是确定翻译学是否属于科学，以及翻译学如何应用到社会生产中。从科学学角度思考应用翻译学更为合适，但科学学显然并不适用于纯理论问题的探讨和解决。

因而，笔者又转向知识管理相关研究。阅读后，笔者发现所谓“知识管理”主要指在组织中构建一个量化与质化的知识系统，以利于资讯与知识积极参与创新，并通过收集、整理、分享、讨论、更新、创造等若干后续环节重新回到知识系统内，为组织方式的更新和组织整体智慧的进步提供养分，在成为所谓“智慧成本”后，帮助组织和企业管理层做出正确的决策。显然理论翻译学的探讨并不是要为翻译学建立有效的知识地图。《构建》一文探讨理论翻译学的构建也不是为了通过有效的知识管理，让翻译学的成果更好地为学界所利用。理论翻译学构建的关键是对学科本身的认识。由此笔者将研究范围逐渐缩小到学科学，从学科的确立和发展出发，确立理论翻译学之意义和价值。

### 4.1.2 从问题确定文献

在确定了从学科架构入手后，笔者开始阅读翻译学理论书籍，主要包括翻译学词典、工具书和专著中关于“翻译学”学科本身的认识。笔者发现中国翻译界关于翻译理论的纷争大致包括三个主要问题：其一是翻译有无理论；其二是翻译理论是否有用；其三是理论如何作用于现实。

关于“翻译有无理论”问题，Peter Newmark 的观点最具代表性。他提出“翻译理论若非产生于翻译实践中的问题，则既无意义又无效果”，他继而总结道：“翻译理论的核心是翻译问题。”[①]依其观点，笔者继而提出了以下问题：

（1）纯理论若指“排除经验成分”，是与应用翻译相对的版块吗？

（2）纯理论可以不完全依赖于实践经验吗？

为回答以上两个问题，笔者继续查阅了相关资料。曹明伦在《关于翻译研究的学术对话》中提出：实践和理论结合的方式有多种，包括规范和指导实践、描写和阐释实践、启发和预测实践等等。[②]Douglas Robinson 认为翻译的理论模式需要重新调整，使其适应现实，而不是让现实去遵从不可能实现的理论模式。[③]谭载喜在《翻译学》中提出，“翻译学是研究翻译的科学。它通过对翻译的性质、过程、方法等方面进行客观的、科学的描写，提出系统的翻译理论，推动翻译的实践。……翻译活动涉及两种语言或符号系统，无论从哪种途径翻译，都离不开对比的方法。可以说，翻译学的研究是语言对比、社会文化对比、符号系统对比的研究”[④]。以上文献皆说明，翻译理论不能局限于字词的分析，理论的根本任务是跳出经验层面的字词分析，对翻译现象以及现象中的若干问题进行客观描写，形成对翻译本质的认识，摸清翻译中具有共性和规律性的事实，使之系统化。而当下的翻译研究术语泛滥、思想贫瘠，虽已显出一定的科学性，能用归纳、实验验证、观察、理论构建等多种科学方法分析和探讨经验世界中的翻译现象与问题，但经多次“转向”以及对其他学科方法的大量复制借用后，翻译学自身的边界却开始变得模糊，暴露出碎片化、概念模糊、复制借用等问题。强调翻译本质的本体价值是理解理论翻译学概念的关键。

---

① Peter Newmark. A Textbook of Translation[M]. Shanghai: Shanghai Foreign Language Education Press, 2001: 9. 译文为笔者遵照原文进行的汉译，全书余同。

② 曹明伦，谢天振．关于翻译研究的学术对话[J]．东方翻译，2015，（2）：4-14.

③ Douglas Robinson. What is Translation? Centrifugal Theories, Critical Interventions[M]. Beijing: Foreign Language Teaching and Research Press, 2001: 191.

④ 谭载喜．翻译学[M]．武汉：湖北教育出版社，2000: 40.

### 4.1.3 据文献拟定思路

将研究问题集中在学科构建后，拟定初纲。基本思路是理论翻译学是和普通翻译学同一层面的翻译学分支，其研究对象是翻译本体，因为《构建》一文的重心应集中在“本体”研究上，澄清理论翻译学相关概念及其学理意义，以及明确本体意义的澄清是为了促进翻译学内部的发展。

关于“译”。“译”即“易”。“易”是“熔锡铸器”，有变通和转化之意。探究翻译，旨在明了其中的“变化”与“改换”，而“变通”与“转化”为“变”之本，翻译学的核心研究对象是内蕴于翻译的“变通”与“转化”，即翻译行为。根据上述本体论分析，笔者获得了关于翻译最真实的、最绝对的、最整体的经验理解和认识翻译行为的基础，以此为获得关于翻译正确知识之途径。

关于翻译学。翻译学是研究“变通”和“转化”之学。因为“学”是分科知识体系，又因为无论研究“变通”还是研究“转化”，都要“跨”和“交叉”，翻译学因此有三重研究任务：其一，研究翻译之“变通、转化”的动因、过程和结果，也即普通翻译学；其二，指导并参与语言、文化与社会之间的变通和转化，也即应用翻译学；其三，明晰翻译学研究本体，促进翻译学内部发展以及翻译学与其他学科之间的变通和转换，也即理论翻译学。

关于构建。“构建”即“构想”并“建立”。构想出于外因和内因。外因是社会发展和知识管理的需要；内因是学术发展和学科建设的需要。建立需要“虚实结合”和“学用结合”，所建的纲目如下。

**纲 目 初 稿**

**1. 定性：理论翻译学之刚需谈**

1.1 从知识的科学管理谈理论翻译学之必要性

1.2 从国内外翻译学发展历程谈理论翻译学之重要性

**2. 定位：理论翻译学之名实谈**

2.1 理论翻译学之名（研究对象：翻译，理论翻译学是本体研究）

2.2 理论翻译学之实

宏观、中观、微观三个不同的问题领域，包括整合性研究（明晰和确定翻译学的本体）、有效性研究（翻译学发展的社会和心理基础）和交叉性研究（学科与学科，以及学科与社会之间的关系）。

**3. 定法：理论翻译学之前景谈**

3.1 虚实结合（形下层面的术语和概念整合，形上层面的本体回归和理论创新）

3.2 学用结合（基于描述和分析进行综合和规范，厘清翻译学发展目标，促进翻译学的专业化发展）

**4. 结语**

任何一门学科的创立都植根于外在的社会需要和内在的科学发展逻辑。社会发展要求翻译学更好地进行知识管理，进行学术创新和学科建设。翻译学内部当下的泛文化性、杂合性和边缘性等特征推动翻译学进行学科内部整合，建立符合翻译本质的学科体系。

## 4.2　围绕问题修纲目

### 4.2.1　抓住问题构层次

论文主要围绕“何为理论翻译学”“为何要基于翻译本质构建理论翻译学”“如何构建理论翻译学”三个问题展开。三个问题的确立也同时划分了论文的结构。除引言外，为逐一回答上述三个问题，论文主体由三个部分组成，但现有纲目仍未集中突出研究问题，如何围绕问题调整纲目也由此成为问题。

由表 4.1 我们可知，纲目逐渐简化，论文所讨论的问题通过纲目显现。整篇论文开始围绕为何要构建理论翻译学、理论翻译学为何要基于翻译本质、如何构建理论翻译学等三个问题整合。

**表 4.1　两次纲目修改对比**

| 纲目 1 | 纲目 2 |
| --- | --- |
| 1. 引言<br>霍姆斯的“翻译研究框架”推出 45 年，翻译研究（翻译学）快速发展，并逐渐成长为一门独立学科。当下研究中的偏离本体趋势值得关注。译界应回归本体研究，共同构建基于翻译本质的理论翻译学。<br>2. 为何要构建理论翻译学<br>2.1 任何学科发展都需要“元”反思<br>2.2 翻译学学科之产生、历史和现状<br>2.3 翻译学当下若干问题急需“元”反思<br>3. 理论翻译学为何要基于翻译本质<br>3.1“翻译”是翻译学本体（从思想到理论再到学科建设）<br>3.2 只有基于本体研究的翻译学才具有元学科的反思作用<br>3.3 理论翻译学的“元”学科反思作用<br>4. 如何构建理论翻译学<br>4.1 理论翻译学的内涵（对象、属性、目标）<br>4.2 理论翻译学的外延（学科内部和学科外部关系描述）<br>4.3 理论翻译学框架阐释<br>5. 结语 | 1. 引言<br>霍姆斯的“翻译研究框架”提出 45 年，翻译研究（翻译学）快速发展，并逐渐成长为一门独立学科。当下研究中的偏离本体趋势值得关注。译界应回归本体研究，共同构建基于翻译本质的理论翻译学。<br>2. 为何要构建理论翻译学<br>2.1 翻译学学科之产生、历史和现状<br>2.2 任何学科发展都需要“元”反思<br>3. 理论翻译学构建为何要基于翻译本质<br>3.1 翻译本质是翻译学知识体系核心<br>3.2 元学科构建需要基于翻译本质<br>4. 如何构建理论翻译学<br>4.1 何为翻译理论学<br>4.2 理论翻译学构建方法<br>5. 结语 |

### 4.2.2　剖析问题建理论

通过细致分析论文着力解决的三个问题我们可以发现，回答第一个问题“何为理论翻译学”，需要借助科学哲学的视野，考察翻译学本身的历史与现状，并将其作为构建理论翻译学的基础。所谓科学哲学视角，主要是从明确的研究问题、科学的研究方法、普适性理论的构建，以及享有一系列同一价值观的科学共同体等四个方面探讨和审视特定学科的发展。研究主要有两种门径：一是以哲学家（或哲学学派）及其理论为研究对象；二是以哲学问题为中心。从科学哲学出发我们可以发现当下翻译学学科发展面临的问题：理论与实践脱节、术语混乱、概念不清、学科关系模糊、学科地位不清。

第二个问题，即“为何要基于翻译本质构建理论翻译学”应是行文的重心。对翻译本质的探讨属本体论研究。从元理论层面开展本体论研究显然是最具可行性的途径。元学科反思首先是从反思翻译学的本体论、认识论和方法论开始的。“元”（meta），有“本初”“开始”“基本”之义。将“元”的概念运用于学科的发展得益于德国数学家 David Hilbert，他于 20 世纪初提出了元数学概念，希望超越数学研究的具体问题，以整体的数学研究为新的研究对象。元学科层面反思，是对哲学层面的超越，是将整个学科作为研究对象，探明其预设问题，通过研究元学科概念和元科学问题，研究其中的认识论和逻辑问题，其根本目标是要推动学科的科学发展，消除学科内部的疑惑，促进正确知识的产生。

第三个问题，也即“如何构建理论翻译学”理应谈方法，“构建”即“构想”并“建立”，前者是后者的基础。构想，即构思与设想。如此一来，构建理论翻译学旨在尝试厘清理论翻译学的性质与对象、内涵与外延等。学科框架亦需要用图表和文字的形式呈现出来。关于“如何构建”的问题，考虑到理论翻译学主要从元理论层面开展，本体论、认识论和方法论三个层面可作为有力的抓手。在本体论层面，可阐述理论翻译学的宗旨，也即探索翻译的普遍性，发现各种翻译现象之间支配各种过程的统一规律。明确理论翻译学家的基本信念，也即相信存在支配整个翻译世界的统一规律，借用理论翻译学对翻译之普遍性提出假设，引导后续的翻译研究始终以翻译本质探讨为核心，运用假设和验证、归纳和演绎、抽象和综合等方法，在逻辑思维层面追问翻译的普遍性问题。认识论层面，明确理论翻译学以建立翻译学公理体系为目标。将翻译学理论作为研究对象，分析理论背后的逻辑和语言问题，采用逻辑分析和语言分析的方式消除语言含混问题，使翻译学的术语明晰、概念清楚、判断准确、论证严谨，以凸显翻译学自身的逻辑化和科学化。在方法论层面，探讨理论翻译学旨在通过为翻译实践建立理论模型，试图揭示所有翻译现象的运行机制，通过理论条理化，解释且预测翻译现象。学科的发展需要科学共同体共享相同的信念、认识和价值观。

## 4.3 宏微结合显逻辑

### 4.3.1 整合内容谋全篇

一旦有明确的研究问题和清晰的内容框架后，论文即可按照研究问题调整内容。经过数次调整后，论文的中心思想逐渐明了，可简单概括为：翻译学是以翻译为研究对象的经验科学。在具备独立学科地位并经数次“转向”之后，当下翻译学表现出术语泛滥、概念模糊、学科边界不清等问题，其发展值得学界深思。考虑到翻译学独特的研究对象和经验科学的本质，笔者从本体论、认识论和方法论三个层面进行学科的元理论反思，采用归纳、演绎的方法，构建具有翻译学元学科性质的理论翻译学，具有一定的科学哲学意义。《构建》以理论翻译学为主要研究对象，运用科学哲学的元反思方法，通过探究翻译学学科发展历程、认识论基础和学科核心问题等方面，力求阐明从翻译本质出发构建理论翻译学的必要性和重要性，明确其内涵与外延，勾勒其学科框架，探讨其构建方法。以此为基础，文章进一步指出理论翻译学是翻译学科发展的必然产物，理论翻译学具有元学科的作用。

充实内容后，理论翻译学可概括为：理论翻译学是翻译学的元学科，旨在从元学科层面反思翻译学的本体论、认识论和方法论基础。因而理论翻译学由翻译学学术史、翻译学元理论研究以及翻译学方法论三个部分组成。翻译学学术史是对翻译学发展进行的哲学反思，是追问翻译学的研究对象，批判性地认识翻译学创立和发展过程中产生的理论和方法，整合学界对翻译学的认识。翻译学元理论研究旨在厘清翻译学术语、概念、陈述和命题的逻辑结构和语言表述，考察概念的构建，理解翻译经验与翻译理论之间的张力关系，消除含混性，建立翻译学公理体系。翻译学方法论是通过分析、归纳、演绎、假设实证、抽象综合等具体科学方法在翻译学中的应用，考察翻译学如何提供关于翻译的正确知识，规范翻译学研究，引导翻译学以翻译本质为核心进一步发展。

### 4.3.2 增删细节明思想

细节的挑选之于问题的解决和主题的呈现意义重大。多余的细节表述会让论文主旨不明。把握研究问题，挑选合适的材料应始终作为重要的论文写作原则。

一方面，缺乏足够的陈述，将导致论文逻辑链的断裂。比如，关于翻译本质和本体关系的细节陈述：

> 哲学的根基若是形而上学，理论翻译学的元学科反思则以翻译本体论为基础。本体有广狭二解。广义上，本体是一切实在的最终本性，需要通过认识论而获得认识。在翻译学中，对“翻译”本体的探索是一切翻译问题的出发点，也是翻译学的重要研究目标。①

以上表述虽然可以明确“何为本体”，但却没有澄清本体研究与本质之间的相互关系，未能解释本体研究如何以本质为基础。故而在修改论文时，笔者增加了如下表述：“在经验科学中，本体与实在有关，现象是相对的、个体的、片段的经验，本质是真实的、绝对的、整体的经验。现象是多面的，本质是唯一的。进一步而言，经验世界中的现象是个体的多样的经验，但本质是对本体的拷问。”寥寥数句，足够清晰地引导了论文的走向，更为集中地呈现了研究问题。

另一方面，冗余的表述亦可能误导读者，增加阅读的困难。以表 4.2 中的表述修改为例，删除冗余信息是让行文回归研究问题的关键。

表 4.2　行文修改对比表

| 改前 | 改后 |
| --- | --- |
| “文化转向”后的翻译研究解释翻译的复杂性，取得了较大突破，翻译在跨文化交际、身份认同、冲突调停等方面所起的巨大作用日见显著，但翻译学的研究重心不在翻译现象和事实，而在翻译经验材料背后的本质问题。如何真正对翻译进行理论研究，仍需慎重思考，以翻译本质为基础开展的元反思无疑有助于翻译学的未来发展。 | “文化转向”后的翻译研究解释翻译的复杂性，取得了较大突破，翻译在跨文化交际、身份认同、冲突调停等方面所起的作用日见显著，但翻译学的研究重心不在翻译现象和事实，而在其背后的本质；以翻译本质为基础开展的元反思无疑有助于翻译学的未来发展。 |

“冗余”也指“成分多余”，指信息或语言多余、重复、啰唆，因而在修改时，结合上下文语境判断，可依据“表述精当”的原则，删除重复和多余的信息。原文删除字句较多。例如，删除“如何真正对翻译进行理论研究，仍需慎重思考”一句，凸显了理论翻译学须围绕翻译本质构建这一基本事实。显然，多余的信息删除，有助于让文章回归主题。这也说明，写作时须处处围绕“主题”，原文主题为“理论翻译学的构建”，理论翻译学是阐发的核心主体。相较之下，对翻译进行理论研究属于“外围研究”，非必要、必需时不做额外阐释和分析。

① 黄忠廉，方仪力. 基于翻译本质的理论翻译学构建[J]. 中国翻译，2017，（4）：6.

### 4.3.3 修缮表达成定稿

准确的文字表达是优质论文的主要表征。如何以最精当的形式呈现作者思想，引导论文读者将阅读重心集中在所研究的问题上，是论文修改值得重视的方面。在论文最后修改完善过程中，笔者发现，如果将思想用图例方式呈现，或可起到事半功倍的作用。若能调整图例的呈现方式，或能以更加清晰的方式帮助读者理解论文思想。

例如，论文在陈述理论翻译学学科框架时，曾用图 4.1 表示。

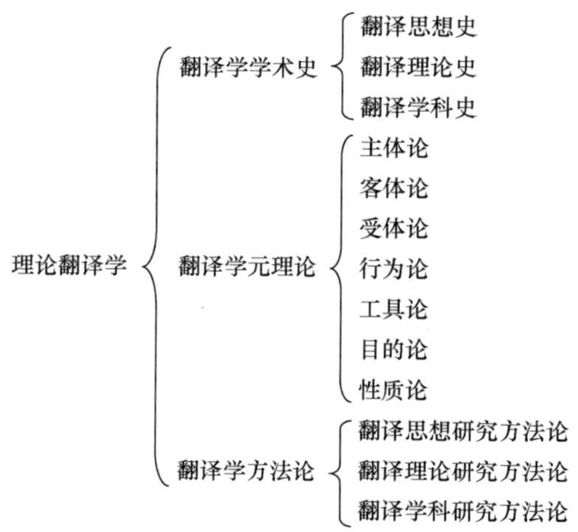


图 4.1 理论翻译学谱系

但在完善过程中，笔者将图例修改为表格形式，见表 4.3。

**表 4.3 理论翻译学谱系**

| 翻译学学术史 | 翻译学元理论 | 翻译学方法论 |
| --- | --- | --- |
| 翻译思想史<br>翻译理论史<br>翻译学科史 | 主体论 客体论 受体论<br>行为论 工具论<br>目的论 性质论 | 翻译思想研究方法论<br>翻译理论研究方法论<br>翻译学科研究方法论 |

事实上，文章版面有限，表格形式最为醒目，可节约版面，一目了然。文字表述与表格相互配合，既用文字深入分析，也用表格提纲挈领地表明主要内容。是以，清晰的研究问题虽然能引导研究者选择合适的理论框架，整合论文结构，但在文字表述和内容呈现上，还需要经过数次修缮，方能以一目了然的形式呈现论文的主旨大意。研究问题是理论研究的起点，亦是驱动力。寻找合

适的研究问题的过程是框定研究领域、确定理论抓手的重要过程。在论文成文和修改过程中，紧扣研究问题是构建论文框架、筛选内容个案的重要原则。无论如何，逻辑清晰、具有说服力的论文始终来自明确的研究问题。

## 旁观者清

博士后进站，与导师是协作关系，相互学习，共同进步。笔者对翻译之本有过思考，又想从翻译之本走向理论翻译学的构建。将这些思考融入平时的教学中，与作者合作，协作完成了理论翻译学系列文章。恰当的做法是：二人同时思考列纲，再由作者去合并，融汇成文章大纲。

当局者亦清亦迷。很多事，个中感觉只有当事人更清楚，旁观者体会不到。"了如指掌"的也只有自己。"人贵有自知之明"，这是指每个人都要善于认清自己，全面地、发展地看待自己，看清自己要写的文章。自清，好比冷暖自知，当局者可自清，且当自清。当局者即当事人，当事人最为清楚，也最明白通过何种措施才能达到最优效果，实现最优方案。因此，必须清楚，《构建》是"基于 X 的 Y 研究"模式，是演绎性的，所以作者描写了破题、解题的过程，进而是围绕选题读书的过程。

顶天立地是学术的正当取向，固本拓新是研究的双向延伸。无本之究，易浮；无新之探，易俗。作者巧妙地理清了 X 与 Y 之间的关系，同时对标题庖丁解牛，对"翻译""翻译学""构建"等问题一一解析，旋即抓住了论文的三个核心问题，也据此构建了全文的总体框架。文章步步推演，架构层层稳固，体现了作者的知识结构和写作能力。也正是以此为基，笔者、作者和陈元飞三人随后编著了《理论翻译学构建》一书，将于 2020 年底由科学出版社出版。

学术论文属于主体性创作，少不了主观性与艺术性，倾注了作者的情感，但情感仅存于构思之初。论文写作之中虽可带情，但仅有情感却不能推进研究。论文修改时则要越来越客观，客观化中带些许情感，最终成品须是科研成果，必以学术性占主导。从情感中抽身，才可侧身一旁看清真相。文中提到的几次修改，如切如磋，如琢如磨，思维碰撞带来了问学的愉悦。

当局者又是施事者，是文章的主宰，当然占据主观之位，难免不生主观情绪。旁观者所持则非主观立场，一般不会滥情于文。师徒合作在许多细节之中，如图表的互换、言语繁简、思路清浊等，都为探索为文之道创造了机遇。

文不厌改，指单篇；文不厌写，指多篇。多写才是硬道理，多写才会有更多的思想火花，才会暴露更多的问题，才会增强自己的思考能力与写作能力。

# 第 5 章　趣味学术“新八股”*

**疑点·重点·难点·焦点·突破点**

1. 学术火花哪里来?
2. 如何在学习过程中生疑、质疑和解疑?
3. 针对目标问题，如何读文献?
4. 画图对逻辑思维有哪些用处?
5. 列纲的妙处有哪些?
6. 如何靠关键词来聚焦兴趣点?
7. 怎样在兴趣中爆发，又不在兴趣中灭亡?
8. 学术“新八股”有哪些妙处?
9. 可以说人文研究也是带着镣铐跳舞吗?
10. “葡萄变葡萄干”型炼字是如何做到的?
11. 如何用奥卡姆剃刀删减冗余文字和思想?
12. 如何接受编辑的意见，又有条件地妥协?
13. 垃圾也含金，需怎样用心?
14. 文章发表后的反思在哪些方面?
15. 如何弥补文章发表后的遗憾?

论文《跨层合译的语义—认知诠释——以俄/英语词素与词合译成汉字为例》[①]（以下简称《诠释》）从构思到写作用时 8 个月，投稿至发表近 1 年。

---

* 作者简介：倪璐璐（1985—），女，博士，西安外国语大学博士后科研流动站/俄语学院讲师，主要研究方向：翻译理论与实践。本章系国家社会科学基金后期资助项目“俄汉双向换译系统研究”（19FYYY002）的阶段性成果。

① 黄忠廉，倪璐璐. 跨层合译的语义—认知诠释——以俄/英语词素与词合译成汉字为例[J]. 外语学刊，2016，（6）：98-101.

行文改文过程如迷宫一般弯弯绕，多亏导师指点迷津，感触颇深。

## 5.1 冥思深处火花隐

《诠释》来源异常简单，听课偶得。2014 年下半年旁听“应用翻译学”课程，当导师讲解“翻译思维论”，涉及概念、判断和推理、认知原型、抽象思维与形象思维时，笔者心头一震！研读《小句中枢全译说》时，正是在该处迷惑，自己画图前思后想苦苦不得。头脑中有问号就格外留心了导师顺口说出的例子 Он играет в футбол. 正所谓踢走了足球，踢活了合译。虽然这个过程分外苦恼，却也分外超脱。之后很长一段时间满脑子闪着这个例子，有趣！

### 5.1.1 无疑处生疑 寻常处得趣

为期一年的博士研究生课程完毕，寒假来临。2015 年 1 月 10 日笔者又想起 Он играет в футбол. 快速把头脑中云里雾里的想法全部记到了笔记上，然后愣愣地看着七扭八歪的文字和乱七八糟的涂鸦，突然灵光一现：何不将此想法扩展到换译思维移换机制中？正好可以填充博士学位论文啊，便觉异常兴奋！思想一集中，兴趣就燃烧了起来！连续三天，笔者泡图书馆查资料，编织知识网。窃喜顺着全译丰富换译。于是乎洋洋洒洒地写了一篇《换译的思维机制》，五千余字，畅快！高高兴兴地发给了导师，导师反馈也火速：“思路扩大，读书了，但训练反了！应先列纲后写章！列纲改纲，补洞思考，平日文章及作业均往自己研究方向上靠。”列纲？于是，笔记上出现了这么一行：

玩足球=踢球。咦！这还用说？
踢足球=踢球。哦！这么回事！
玩足球≠踢球。呀！也见得！
踢足球≠踢球。嚯！还真是！

（1）搭配视角：玩足球=踢球。咋列纲？不懂。笔者本能地将成文段落观点提炼，生硬地用换译往上贴。导师建议先放开，再收敛缩题，重点针对 Он играет в футбол. 找其他类似英语例子，并从本例思考一文。一个“他踢球”，如何成一文？不敢相信。搭配上看 играет в футбол，大家都知道嘛！当然是用脚玩啦！用脚玩就是踢啊！咦！自然是“玩足球=踢球”嘛！有啥可写吗？一年级学生译“玩足球”，并且被老师灌输思想“踢球”，并做金科玉律。待到回译，出现障碍，因为“踢”对应俄语 ударять/бить ногой，“踢足球”于是有

了 играть в футбол 和 ударять/бить по мячу 两种方案，不完全对应，十分有趣。

（2）简化视角：踢足球=踢球。笔者反复思量，憋不出来，只能硬着头皮坚持己见。2015 年 1 月 19 日笔者服从最初的想法，将深化了的《换译的思维机制》大纲发给导师。怒！导师直接打电话过来，虽然语调柔和，但明显恨铁不成钢。说了老半天，笔者还是茫然，导师索性一针见血，指示从语形、语义、语用开挖。笔者依旧迷惑不解，但也不敢犟嘴了，心中早已没了底气。当初洋洋得意的灵光乍现，已彻底被打碎。接下来，三天，难熬的三天，捏碎了重新组合的三天！22 日再交提纲《Он играет в футбол.汉译小析》，导师大概出于鼓励，肯定有点味道了，让继续深挖。笔者一鼓作气接连出了几个方案，大同小异。从玩足球，用脚玩就是“踢”，顺势变为“踢足球”，语言发展规律简化为双音节“踢球”。汉语有明显的双音化现象，如根据功能缩略的有电冰箱——冰箱、翻译硕士——翻硕（非“译硕”）、翻译人员——译员（非“翻员”）。

（3）语境视角：玩足球≠踢球。毫无进展的情况下，笔者求助于 CCL 语料库[①]。整理数据显示[②]：踢球 1775 条，玩足球 20 条。呀！细观 20 条“玩足球”，其中“玩足球彩票”6 条，“玩足球资格”1 条，“以玩足球的方式减少暴力冲突”1 条。真正意义上的“玩足球”搭配为 12 条，它与“玩音乐”（7 条）类似，属带有修辞色彩的超常搭配。当“玩”泛化时，其带有幽默调侃意味，大约什么都可以玩，足球当然也不例外。除了口语中偶尔说起，语气戏谑调侃指利用足球达到某种目的，如“他是玩学问的，你是玩足球的”，或因修辞需要，如“在外国，人玩足球，在中国，足球玩人”，一般不会说“玩足球”。口译勉强接受，笔译避而远之。

（4）认知视角：踢足球≠踢球。那么，“踢足球”就完全等同于“踢球”吗？不一定。找到了反例，陈昌怡 1985 年在《体育文史》杂志上发表文章《“内人踢球”不是女子足球》。中国文字博大精深，一字之别，往往就失之千里。咬文嚼字此时就显得特别重要。汉语与球搭配的动作原型是“踢”，而足球的原型本就是“球”，由下位概念升格为上位概念，踢球原型是从“蹴鞠”而来，从行为文化原型审视，排球、篮球从西方而来，不是汉语“球”的原型。“踢足球”可能是指常规意义上的足球比赛或活动，也可能指动作发出者一时气愤，踢了“足球”一脚以泄愤，类似 CCL 语料库中的“踢凳子、踢门、踢人、踢瓦

① 本文所使用的 CCL 语料库是指北京大学中国语言学研究中心所建立的现代汉语语料库，网址为 http://ccl.pku.edu.cn:8080/ccl_corpus/index.jsp?dir=xiandai。

② 《诠释》刊于《外语学刊》，检索时间为 2016 年 9 月 1 日。

片”等搭配，且数据显示：踢足球 281 条，踢球 1775 条。如此看来，“踢足球”还真不见得一定就是“踢球”。

### 5.1.2　范畴阅读法　狂读补脑洞

带着满满的疑惑，笔者发狂读书，边读边琢磨怎么贴到“他踢球”上去。2015 年 2 月 4 日笔者上交了纲目《Он играет в футбол. 玩球？踢球？》。导师终于笑了，说严谨深化了些，并督促按要求思考，取个好名，加强认知角度，精巧设计各章节，在宏观内在逻辑上形成精妙的思想。得此肯定，笔者终于长舒了一口气。梁启超曾说过“只要走路断无冤枉，走错了回头，便是绝好教训”[①]。导师一定深知此理，才允许笔者数次思维跑偏，任我信马由缰。这种训练方式苦了笔者，也成就了笔者。若没有当初的“胡思乱想”，就错过了火花。可能学术上的进展，就是靠这种蒙眼“打盲拳”才偶然击中要害的吧！笔者从乱读一气，到挑着读与跳着读，竟把“死读书”读活了。

开始乱着读。海量文献，包括黑龙江大学俄罗斯语言文学与文化研究中心资料室、俄语学院资料室、图书馆的各种纸质材料，乱着读。这一阶段，笔者基本上是按照“黄家军”的“范畴读书法”要求来读书的。而对于中国知网、读秀等各种电子资源平台，笔者则按照“踢球、阐释、语形、语义、语用、思维、义素、认知”等各种关键词来搜索，走马观花，读大意。此时整个人都是蒙的，甚至不明白为了什么而读书，只顾生拉硬拽式地海量吸收。好在笔者把所有触动心灵或者闪过眼球的知识点都罗列了出来。

随后挑着读。读了一段时间，头脑中隐隐有个体系了，但凡碰到的读物，不限专业，只要是有“球”，必读之。这时笔者也开始下意识地挑重点关键词来读了。但是关键词范围明显比上一阶段缩小了很多，这一阶段笔者重点针对“义素解析”的相关内容进行仔细阅读，对感兴趣的内容看了一遍又一遍，不仅读内容，更读内容之下的逻辑。这种挑着读的方式，好像照相机的聚焦一样，让笔者盯着“球”，求思路，求思想，激动不已！

最终跳着读。挑着读了一段时间后，笔者将部分内容摘录出来，整理了一下，又卡壳了！笔者还没学会读书时的融会贯通，还没有能力看透不同知识点的连带关系，也没弄清楚概念或原则的演变。无奈再次索性放置，进行一段时间的“饿书”，以集中精力。冷静一段时间后，面对一大堆资料，笔者开始跳着读，选读重点中的重点部分，像串糖葫芦一样，居然形成了自己的小逻辑。

---

① 见 https://baijiahao.baidu.com/s?id=1604654433621493940.

真真是读书之乐，难与他人说也！

## 5.2 海量文献迷译林

2015 年 2 月 17 日导师出招：如何从零星而系统化的纲目中找出灵感，列出真正的题目。18 日是除夕，笔者眼睛看着春晚，手上摇着红包，脑袋想着踢招。19 日，混乱的题目还是未成型，只能以初始的《汉译“踢球”小析》奉上。导师不让再“踢皮球”了！想想也是嘛！踢来踢去，多小气！遂又挖空心思，冥思苦想，拟题如下。

（1）汉译去翻译腔研究。问题是，踢足球与踢球，都能被汉语接受，不能定义为翻译腔，被否。

（2）汉译冗余信息去除机制——以踢球为例。思路是，类比汉语众多“我们在进行工作。你有吃饭吗？”等时髦口语，阐释冗余现象及如何跨语消除。问题是，说话方式不同，如何去除“方言、普通话”等语体限制，被否。

（3）不要再“踢足球”了？/何时“踢足球”？思路是，死抠“踢足球”和“踢球”少一足字在旁引发的论战。可以从语境角度论述何时留足，何时不留，可做。

### 5.2.1 聚焦兴趣点 整合概念网

随着阅读量的增大，相关知识暴涨，笔者感觉快被“淹”死了，根本找不到相关知识点与“踢球”的契合处。导师发现后，建议从整体到局部审视这众多视角，学会取舍。2015 年 3 月 4 日，沙龙上各位同门指点迷津，关注点仍在标题和纲目的结合上。篇章结构以纲目展现，基本上随着题目的更改而更改，形式上先选 1、1.1、1.1.1 编排，利于逻辑定位。内容上，题目明晰为从“语形—语义—语用”角度剖析孤例。自此至论文发表，题目与纲目改了又改，变化的过程就是兴趣点聚焦的过程，见表 5.1。

**表 5.1 题目九次调整**

| 序号 | 题目（拟题时间） | 考虑因素 |
|---|---|---|
| 1 | 换译的思维机制（2015 年 1 月 10 日） | 火花乍现 |
| 2 | Он играет в футбол.汉译小析（2015 年 1 月 22 日） | 靠不上，回归初心 |
| 3 | Он играет в футбол.玩球？踢球？（2015 年 2 月 4 日） | 于疑问处再疑问 |

续表

| 序号 | 题目（拟题时间） | 考虑因素 |
| --- | --- | --- |
| 4 | 汉译“踢球”小析（2015 年 2 月 19 日） | 勉强应付 |
| 5 | 汉译去翻译腔研究/汉译冗余信息去除机制——以踢球为例/不要再“踢足球”了（2015 年 3 月 4 日） | 师门之力，一生三 |
| 6 | 词与词素合译的认知研究（2015 年 7 月 24 日） | 重点火力只为你 |
| 7 | 词素与词合译认知诠释——以英/俄词合译为汉字为典型案例（2015 年 8 月 10 日） | 加副标题，以连孤例 |
| 8 | 跨层合译语义—认知诠释——以词素与词合译为汉字为例（2015 年 8 月 27 日） | 层次提升，副标明确 |
| 9 | 跨层合译的语义—认知诠释——以俄/英语词素与词合译成汉字为例（2015 年 8 月 31 日，2016 年底发文版） | 副标去掉“的”，“为”改“成”，语气更自然连贯 |

概念整合：玩足球→踢足球。百思不解就暂时搁置，恰逢笔者 2015 年 6 月初博士学位论文开题，对于足球的思考遂停滞一月有余。之后笔者又开始翻资料，找简单而贴切的例子，尽管所有的例子都是排除了语境，去除了语用真实性的，但只要有一个角度符合，就纳入其中。分流文章为两个方向：第一，小文《何时踢足球？》语境受控；第二，大文认知。“踢足球”到“踢球”是合译，还是汉语简化？从“踢足球”到“踢球”信息量是否损耗？带着疑问，笔者“匍匐”在语言实例中，找到了一类俄汉例子，摆在了文章中。泡在资料室，读汉语、英语、俄语三语书，再三思考。“踢球”在稳步推进中。认知部分确定保留整体认知思维、认知经济原则、概念整合理论三大块。

义素合译：踢足球→踢球。学术选题来源很多，能将兴趣与科学研究结合那是最好。博士读完，最大的体会是：无论任何选题，无论与你的兴趣相差多远，只要你能对之集中精力，兴趣一般也可生发。最初笔者“踢球”，完全是为了博士学位论文“换译”，然后写着写着，就偏移到了“合译”。虽然二者同属全译方法领域，居一个体系之内，位于同一层级，但也着实吓了笔者一跳！且后来论文发表版本和最初版本简直是天壤之别！竟没有一点相似之处！

### 5.2.2　奥卡姆剃刀　导师有妙招

随着题目的修改，纲目也是一改再改。笔者觉得与其说这篇文章是写出来的，不如说是改出来的。特别感谢导师组织的翻译沙龙，它如及时雨滋润着纲目的每一个细微处。

眼花缭乱，群策是关键。各位同门纷纷“掏出宝刀，削减有招”。沙龙上他们对笔者不停地质疑，内容总结如下：

（1）语形—语义—语用三部分。语形上，Он играет в футбол. 是严格的对译还是合译？俄语原文，对译以实词为主，虚词 в 语法化程度不高。汉译语音有差别，音韵规律左右长短。从“玩”到“踢”谁被淘汰，原因为何，标准是什么？语义上，侧重词典释义、义素分析、成分分析、语义结构、句法体现、语料库检验。语用上，侧重原因阐释、结构兼容性和趋简性、句管控、汉语简约美。

（2）原型、范畴、界限不清，语法进行时“正在”逐步被剔除，但体现不出，仅表现在理解阶段。全译思维太大，将共同的认知背景、文化差异融进去。

（3）意象与具象、形象与抽象当区分论述。

（4）“踢球”怎样结合理解阶段分解俄语语形？转化阶段怎样传递语义？表达阶段怎样显现语用？

（5）语料库时髦，踢球的数据应考虑：汉译结构四种，哪个最多？从现象到结论，有哪些理论支撑？俄语中为何与 футбол 连用的只是 играть？等等。

同门抛来的这些问题，经常让笔者捉襟见肘。虽然答不上来，却一直促发笔者思考。导师说当把这些问题解决了，文章也就写成了。

修枝剪杈，合译是主线。笔者的博士之路，基本上都是在玩框架，什么都装。导师戏说笔者建了个巴别塔，他从底抽一根，塔顷刻轰然倒塌。所以初心到底是求四平八稳，还是一针见血，这是个棘手的问题！痛苦很长一段时间后，笔者决定还是用孤例，以求一招致命。虽然片面但深入，样样抓，可能样样差。理论当然要用，但非陈述，而是融进解释中。题目有了进展，一生三：小气型“何时踢足球？”；大气型之一“词与词素合译的文字学理据”；大气型之二“词与词素合译的认知研究”。笔者当即就决定主攻《词与词素合译的认知研究》，顺带着把“踢来踢去”的《何时踢足球？》做一做，而《词与词素合译的文字学理据》由于缺乏汉语文字学积淀，先封存。

改改改，改得麻木了，笔者曾经不理解为何有人放弃读博，如今渐渐懂得。读博一年，笔者最大的收获是心静了，能与孤独和解了，面对困难不再咆哮，而是心安接受，承担苦痛，享受寂寞，明了这是经历，是一段时间，理当珍惜并切身感悟。

## 5.3　巧用“八股”石成金

八股文是明清科举考试的一种文体，是中国特有的，由破题、承题、起讲、入题、起股、中股、后股和束股八部分组成。因八股文严格限定格式，绝不允许自由发挥，书写难度极高。八股是被批的，笔者之所以用，是隐约感觉导师训练逻辑思维是按一定套路走的，是否可称学术“新八股”，却不敢妄言。

### 5.3.1　困顿痴“八股”　戴镣铐跳舞

2015 年 7 月暑假得大空，笔者将资料汇总分类，埋头整理，7 月 24 日将第一稿上交导师，题目为“词与词素合译的认知研究”。8 月 10 日面见导师，得到导师细节上的建议，如下。

（1）写心得。以训练本文为例，仿拟且超越，思考自己的博士学位论文及其各章节点。

（2）学会文章伸缩，学会各大小部分的伸缩及调整之法。

（3）本文分流，先做认知，看是否可投《外语学刊》。类型标题提升，将认知元素揉入。将英语、俄语、汉语三语例子按位置摆放，扩大杂志引用覆盖面。

（4）摘要不对路。概念界定内容多少，阐释详略，简洁明了交代理论。不可过多堆砌引用文献。暴露大短板，要学会将某些理论交代作为正文的解释。自己观点，别人帮腔。

（5）全文框架：标题考虑音节和谐，微调且加副标题“词素与词合译认知诠释——以英/俄词合译为汉字为典型案例”。

2015 年 8 月 14 日笔者再次面见导师，当从导师办公室走出来时，觉得天空蓝得特别，几朵云，沉得快要掉下来。小文再次遭遇一级标题调整，通篇格式都变动。导师指示各级标题与标题、标题与正文之间均有逻辑，摘要、结论与引言亦有套路。格式上，期刊正文大都五号字、单倍行距。摘要、关键词小五号字。字数为版面字数，包括空格，以《外语学刊》为例，一个版面约 2240 字，一篇文章以 4 页左右为佳。单位一般只写一级。结构上，导师三言两语又将一级标题合并拆分，调整后思路特别清晰。套路好深！有此导师，不仅导具体知识，更导逻辑思维。现列框架初定版本和最终发表版本对比如下（表 5.2）。

表 5.2 纲目初终对比

| 初纲（2015 年 8 月 14 日） | 终纲（2015 年 8 月 28 日） | 备注 |
| --- | --- | --- |
| 词素与词合译认知诠释<br>——以英/俄词合译为汉字为典型案例<br>摘要<br>关键词<br>引言<br>1. 词素与词合译概念界定<br>1.1 词素、字与词<br>1.2 合译<br>1.3 词素与词合译<br>2. 词素与词合译的语义分析<br>2.1 英/俄语汉译“踢”的语义合并<br>2.2“踢”字义素解析<br>2.3“踢”字搭配能力语料库验证<br>3. 词素与词合译认知解读<br>3.1 零形把控：概念整合理论诠释<br>3.2 无形影响：原型范畴观诠释<br>3.3 有形制约：认知经济原则诠释<br>4. 结束语<br>参考文献 | 跨层合译的语义—认知诠释<br>——以俄/英语词素与词合译成汉字为例<br>摘要<br>关键词<br>1. 引言<br>2. 概念界定<br>2.1 词素、词与字<br>2.2 词素与词合译<br>3. 词素与词合译的语义简析<br>3.1 原语词素与词合译为译语词的语义过程<br>3.2 合译成字的义素分析<br>4. 词素与词合译的认知解读<br>4.1 原型范畴大小互换<br>4.2 概念整合以整聚散<br>4.3 经济原则以简胜繁<br>5. 结束语<br>参考文献 | （1）标题：“词素与词合译”，放置合译范畴之下，提升为“跨层合译”，且在语义和认知中间加连字符，说明语义和认知地位并重。<br>（2）引言处发生序号上的改动，是据目标杂志版本的微调，依次下移。<br>（3）去掉初纲 1.2，直奔主题。<br>（4）去掉初纲 2.3，将语料库验证作为实证融入分析过程。<br>（5）将初纲 3.1、3.2、3.3 理论打散融入小标题中，更加具体，避免对 X 形的论述不清。 |

整个框架标题的修改，笔者想—笔者写—笔者定稿—导师改—笔者再改—导师再改—定稿，是师生思想的碰撞，是对同一问题不同角度的描述，是调整融合，更是出思想、出新知的有效手段。吸收导师意见后，文章改得断然没了想法。虽说文不厌改，但笔者已厌烦，导师却津津有味。2015 年 8 月 22 日早，笔者打开导师改后的文章，仔细品读，发现框架、格式及内容又有调整，主要是大刀阔斧地删减与缩并。删减处有三：其一，将合译类型完全删除，并嘱咐另成一文；其二，语料库验证全部删除；其三，参考文献删除 9 条，剩 14 条（定稿时 17 条）。缩并处有二：其一，引言处综述部分缩成三言两语；其二，概念整合处将形式整合与意义整合关系删除，同时添加“对译到合译的演变”一图。最终定稿时，笔者服从了编辑的意见，舍弃了“对译到合译的演变”图，但该图反映的三步分析法作为亮点保留了下来。

2015 年 8 月 28 日，笔者伴着台风“天鹅”看着导师的改稿。感激之情有如窗外疾雨，一发而不止。改稿发送时间为 28 日 0 点 13 分，可见导师为此付出的心血。泪目。文章是局部改动：内容上微调“词素与词合译概念整合过程”图；引文回查两处，一为 Fauconnier 与 Turner 的概念整合理论，通书论及，可不标页码，二为经济原则处，邢福义先生并没有明确提到经济原则，因此，将其原话加引号，后补自己对这句话的看法。校对参考文献格式，严格按照目标杂志格式要求书就。8 月 29 日同门师兄余承法提出宝贵意见且协助摘要英译。感谢！

通观踢球。首先，逻辑更加清晰。如遇不易区分的如词素、语素、形素，只摘取汉字构字偏旁，重点论述。一图一表，思维分步论述，既形象又清楚。其次，文字干净许多。提炼文字，将引文压缩成自己的话。再次，分步走。原型范畴大小互换的步骤“确立事物本身—确立整个事件—确立具体行为—确立事物原型”调整为三步，“第一步，确立整个事件；第二步，整合行为原型，以小换大；第三步，整合事物原型，以大换小”。概念整合从“词层二元合译—词素与词二元合译—词素与词三元合译”归纳为两步，“第一步，同层（词+词）二元整合；第二步，跨层（词+词+词素）三元整合”。步步紧凑，连接自然。

小文的逻辑思路是一环套一环，层层深入。挖下去，既痛苦又兴奋。思想落实到笔头，思路才开阔。带着导师打印出来的小文，上面满满的全是他手写改动的标记，心里感动得一塌糊涂。导师带一篇，自己学一类，学成文之法，这是不是就是学术“新八股”？正如翻译是戴着镣铐在跳舞。

### 5.3.2 定稿长舒气　入门方伊始

2015 年 8 月 29 日于笔者而言是定稿了，内心的高兴无法言表，两天后补充 CCL 语料。导师辛苦，改笔者的文字，需要琢磨笔者的想法，相较于自己写，思路上要拐许多弯。可是这种训练方式，让笔者顺着导师的藤摸瓜，依葫芦画瓢，一点一点地学着战术。

导师的奥卡姆剃刀，削得笔者大快！通观全文，语言干净，从上交稿近一万字改到六千余字。把葡萄炼成了葡萄干，思路更加清晰，宏观更易把握，高山仰止，敬畏学术，后辈我等，任重道远！

导师的奥卡姆剃刀，削得笔者心微痛！费时费力统计的 CCL 语料库数据，一下子踪影全无。类型实例几乎全部删减，言可再生一文做《词素与词合译之类型研究》。哇！至此，小小足球，已发出四条枝丫。视角从最初的思维到如今的认知，大方向没有改变，内容却翻天覆地了。尘埃落定，回看来时路，还是会有不一样的感受。仅以题目为例，且看文字形式变化（表 5.3）。

**表 5.3　聚焦与削减过程**

| 时间 | 自拟题目 | 问题与改进 | 备注 |
|---|---|---|---|
| 2015 年 1 月 10 日 | 换译的思维机制 | 无 | 全文，5618 字 |
| 2015 年 1 月 19 日 | 换译的思维机制 | 遵循翻译的“理解—转换—表达”三步，进行纲目调整 | 全文，约 5800 字 |
| 2015 年 1 月 22 日 | Он играет в футбол.汉译小析 | 孤例无助，“语形—语义—语用”列纲 | 纲目 |
| 2015 年 1 月 23 日 | Он играет в футбол.踢球？玩球？ | 愈发糊涂 | 纲目 |
| 2015 年 2 月 4 日 | Он играет в футбол.玩球？踢球？ | “玩球”与“踢球”倒了顺序。翻译了众多文献，吸取了众多理论，眼花缭乱，依旧举步维艰 | 纲目 |
| 2015 年 2 月 19 日 | 汉译“踢球”小析 | 虽然小气，但终于有点眉目。不过被导师否了 | 纲目 |
| 2015 年 3 月 4 日 | 汉译去翻译腔研究 | 被否，建议改为“词与词素合译的文字学理据” | 纲目 |
| | 汉译冗余信息去除机制——以踢球为例 | 被否，建议改为“词与词素合译的认知研究” | 纲目 |
| | 不要再“踢足球”了 | 被否，建议改为“何时踢足球？”，以译语生成语境为论述重点，或是“译语‘踢足球’生成的语境考量”，或是“词素与词合译的语境研究” | 纲目 |
| 2015 年 3 月 14 日 | 词素与词合译的前仰后合 | 从类型角度切入，文字游戏而已 | 纲目 |
| 2015 年 6 月 9 日 | 词与词素合译的文字学理据 | 泡资料室攻读文字学，越读越自卑 | — |
| 2015 年 7 月 24 日 | 词与词素合译的认知研究 | 终于定下认知视角，三选一。组装成功 | 全文，约 8000 字 |
| 2015 年 8 月 10 日 | 词素与词合译认知诠释——以英/俄词合译为汉字为典型案例 | 完善中 | 全文，约 8100 字 |

续表

| 时间 | 自拟题目 | 问题与改进 | 备注 |
| --- | --- | --- | --- |
| 2015 年 8 月 14 日 | 词素与词合译认知诠释——以英/俄词合译为汉字为典型案例 | 正文中剔除了类型，作为第四衍生品的《词素与词合译类型研究》正在酝酿中 | 全文，约 1 万字 |
| 2015 年 8 月 22 日 | 词素与词合译语义认知诠释——以英/俄词合译成汉字为典型案例 | 师挥剃刀，瘦身见效 | 全文，约 5400 字 |
| 2015 年 8 月 27 日 | 跨层合译语义—认知诠释——以词素与词合译为汉字为例 | 师生合力，互改互批，提升层次 | 全文，约 6800 字 |
| 2015 年 8 月 29 日 | 跨层合译的语义—认知诠释——以俄/英语的词素与词合译为汉字为例 | 余承法相助，上顶天下立地。“俄/英”加上，圈小范畴。算是定稿 | 全文，约 6900 字 |
| 2015 年 9 月 7 日 | — | 吸收孙瑶的意见，局部微调 | 全文，约 6800 字 |
| 2016 年 11 月 15 日 | 跨层合译的语义—认知诠释——以俄/英语词素与词合译成汉字为例 | 编辑部要求一图重新编排，且删减 1/4 页的篇幅，于是“含恨”舍弃了某些文字 | 全文，刊发时 6300 余字 |

## 5.4　编辑妙手连译心

能在编辑部当面与编辑互动是幸运的。与陈庆斌编辑的两次互动，坚定了笔者学术“新八股”的想法。编辑长期游走在各类文字之间，看各类文章，其审阅、选择、加工和润色原稿的过程更加理性。编辑“孵化”学术期刊的行为遵循一套明确的规范，润色原稿过程亦受影响。

### 5.4.1　编辑有火眼　妥协与拓展

2016 年 11 月 15 日，编辑部来电征询改动意见。因编辑部就在学校，有如此“地利”，笔者遂直接去面见了陈庆斌编辑，并与她当面修改细节。看着她用不同颜色的笔修改纸质稿，勾勾画画，圈圈点点，清晰而具体，笔者很是敬佩。大的变动有三。变动一：图 3（对译到合译的两次精简过程）因与图 1（对译到合译的演变）有重复之嫌，删去。变动二：最喜欢的一段文字，编辑认为与本文关联性稍弱，且因篇幅所限，无奈被删去。变动三：增加两处引文。第一处原文是："词素分为词根和词缀，语素分为成词语素和不成词语素；成词语素和不定位不成词语素构成词根，和定位不成词语素则构成词缀。"改后为："词素分为词根和词缀，语素分为定位语素和不定位语素。'从构词角度看，不定位语素就是词根，不自由的定位语素就是词缀。'（张斌，2004：115）"第二处原文为："现代文字系统分为语素文字、音节文字、音素文字3类。"改后为："现代文字系统分为语素文字、音节文字和音素文字3类（彭泽润，1994）。"陈庆斌编辑认为，关于语素与词根词缀的关系汉语界未达成一致意见，因此需注明笔者倾向于哪种意见。文字三分亦如此。可见，陈庆斌编辑对学术动态有整体把握，良好的学术素养练就了她的火眼金睛！

### 5.4.2 滴水别样红 敬畏情意浓

笔者曾听说过，文章一旦发表，就遗憾终生！对于错误，应接受批评改正，然而对于文章思想的更新，则无奈白纸黑字，再无完善的可能。好在可另辟他文、思想争鸣。《诠释》一文亦有遗憾，一处错误 Guangdong Foreign Studies University 应为 Guangdong University of Foreign Studies，是笔者粗心，现恳请改正！而思想争鸣之处，待他文来批驳！

应导师之约描述心路历程。他言："次次用心，天天有得！"心路历程指示如下，首先，可再大点——"对全文的宏观构思及其变化不能仅以纲目呈现，要写出其间的变化脉络，这样才可训练当元帅将军的大气"；其次，可再细点——"句及以下什么地方经改而更动人，更新鲜，更准确，更流畅，只有亲经例改，才能举一反三"。回想笔者的情绪变化：兴奋找到火花—构思——头雾水—列纲东拉西扯—写作胆战心惊—改稿绞尽脑汁—交稿惶恐不安—削减体无完肤—结稿如释重负。思想变化真是从宏观到微观再到宏观：小例踢球—头脑意象—换译思维—语形显现—汉字构字法—语义分合—语境受控—认知操纵—词素与词合译—类型—认知原则。可以说，笔者是通过这篇文章才真正入门的。翻译天地，敬畏学术！导师一路帮扶，笔者亲身体验了一滴水如何反映太阳的光辉！

今日诚惶，语言通俗，请各位看"映日滴水"，是否"别样红"，还望批评！

## 旁观者清

古人曰：学必悟，悟而生慧。学习的本质是悟道，悟道，即吸取藏于知识背后的智慧。道在何方？在问学的荆棘中、乱石里、泥泞边……当下知识好查易得，而智慧如何悟得尤显珍贵。当下的博士研究生学习难有古人的无功利、无压力的心境，那么悟性重在悟，如何通过自学、自问、自疑、自答、自赏、自娱等，再加上导师的善导而得悟？

一生一世一论文，即每一位学生一辈子重点训练一篇论文的全过程。导师带学生，可以一题练多能，譬如训练悟性，悟出点子，悟出思路，悟出框架，悟出规律，悟出原理，悟出理论……更是训练学术的逻辑思考能力和写作规范。

疑无题处悟选题，正是该文的最大特色。这是一篇“小题大做”、由现象察出规律的论文。尝试一例写一文，典型例子，以一当十，可以一针见血，以小见大，再求助同类例证，得出普遍规律，是训练悟道的有效路径。

当时作者获得了选题，跃跃欲试，上手就是数千言，有悖为文之道。训练学生的路上，前方是金光大道，导师不妨让她偶尔走点弯路，尝点苦头，以免将来走大弯路。误中学理最难忘。当局者因身处文中，为得失所困，顾虑重重，难辨方向，更难跳出思考圈，不明圈外，而旁观者无此种种困扰，容易明了。因此，前者有时不及后者看得准，此刻适时相告才最能解疑释惑。

让学生历经思想磨砺之苦，也是必修课。训练过程讲收放，先不宜过窄地限定学生的思路，让其“胡思乱想”，在“放”中抓住其思想之光，再将光引往可能发展的方向。导师对学生启而有发才是善导。有时需要下点毛毛雨，有时需要当头棒喝。学生在学术培育成长中有时会权衡得失，解决问题就会举步维艰。成见常碍思想新生，杂念叫你难辨是非，甚至无法全神贯注于研究对象，即使聚精会神，也难免偏心斜出。

文不厌改，好文是改出来的。发挥集体的力量，沙龙讨论，同门质疑，从不同角度挑剔，优劣同指，众人拾柴众人批。痛苦中或指思路，或供视角，或荐书文，或教读法，助其迷茫中辨方向。比如，迫其短时间内调用各种阅读法，海绵般地吸纳新知，迎接风暴式的沙龙。大浪淘沙始得金，沙中炼金才是最高的招，更是一大历练。大浪之后，海岸退潮，总能淘点宝，让其挑挑拣拣，总会有所收获，有所发现。再让其采用哲学的联系观从中发现关联，或退后一步，或冷却时日，再回头看，远距离回望，一个新的思想轮廓或将诗一般地出现在远方。全文训练过程宜阶段化，由散而聚，由小而大，多中取少；一步步走，学生急，导师不能急，导师是定海神针；训练其舍得观，有舍有得才真得。

作者由《诠释》一生二，二生四，后成系列论文，练会：如何充分利用有效的图表说明文字；大、中、小三层论文如何分头写；何者先做，何者后做；如何从语料中产生思想；如何走向理性思考；如何上升至理论高度；如何尝试找到最恰当的理论；如何将自己的观点转化为理论；理论如何入例析；例析如何出思想且并入理论阐述，让自己的文章带有思想且具有理论高度……

2017 年作者毕业，2018 年即获陕西省社会科学基金项目，2019 年以“俄汉双向换译系统研究”为题获批国家社会科学基金后期资助项目之优秀博士学位论文出版项目，同年入选西安外国语大学“青年优秀人才支持计划”。

# 第 6 章　文章偶自书中出*

**疑点·重点·难点·焦点·突破点**

1. 书稿写作与论文写作有哪些不同?
2. 如何理解摘书成文这种论文写作方式?
3. “意在辞先”对学术论文写作是否适用?
4. 一篇论文的题目与其内容之间有何关系?
5. 定题之后，正式动笔之前，还需做何准备?
6. “纲举目张”就学术论文来说，应当如何理解?
7. 学术论文有哪些不成文的体例规范?
8. 学术论文各部分字数多少? 大致应如何安排?
9. 如何看待“字不够，例来凑”的说法?
10. 学术论文修改有哪些需要特别注意的方面?
11. 学术论文对语言表达有何要求?
12. 如何看待学术论文的“可读性”?
13. 论文修改过程中应如何克服个人局限?
14. 如何对待编辑提出的论文修改意见?
15. 如何看待一篇论文的写作与修改过程?

前人有言：“文章不厌百回改。”文章是写出来的，更是改出来的。杜少陵有诗：“语不惊人死不休。”观少陵之诗，正是因为千锤百炼，所以才字字句句都有无穷之味。白乐天亦云：“旧句时时改，无妨悦性情。”观乐天之诗，“看是平易，其实精纯”，这也正是反复修改的结果，否则完全只是信笔而为，老少都解，纵能风靡一时，必不能流传千古。在文章的写作与修改方面，古人

* 作者简介：袁湘生（1988— ），男，广东外语外贸大学高级翻译学院博士研究生，主要研究方向：翻译学。

已为世人树立了无穷的榜样。本章笔者则结合自身的经历，谈一谈具体的感想。

本章所用材料《翻译观认识论过程例话》①（以下简称《翻译观》），从初稿到终稿，先后经历了 14 次修改。修改中的各个环节，以下分三个方面，择要而谈。

## 6.1 摘书另成文

摘书成文，顾名思义，就是摘取书中部分，重新整合，另成一篇文章。看上去好像“信手拈来”，全不费力，其实并非如此。个中甘苦，与普通论文的写作可说并无二致。谓予不信，可见下文。

### 6.1.1 缘起

针对博士研究生在论文写作方面存在的种种不足，同时也是为博士研究生的毕业论文写作以及长期的学术生涯考虑，导师黄忠廉专门制订培养计划，指导每位学生写作一篇期刊论文。《翻译观》的写作即在其列。

“摘书成文”可以说是一种特殊的写作方式，与一般论文写作颇有不同。在导师的“变译理论”中就有摘译、编译等“变译”方法，与“摘书成文”或多或少有些共通之处。当然，一译一写，终究不是一回事。这篇论文的写作意义，除了加深对变译理论的感悟之外，更重要的还是训练学术论文的写作。

### 6.1.2 经过

《翻译观》的写作，前后 15 稿，历时两个多月。初稿完成反而未用多少时间。由此我们亦可看出，在论文写作过程中，勤修、勤改何等重要。换个角度来看，如果论文初稿就能写好，也许就用不着这样反复修改了。当然，这只是理想状态，任何事情都有一个过程。不管是写也好，改也好，都不是朝夕可就的。

在《翻译观》的写作与修改过程中，笔者主要将精力集中在以下几个方面：一是学术论文的写作规范问题，包括立意、纲要、体例等；二是字句上的斟酌，不仅有句法上的调整，而且也有音节上的考虑；三是与同门之间的交流，以及与编辑之间的沟通。下文的展开也主要是围绕这几个方面。

---

① 黄忠廉，袁湘生．翻译观认识论过程例话[J]．外国语言与文化，2017，（1）：108-118.

## 6.2　歧误何纷纷

笔者“受命”之际，由于初入师门，尚未经过严格训练，《翻译观》的写作与修改，可以说一切都是从零开始，因此歧误重重，走了许多弯路。以下略举数端，见其大概。

### 6.2.1　立意

《翻译观》的写作虽与寻常论文不同，书中已有成文，不用全文撰写，但基本的要求却没有什么区别。其中首要的一条就是立意。如果直接照搬原文，第一有违学术规范，第二失去了写作训练的意义。这意味着，《翻译观》也应跟其他学术论文一样，意在文先，以意统文。然而，由于之前所接受的学术训练严重不足，不知轻重，一接到指示就马上动笔，只想着越快完成越好，谁知兴兴头头写成，做的却全是无用功。

《翻译观》出自《翻译方法论》（修订本）一书。该书由导师带领团队共同撰写而成，经反复修改，于 2019 年由华东师范大学出版社出版。书中与《翻译观》对应的章节结构如图 6.1 所示。

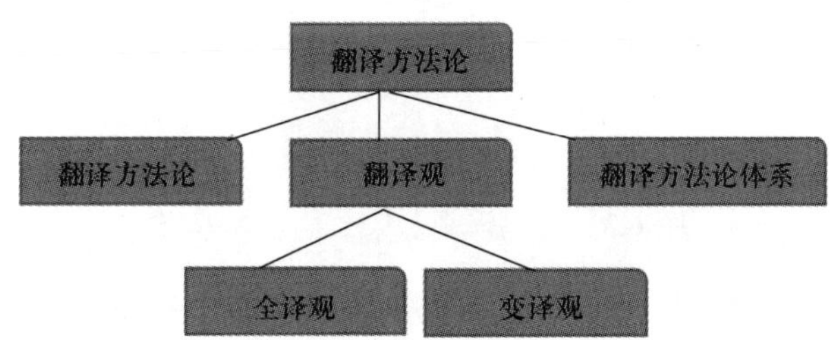


图 6.1　《翻译方法论》（修订本）相应章节框架

《翻译观》初稿的基本结构则如图 6.2 所示。

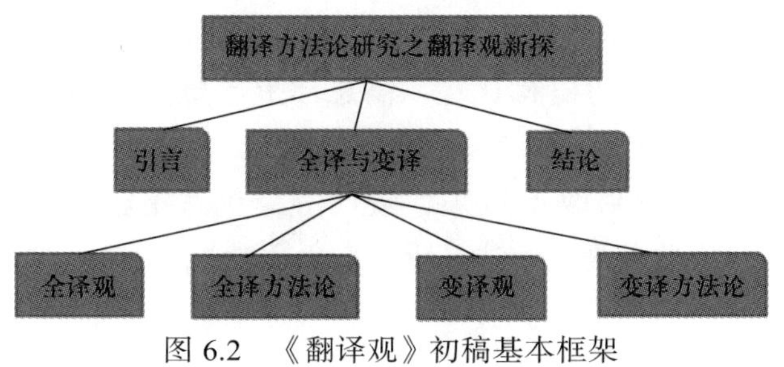


图 6.2　《翻译观》初稿基本框架

导师交代的任务是写成一篇关于翻译观的学术论文，而按照书中的结构，“翻译观”只是“翻译方法论”下的一个小小枝节。初稿因无明确的目标，笔者撰文就面面俱到，无所不包，翻译观也有，翻译方法也有，而且唯恐照顾不周，把全译的 7 种方法、变译的 12 种方法，一股脑儿搬过来，并一一举例，细加阐释。这样一来，论文结构之“庞大”可想而知，一篇小小的论文，“大笔”一挥，就写出了 13 000 字的篇幅，还有些恋恋不舍，意犹未尽。

初稿交给导师之后，马上收到回复。导师的批评一针见血：立意不明。标题虽有“新探”二字，内容却全无新意可言。除了引言部分确确实实加入了一些个人“探索”的内容之外，其他都是直接来自书中相应的章节。此其一。把“翻译观”纳入“翻译方法论”的范畴下去讨论，在书中则可，在文章中则不可，因为文章篇幅有限，只容许一文一题。此其二。在导师的暗示之下，笔者反复揣摩，终于悟出一二，于是就有了第二稿的纲目（图 6.3）。

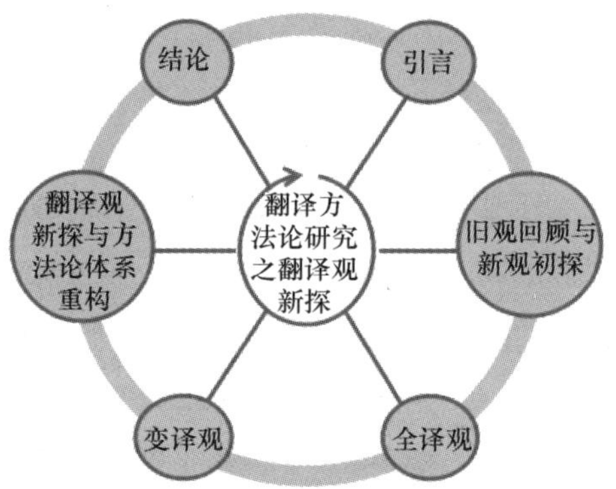


图 6.3 《翻译观》第二稿基本框架

导师在指导学生写论文的时候，非常注重一点：先列纲，再动笔。之前没有体会到这句话的意义，不知深浅，援笔立就，洋洋洒洒一万余言，结果只是吃力不讨好。这次学乖了，笔者先拟大纲，以观思路。思路可行，继续动笔，不可行，及时修改。

笔者已经意识到立意不明的问题，但仓促之间难有较大的改动，所以仍然沿用旧题。可以看到，与初稿相比，二稿总体上已颇有改观。首先增加了“旧观回顾与新观初探”一节，其次删去了对变译、全译方法论的讨论，主干更突出了一些。当然，题目改不过来，说明立意仍然不够明朗。换句话说，认识到了问题所在，却没有真正解决，所以最后仍然拖了一个“方法论体系重构”的尾巴。

在与导师的进一步讨论中，笔者遵从导师指导，将题目改为“翻译观认识论过程例话”。题目一改，顿觉豁然：第一，这篇文章要讨论的是“翻译观”，即对翻译本质的认识。第二，对翻译本质的认识，需要一个“过程”。这篇文章要做的就是将此“过程”也一并展示出来。第三，怎样展示？回归实践，以例言之，故曰“例话”。

照此思路，文章的结构已是呼之欲出，如图 6.4 所示。

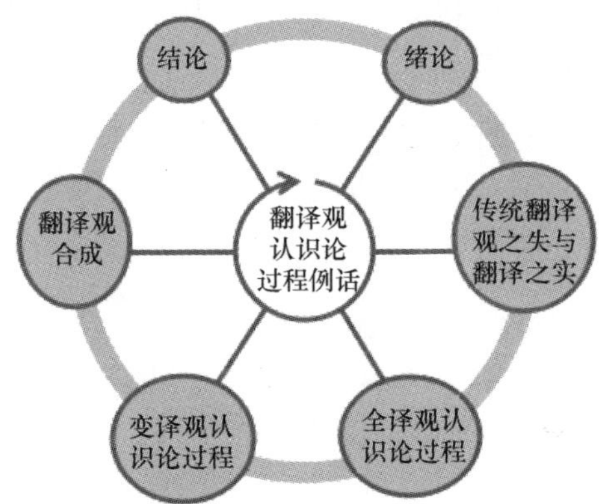


图 6.4　《翻译观》第三稿基本框架

可以看出，文章自始至终都是围绕“翻译观”这根主线展开的，不枝不蔓，一气呵成。讨论翻译的本质自然要涉及翻译方法，因此对变译、全译方法的讨论，只是顺势成文，点到即止。这是文章的第三稿，至此终于摆脱了“方法论”的阴影。从第四稿开始，文章的整体框架基本没有再做调整。

由上可知，文章成败，首先在于立意。立意不求惊心骇目，但总要旗帜鲜明，这是基本要求，否则拉杂万端，不知所云，千言万语，虽多，亦奚以为。

### 6.2.2　体式

写文章要讲章法。要起承转合，步骤井然，又要骨肉停匀，详略得当。一切文章皆是如此，学术论文更应严格遵守规范。因为笔者一味追求速度，再加上章法意识淡薄，《翻译观》的写作不可避免地出现了一些重大问题。

首先是结构方面。这主要表现在文章的各个部分不知道分别应该写些什么。或者说，自以为知道，其实只是一知半解。以引言（绪论）部分而论，初稿的引言，多达 970 字。导师给的评语是：“引言多长为好？写什么？”回头一检查，发现这部分一共写了 5 段。具体分配如下：第 1～2 段，讨论翻译观与翻译方法论的区别与联系（332 字）；第 3～4 段，对传统翻译观做一大致梳理，并指出其存在的不足（481 字）；第 5 段，对翻译观的重新构想，将翻译分为变译与全译两大类（255 字）。

第 1～2 段完全偏离主题，是立意不明所致，前已论之，兹不赘言。第 3～4 段，指出不足固无不可，但是失之过详，而且只谈既往，不言当下，相当于真正该说的话，反而只说了一半。第 5 段勉强可以保留，但终以划入正文为宜。

按照学术论文的一般惯例，引言往往只需一段，内容主要是交代写作的缘由。以《翻译观》为例，应该写的是：为什么要讨论翻译观？怎样展开讨论？前一个问题涉及研究背景和研究意义，后一个问题涉及研究方法，但均应择要而言，不烦细述。以此标准来看，初稿的引言显然不合格。试比较终稿。

> 新世纪以来，翻译的形式与内容日益丰富，翻译的属性也愈加复杂。具体而言，翻译方向、翻译的内容和对象、翻译方式、翻译手段、翻译队伍以至学科发展和翻译研究都发生了重大变化（仲伟合 10-11）。在此背景之下，重新理解翻译的本质、更新更正翻译观以及对翻译重新进行定义定位的呼声也越来越高。如许钧曾经指出的：“既然翻译发生了变化，甚至是划时代的变化，我们对翻译的认识自然应该修正，对翻译应该重新定义，翻译观念也应该更新。”（8）|然而从主观方面来看，传统翻译观仍然根深蒂固。仅以翻译的形式而论，时至今日，认为翻译是一种以文本为核心的人类行为的传统观念仍然十分普遍（Melby et al. 394）。而事实上，翻译的形式已经远远超出文本范围之外，所谓文本，只是翻译活动中所涉及的众多信息符号中的一种。||另一方面，翻译研究在经历了以作者为中心的语文学 / 文学研究范式阶段及以文本为中心的语言学研究范式阶段之后，现在已经进入以译者 / 读者为中心的文化研究范式阶段（段峰 2）。第三个阶段与前两个阶段显然有着本质的不同。翻译本质的重新厘定，或者说翻译观的更新更正，对现阶段的翻译研究，无疑具有正本清源的意义。||如何基于有限的翻译现象推演出翻译观，本文作一尝试。（445 字）

如上所示，修改后的引言可以分为三层（如双竖线所示）。第一层为社会背景。社会背景还可细分为正、反两小层（如单竖线所示）：①客观上，翻译观需要更新；②主观上，传统翻译观仍然根深蒂固。第二层为学术背景：纯粹从翻译研究的角度来看，翻译观的更正更新，也有正本清源的意义。第三层简述本文的展开思路：基于有限的翻译现象推演出翻译观。换言之，即本于译例，从实践出发。这也正是题目中“例话”二字之义。

这样一改，虽然字数仍嫌稍多，社会背景与学术背景的划分也仍有商榷余地，但总体而言，眉是眉，眼是眼，虽不出众，至少也已清晰可辨了。

其次是表述方面。最初几稿大小标题中的“新探”“初探”等字样，都带着几分稚气，隐隐透露出笔者初学写作时的畏怯与惶恐，这个问题到了后面几

稿才稍有改进。然而更重要的却是段与段、节与节之间的过渡问题。在《翻译观》写作、修改过程中，笔者经常发现有些地方似乎缺少过渡，隐隐觉得有欠妥当，而问题何在，却又说不上来。比如在初稿中，“全译观”小标题下面直接就是案例分析，中间几乎没有任何过渡性的表述。

> 2.1 全译观
> 在讨论全译观内涵之前，可以先看一则实例：（例略）

到了“变译观”这一小节，又是依样画葫芦。

> 2.3 变译观
> 同上文一样，讨论变译观之前，也可先看一篇翻译实例：（例略）

在一篇学术论文中，而且是在论文的主体部分，这样写未免显得过于随意，草草了事，有失庄重，至于语气是否连贯反在其次。这两个地方导师都给了批语：“展开之前要不要做些必要的铺垫？就这么光光地进入话题？比较书与文章的区别！”意识到问题所在之后，两小节标题下面各加了一两段过渡文字。以“全译观”这一小节而论，标题与译例之间，添加了以下内容。

> 全译观，简言之，是如何观全译。全译观如何表现，可从全译行为看，观察译文与原文的差异，最终从解决差异的方法中总结出。
>
> 有什么样的翻译观，就有什么样的翻译方法论。无论是直译/意译或形似/神似之争，还是追求“化境”乃至“等效”，归根结底都是力求最大程度接近原文。只有在无法做到面面俱到的时候，才不得已弃卒保帅，退而求其次，比如无法做到形神兼备，就只能舍形求神，无法字面对应，就只能改词易句，曲求其意。这样看来，传统的翻译观似乎都可归入全译观的范围之内，至少就其大体而言，不外乎此。然而，对于全译的本质，还需厘清。
>
> 请看下例（例略）

上面所补的第一小段，给“全译观”加了一个粗略的定义，同时对下文要如何展开，也做了一个简要的说明。第二小段，先是对上文所提到的传统翻译观（按：上一节标题为“传统翻译观之失与翻译之实”）做进一步的总结，指出“传统的翻译观似乎都可归入全译观的范围之内”。接着再进一步说明，仅仅如此尚觉不够，“还需厘清”，从而引出下文的讨论。这样修改之后，逻辑上或许仍然有欠清通，但字句之间，已觉庄重了不少，更像是一篇学术论文了。

再比如，一直到第三稿为止，“全译观”这一小节译例与分析之间，都只有“仔细分析，上述译例涉及下列翻译方法”这样简简单单一句。单独看来，似并无不妥，对比修改后的情形，就看出区别来了。

> 总体而言，三个译文基本都可称之为“全译”，在信息传达方面都力求接近原文，从机译到原译再到改译，接近的程度也越来越高。仔细分析，上述译例涉及下列翻译方法：（略）

“仔细分析”之前是新增的内容。虽然仍只是简简单单一句话，却有两个用处：第一，使文章更觉庄重。原稿一笔带过，虽无不可，但终显草率。第二，点题。“全译”二字是点题，“力求接近原文”乃至“接近的程度也越来越高”也是点题，见缝插针，得隙便入，颇有“看官牢记话头”之意。

类似的例子还有很多，无烦更举。总而言之，立意与内容固然重要，结构与表述方面也不可轻忽，在在处处，都应严格遵守学术论文的一般体例。

### 6.2.3 用例

上文提到，初稿曾写到 13 000 字之多，超出了大多数同类期刊论文的篇幅要求。除了主次不当，翻译方法的内容讲得太多之外，还有一个重要的原因：不善用例。在后来的几稿中，翻译方法讲得少了，但是字数仍然“居高不下”，原因就在这里。比如，《翻译方法论》（修订本）一书中讨论全译的 7 种方法时，只用了一个译例。英语原文如下：

> He hated failure. He had conquered it all his life, risen above it, despised it in others.

在转写成论文的时候，笔者觉得该例似乎过于简单，于是又自作聪明，另找了 7 个译例，将 7 种全译方法，从头到尾重新阐释了一番。这等于是做无用功，而且造成了篇幅的极大浪费。修改的时候，在导师建议之下，笔者把新找的例子尽数删除，仍用书中原例，只是在分析的时候，更加深入、严密了一些。结果，整篇文章下来，一共就只用了 3 个译例，而要分析的也已一一分析到位，全译的 7 种方法和变译的 12 种策略，尽在其中，无一遗漏。图 6.5 是讨论全译方法论时所用的译例。表 6.1 则是对上述所用译例的分析。

He hated failure. He had conquered it all his life, risen above it, despised it in others.
①②③ ④ ⑤⑥ ⑦ ⑧⑨ ⑩ ⑪ ⑫⑬⑭ ⑮⑯ ⑰

**机译：他讨厌失败。他一生都曾战胜过它，超越了它，藐视了它。**

**原译：他讨厌失败。他一生中曾战胜失败，超越失败，并且藐视别人的失败。**

**改译：他讨厌失败。一生中他曾战胜失败，超越失败，藐视他人的失败。**

图 6.5　全译方法用例

表 6.1　全译前后的形义转化对比与观察所得

| 事实 | 观察 | 所得 | | |
|---|---|---|---|---|
| ①②④ | 词、短语、小句一一对应 | 形对义对风格对 | 对 | 直译 |
| ⑥⑭ | 增加原文所无的语言单位 | 增形不增义 | 增 | 意译 |
| ③⑧；⑪⑮；⑩⑰ | 减去原文的语言单位 | 减形不减义 | 减 | |
| ⑩；⑯⑰ | 转移原文语表形式的空间位置 | 移形不动义 | 移 | |
| ⑨⑬⑯ | 转换表达方式 | 换形不换义 | 换 | |
| ②③；⑦⑧；⑭⑮ | 拆分原文的语言单位 | 分形不动义 | 分 | |
| ③⑧⑪⑮ | 合并原文的语言单位 | 合形不动义 | 合 | |

平平淡淡的一句原文，外加 3 个译文，一经导师拈出，便觉别有乾坤，包罗万象。直译的 2 种策略、7 种方法，无论怎样腾挪变化，都逃不出这小小一个译例的范围。导师在指导论文时，就经常教导笔者同门要善于用例：“用例不在多，而在精，用例用得好，以一当十也不是不可能。”由此观之，洵非虚语。只是，例子要用得好，须有一副火眼金睛，既要内外兼窥，又要以小见大。眼力要练到这个地步，就不是一日之功了，需要“路曼曼其修远兮，吾将上下而求索”。

## 6.3　一字不轻下

文章写好之后，一般都要检查字句上的疏漏与舛误。《翻译观》大致成文之后，在字句上也做了不少修改，从大到小，主要有语句、字词、音调三个方面。所追求的目标也不算高，无非是句要通顺、字要稳妥、音要和谐而已，但是一旦认真起来，却发现并非易事。有时候，改前改后只是一字之差，而为了改此一字，却要争斤论两，踌躇累日。

### 6.3.1　语句

不管是一般性的文章，还是较为严肃的学术论文，语句总以通顺为尚。通顺与否，大多数时候要看句与句之间的逻辑。比如下面这句话。

> 译的类属是人类的一种行为，包括智能活动和符际活动，因为机器同人一样具有“某些智慧和才能”，它涉及语言符号以及图表、音乐等其他符号，用“符际活动”更具概括性和普适性。

第一眼看去，这句话给人的印象是：句子太长。再仔细一看，发现逻辑也很混乱。如果说，“因为”后面的内容，都是解释“译的类属是人类的一种行为，包括智能活动和符际活动”，那么到“它涉及语言符号以及图表、音乐等其他符号”这里就该结束了，可是后面却还有半句：“用‘符际活动’更具概括性和普适性。”如果说是解释后面的这半句，说为什么用“符际活动”更具概括性和普适性，那中间的“机器同人一样具有‘某些智慧和才能’”显然就离题了。总而言之，无论怎样读，都觉得不够通顺。于是修改如下。

> 译的类属是人类的一种行为，包括智能活动和符际活动。因为机器同人一样具有某些“智慧”和“才能”，即使纯是机译，也可称之为“智能活动”；同时，因为译除了涉及语言符号之外，还可能涉及图表、音乐等其他符号，用“符际活动”更具概括性和普适性。

修改之后，一句话变成了三句（分号前后，姑且算作两句）。三句之间，后两句是并列关系，共同解释第一句。后两句单独看来，各自还包含一个小因果。这样一改，前后逻辑显然就清晰了不少。

### 6.3.2 字词

朱光潜曾说过：“一个作家如果不在语文精确妥帖上苛求，他不是根本不了解文学，就是缺乏艺术的良心，肯对他自己不忠实。”①文学作品固然要讲究精确，以严肃见称的学术论文自然更不例外。在重要概念上，这一点尤其重要。比如初稿的结论部分，对翻译的定义为：

> 翻译是人或/和机器将甲**语**文化变化为乙**语**以求信息量相似的智能活动和**符**际活动。

到了终稿，则改为：

> 翻译是人或/和机器将甲**符**文化变化为乙**符**以求信息量相似的智能活动和**符**际活动。

改前改后，只有一字之差。虽然只是无心之失，但文章讨论的本就是更新翻译观的问题，更新翻译观必然就要提出新的定义，在如此重大的问题上，而且是在文章的结论处，竟然如此粗心大意，无论如何也说不过去。

有的地方虽然并未涉及重要概念，但也力求用词准确。比如初稿中有这样一句：

> 这便是在此要引入的人类早已从事但才入法眼的另一种翻译观——变译观。

① 朱光潜. 谈文学[M]. 桂林：漓江出版社, 2011: 76-77.

乍一看，似乎看不出有何问题，字面意思也很明白：①这便是在此要引入的另一种翻译观；②这种翻译观人类早已从事，但是直到最近才入法眼。可是仔细一想，问题就出来了：说翻译观最近才入法眼，这是可以的，说人类早已从事翻译观，就不通了。由于这个问题本身比较隐蔽，因此直到最终几稿逐字逐句检查时才发现。经过一番琢磨之后，句子修改如下：

> 这便是在此要讨论的人类早已从事但直到最近才入法眼的另一种翻译——变译。

这样一改，意思就讲明白了。而且上文讨论的是翻译（变译）的方法，这里将“翻译观”改为“翻译”，上下文之间也更觉连贯了。

### 6.3.3　音调

笔者在古诗词写作方面曾有过数年时间的自我训练，在习惯的驱使之下，对字音比较留意。古诗词讲究平仄的运用，这对现代人的写作也有一定的借鉴意义。比如说，在近体诗（律诗、绝句）中，无论是一句之内，还是两句之间，平仄往往交替出现。一首标准的五言律诗，首、颔联也许是这样的：“平平仄仄平，仄仄仄平平。仄仄平平仄，平平仄仄平。”这样做的一个好处是音调高低错落有致，不至于太单调乃至拗口。现代汉语中，也应适当避免轻音、重音的连续使用。笔者在某大学食堂曾见过一则广告语：倾听师生心声。这句话，相信大多数人念出来都会觉得不顺口。原因很简单：六个字都是同一声调，再加上双声叠韵的干扰，不仅单调，而且绕口，念着吃力，听起来也不清不楚。

在《翻译观》的修改过程中，笔者也留意过这个问题。笔者力求做到的是：句式有短有长，有乱有整，四字短语适当加以约束，避免过于整齐，有失自然，必要的时候补上一些衬字，略加变化。同时音调也尽量有所变化，或者重重轻轻，或者重轻重轻，诸如此类。比如以下这一句：

> 总体而言，三个译文基本都可称之为“全译”，在信息传达方面都力求接近原文，从机译到原译再到改译，接近的程度也越来越高。

如果把一、二声看作轻音，三、四声看作重音的话，以每一句最后一字而论，轻重变化则是：轻（言）—重（译）—轻（文）—重（译）—轻（高）。

又如下面一句：

> 两个概念只有一字之隔，却有本质的差别。

汉语讲究对称美。上一句用了四字短语，下一句往往也会用一个，前后呼应。在《翻译观》中，也有不少这样的例子。但若整篇文章都是如此，节奏就会显得单调，读起来也磕磕绊绊，不顺口，所以笔者有时也会刻意打破这种对称。比如上面这一句，后半句最开始是“却有本质差别”，后来权衡之下，决定加上一个“的”字，周旋其间，略作缓冲。

当然，散文毕竟不同于诗歌，不用这么讲究，更何况是学术论文。笔者所追求的，只是文章写出来之后，不仅看得懂，而且“念得出口”，这个目标并不算高，所以在修改的过程中，除了少数地方略加斟酌之外，大多数字句仍然保留着“原生态”。

## 6.4 今朝把示君

当《翻译观》修改到十来稿时，看上去似乎已经大功告成了，但实际上问题仍然不少。当局者迷，旁观者清。在导师示意之下，笔者将论文拿去向师兄请教，师兄果然指出了不少细节上的问题。稿件交到期刊编辑处，编辑也提出了一些新的意见。这使论文的质量得到了进一步的提高。

### 6.4.1 请教

导师非常重视同门之间的相互交流与学习，除了私下讨论之外，还定期开展学术沙龙，集中探讨，共同进步。《翻译观》写作时，笔者尚未正式入学，没有机会参加沙龙，只能私下请师兄杨荣广批评指正。师兄理论功底深厚，长于思辨，上文提到的句式上的修改，其中有一处就受过师兄的指导。此外，绪论中的一条引用，也是在师兄帮助之下补上的。

> 然而从主观方面来看，传统翻译观仍然根深蒂固。仅以翻译的形式而论，时至今日，认为翻译是一种以文本为核心的人类行为的传统观念仍然十分普遍（Melby et al. 394）。

这是讨论翻译观问题的一条较新的文献。密切关注最新研究动态，实时跟进，这是作为一个学者的基本素质。笔者素来自知理论基础较为薄弱，在师兄这个榜样面前，进一步看到了自身的不足。

除了上面所说的这些，师兄在对齐、字体、制表等方面也给了笔者不少帮助，这里不再赘述。虽然都是细节问题，但做学问者正恐细节上不留心。

### 6.4.2 商榷

改到第十三稿的时候，笔者觉得再难有多大进展了，就把稿件投给了湖南师范大学《外国语言与文化》期刊编辑部。不出三天，编辑就给出了反馈意见，主要是关于文中所引译例以及参考文献的格式、对画线部分的说明等方面。笔者把文章从头到尾细读一遍，发现字句上也略有改动。大多数改动都较合理。比如：

> 因为机器同人一样具有某些“智慧”和“才能”，即使是纯机译，也可称之为“智能活动”；……

“即使是纯机译”原作“即使纯是机译”。“纯是”二字是文言用法（如岑参的“长安二月归正好，杜陵树边纯是花”），用在这里，确实不太协调，所以欣然接受了编辑的改动。

不过，也有一些改动似乎还可商榷。比如以下一句：

> 但是一说到“对等”（the closest natural equivalent），仍然是将译文跟原文双方放在天平两端来衡量，归根结蒂，还是带有传统翻译观的烙印。

编辑将“双方”二字去掉了。笔者认为，若无“双方”二字，则表示只是纯粹将译文跟原文拿来比较，比较的只是文本；有“双方”二字，则表示除了文本之外，或许尚有其他，比如，译文、原文各自在读者身上所产生的效果。文中讨论的本是“等效”问题，加上“双方”二字，显然更准确一点。

又比如对钱锺书的一句引用：

> 译本对原作应该忠实得以至于读起来不象译本，因为作品在原文里决不会读起来象翻译出的东西……

这句话出自 1985 年钱锺书发表在《中国翻译》上的一篇文章[①]。编辑按现代汉语规范，将两个“象”字都改为了“像”。笔者认为，引用人言似可不加改动，以存其原貌，这样也许更客观一点。

诸如此类心有疑问之处，笔者都客气地与编辑进行了邮件交流。虽然看上去都是些无关紧要的细枝末节，但学问之道，总以严谨为尚。编辑也很通情达理，十分乐意地接受了笔者的意见。

### 6.4.3 反思

一篇学术小论文，写作的过程不到三天，修改却费了近两个月，字数从最

---

① 钱锺书. 林纾的翻译[J]. 中国翻译, 1985,（11）: 2-10.

初的 13 000 字到最终的 8500 字，删掉了 1/3 还多。除了删减，还有立意、结构、规范、字句等全方位的调整与再调整。整个过程中，有导师的悉心指导，有师兄的热心帮助，也有编辑的耐心交流。

“麻雀虽小，五脏俱全。”这是导师经常教导同门的一句话。一个小小的译例，只要善于运用，也能用得出神入化。一篇小小的文章，只要用心去写，也能有醍醐灌顶的体悟。按照导师的指示，笔者在《翻译观》的写作与修改过程中，随时记下心得体会，今重检故纸，编排成文，以奉来者。但书不尽言，言不尽意，仅能传其大概，终不无微憾云尔。

## 旁观者清

人们常用“当局者迷”这个词来形容人在局中，迷茫而无助的消极状态。对于学术写作，似乎也可借这个词来描述一种积极状态：认定一题写下去，专心致志，不受外物影响，也不受旁观者干扰。这样的“当局者迷”，显然还会加速写作的成功。当然，“迷”得太深，能入不能出，能进不能退，也会适得其反。

所谓摘书成文，指的是从书稿或博士（后）论文中摘取一部分单独成文，赶在正式出版前发表。这是一种特殊的写作方式，与多篇小论文积攒成大论文或专著的上山训练相比，这是一种下山训练，方向正好倒了过来。

书文各有其体，不容相混。从书到文，不仅要改头换面，有时甚至还要脱胎换骨。首先，文的结构比书严谨，所以对所摘部分，常常要穿衣戴帽，前加摘要、关键词乃至引言，后加结论、参考文献。其次，文的篇幅比书短小，所以立意尤须新颖，观点尤须鲜明，这就少不了还要删繁就简，去芜存菁。由此可见，由书而文，看似只是简单的复制粘贴，实则无异于写作一篇新的论文。

作者初入读博大门，加之性情内向好学，甫接任务，旋即下手，不顾书文之别，也不预拟纲目，奋笔疾书，兴尽乃止。其中的冤枉工夫，作者在文中坦承得十分清楚。站在旁观者的角度来看，其中的问题可谓洞若观火，而作者自己却浑然未觉。比如拟纲，其目的在于动笔之前先理清思路，思路不清则方向不明，其结果轻则绕道而行，事倍功半，重则南辕北辙，尽做无用功；又如用例，同一表象之下往往包含若干真相，关键是要善于发掘，所以善用例者一可当十，横说竖说，无不如意，不善用者则“有一说一”，不惟疲于假借，兼且虚费篇幅。诸如此类，都是学术写作方面的一些基本规律。不过身为导师，笔者事先刻意未加提示，意在检验其作为一名新生的学术程序意识与沟通能力。

好在作者发现得早，及时反馈，深刻反省，不断遇到新问题，又不断加以改正。这个过程虽然是痛苦的，但有过痛感，才能铭记在心，才能在有限的博士研究生学习期间得到有效的训练，将来出了师门也好少走一些弯路。

摘书成文虽然有别于一般的论文写作方式，但其用意也在通过解剖麻雀的方式，对学生进行长远的学术写作训练。在此过程中，可以看出学生的不足，也可以看出其长处。从《翻译观》及上述这篇改文心得可知，作者是驾驭文字的能手，即使是一些看似无关紧要的细节，也能字斟句酌、一丝不苟，这是值得肯定的。

# 第 7 章　层楼叠榭精设计*

**疑点·重点·难点·焦点·突破点**

1. 选题源自何处?
2. 选题的原则有哪些?
3. 如何验证选题是真问题?
4. 选题过程中如何借题生题?
5. 选题明确后如何提炼标题?
6. 如何针对选题衍生系列文章?
7. 如何引用文献，巧借他山之石?
8. 如何进行题目推敲和选题论证?
9. 如何伸缩选题范围，调整选题角度?
10. 如何整理和有效运用所搜集的资料?
11. 文章修改可分哪些阶段，具体如何施行?
12. 如何根据文章逻辑线条，明确框架结构?
13. 如何根据选题谋篇布局，拟定写作提纲?
14. 搜集资料的过程中如何进行选读和精读?
15. 如何精炼中心句，优化节段字数，为文章瘦身?
16. 搜集资料的步骤和意义是什么? 如何为后续科研助力?

写文章如同建房子，选址何处，风格和布局问题在动手前已有基本的构思和设计。后续按照设计图纸按部就班地夯实地基，雕梁画栋，一步步循序渐进，才有层楼叠榭拔地而起。

---

* 作者简介：朱英丽（1983—），女，博士，东北师范大学外国语学院讲师，主要研究方向：翻译理论与实践。

## 7.1　构思选题广开路

选题是发现、探索的过程。科学研究始于问题的提出，是研究起点。提出问题甚至比解决问题更重要，需要敏锐的观察力、批判性思维和创新精神。

在不同时期各研究领域的问题侧重有所不同。如何选择？一方面应结合当今研究的热点，另一方面是要结合自身优势。根据研究主体不同，选题可划分为导师指定选题和自主选题，或是将二者结合。导师指定的选题多源自导师长期积累，初具规模或已自成一派。自主选择的题目多来自个人读书或阅读检索中的偶得，或例句分析。《文学性增译双刃效果论》[①]（以下简称《效果论》）的想法来自例句分析。选题方向与导师研究专长相关。笔者当时在阅读《复活》汝龙的译本时，发现其中一处误译。在人物身份“值班看守”与“监狱看守长”处译者产生混淆，于是笔者构想文学翻译的重重困难，在保证正确理解的情况下更要传递文学性。“文学性”翻译的构思便由此而生。

### 7.1.1　实例选题，漫漫长路

例子虽小，可由小见大。搜集例子犹如在窄小的道路上艰难行走。途径跋涉，或可峰回路转，探寻到有价值的选题。通过例子出选题是一个从无到有的过程。要想在大量例子中有所发现，前期积淀和敏锐的洞察力必不可少。例子的搜集较为零散，在搜集过程中费时、费力，长期不见成效。所以这是一类耗时长、见效慢的选题，无捷径可走，唯有长期坚持，积跬步以至千里。《效果论》搜集的例子与增译相关，语料多出自文学作品译本。阅读一部译本长达十几天甚至几十天，整理分析更加耗时。选择例子时，典型的归类，不典型的另建文档，留作日后他用。搜集例子本着一个原则：例子要有特点，只捡不扔。一些例子暂时无法判断它的类型，也不能轻易丢弃，否则再想重拾则如大海捞针。另外孤例不具有说服力，只有搜集大量同类型的例子，归类整理，找到规律，才有价值。搜集同一类型的例子是一场耗时、耗力的持久战，越是急于求成，有目的地搜集，越难一时找全。充分的例证用于激发思想并有力支撑思想，但并不意味着用大量的例子充斥文章。

如何为例子排序？若是撰写大论文，常见的方式有：①全文排序；②章内排序；③节内排序；④制作列表。全文排序或章内排序的优势是直观明了，弊

---

① 朱英丽，黄忠廉. 文学性增译双刃效果论[J]. 中国俄语教学, 2019, （2）: 62-67.

端是牵一发而动全身。相对而言，节内排序较为合理。如果全文的例子较多，制作列表也非常直观。如将所有例子用例 1-1、例 2-5 等表达，例 1-1 代表第一章第一个例子，例 2-5 代表第二章第五个例子。若撰写小文章，所选取的例子应有代表性、典型性，不宜过多，也不宜一例反复使用，影响佐证。非用不可时，可用“互见”方式避免重复问题。例如，从不同侧面分析时，可用序号代替，既可避免重复，节省篇幅，又能让例子贯穿全书，显得更加紧凑。

### 7.1.2　阅读选题，书山有路

除根据例子产生选题外，阅读过程中受启发也会产生选题。按阅读对象不同，阅读选题可划分为阅读书籍选题和阅读期刊选题。无论是阅读书籍还是阅读期刊，所获得的选题都属于自由阅读选题，受阅读文献启发产生，结合自身专长，产生新思想。与之相对的是目的性阅读选题，带着某种明确目的读书，仅阅读相关内容，也可称为平行阅读。《效果论》的选题受例子启发产生，结合研究专长，在明确具体选题后，各章节均是笔者带有目的地阅读书籍或期刊文章，在多次修改章节标题后最终确定，并完成撰写。

选题基本确定后，为验证题目的科学性、可行性仍需扩大阅读。阅读时不能被牵着鼻子走。找到能为文章所用的材料，要细细斟酌，思考“我”与“他”的异同，切忌不假思索地拉进文章，埋没了文章原有的观点。有时走马观花式读书，没有消化吸收，没有将知识整合优化，吸纳的知识也无处安置。若读者有成型的知识结构，能将吸纳的知识区分开来，这样的阅读将会更加行之有效。

### 7.1.3　导师出题，云泥异路

实例选题和阅读选题都是学生的自主选题。除此之外，可将导师规定的“命题作文”当作选题。导师指定的选题与实例选题、阅读选题会有交叉，但难度更大。因为任何一位硕士研究生导师或博士研究生导师都有擅长的并从事多年的研究方向。研究方向虽会涉及不同领域，但一定有自己开辟先河、创新式的研究领域。学生在选择导师之前应该对导师的研究领域有所了解。无论是大论文还是小文章均应与导师研究领域相关，以便导师随时指导、扶正研究中的偏误。

按导师指定的选题进行研究有利有弊。优势在于，学生不必反复验证选题的价值和可行性。导师在选题前，对该选题的一切预知均已做足。缺的只是接续性、创新性的研究。当然，导师指定的选题往往领域专、立意新、阅读材料不多，对于经验较少的学生而言，可能难以驾驭，需要与导师多沟通，向导师多请教，同时广泛阅读，先补课再研究。

## 7.2 文献阅读奠基石

文献阅读好似建筑物的地基，无地基或地基不牢，建筑物无从建起，甚至有坍塌之患。同样，文章在明确选题后要做大量文献搜集与整理工作。阅读文献是科学研究必不可少的最重要的步骤之一，是文章立论的基础和依据，因此文献资料的搜集要尽量全面。仔细阅读后，对架构文章骨架能胸有成竹。阅读方式通常有三种：第一种是泛读，通过阅读拓宽知识面，可起到全面审视、反复验证选题的作用；第二种是选读，只阅读与研究主题相关的内容，也可称之为平行阅读；第三种为研读，采用点状方式选取能为文章所用的核心观点，反复推敲，提炼思想。

### 7.2.1 飞沙走石，海量泛读

秉承全面、充分的阅读原则，研究者应拓宽阅读范围，当然也应避免漫无边际的随意阅读。阅读为选题与撰写内容服务，通过海量泛读可再次验证选题，构思并完善提纲。

充分地占有资料是写好文章的重要环节。要保证独特的选题经得起推敲，要在大量阅读中不断验证核心观点。通过背景资料的阅读可知选题是大众热点还是独特视角。若是热点问题，要了解目前的国内外研究现状，思考如何继续研究，推陈出新。若是创新性选题，更应慎重，需验证该选题是否有价值，是不是真问题。另外，阅读内容的范围要由内向外逐渐扩大。阅读的同时区分材料类别，属于核心问题的材料，留作后续精读，辅助性材料和背景材料尽量多搜集、细分类。山外有山，阅读范围也不能一味扩大。在时间、精力有限的情况下，要避免贪多求全。毫无遗漏地阅读材料，难以实现，也没有必要。

《效果论》的选题与文学翻译有关，已有的研究成果较多，但与标题相关的材料较少，在选取材料阅读时难免遇到困境。因此笔者经常在“扩大阅读”与“紧扣主题”间痛苦纠结。随着阅读、反思的逐渐深入，搜集材料的范围也逐渐明确，主要来自三个方面：有关论题已有的研究成果、有关论题研究的学科基本理论知识、与论题有关的学科研究成果。

### 7.2.2 他山之石，高效选读

较之于泛读，选读缩小了包围圈，更有针对性。选读的内容主要从中国知网中的高质量文章、相关书籍和百科知识中获取。笔者在中国知网遴选了近百篇文章，阅读后将文章按主题分类。关于“文学翻译”主题的有《文学翻译的几种两难选择》《文学翻译的意义维度》《文学翻译中的翻译方法与翻译目的》等近 40 篇文章。关于“文学性”主题的文章有《对于“文学性扩张”的质疑》《王维诗歌的世界文学性的动态生成》《文学性：扩张与泛化中的坚守》等 10 余篇；关于“翻译再创造”主题的文章有《“创造性叛逆”和翻译主体性的确立》《创造性翻译与创造性对等》《阐释、接受与再创造的循环——文学翻译断想》等 20 余篇；关于翻译主体的文章 10 余篇；关于翻译审美和陌生化的文章 20 余篇。阅读的书籍主要有两大类：H 类的语言学书籍和 I 类的文学书籍，约 30 本。当然，受时间和精力的限制，多半书籍是泛读完成的。内容涉及选题的要做好摘录，并标明出处，以备后续研读。

### 7.2.3 取金于石，反复研读

研读是为出思想，是在他山之石的基础上炼石成金、为我所用。由泛读到选读，范围逐渐缩小。研读旨在吃透材料，在泛读与选读基础上归纳整理，为文章初稿做准备。要能读进去，还要读出来。要用自己的语言概括理论材料，在理解并吃透材料的基础上出“私想”，做“他”与“我”的结合研究。《效果论》确定的研究领域是文学翻译，研究对象是增译方法的价值，落脚点为文学性增译所起到的效果。笔者研读时围绕几个关键词如“文学性”“陌生化”“审美”“增译”阅读。受启发后拟定的关键词为“文学性增译”“审美性增译”“扩张性增译”，落脚点为文学性增译的双刃效果。这是 A 与 B 结合产生的 C，也是反复研读产生的“私想”。

## 7.3 拟定提纲架龙骨

提纲犹如建筑物的龙骨。地基打牢后，还须架好龙骨，这是关系整体格局的关键一步。文章的内容犹如混凝土，依架构填充便有了建筑物的模样。文章的措辞可称之为内外装饰，可起到美化建筑物的作用。几个步骤环环相扣，缺一不可。

### 7.3.1 高屋建瓴，宏观布局

优秀的设计师善于两手抓：一手抓整体布局，一手抓局部规划。做文章亦是如此。在动笔写作前，头脑里应有两张版图，一是宏观整体的版图，二是局部细节的版图。宏观整体的版图包含拟定的标题、核心观点和内容简纲。局部细节的版图则由支撑大标题的小标题、基本论点和具体纲要构成。宏观布局往往比局部规划更重要。文章标题是上位论点，涵盖整体思想的论旨；小标题是

下位论点，是各小节、各段落的主旨。做好文章的宏观布局和局部规划，可使整个文章错落有致，凸显整体与局部的和谐美。

宏观布局的优势具体表现为三点：①总览全局。整体版图便于观察总框架的协调关系和各章节的串联情况。②提纲挈领。论文框架结构便于作者理清思路，易于把握中心论点与分论点之间、论点与论据之间的逻辑关系。③有利于导师提出修改意见。框架结构直观易见，由总的纲目即可判定研究视角是否可行，做出合理的修改、调整。若信笔直书，倚马万言便将全稿交给导师审阅，不仅带来阅读负担，调整的难度也更大。

### 7.3.2 串联龙骨，章节架构

提纲是文章的骨架。若没有骨架串联，文章内容将会是“一盘散沙”，犹如处于无形的沙漠之中，毫无逻辑性和传理达意的作用。提纲分显性和隐形两种。无论使用哪一种，在写文章前应先拟定提纲或思路，按照脉络去撰写。对于读者而言，其阅读完整的文章时能意识到骨架的存在。

《效果论》的提纲是显性的。从选题的初步确定到提纲最终完成，前后约修改过 15 次。可谓抽丝剥茧、层层深化，旨在炼出比较满意的提纲。起初，标题确定的关键词为“增译”“文学性”“机制”“原理”等。在拟定标题之初，落脚点不够明确。拟定的中心论点为增译方法与文学性之间的辩证关系。随着阅读的深入，中心论点逐渐清晰，文章提炼出创新性的关键词“文学性增译”。中心论点是围绕文学性增译的效果进行阐述的。由关键词“文学性增译”划分出三种类型的增译，即还原性增译、审美性增译和扩张性增译。“还原性增译再现文学性”“审美性增译提高文学性”“扩张性增译损失文学性”，三个分支再进一步细分便出现分论点骨架。

### 7.3.3 添砖加瓦，内容撰写

选题合理，提纲明确，内容撰写便是水到渠成的事。但要写得对、写得好也是有章可循的。论文通常由论点、论据和论证三部分组成。论点是文章的立论，与文章的选题一致；分析论据后，提炼的观点可以构成文章的框架结构；论证是支撑框架结构的表述。只有论证合理，起到了支撑作用，论点才具有说服力。若论证不清、表达模糊、前后矛盾、漏洞百出，论点自然也站不住脚。另外，虽是论文，措辞也应有生气，至少应做到语句连贯、表意清晰，具有一定的可读性。内容的撰写虽由作者主观支配，但并不是想怎么写就怎么写，而应注意学术语言的规范性，以及文章内容、措辞与客观现实之间的关系。

# 7.4 修改打磨雕梁栋

修改即提升。修改阶段是文章整体提升的阶段。正所谓“文不厌改”，学术论文与其说是写出来的，还不如说是精心打磨，修改而来。初稿如毛坯房屋，不装修，虽能住，但不是想要的景象。自己尚不中意，也就怨不得编辑瞧不上。即使观点再有新意，玉石杂陈，精粗并见，也难免让人觉得档次不高。

## 7.4.1 标题修改，点睛之笔

选题可确定文章的研究范围和研究对象。标题则是经过对大量材料分析研究、对框架结构系统思考、对主题思想反复锤炼而得。任何文章无不以标题获得读者关注，或者说标题影响着读者的阅读欲望。因此在撰写文章前，作者第一步会拟定标题，为全篇文章定好基调。

标题是文眼，反映文章的论点，理应简明扼要，紧扣论文内容；醒目规范，能准确表达论文内容；便于检索，恰当反映所研究的范围和深度。文章的标题反映作者的判断、对事物或现象的认识深度。此外，标题通常直接表明论题或包含核心价值，可让读者一目了然。标题从拟定到确定不可能一蹴而就，为让标题能紧扣全文，起到画龙点睛的作用，反复修改是必要的环节。细节上的微调固然必不可少，改得面目全非也属常有之事。

以《效果论》为例，标题先后经历了三次大改、三次微调：

（1）《模糊语审美调节机制对增译策略的制约》；

（2）《文学性重构对增译方法的制约》；

（3）《文学性增译管控说》；

（4）《文学性增译机制论》；

（5）《文学性增译得失论》；

（6）《文学性增译双刃效果论》。

文章由搜集的增译例子提炼想法，欲表达的核心判断为“增译的方法提升文学性”。但从标题 1 和标题 2 的命名看，其强调的是文学性对增译方法的制约，显然有悖。文章的主要纲目为“还原性增译再现文学性”“审美性增译提高文学性”“扩张性增译损失文学性”三节，因强调的并不是文学性增译的本体，标题 2、标题 3 题文相悖。笔者修改全文后再审标题，觉得“机制”二字不妥，因为“机制”相对固定、客观。标题 5“得失”二字得自导师。导师因看到还原性增译与审美性增译的积极作用，以及扩张性增译的负面效果，而概

括出“得失”二字。另外“得失”可指“优劣”“利害”，具有两面性与动态性，因此远胜“机制”。内容上的“过程性”相当于一条隐线贯穿全文，并没有偏题，且解决了小标题与大标题以及主题的呼应问题。标题 6 是在标题 5 基础上的增色，使文章看起来更加新颖，更加具有吸引力，起到了画龙点睛的作用。

### 7.4.2 框架修改，逻辑统一

文章的框架结构常以总论点为中心，以分论点为支撑展开。所涉及的分论点必然统一在一个逻辑线条之下。逻辑是检验文章合理性的有效工具，它可从内容结构和语言表述上做双重检验。在内容结构方面，逻辑可检验文章题目与各章节标题之间、章与章之间、章节标题与内容之间是否能够一脉相承、前呼后应。在语言表述方面，逻辑可检验语言能否层层深入，措辞是否连贯、是否存在前后矛盾等问题。

按照逻辑线条作者可清晰地理出各层次间的平行关系与从属关系，及时发现在哪个层次上存在“僭越”的情况，并做出相应调整。对指导教师而言，修改框架也比修改内容更容易。《效果论》从拟定提纲到定稿，提纲发生了几次重大变化，具体情况如表 7.1 所示。

成稿后，回头一看，提纲 1 不能称之为提纲，而是腹稿。因文章的构思由文学作品中例句引发，提纲 1 呈现的是初步想法，涉及模糊语的转换过程、转换方法以及增译的使用。从标题可提取的关键词有“模糊语”“审美调节机制”“增译策略”，内容较多。从纲目看，文章的结构偏向模糊语的转换机制。文学审美的内容不够凸显，且在逻辑上与增译方法没有良好衔接。提纲 2 在标题与结构上一并做调整。由标题可知，笔者提炼出关键词“文学性”，并列出重构要素及其对增译方法的制约。起初，笔者要表达的不是“翻译方法受限”，而是增译方法的作用。从提纲 1 至提纲 4，一直兜兜转转，出不来核心思想。提纲 3 将“增译”与“文学性”结合，形成术语“文学性增译”，并围绕该术语将文章重心移至翻译策略。主题发生逆转，思想也更突出。“还原性增译”“审美性增译”“扩张性增译”本是三个并列层面。去掉还原性增译，仅论述审美性增译的“优”和扩张性增译的“劣”，着力描写对立的两极，可使文章重点更突出。在提纲 5 中，引言与“文学性增译”界定有重复，因而合二为一。提纲 6 基于提纲 5 瘦了身，既符合投稿期刊的需求，全文结构也更加精致。由提纲 1 到提纲 6 可知，文章的核心价值一直未变，即通过增译方法的使用分析审美价值的增损。

**表 7.1 《效果论》提纲修改过程**

| 提纲 1 | 提纲 2 | 提纲 3 |
|---|---|---|
| 模糊语审美调节机制对增译策略的制约<br>1. 模糊语转换过程<br>1.1 原语模糊理解<br>1.2 双语清晰转换<br>1.3 译语准确表达<br>2. 模糊语转换方法<br>2.1 以模糊译模糊<br>2.2 增译模糊词内涵<br>2.3 阐译模糊文化概念<br>3. 文学性对增译的制约机制<br>3.1 适当增译<br>3.2 不当增译<br>3.3 增译过度 | 文学性重构对增译方法的制约<br>1. 文学性重构要素<br>1.1 文本语言的转换<br>1.2 陌生化效果的移植<br>1.3 审美主体<br>2. 文学性再现对翻译活动的制约<br>2.1 制约翻译过程<br>2.2 决定翻译方法<br>2.3 调控译者的主体性发挥<br>3. 文学性与增译的辩证关系<br>3.1 增译调节文学性<br>3.1.1 还原性增译再现文学性<br>3.1.2 审美性增译提高文学性<br>3.1.3 扩张性增译损失文学性<br>3.2 文学性制约增译<br>3.2.1 为避免歧义使用重复性增译<br>3.2.2 文化传播过程溶解增译<br>3.2.3 主体间性突显要求融合性增译 | 文学性增译管控说<br>1. 文学性重构要素<br>1.1 文本语言的转换<br>1.2 陌生化效果的移植<br>1.3 审美主体<br>2. 文学性再现对翻译活动的制约<br>2.1 制约翻译过程<br>2.2 决定翻译方法<br>2.3 调控译者的主体性发挥<br>3. 文学性对增译的管控<br>3.1 还原性增译再现文学性<br>3.2 审美性增译提高文学性<br>3.3 扩张性增译损失文学性<br>3.4 消误性增译避免歧义理解<br>3.5 溶解性增译体现文化传播<br>3.6 融合性增译突显主体间性 |

| 提纲 4 | 提纲 5 | 提纲 6 |
|---|---|---|
| 文学性增译机制论<br>1. 引言<br>2. 文学性增译<br>2.1 文学性增译内涵<br>2.2 文学性增译类型<br>3. 还原增译的文学性再现机制<br>3.1 原语格式塔还原<br>3.2 完整意象转换<br>3.3 形象性、抒情性再现<br>4. 审美增译的文学性补偿机制<br>4.1 语表舍形求意<br>4.2 语里转换补偿<br>4.3 语值创造求效<br>5. 扩张性增译的文学性失衡机制<br>5.1 语表前理解思维定式<br>5.2 译者的主观倾斜转换<br>5.3 语值超显性表达<br>6. 结语 | 文学性增译得失论<br>1. 引言<br>2. 文学性增译界定<br>3. 还原性增译再现原作文学性<br>3.1 “格式塔”模式还原文学性<br>3.2 完整意象转换再现文学性<br>4. 审美性增译补偿原作文学性<br>4.1 原语“陌生化”损失的补偿<br>4.2 时空背景差异的补偿<br>4.3 译语创造性审美的补偿<br>5. 扩张性增译破坏原作文学性<br>5.1 “思维定式”误解原作审美<br>5.2 主观向度转换偏离原作风格<br>5.3 过度显性表达破坏原作整体和谐<br>6. 结论 | 文学性增译双刃效果论<br>1. 文学性增译<br>2. 审美性增译补偿原作文学性<br>2.1 补偿原作“陌生化”转换的损失<br>2.2 补偿时空背景差异克服译际障碍<br>2.3 补偿创造性的审美表达手段<br>3. 扩张性增译破坏原作文学性<br>3.1 思维定式背离原作审美<br>3.2 主观向度转换偏离原作风格<br>3.3 过度显性表达有损原作整体和谐<br>4. 结论 |

### 7.4.3　内容修改，支撑结构

常听说曹雪芹的《红楼梦》“披阅十载，增删五次”。如今自己动笔，体会更为真切。正所谓：“不识庐山真面目，只缘身在此山中。”笔者常常写着写着，偏离主题却浑然不觉。导师也曾指出：“写文章时习惯性用某某理论将自己框住，跟着别人的理论越跑越远，没有辨别真伪的能力。”自己在写大论文或小文章时常犯类似错误，所以常常要修改大量内容，不断调整小节标题，以使章节浑然一体。

修改章节标题颇有“一览众山小”之感。反复校对标题，可看清标题的逻辑层次、标题能否辐射各小节思想，或小节表述能否支撑章节的论点。反复修改，直至标题、内容浑然一体。章、节内容修改完善后，再以此方法重新审视全篇。若把标题比作帽子，内容比作头，那么帽子与头匹配是最佳状态，帽小头大遮不住，帽大头小顶不住。题目与内容不匹配会出现文不对题的逻辑矛盾。如《效果论》最初拟定的题目之一为“文学性增译机制论”。“文学性”是文学翻译转换的核心，增译的主题将案例类型锁定，“机制论”是对文学性增译过程的描写。根据搜集的例子类型，笔者尝试对文学性增译进行划分，并将其分为还原性增译、审美性增译、扩张性增译、重复性增译、溶解性增译、融合性增译、消误性增译等。根据例子归纳的以上类型存在属种并存的问题。按逻辑规律划分层次，寻找其上位概念，采用二分的方式，文学性增译可以划分为合理的增译和不当的增译。不当的增译为扩张性增译，其他均属于合理性的增译。结合“文学性增译”再审视，还原性增译与审美性增译最为典型。由此文学性增译可以划分为三类：还原性增译、审美性增译与扩张性增译。还原性增译再现原作的文学性；审美性增译补偿原作文学性转换过程的损失；扩张性增译过度地加入译者的主观态度，从而破坏原作的文学性。笔者通过类型的划分，形成章节标题，反观文章题目，则又发现有不妥。《文学性增译机制论》是对各类增译如何奏效进行描写的，显然不包含扩张性增译的类型。为解决逻辑矛盾，文章或者修改标题，或者去掉扩张性增译的内容。扩张性增译的情况虽不多，但确实客观存在，去掉不尊重客观事实，因此需要调整文章标题。笔者将关键词“机制论”换为“得失论”，后又改为“效果论”，巧妙地解决了帽小头大的问题，做到文题相应。

文章修改包括行文中的修改和成稿后的修改。行文时多次修改，即使定稿后的再整理工作也应反复修改。写成初稿，特别是毕业论文的初稿，要和导师一起讨论，听取意见，反复思考、校对。定稿后，“冷却”一段时间，拿出来再改，改完再作“冷处理”，如此再三，直到满意为止，这就是定稿的再整理。内容修改不仅包括逻辑上的调整，也包括表述上的改动。因分块撰写，表达时常赘述。或是马虎大意，或是知识储备不足。因此在初稿阶段，文章不断修改。从第一稿到第六稿字数少了 4000 个，实现了局部瘦身和整体瘦身，内容更加简练，表述也更加清晰。成文后，导师针对第九稿提出修改意见：“诗歌例子占篇幅较多，建议换成其他形式。”按照导师的建议，笔者又重新挑选例子做分析。写成后再反观整篇文章时发现，分析的例子不够典型，仅属增译的类型，却不是文学性增译，于是又不得不忍痛割爱，另外再寻找更合适的例子。

回想当时查阅关于“文学性”的文献，只为引言论述使用，笔者对“文学性”内涵没有真正理解，或理解还不到位，才出现在撰写论文时经常偏离轨道的问题。用心方能成功：“文学性”“增译”“效果”等关键词必须深入体会，在反复阅读文章的过程中奠定基石，剔除“杂陈草”，再经架构龙骨、雕梁画栋而后才能“一枝独秀”，开花结果，造出从整体到细节皆有可观的层楼叠榭。

## 旁观者清

博士研究生开始学习做学问，忌大题大做。那么，如何训练“小题大做”？笔者训练学生做文章可归结于二法：以生为主练题法；以师带生练文法。前者尊重学生的点子与思路，重在提炼选题，助其完形成活；后者启发学生从事实或理论中产生选题，带其全过程，习得学术规范。二法合练，即是文题同练、教学相长、共同进步。

实例或事例选题适合“小题大做”。孤证不能说明问题，需要用例却不能过多。重要的是万例挑一，典型用例为主，以少许胜繁多，旨在反映规律。实例与事例选题体现孕育思想、推陈出新的过程。选题从无到有才叫新，从事实中发现规律，就是创新，只是需要时间与积累，因此，平时要做好实例与事例的积累！作者考上博士时，笔者已调动工作，她未能上笔者专为博士研究生开设的两门基础课程，只好充分利用单篇文章训练其全过程，即从事实中发现道理、产生选题的过程。

作为导师，笔者一直强调扎根于泥土的研究，要求门下学生不断搜集译例。基于例子的思考上升到理论高度，进而可扩展为有思想的文章。作者虽做了大量的用例分析，但苦于不能从例中发现价值选题，不知如何联系理论，便带着整理的译例来找笔者，要求训练做有感觉的研究。当时笔者与作者一起现场讨论如何从一例文学汉译找题。以《效果论》为例，一例之译与文学性如何相交，进而反映文学全译？全译之法有对译、增译、减译、移译、换译、分译和合译七种，那么该例与哪种方法相关？结合研究专长，作者将交点与焦点汇于增译。有了例，如何出理？一是自己的思考，二是理论的查找。一面泛读找思路，一面精读扣住题。泛精之中，磨砺学术思维，松紧之中，逐步聚焦所究问题。译例来自文学，文学翻译的理论阅读必不可少，由“文学翻译”走向“翻译的文学性”反映基础理论到专业理论的提升。由例至题至理的过程，是归纳；由题至框架至全文的过程是演绎。作者总结得清清楚楚，这正是演绎与归纳辩证逻辑思考的结晶。一例文学误译如何构思“文学性”翻译的课题？其逐步定题的过程很有示范意义，从文学性翻译到文学性增译，再将论文的创造性或新意“增译的优劣”提至“双刃剑”层面，予以点明，文章就鲜亮起来了。该文写清了成文发表的过程，其中作者读译选例排序之法可算是独家经验，也值得借鉴。

无论是导师还是友人，见人在局内挣扎，尽量伸出援助之手。导师从旁边观察，但不冷漠，且不袖手，而是旁敲侧击地指导学生动脑、动心、动口、动手，直到论文写成，直至修改发表。学海中，学途上；以当局者做事成事，旁观者观事助人助己。被观者应是幸福的当局者，尽管过程含有痛苦，可结果却是幸福。

# 第 8 章　异中求同生别面*

**疑点・重点・难点・焦点・突破点**

1. 文章标题新意如何出?
2. 文章提纲如何体现出思想?
3. 如何判断拟投期刊的主题?
4. 如何将期刊主题与前期研究结合?
5. 如何将期刊主题与现有研究结合?
6. 科学与文学研究真的势不两立吗?
7. 从文学性角度分析科学翻译可行吗?
8. 科学语体与文学语体研究的共性何在?
9. 文章提纲的完善对题目有修订作用吗?
10. 改好提纲之后再动笔写全文可行吗?
11. 小语种译例如何与英语译例交叉使用?
12. 文章中双语、多语译例对比有必要吗?
13. 文章发表后写总结有必要吗? 如何写?
14. 文章写完之后还需要检查文题是否相符吗?
15. 文章发表后如何促进以后的研究开枝散叶?

季羡林曾说:“没有新意，不要写文章。”这里的新意可解读为理论和方法的创新，其难点在于所提出的理论观点要有据可证，经得起考量。科学文本、文学文本由于语体风格的不同，常被看作水火不相容的两种体裁。一般而言，文学性是文学独有的特性，但在科学文本中，人们常常会遇到一些文学性很强的表述，对于这些现象，亦有研究必要。基于现有理论，我们对科学翻译的文学性进行理论创新研究。

* 作者简介: 侯影（1987—），女，博士，中南财经政法大学外国语学院讲师，主要研究方向: 文学翻译。

# 8.1 杂志与己共定题

文章发表不外乎两种路径：写好文章，再去找拟投期刊；预先找好拟投期刊，据此再制定文章的书写路径。对于初出茅庐的学术菜鸟而言，第二种方案不失为一种良策。先锁定期刊，了解期刊文章的主要类别、大致的研究方向，再进行书写，需提前做好功课。写文章、发表文章也是同理，要结合自己的研究方向，了解拟投期刊，有的放矢，再发挥一己之长，使得论文的主题符合所投期刊的“口味”。

## 8.1.1 锁定杂志助选题

《科学翻译文学性简析》[①]（以下简称《科学》）一文拟投《中国科技翻译》，这一期刊主题特色鲜明，多刊发科技翻译类文章。锁定拟投期刊后，笔者进而确定文章主题。

万物皆有此理，理皆同出一源。这句话说明了事物的道理和规则具有普遍性，这些道理和规则的具体化表现在特性不同的事物上，事物普遍的道理可以推而广之，而事物的具体特点则需单独讨论，这样才能更好地指导研究，使得研究更为全面、细致。文学翻译和科学翻译的差异较为明显，但是研究也较多，而其相同之处，即二者的共性也可作为研究的一个切入口，同样具有研究价值。

文学文本与科学文本看似两种不同的语体，但都会使用一些修辞手段，科学语体也存在文学性表述。此时求同需在文学文本与科学文本中找寻一致的切入口，将文学语体与科学语体有争议的不同意见、不同观点存而不论，尽可能地将相同的意见和观点集中起来，形成共识，使用求同存异的思维方法。这时文章才刚刚具备了一点星星之火，而要想使这一星星之火形成燎原之势还需做一些具体工作，还需找到证明这一题目的支撑材料。

## 8.1.2 把握本质定主题

科学文本与文学文本有各自独立的词汇、语法、行文风格，有相对的稳定性和独立性，但文学与科学的交叉地带有共性可寻，这涉及了语体是否具有模糊性的问题。一些学者在分析模糊语言在学科中的运用时提到，各种语体之间没有截然分明的界限，这些都说明语体具有模糊性。这样，科技翻译、科普翻

---

① 侯影，黄忠廉. 科学翻译文学性简析[J]. 中国科技翻译, 2014, （4）: 50-52.

译、社科翻译文本涉及文学性再现问题，就有了理论支撑。而且在科学语体这一大的语言环境下，文学性表达会产生一定的陌生化效果，这些表述有必要引起译者的注意，更需再现到译文之中。

文章写作过程中，认识事物的本质要素十分重要。写作《科学》一文首先需要确定的是科学翻译的内涵和分类，根据导师以及笔者已有知识储备，科学翻译具体包括科技翻译、科普翻译、社科翻译等。而文学性由俄国语言学家罗曼·雅各布森（Roman Jakobson）提出，主要从语言学角度出发研究文学作品，即研究文学作品的语言、结构、形式方面的特点，具体表现在修辞、韵律节奏等表达手段上，这些术语内涵的各个方面可以作为文章的内在框架来支撑整篇文章。

现有学者对科学翻译文学性的研究多倾向于微观层面的字词研究，而对科学翻译中具体的文学性对比研究不多。正是由于对科学翻译这一术语内涵的理解，文章才能继续书写下去。这一观点的得出是建立在大量阅读文献、把握学科之间的关系、明确术语内涵、对学科与学科之间具有宏观掌控能力的基础上的。

### 8.1.3 发挥己长利定题

选定拟投杂志再结合自己的研究方向，文章主题基本确定，即科学翻译的文学性研究。若想写出新意，其前提是学术积累，做研究厚积薄发更有优势。笔者之前做过科学翻译实践，对科学语体翻译有一定的感悟。对于平时的翻译实践，多数译者会由于翻译时间有限，没有真正地做个有心人，多多斟酌，翻译之后也未趁热打铁，再次对原文和译文进行对比分析，写出心得。如果翻译时多加斟酌，翻译后及时反思，基于自己的翻译实践得出的结论会更具有说服力，而自己写文章分析运用译例时也会更加自如。科学研究，需要研究者时时刻刻做个有心人。

笔者的博士论文研究方向为“汉译文学性研究”，其中的关键词就是文学性，笔者对这一术语的来源以及解释做过一定总结，分析文学性的表现层面，即形象的词语、丰富的修辞手法、生动的语气。文学性概念主要从语言学角度出发研究文学作品，即研究语言、结构、形式方面的特点，具体表现在韵律、节奏、修辞等表达手段上。文学语体的语言特征要素会渗透到科学语体中，形成以科学语体为主、文学语体为辅的形态，这种语体的移植借用了不同语体的体式结构特征。发挥科学语体与文学语体的优势，可产生多种修辞效果和美感效应，增加文章的感染力。

但是这一想法也并非一蹴而就的，而是慢慢酝酿得出。如最开始笔者还是从其翻译效果——可读性角度来解析文章的题目，并没有和自己的研究方向很好地结合，如表 8.1 中的提纲 1。但从可读性角度来写几乎没有新意，有很多人做过类似的研究，经过导师的点拨，笔者才考虑要把文学性这一术语直接放到文章题目中，需要从文学性的表现和再现方面来写。

**表 8.1　论文题目与提纲修改过程**

| 提纲 1 | 提纲 2 | 提纲 3 |
|---|---|---|
| 科学翻译可读性研究<br>1. 引言<br>2. 科技翻译可读性的表现<br>2.1 科技翻译可读性的两种解读<br>2.2 科技翻译可读性的表现层面<br>3. 科技翻译可读性的再现与重构<br>3.1 科技翻译可读性的再现<br>3.2 科技翻译可读性的重构<br>4. 结语 | 科学翻译文学性××<br>1. 引言<br>2. 科技翻译可读性的表现<br>2.1 科技翻译可读性的两种解读<br>2.2 科技翻译可读性的表现层面<br>3. 科技翻译可读性的再现与重构<br>3.1 科技翻译可读性的再现<br>3.2 科技翻译可读性的重构<br>4. 结语 | 科学翻译文学性论<br>1. 引言<br>2. 科学翻译可读性的表现<br>2.1 科学翻译可读性的两种解读<br>2.2 科学翻译可读性的表现层面<br>3. 科学翻译的文学性表现<br>3.1 科普翻译的文学性<br>3.2 科技翻译的文学性<br>4. 结语 |
| **提纲 4** | **提纲 5** | **提纲 6** |
| 科学翻译文学性论<br>1. 引言<br>2. 科学翻译可读性的表现<br>2.1 科学翻译可读性的两种解读<br>2.2 科学翻译可读性的表现层面<br>3. 科学翻译的文学性表现<br>3.1 科普翻译的文学性<br>3.2 社科翻译的文学性<br>3.3 科技翻译的文学性<br>4. 结语 | 科学翻译文学性研究<br>1. 引言<br>2. 科学翻译与文学性的关系<br>3. 科学翻译的文学性表现与再现<br>3.1 科普翻译的文学性表现与再现<br>3.2 社科翻译的文学性表现与再现<br>3.3 科技翻译的文学性表现与再现<br>4. 结语 | 科学翻译文学性简析<br>1. 引言<br>2. 科学翻译与文学性的关系<br>3. 科学翻译的文学性表现与再现<br>3.1 科普翻译的文学性表现与再现<br>3.2 社科翻译的文学性表现与再现<br>3.3 科技翻译的文学性表现与再现<br>4. 结语 |

列出提纲之后，笔者发现，这篇文章偏向于宏观对比科学翻译中科技翻译、社科翻译、科普翻译三类文体中的文学性要素。最后反思文章结构的时候，对题目进行了限定，用了“简析”二字，因为《科学》一文只是宏观分析了科学翻译中的科技翻译、社科翻译、科普翻译这三大类文本中文学性的表现与再现，确实只是简析。这时也确定了文章的最终题目——科学翻译文学性简析。文章的题目、提纲及内容相互制约、相得益彰。

做研究选题至关重要，好的选题是论文撰写成功的关键。选题要具有新颖性和研究价值，就需要研究者不断培养自己的“问题意识”，即发现问题、思考问题、分析问题、解决问题的意识。题目的确定在很大程度上受方法论的影响，即使用何种方法解决某一问题。研究方法论的重要性不言而喻，一篇好的文章或者是一项高质量的研究项目都离不开相应的方法论的支撑。

## 8.2 大小兼顾可列纲

确定题目的下一步即是列出写作提纲，进而逐步完善，此时最好能确定每一部分的写作内容，这样接下来的写作会较为轻松。

### 8.2.1 雾里看花辟蹊径

对于文学翻译和科学翻译的关系以及从文学角度研究科学翻译，研究者不乏其人，其中，如何在众多研究内容之中独辟蹊径、选择自己的研究空间至关重要。

做研究时用到的知识获取路径一种是调动已有知识储备，另一种是带着问题去查找阅读文献，两种路径都必不可少。对于厘清学科之间的关系同样如此，一旦没有充足的文献阅读量，研究也是捉襟见肘，这时就需要有的放矢地、带着问题去弥补这一空缺。此时，导师的指导作用至关重要，可为学生的初期研究提供参考方向，如最初导师提示科学翻译中有科普翻译和科技翻译两类，可以从这两方面着手进行研究。受此启发，笔者开始思考：从科普翻译和科技翻译这两方面入手，是否只有这两类？笔者带着疑问查阅了《科学翻译学》①一书，果然，书中将科学翻译分为科普翻译、社科翻译、涉外翻译和科技翻译四类，由此文章写作方向更加明确。

若想拓展自己的研究方向或进行较小范围的“跨界”研究，需从宏观层面着手，其中一条可行的道路即是从学科的宏观分类入手，这样就会有内容可写。这种研究框架有时是灵感使然，有时是苦苦阅读文献的回报。作为入门级的研究者，最好还是遵循标准的研究步骤，先提出问题，再寻求解决办法，从事演绎性研究。

### 8.2.2 交叉地带亦有别

对于科学与文学的关系，翻译家和文学家对此都曾发表过观点。科学翻译

① 黄忠廉，李亚舒. 科学翻译学[M]. 北京：中国对外翻译出版公司，2004.

和文学翻译二者之间存在交叉地带，科学文本也会使用文学性的表达，翻译时也应保留原作的陌生化。科学文本对文学性手段的利用、科学文本翻译时文学性的再现正是其交叉地带。科学著作的不同文本类别中文学性表达手段的使用以及表现方面各有不同，加之受语言差异影响，不同语种中文学性表达手段也有一定的不同。

通过对科学翻译与文学翻译的对比研究，可以得出，科学翻译中也存在文学性再现问题。那么，科学翻译各类文本的文学性都相同吗？科学翻译中科技翻译、社科翻译、科普翻译的文学性都表现在哪些方面呢？带着这些疑问，加之对科学翻译分类的分析，笔者发现科技翻译、社科翻译、科普翻译三种体裁的文学性表现及再现都是有所不同的，那么分辨这三种体裁中文学性的表现和再现的细微差别即为《科学》的主体部分。通过梳理科技翻译、社科翻译、科普翻译的例子笔者发现，三类文本的文学性再现程度有所不同：纯科技翻译和社科翻译还应以原作内容转换为主，适当使用译语文学性手段，而科普翻译受众较多，艰深晦涩的文字难以理解，所以可应读者之需，充分利用译语的文学性表达手段并发挥其优势，增加原作的文学性。把握住这些细节差异就相当于掌握了文章各部分的主要观点。

### 8.2.3　拔云见雾出框架

笔者最初的想法是从文学性再现策略入手，这样就落入了四字格的使用、句式变化等俗套，加上所选例子也不合适，所以还没有新意（表 8.1 中的提纲 1）。该提纲几乎被导师全盘否定，事实上也是毫无新意。翻译研究门槛低，每一个从事翻译实践的人都会有些心得，如何能将这些心得汇总，上升到理论高度，使其更具有普遍性，不同于已有研究？

文章写作求新主要表现在三个方面：一为研究对象较新，使用传统理论对其进行研究；二为研究角度或使用较新的理论对已有现象进行解释；三为使用较新理论研究新生事物。这三种研究模式的宗旨都可为文章提供不同的视角。科学翻译的文学性研究少有从宏观视角对其进行研究的，对于细节、理论研究较为成熟的研究对象，研究者可取宏观视角，基于现有研究，又突破现有研究。

阅读他人文献的好处就是知己知彼，但也容易被他人的思维、写法束缚。笔者最初想到的就是从文学性再现策略入手，受他人影响较大，还没新意。科学研究要查漏补缺，查到别人做了什么，没做什么，哪些可以做，哪些不可以做。可以做的怎么做，从哪些角度来做；不可以做的为什么没人做。而这一切都建立在批判性地大量阅读文献的基础上。

从事学术研究初期，研究者往往对发现问题的过程认识不够，缺少对某一研究内容或题目的反复探索、反复论证的过程。要想提纲创新，需要研究者在文献综述的基础上提出有价值的选题，科研创新没有捷径。要不断地追问自己研究题目的价值、新意所在。

### 8.2.4 细思反观收获多

学术积累尤其重要，厚积薄发才容易产生选题，通过文献梳理，掌握某一选题的研究角度，全面知彼再着笔从不同角度对某一现象进行研究，避免重复研究；提纲虽写不厌改，写作之初，首先要问自己文章的主题是否不同，是否有新意，之后辨清细节才能使文章别开生面，而大处着眼又可以拓思路，在修改过程中提纲也会发生变化，如表 8.1 中的提纲 6。之后就是修改提纲和文中衔接不够连贯的地方。一是把初稿中整理好的资料，围绕设定的关键词和术语进行论述；二是将文中例子和文字结合，发挥例子的衔接证明作用。另外，有时候，学会分析例子比找例子更重要，好的例子一语中的。

虽然现在的研究提倡“小题大做”，但是在各种“小”问题研究达到一定规模之后，有必要从宏观着眼，对某一问题进行综合或者整体研究。这种研究方法也不失为一种尝试。笔者写完《科学》一文之后，在建构博士学位论文框架时这种大处着眼的方法论策略让笔者受益良多。除此之外，其他语体的文学性问题也值得探讨，就在《科学》即将完成之时，笔者看到了关于“第六届中国认知诗学高层论坛”的会讯，其中的一个会议议题即为“非文学文本的文学性问题”，这说明其他各种语体中体现的文学性问题也值得探讨。况且，通过各语体中文学性的透彻分析，可以把握文学性在各种语体中的表现，反观以及对比文学中的文学性问题，这种曲线救国的方式也不失为一种研究良策。

## 8.3 译例选取多用心

语料是获取新知的重要途径，但也是科学研究的难题之一。译例的收集，贵在平时的积累，需要保持对学术的敏感度，这样就不会对平时偶遇的例子视而不见、听而不闻，写作时也会从容一些。

### 8.3.1　有意寻例须明朗

有时写一篇文章，为了验证某一个道理，笔者会特意去书籍、期刊、语料库中寻找译例，这时目标明确，找例子的速度会比较快，但有时候也会久久难以遇见心仪的例子。对于书籍或者杂志中已经使用过的例子而言，如果分析角度不同，可以直接为我所用，或进行试译，如例 8.1。

【例 8.1】
Don't take the low-fat label as a license to eat.
原译：不能因为食品标明低脂肪，而敞开食用。
改译：别把标有“低脂肪”的标签看成是可“敞开食用”的许可证。
试译：别拿“脂肪低”标签当“敞开吃”标准。

写文章时如果能用找到的一手例子，文章就会更有说服力，避免了与其他学者使用同一例子的尴尬。专业杂志中的文章多与时俱进，尤其是科普类文章，原作也会使用一些文学性较强、当下流行的词汇，以增加文章的趣味性，具有一定的个性化和开放性特征，译者对此多加关注也会更好地再现原作的文学性。

《科学》一文中所用例子的另一个来源就是从《英语文摘》和英国《经济学人》（科技版）两本期刊中找到的例子，这样也增加了文中所用例子的“新”和“异”。笔者共搜集了 10 个例子，之后分别归类，总结翻译策略，选取最有说服力的一个，如例 8.2。

【例 8.2】
The American Association for the Advancement of Science: In the Beginning Was the Word.
译文：美国科学促进会：人之初，词为始。

选取译例的另一个渠道就是语料库。语料库作为公共资源，好用，不用担心例子的数量，可进行规律性总结。但是使用的人也多，如果分析的角度不够新颖，或者对例子分析的深度不够，那么从语料库中选取例子反而会失去其独特的优势。

### 8.3.2　无意撞例生妙笔

有意栽花花不发，无心插柳柳成行。写文章也是这样，有时为了找到一个非常心仪的例子，需苦苦追寻，而有时又会偶遇到一个特别心动的例子。读杂志、看电视可能就会带来这种运气，遇到这种情况，我们会情不自禁地窃喜，这也算为枯燥的学术增添一缕乐趣吧！要知道，这种惊喜并不常见。

许多经典的科普读物，从书名到文字、结构或者是作者别具匠心、独特构思出来的，或者是受文学作品影响。如笔者在看中央电视台某节目而意外得到的一个例子，史蒂芬·霍金《果壳中的宇宙》（*The Universe in a Nutshell*）一书书名中的“果壳”取自莎士比亚《哈姆雷特》的台词：“我即使被关在果壳之中，仍自以为无限空间之王。”科普著作文字优美，为了使科学内容深入浅出，提升语言的表达效果，吸引读者的阅读兴趣，使科学变为大众的知识，其中不乏生动的描写、风趣的幽默以及修辞的运用。

此外，还有电影的字幕，目前的一些流行音乐的翻译者多为年轻人，用词新颖，充分融合了年轻一代的语言时尚，这是保证用例新颖重要的一点，也有利于了解当代译者的风格。还有一些经典歌曲的翻译。歌词通过音乐以及诗歌的语言共同表现一定的思想内容，创造形象。最早的诗歌就是歌词，所以，歌词翻译也可以作为翻译研究中的一种语料。

### 8.3.3 换语换貌不离宗

写翻译文章译例尤为重要，最常见的模式就是原文+译文对比格式，进而对其进行分析，以便解释或者证明某种翻译理论。有时可能还会从翻译例子中意外发现一些与现有翻译理论矛盾或者不相符的现象。

从“科学翻译”这一概念来看，其重点仍然是科学语言的准确性，但科学翻译也存在着“意美”“形美”“音美”的情况，有时在严肃的科学语体的背景下，其中显现出来的前景现象的陌生化效果十分明显，这时就需要例子大显身手来证明这一说法。

有时还需在阐述或者介绍某一理论后用例子来检验该理论的正确与否或者适用对象。如《科学》一文提出科学翻译中的具体几个小类，科普翻译的文学性最强，社科翻译次之，科技翻译最少，分别选取了科普翻译（例 8.1、例 8.2）、社科翻译（例 8.3）、科技翻译（例 8.4）的例子来比较证明该道理。

**【例 8.3】**

The obligation to “publish or perish” has come to rule over academic life.

译文：“不发表就消亡”的紧箍咒开始支配学术生活。

**【例 8.4】**

In matters of clever design, nature has often got there first.

译文：若论造化之妙，大自然往往捷足先登。

用例多少也值得关注，用例太多，通篇望去，满眼尽是例子，反而喧宾夺主；用例太少，某一道理尚未说清，好似还欠着火候。所以，例子的用量也要把握，用例是为了证明某一道理，达到效果即可。窃以为，某一理论用例 2～3 个足矣。此外，《中国科技翻译》所发文章的篇幅也基本不长，例少说明问题即可。

非通用语种用例发表文章受限已然成为一种共识，对译例进行语种转换也不失为一种可以变通的方法。如《科学》一文考虑到《中国科技翻译》期刊的主要读者是英语读者，而笔者专业为俄语，如果使用俄语例子，会对读者受众产生一定的限制，故选取的都是英语的例子，这就涉及非通用语种例子的转换问题，并且，非通用语种用例发文也存在一定难度，也存在译例转换问题。此外，用多语译例来说明一种译理，可以使得抽象的翻译理论更具有普适性。

## 旁观者清

做个清醒的研究者，就需时刻兼做旁观者，能入局，也能出局。但是当局者有劣势，旁观者也有优势。旁观者清，因清醒而介入，其看法会影响当局者，有时也会高于当局者。

事物如何异中求同出灵感？如何别开生面为创新？文体分类有绝然之分，也有模糊地带，后者如何处理会考验作者，如何面对，正是学问之所在。

如何在科学翻译中寻找文学性，就是作者所选的很好视角。作者是俄语专业出身，如何利用第二外语做到双语用例写作，也为小语种学者提供了范例。

作者在撰文与期刊之间总结出两条发表之路：一是量体裁衣，据自己的文章觅得宜投的期刊；二是据衣塑身，据期刊要求应征撰文。作者此次选定的是第二种，瞄准《中国科技翻译》的科技领域，结合自己有关“文学性”翻译研究的博士学位论文《汉译文学性研究》写科技翻译的文学性问题。该文的写作与作者的博士学位论文既相关又不相关，属于旁逸斜出型。

当局者若清，旁观者则需更清。身为旁观者，能理智地调整、转向，不一根筋。跳出文章的棋局，从一旁反思自己，或更能了解自身，了解环境，了解他人，更正自己，修改文章。写文章立意在先，列纲在后，“纲”是“意”的具体化产物。从事实或理论中立意，找到可做的选题及其内容，再严格按照学术论文的程序训练，这是学术的童子功。论文要出新意，新意不仅渗入具体的内容，最好是呈现为大标题和下级标题，各级标题既是全文的纲，更是新意的纲！标题忌用教科书式的，换言之，忌用普通的术语做标题。

旁观者清，能理性俯瞰文章走势！旁观者身处文外，关乎利益不大，看文更客观，判断或会更准确！该文透出一种经验——观点如何鲜明，鲜明的特点之一是：与参照系的对比度越大就越鲜明。如文所述，作者最先提出的是“科学翻译的可读性”，笔者则建议不如将其进一步提升，扩大到概念“文学性”，即将“科学”与“文学”同入一题，能产生较强的对比感。

另一条经验是：题目的收放如何自如巧配。科学翻译的文学性是个大题，完全可以另做一篇博士学位论文，可是如何在一篇几千字的短文中说清？就只能自我瘦身了，作者在讨论之后决定用“简析”界定，便张弛有度了。不妨透露一个小秘密：标题用语“论”“研究”“简析”之类请看商务印书馆出版的《标题用语词典》（2007 年），这是一部被学人忽视的工具书。

文中还暗示：平时用心搜例，关注事实与实践。千万别“例”到用时方恨少，否则就是转引他人之例过多，用例不新无趣——这也是有些文章难以出新、俗不可耐的原因之一。

# 学科交叉类例话

# 第 9 章　跨界融合出思想*

**疑点 · 重点 · 难点 · 焦点 · 突破点**

1. 如何从教学中抓选题?
2. 跨学科时如何夯实在所跨领域的基础?
3. 如何跨学科选取投稿刊物?
4. 如何让史学研究具有现实附加值?
5. 如何逐步缩小研究范围，落定研究视角?
6. 如何选取独特视角串联零散史料，由史转论?
7. 如何充分运用前期研究基础?
8. 如何让同批学术材料分头产出?
9. 如何查读和运用中外相关文献?
10. 如何厘定文章核心概念?
11. 如何运用电子资源进行相关统计?
12. 如何在修改稿中补充重要信息?
13. 如何根据编辑要求选择修改点?
14. 如何在修改过程中让语言精练连贯?
15. 如何在研究中触摸前沿与坚守阵地并举?

拙文《14—17 世纪英国〈圣经〉翻译的世俗化》（以下简称《世俗化》）发表在《世界宗教研究》[①]，该杂志是由中国社会科学院世界宗教研究所主办的宗教学权威期刊。回首论文写作和修改过程，有几点可与大家分享。

---

* 作者简介：苏艳（1975—），女，华中师范大学外国语学院翻译与传播研究中心教授、博士研究生导师，主要研究方向：翻译史、典籍翻译与文学翻译。

① 苏艳. 14—17 世纪英国《圣经》翻译的世俗化[J]. 世界宗教研究, 2017, （3）: 157-167.

## 9.1 教研相长酿选题

### 9.1.1 原本常教常新

教学与研究并举是高等学校教师工作的常态，这两者在时间分配上似乎存在冲突，有的同行常抱怨顾此失彼、难以兼顾。其实就笔者个人经历来看，教学与研究可以相长，帮助酝酿选题。2009 年笔者博士毕业后回到原单位，英语系当时正好开始给本科生开设希腊罗马神话和《圣经》课程，作为学生了解西方文化的入门课，笔者的博士学位论文正好是从神话—原型视角研究文学翻译理论。在几年备课和教学过程中，笔者仔细阅读了好几遍《圣经》，有了较好的文本阅读基础，课程内容也有意识地纳入了一些《圣经》翻译史的片段和翻译要点（如环形结构的再现等），由此笔者开始关注《圣经》翻译史。然而，国内《圣经》研究成果主要见于两个领域，分别以梁工教授的《圣经》叙事文学研究和任东升、傅敬民教授的《圣经》中译本研究为代表，英译本《圣经》研究少见，这是一块值得大力发掘的新园地。当确定将《圣经》英译史作为研究课题时，笔者平时相关教学实践便成为可资利用的前期积淀。

文本常教常新，亮点越思越明，具备明确的研究意识之后，笔者每教一轮课程对原本都会有不同的阅读感受和新的文本发现，哪怕是一个不起眼的措辞都会吸引笔者与其他译本中的对应用词做对比。比如《创世纪》39 章中埃及人波提乏的身份，希伯来语原本用的词是 saris（太监），在 14～17 世纪不同英译本中有不同的用词，但整体上都赋予其阳刚之气，偏离原本意义。这种语义变化之后的动机值得思考，该词的翻译成为行文的具体论据之一。将这些有趣的细节纳入教学环节，无疑也会丰富教学内容，增加课堂的趣味性。

### 9.1.2 立足前期基础

学术研究的每个阶段可以组合成一个前后连贯的整体，尽管中间可能由于各种原因研究者发生兴趣和重点的转移，但是研究素材可以共享，研究方法可以延续，研究成果可以拓展提升。《世俗化》的写作以博士学位论文为基础，以博士后研究来推进。笔者攻读博士学位期间接受了较严格的典籍翻译研究的理论训练，学位论文后来选择从神话—原型理论视角重新探讨文学翻译的基本理论①，

① 苏艳. 回望失落的精神家园：神话—原型视阈中的文学翻译研究[M]. 武汉：华中师范大学出版社，2014.

如文学翻译的可译性、性质和功能等问题，论述过程中曾多次引用西方《圣经》翻译为例。论文以加拿大文论家弗莱的“后视批评法”为基础，建立了一个文学翻译的“后视批评法”，侧重对文学经典深层哲学、隐喻义和原型意象系统再造效果的评价。笔者发表的好几篇翻译研究类论文的原本均是具有神话—原型要素的经典作品，也贯穿了文学经典翻译的“后视批评法”，如《西游记》的余国藩译本研究、《荒原》的中文译本研究，而《圣经》英译本研究延续了这一研究兴趣。笔者的博士后阶段研究课题聚焦西方翻译传统中的集体自恋情结，集体自恋与反集体自恋是西方翻译传统的思想核心与演进动力，译者的自恋与其文化身份息息相关，译者的文化身份主要包括性别、种族、阶层及信仰四个要素，因此笔者的出站报告将研究落实在西方译者和翻译研究者四种典型的集体自恋类型，即性别自恋、种族自恋、精英主义和教权主义。西方教权主义实质上是一种宗教精英主义，在西方世界，《圣经》翻译和中国的佛经翻译一样，在人类的精神历程中是浓墨重彩的一笔，自然是西方翻译史研究不可回避的重要章节。因此，对《圣经》翻译史的研究具有重要学术价值，值得进入。

此外，笔者目前的研究课题与晚清中国翻译界的国民性重塑相关，涉及对国民性的批判和自主性的塑造。西方一批西方中心论者将奴隶性描述为中国国民的内在属性，这一观点（是否失之偏颇姑且不论）也被清末民初一批致力于国民性改造的学者和思想家接受。然而通过对《圣经》翻译史的研究笔者认识到，西方人也曾有很长一段时期精神上失去独立自主性，只有在进入文艺复兴和宗教改革之后，西方才拉开现代性的帷幕，《圣经》民族语译本的产生和传播过程也是西方人由“上帝的选民”转向现代民族国家公民的历程。因此奴隶性（即精神上的依附性）在世界范围内具有普遍性和历史性。这个例证再次说明，许多看似无关的研究之间其实是可以通过某种视角关联起来的，任何以前的研究对于目前的研究都不会是浪费。

## 9.2 译史研读固基础

### 9.2.1 通读基督教史

前期研究可奠定基础，还需后面译史研读稳固基础。确定研究《圣经》翻译史后，新的问题便出现了。《圣经》翻译历史悠久，涉及的历史阶段、国家、语言和译者众多，必须缩小研究范围。鉴于自己学的是英语，因此掌握英译本语言上没有问题。在历史阶段上，笔者选择了欧洲思想领域交锋最为激烈的

14～17 世纪，因为这一时期西方思想史中最重要的元素纷纷登场——文艺复兴弘扬人文主义，宗教改革倡导因信称义，启蒙运动推崇理性，相继挑战天主教神学体系。这些思潮陆续传入英国，催生了《圣经》英译本。框定这一阶段，场景应该是很精彩的。

笔者在读博士时，导师要求学生博览群书，文史哲兼读并打通，因此其间笔者阅读了大量西方思想史专著，对进入西方《圣经》研究领域可谓小有基础。但是为了梳理整个思想脉络，返回历史场景，并使行文表达更为专业，笔者确定选题之后开始通读基督教史。这个过程扫除了知识盲点，对研究涉及的历史背景掌握更全面，对术语和重要命题的理解更加专业。跨学科研究相比本学科研究需要付出更多心力，因为研究者需要快速高效地补课，夯实自己在加盟学科的基础，否则一不小心说出外行的话论文就“破功”了！

### 9.2.2 查用中外文献

查读文献是研究进入实质阶段的第一步，这个过程需要下笨功夫，有时候所花费的时间和工作量远远超过预估。笔者主要通过以下几条传统途径检索关键词查找资料：在学校图书馆查阅中外书籍；在中国知网寻找中文学术论文；在 JSTOR 数据库寻找英文论文；通过中外几大搜索引擎查找。此外，还有几条途径容易被忽略（尤其对于跨学科研究）：通过阅读过的论文提供的参考书目按图索骥寻找资料；参加学术会议获取资料信息；请教相关领域学者获取重要文献。其实，在论文完成之后，笔者才发现尚有一些外文数据库当时没有充分运用，比如 Springer 等，这些遗憾只有留待后续研究中弥补了。笔者动笔前搜集到的中外资料繁多，包括英语论文和书评 150 余篇，中外文专著 20 余册，如赵林、邓守成的《启蒙与世俗化：东西方现代化历程》，谭载喜的《西方翻译简史（增订版）》，Naomi Tadmor 的 *The Social Universe of the English Bible: Scripture, Society, and Culture in Early Modern England*，Bruce Manning Metzger 的 *The Bible in Translation: Ancient and English Versions*，Mary Dove 的 *The First English Bible: The Text and Context of the Wycliffite Versions* 等。笔者首先摘录与选题相关的部分，剔除无关部分，以突出重点。面对这么多文献，需要高强度阅读和高效吸收，甚至要将英文文献中重要的段落和语句翻译成中文，这些译文若能最终纳入论文写作当然更好，如不能，也可为后续研究积攒资料。尽可能对中外文献资料进行分类整理，在这一过程中，写作的思路会慢慢呈现，文章的架构基本可以确立起来。

因为论文做的是阶段性历史研究，涉及材料繁多，而且以英文文献为主，阅读和整理文献的过程相当耗费时力，所以笔者写《世俗化》与《〈圣经〉翻译中的教权主义》两篇文章时前后花费了三年时间。罗马城建成，非一日之功，一分耕耘一分收获，最终两篇文章都获编辑垂青，前期的辛劳保证了研究的品质，是值得的！

## 9.3 视角渐现终跨界

### 9.3.1 追踪宗教近况

研究历史不能一味扎入故纸堆，历史研究要与对现实问题的思考结合起来才能最终全面呈现其价值。研究《圣经》翻译史如能和当前基督教世界热议的话题结合起来，被学术界关注、被评审专家和期刊接受的可能性会更大。通过阅读英文学术资料以及浏览网络信息，笔者发现世俗化是目前西方宗教界热议的一个话题，有的教会人士和学者承认当前基督教存在世俗化的倾向，有的则极力否认。笔者论文修改期间正好在英国曼彻斯特大学访学，曾和当地英国人聊过基督教世俗化的问题，他们承认现在去教堂的人的确比以前减少，但是宗教信仰仍然与他们的精神起源和精神滋养息息相关。因此选择世俗化为研究视角不仅切中了《圣经》翻译史的要点，而且具有不言而喻的现实附加值。

### 9.3.2 落定世俗进程

翻译史研究不是简单地罗列史实，而是要通过一条连贯的线索将这些碎片黏合起来，由此展现历史的一个层面和维度，能否将这些碎片牢固黏合为一个整体则取决于视角的敏锐度。初步的文本阅读让笔者确信，英译本《圣经》的世俗化交织着各种权力争夺，是新兴社会阶层反教权主义的重要手段和英国近代化的重要组成部分，因此最终决定选取争议较大的世俗化问题作为研究视角，并将世俗化分为建制世俗化和智识世俗化两个方面。在译史勾沉过程中，笔者最后跨越翻译和宗教两界，力图实现两者的融合。相信这一研究对宗教翻译史、典籍翻译、翻译社会学研究等都具有学术价值，跨界研究无疑也会扩大投稿的渠道。

## 9.4 细思精雕屡修改

### 9.4.1 行文史论结合

研究历史的文章稍不留意可能就迷失在零散的史料堆积中，缺乏对史料的深度剖析、解读和提炼，因此做翻译史研究应该拉通史料，串联思想，做到有史有论。笔者在阅读文献过程中，整理了诸多史料，列出了 14～17 世纪英国《圣经》世俗化历程中的 10 个代表性译本，分别提供了每个译本的译者或修订者姓名、所依据的原本，并描述了各自的地位和特征，以表格形式呈现，一目了然，而这项工作之前学术界较少关注。在整理文献过程中，笔者将搜集到的零散史料以世俗化为尺度挑选出来，然后用译什么、谁来译、怎么译、为何译这四条线分别串联起来，逐步归纳出 14～17 世纪英译本《圣经》世俗化呈现出的六个维度：回归原本，强调字面义；质疑教士翻译资质；彰显人的自主权，倡导世俗生活；提倡民族语译本；拥护王权；展现英国本土社会生活。这六点成为论文的基础框架，实现了论文由史到论并史论结合。

### 9.4.2　开篇厘定概念

论文写作如果围绕一个核心概念展开，尤其是普通读者不太熟悉或者学术界存在理解分歧的概念，术语的界定显得尤为重要。概念界定可以引用学术界比较权威的定义，也可以在自己的研究成果基础上重新定义，新术语和新命名本身就是建构新思想的表现。《世俗化》一文开门见山就对世俗化进行了界定："世俗化指近代化之后宗教的社会和文化意义弱化，宗教逐渐成为私人事务，在公共领域被去政治化的历史过程。"[①]这是笔者在广泛阅读相关文献基础上加入自己的要点理解而提出的一个定义，为方便有兴趣的读者进一步研究，脚注中提供了有关"世俗化"研究的主要参考书目。同样地，在写关于教权主义的文章中，笔者一开始就引用了 *The Oxford Encyclopedia of the Modern World: 1750 to the Present* 一书对教权主义的定义："在宗教领袖或教义的影响或指导下创立政府政体，或按照宗教方式建立社会或政治组织。"[②]开篇将概念界定清晰可以避免论述和阅读过程中的一些误解。

### 9.4.3　修改精益求精

论文被杂志接受之后，按照编辑部的意见，笔者主要从以下几个方面做了修改。

第一，核对引文与出处。这是出版与发表成果最基本的要求，务必做到百分百准确无误。

---

① 苏艳. 14—17 世纪英国《圣经》翻译的世俗化[J]. 世界宗教研究, 2017, （3）: 157-167.

② 苏艳. 《圣经》翻译中的教权主义[J]. 世界宗教文化, 2018, （4）: 136-140.

第二，修改语言表达以求更简洁、通顺、连贯。做到这三点可以方便读者“悦”览，这点无论是在论文各个评审环节还是对发表之后的传播和学术影响都非常关键。试想有谁会接纳一篇佶屈聱牙、逻辑混乱的文章呢？例如：

【例 9.1】

原稿：受此影响，新教译者转向以希伯来语《旧约》和希腊语《新约》为原本，以《圣经》权威取代教皇权威。新教改革者视《圣经》为上帝启示的唯一源泉，鼓励阅读直译本，而不以《拉丁文圣经》为标准原本。

改稿：与此相应，新教译者转向以希伯来语《旧约》和希腊语《新约》而非《拉丁文圣经》为标准原本，鼓励教民阅读直译本，视《圣经》为上帝启示的唯一源泉，以《圣经》权威取代教皇权威。

【例 9.2】

原稿：从历史延续性看，这些特征在中世纪晚期随着欧洲经济、政治和社会状况的逐步变化就已开始萌芽。英国资本主义经济的初步发展培养了新兴市民阶层。

改稿：从历史延续性看，这些特征在中世纪晚期随着欧洲经济、政治和社会状况的逐步变化就已萌芽。这一时期英国资本主义经济初步发展，培养了新兴市民阶层。

【例 9.3】

原稿：为彰显人的主体权，廷代尔还强调反身性（reflexivity）。随着理性和主体意识的觉醒，人类开始视自身为建构知识的主体和自我研究的对象。

改稿：为彰显人的主体权，廷代尔还强调反身性（reflexivity），由此传递的信息是人类随着理性和主体意识的觉醒，开始视自身为建构知识的主体和自我研究的对象。

以上三例修改之后表达稍微简洁了一些，前后衔接更连贯顺畅，过渡较自然。阅读论文是比较费脑力的活动，作者应尽量减轻读者的理解负担。

第三，对某些引文做了精简与阐释。引用并不能代替论证，因此笔者修改时将几处较长的直接引用改为观点的精要总结，并加上了个人阐释。例如：

【例 9.4】

原稿：威克里夫批评教会背离职分，“僧侣更关注现世统治和自己制造的人类传统，而非传播上帝律法，而这才是《圣经》的全部”。

改稿：威克里夫批评教会更关注现世统治而非传播上帝律法。

【例 9.5】

原稿：“启蒙运动的理性主义就是工具理性战胜思辨理性的世俗化思潮。……启蒙运动是一场思想革命，它所引起的社会革命对人类文明的积极意义在于推翻了过时的、落后的神圣价值观的传统，创立了适合工业化生产力和现代世俗社会的现代主义传统。”

改稿：“启蒙运动的理性主义就是工具理性战胜思辨理性的世俗化思潮。”换而言之，启蒙运动冲击了长期垄断西方意识形态的神圣价值观，引发了现代社会世俗生活领域的变革。

【例 9.6】

原稿：“也许这种潜在的内涵是新生的新教意识形态的一部分，更重视婚姻，而禁戒和童贞

> 没那么值钱。”
>
> 改稿：廷代尔以 love 包容进夫妻间的情感，突破了教会倡导的禁欲主义，表现出新教对于世俗情爱与婚姻的重视。

第四，补充了几个重要书目。比如在关于“世俗化”概念相关研究的脚注中增加了《宗教社会学》①一书。这本书是投稿之后进一步研究过程中找到的新文献，将其补充进去既是对国内这一领域优秀学者成果的承认和尊重，又可为读者后续研究提供信息。

第五，核对并补充文中的史实与数据。现在是网络时代，《圣经》的多个英文译本可以在网上找到电子版，人们可以方便快速地查找到某个单词的精确位置，并统计其在全译本中的使用次数。运用这一便利，修改稿有几处补充或修正了相关数据，使论据更翔实完整，比如补充信息有：《提摩太前书》3 章第 1 节使用了 the office of a bishop，《提摩太前书》4 章第 22 节增加了希腊语原文中没有的某段圣职授予的历史。又如据一本英文专著统计，《钦定本圣经》15 次将 saris 直译成 eunuch，而笔者在网上对译本电子版的统计显示，数量应为 17 次，该书对译本使用 chamberlain 的次数未做统计，而笔者统计结果显示为 13 处。这些补充的数据使得研究更加细致，观点更有说服力。

第六，依据阐释需要补充了几处内容。例如在引言部分加入“14—17 世纪在欧洲思想领域，文艺复兴弘扬人文主义，宗教改革倡导因信称义，启蒙运动推崇理性，相继挑战天主教神学体系，这些思潮陆续传入英国”②。这个句子是对当时欧洲整个思想背景的精要概括，为全文研究奠定了基调。又如加入“回归《圣经》原本和字面义实际上承认了平信徒独立接触和阐释上帝之言的可能性”②，言明前一句暗示的信息，也是对全段内容的总结。

## 9.5 发表之后诸总结

### 9.5.1 跨界柳暗花明

学术研究和投稿贵在坚持，修炼自强。由于核心期刊编辑部的稿源充足，供大于求，入围论文只能以选题和质量胜出。《世俗化》一文最初往外语类重要期刊投稿不顺，笔者当时非常沮丧。可转念一想：如果在外语界发表艰难，何不另辟蹊径，考虑往宗教学期刊投稿碰碰运气呢，宗教界说不定渴望听一听

① 孙尚扬. 宗教社会学[M]. 北京：北京大学出版社, 2001.

② 苏艳. 14—17 世纪英国《圣经》翻译的世俗化[J]. 世界宗教研究, 2017, （3）: 157-167.

来自外语界学者的声音呢，这时外语研究者的优势不就展现出来了？既然花费这么多心血才写成一篇文章，对其质量应当是有信心的，何不从最高级别的期刊开始碰运气呢？于是，笔者将首选目标锁定为《世界宗教研究》，查了该杂志往年发表的文章，发现接受过外语类院校的来稿，而且论文参考文献基本以英语文献为主，具有一定特色。《圣经》翻译研究牵涉的政治、宗教、历史问题较多，话题也具有一定敏感性，发表一般较难，研究者较少，尤其是外语本《圣经》，这时转换思路，调整策略，跨界探路，兴许能找到一条光明大道。结果证明这一选择是完全正确的，目前跨学科研究被大力倡导，来自不同学科领域的学者渴望了解其他领域学者新的思想、视角和观点，这对其自身学科的发展壮大十分重要。

### 9.5.2 遵从刊物行规

每个投稿者都需要遵从刊物行规，适度调整行文，方便了编辑也就是方便了自己，稿件就能更顺利、更快速地发表。就这次发表经历而言，笔者感受最深的行规就是刊物对文章篇幅的控制。许多学术期刊基本上都规定了稿件字数上限（实际上现在各级项目的申报书对字数也有严格要求），投稿者按照要求删减的过程多数情况下的确是挤掉水分，浓缩精华的过程。论文《世俗化》发表之后，笔者受到鼓舞，认为投稿找对了路子，遂将姊妹篇《〈圣经〉翻译中的教权主义》[①]投到中国社会科学院世界宗教研究所主办的另一个杂志《世界宗教文化》，也被采用。两篇文章一篇讲《圣经》翻译中教权主义的渗透，另一篇讲翻译界如何反教权主义，两者针尖对麦芒，学术资料可以共享，但分头产出。《世界宗教文化》对论文字数有严格限制，修改时笔者按照责任编辑的要求，将原稿字符数从 15 844 个减少到 11 961 个。自己呕心沥血写出的文章，字字视若珠玑，因此删减过程十分痛苦，着实有几分不舍，不过为了能够发表，笔者仍忍痛按照编辑要求删减了部分内容。其实登载出来之后再读文章，笔者发现它“瘦身”之后反而更秀丽动人。有时候一个用 100 个字表达出来的思想，其实用 80 个字也能充分表达出来，挤掉多余的水分，文章往往更加精炼，重点突出。

### 9.5.3 抢滩前沿阵地

论文发表只是一个阶段研究成果的总结，研究本身还需要持续向前推进，

① 苏艳.《圣经》翻译中的教权主义[J]. 世界宗教文化, 2018, （4）: 136-140.

在这一过程中既要坚守自己的学科基础和固定领域，又要敢于触摸前沿话题，探索和开拓新的领域，寻找别具一格的研究选题。学术研究切忌一窝蜂赶潮流，结果在拥挤的人群中非但没有占领前沿，反而荒废了原有的阵地，这是舍本逐末之举。就西方翻译研究目前可知的历史来看，神学翻译相对于文学翻译和实用翻译具有明显的先在性，因此宗教翻译研究往往成为翻译史研究的开篇章节，也是文化翻译研究的核心成分。宗教翻译史既是翻译研究领域的重要阵地之一，又因其博大精深的宗教思想与波澜壮阔的发展历程而蕴含许多亟待挖掘的前沿课题。英译本《圣经》研究是一个较难进入也不太受关注的领域，身处其中者可能会有寂寥感，但它就像一枝梅花，在清冷中散发着迷人的芬芳。

## 旁观者清

旁观者，相对超脱，首先得超：或能力上超，比当局者强；或经验上超，掌握了为文之道；或时间上超，比当局者充裕；或空间上超，站得比当局者高。凡此种种，才可以脱得开，站得远，看得清，抓得准。旁观者仿佛掌控着北斗卫星导航系统或全球定位系统，告诉你方向；仿佛立于山巅而小众山，仿佛高空航拍而微万物。

如何扩大投稿渠道？如何跨界研究？作者的《世俗化》是宗教翻译研究的力作，是浸润着思想的研究。当时作者将《世俗化》投给外语界不顺，后来笔者建议改投宗教界比较合适，一是宗教界对翻译也感兴趣，二是宗教界能把握宗教问题。作者走出译学，进入宗教学，具体研究宗教翻译史。

跨学科，就是从 A 的立场和观点看 B，相当于是“旁观”，因从外观而有一定的客观性和批评的距离感，或有独到的见解。不同学科的理论与方法不同，即使共同研究同一对象，也会具有不同于对方学科的特点，优点自然洞见，抑或产生“偏见”。

教研双优是每位大学教师应追求的目标。以教促研，以研助教。教学能产生选题，研究能深化教学，真正可以做到教研相长，言从己出，不用满嘴掉书袋。有种说法，要想真懂一事，就把它讲一遍。不少人认为多年教同一内容，多是机械的重复，而在有心人，这则是难得的提升、锤炼与酿智的过程。每次上课的灵感、中外相关内容的爬梳等均可以深化所讲的内容，日积月累就成了大大小小的选题。正是基于课堂，基于中外文化比较，产生新的研究领域：国内一般研究《圣经》汉译，作者却瞄向了《圣经》英译，在国内少有涉及。作者巧妙地将教学与博士和博士后研究以及出站后的相关兴趣贯通起来，而又别开生面，另辟了新途，这是弥足珍贵的启迪。

作者有较为深厚的理论基础，选题之后仍进行了聚焦式阅读，这是产生新见而避常识或教科书式写作的良方。这番道理似乎人人皆知，当下却有不少人不愿投入时间。史料与理论双管齐下，确保了作者的跨界研究做到史论结合。有史无论则无魂，有论无史则无底。讨论《圣经》英译世俗化问题，用译什么、谁来译、怎么译、为何译四线贯穿，再从六个维度展示，翻译学问题与宗教学问题融合得天衣无缝。跨界有个范式转换问题，主要是术语与原理的转换。如宗教界向翻译界转换要将宗教术语与原理浅化，翻译界向宗教界转换要将翻译学术语与原理浅化，均要求深入浅出。这是跨界文章所应注意的。

《世俗化》还可总结两则经验：①无论跨界与否，都只发表思精语简的文章，尤其是当下。与其费时费力，不如逐渐长肉，胖子瘦身是苦，瘦子长胖是福。丰腴美可得一时，清丽美或许能靓一生。②书是读不完的，研究也是阶段性的，未充分利用的文献或数据库，可留作后用。

跨界其实也是一种旁观，跨界旁观重超越，重切入，重渗透，产生双界都耳目一新的思想。

# 第 10 章　思路融合新模式*

**疑点·重点·难点·焦点·突破点**

1. 如何树立问题意识?
2. 如何进行学术思考?
3. 如何创建研究构想?
4. 如何构建研究框架?
5. 如何培养研究的直觉?
6. 如何充分利用先在知识?
7. 如何进行持续性学术研究?
8. 如何让经典理论焕发光芒?
9. 如何达到文理思路有机结合?
10. 如何进行翻译的跨学科研究?
11. 如何进行翻译研究模式创新?
12. 如何打破翻译研究的思维窠臼?
13. 如何启发学生进行发散性思维?
14. 如何对研究问题进行尝试性解释?
15. 如何从量变到质变促发研究灵感?
16. 如何从寻常语言现象发现研究思路?

笔者与学生陈长亮合作撰写的翻译研究论文《语义含量与译值熵的关系研究》①（以下简称《语义含量》）是笔者数年来对具体学术问题不断思考的升华，是翻译研究与量化研究相结合的佳例，可谓文理结合、模式创新孕育出

---

* 作者简介：车明明（1965—），女，硕士，西安理工大学人文与外国语学院副教授、硕士研究生导师，主要研究方向：翻译理论与实践。

① 车明明，陈长亮. 语义含量与译值熵的关系研究[J]. 外国语, 2018, （4）: 76-85.

来的优秀成果。

陈长亮是笔者2015级的翻译硕士（Master of Translation and Interpreting, MTI）研究生，本科学习背景为机械专业，笔者是数学基础甚微的外语教师，主讲课程为“大学英语”和硕士研究生“文体与翻译”，学科研究方向为翻译理论与实践。普通文科老师加上理工科学生的思维，打造出了较为突出的研究成果，这不仅是幸运的，同时也是难能可贵的。如何使得该研究的成功模式为具有同样学术背景的研究者起到示范作用，这是值得研究的问题。

“方法论”是人们认识世界、改造世界的根本方法，人们用什么样的方法或方式来观察事物和处理问题有时会直接决定问题解决的结果。笔者认为，对于普通研究者，科学的方法论研究不仅有助于促发高质量的研究成果，还能起到事半功倍的作用。故而，在做研究之前，研究者很有必要基于方法论角度对研究方法进行思考，此所谓“磨刀不误砍柴工”。本章拟通过“孜孜揣度图构建”和“方法综合可借鉴”两个板块对该研究框架的构建和研究方法的锐意图新方面进行剖析，以期为相关研究者提供一定的方法论指导。

## 10.1 孜孜揣度图构建

### 10.1.1 长期思考莫停断

一个有价值的研究框架不是随意产生的，拙文《语义含量》的研究框架便源自长期的学术思考。学术思考包括研究者的“问题意识”和“对问题的尝试性解释”两个方面。

首先，问题意识是学术或科学研究的起点。21世纪伊始，随着互联网的普及，网络用语以不可阻挡的势头涌入人们的生活。网络用语“虽植根于传统语言，但较之以规范的语言系统，二者判若云泥，体现出明显有别于以往的语言特征”①，比如网络用语“杯具”（悲剧）就“摆脱了原有词义的绝望情调，取而代之以玩笑趣味，引起网民的强烈共鸣”①。网络用语让笔者感到新鲜无比，继而对诸如“杯具”（悲剧）、“洗具”（喜剧）、“餐具”（惨剧）、“牙具”（哑剧）等词汇之间的关系和产生机制产生兴趣。通过思考，笔者基于文体学思维，将网络用语看作语言的一种“变异”（deviation），然后借助语用学概念“模因”（meme）来解释其产生机制并研究其语言发展规律。有关该

---

① 车明明，杨茜. 强势模因对网络“锐词”变异的阐释力[J]. 江南大学学报（人文社会科学版），2011,（1）: 120-124.

主题的研究以题为《强势模因对网络“锐词”变异的阐释力》的论文发表在《江南大学学报（人文社会科学版）》2011 年第 1 期。由于翻译理论与实践是笔者的学科研究方向，对网络用语的翻译自然而然随之成了笔者的研究兴趣。自此，诸如“剩女”“任性”“人艰不拆”“一切都是浮云”等网络用语的翻译一直是萦在笔者心头的主题。其间笔者培养过三四届硕士研究生，跟他们都探讨过网络用语的翻译，但始终没有找到合适的突破口，未能创立令人满意的理想研究框架。研究框架不令人满意的主要原因是缺乏思路的创新性，所有的研究都没有脱离思辨性思维的窠臼。在这个不断思索的过程中，笔者一直在寻找解决的思路，在尝试着解决该问题。因而，这便涉及研究框架创建的另一方面：对问题的尝试性解释。

其次，对问题的尝试性解释是找到解决方案的必由之路。在学术研究过程中，只有认识到问题的存在，即拥有问题意识之后，才会积极地寻找合宜的解决办法。而要找到有效的解决办法，必须借助于理论，因为理论是解决问题的工具。所以，对于研究者来说，各种理论的掌握和融会贯通是解决问题的先决条件。有了理论的武装，通过所收集的相关数据，便可尝试着做出某种初步的概括和构想，以便尽可能简要地对问题加以说明，或对预期的研究结果做出推测，这也就是所谓的假设或假说。假说的构想过程是一个“试误”（trial and error）的过程，需要反复试验，其中会有错误，甚至会碰到“死胡同”，然后才能找到合适的构想或假说。当形成了一定的假说，便可以着手进行论证、证实和运算等，以验证假说是否成立。

简言之，研究框架形成的两个环节就是首先在实践中发现问题，然后通过理论和实践的互动分析问题、解决问题。因此，在实践中应树立强烈的问题意识，并在广阔的理论视野支撑下将研究不断地向前推进。就《语义含量》来说，起初的构想就是在与陈长亮反复探讨和切磋的过程中产生的。笔者从翻译学、文体学、语言学等角度陈述该研究主题的研究现状，告诉他对此研究的诉求和意图，二人共同反复思虑、反复琢磨，目的在于以自然科学的概念和思维解释网络用语翻译的本质和规律。鉴于陈长亮的学习背景，笔者对该研究最主要的诉求就是充分利用他理工科的背景和知识，力促他用某种简明扼要的数学关系或者理科思维，构想出需要使用量化思维的框架来概括或表现网络用语翻译的本质。在此过程中，笔者鼓励陈长亮放飞思维，打破学科的束缚，大胆地进行尝试和假设。陈长亮属于“半路出家”的 MTI 学生，没有经过大学本科各种英语知识的系统学习，对翻译理论掌握也有限。或许因为如此，他才较少受到学科框框的束缚，反而更容易关注到活生生的语言现象和问题背后的本质。他以理工科学生敏锐的观察力，洞察到网络用语翻译的规律，继而提出了初步的大胆构想。

作为研究者，不管是在“怀揣问题”的环节，还是在“努力寻找解决问题途径”的阶段，都是一个长期思索的过程。为了取得研究成果，研究者应该是“如醉如痴，屡次慎独，多年冥思，数月苦想”[①]。从某种程度上来说，学者的灵魂一直处于思考的状态，用笛卡儿的话就是“我思故我在”。

### 10.1.2 灵感迸发一闪念

学者的思考要转化成有价值的研究框架还需要灵感的迸发，灵感的迸发则基于常识和直觉。

首先来说，常识实质上就是知识的积累。鉴于人认知的局限性和意识建构的反映过程，人不可能直接认识到客观世界的内容和规律。所以，没有所谓的“客观规律”在那里等着人去发现，而是在主客体相互作用的过程中，人们的思维和意识发展后才能创新和建构出逻辑内容和理论体系，而这种创新和建构是人的知识转化为理论体系的过程。因此，常识是建立在丰富的知识积累之上的，作为一个研究者，平时学术素养的习得至关重要，毕竟“不积跬步，无以至千里”。有了丰富的知识，方可利用已有知识来建构新框架。建构的方法就是转换视角，因为同一个客观事物，从不同的视角会观察到不同的结果。比如一个杯子，因为人眼睛和显微镜的分辨率的不同而被人的意识建构成了实体杯子、分子集合、原子集合等不同的认识内容，所以看待事物和研究事物的视角或者框架很重要。同理，语言学在探讨隐喻，文体学和修辞学也在探讨隐喻，但不同的框架体系会有不同的重心和着眼点，自然也会得出不同的结果。不同的已有知识或先在知识（prior knowledge）会促发研究者获得不同的灵感，故而常识的获得，亦即知识的积累，是灵感迸发的关键。

其次，直觉就是天分。直觉（洞察力）在科学研究中常常也起作用，科学史中充满了这样的例子。最为人知的莫过于 17 世纪物理学家与数学家牛顿的故事，牛顿看到苹果落地，好奇心油然而生，经过研究便创立了万有引力定律。然而，这并不是说一切都是凭好运气得来的，灵感的迸发是靠直觉或洞察力的，而直觉反过来也有赖于研究者知识的习得和累积。因而，归根结底，研究者的学养和知识积淀是研究框架灵感诞生的根本。《语义含量》构想的灵感就是不

① 黄忠廉，关秀娟等. 译学研究批判[M]. 北京：国防工业出版社，2013: 255.

断思考的结果。进校伊始，针对陈长亮的专业背景以及量化研究的诉求，笔者给他布置了研究任务，让他对这个问题进行思考。MTI 学生的学习阶段是三年，其中一年要进行翻译研究报告（毕业论文）的撰写，所以时间紧迫，笔者每周都给他安排两个课时的会面时间（office hours），共同探讨最新进展。其间有多个思维框架被否定，终于，在入校第一学期的第十二周，陈长亮提出了较为理想的初步构想。在接下来的几周时间，经过多次调整和探讨，最终形成了彼此满意的思维框架。可见，灵感的迸发一方面基于笔者对翻译研究的思维积累，另一方面源于陈长亮过去很多年的理工科学习过程。

如上所述，研究思路的诞生既要经过研究者长期的思考，也有赖于灵感的迸发。但只有拥有领悟力的人才会“幸运”地迸发出灵感，换言之，“好运气”是源于敏锐的直觉的，而这种敏锐的直觉则依靠丰富的知识积累和研究者平素深刻的学术思考。

## 10.2　方法综合可借鉴

以上探讨止于研究灵感的出现，解释了研究思路或构想形成的过程。只有研究构想不行，还需要有研究的具体框架。作为方法论的探讨，笔者对《语义含量》的具体思路进行分析和总结，以便提出较为普遍性的、可供其他研究者借鉴的方法。笔者认为，要取得高质量的人文社会科学研究成果，就研究方法来说有以下两点建议：从单一到多元、从经典到时新。

### 10.2.1　单一多元跨学科

19 世纪，法国实证主义（positivism）哲学家奥古斯特·孔德指出，数学是所有科学的皇后，最为严密完整，物理学已达到实证水平，生物学已进入形而上学阶段，而社会学则还处于神学阶段[①]。当今世界虽然早已不是孔德所处的时代，人文社会科学更是获得了空前的发展，但无论研究手段、研究方法还是研究成果水平，人文社会科学都滞后于自然科学。以我国的翻译研究为例，目前的翻译研究论文浩如烟海，但总体来说还是以思辨的方法为主，使用的是内省、想象、体验、直觉等非理性理念，研究方法单一，研究思路雷同，缺乏科学的数据考量。可喜的是，近来学界已逐渐呈现出翻译研究与其他学科联姻的态势，“如语言学、修辞学、哲学、美学、诗学、社会学、历史学、生态学、

① 奥古斯特·孔德论. 实证精神[M]. 黄建华译. 北京：商务印书馆, 1996.

编辑学，乃至阴阳、八卦、孙子兵法，等等，均与翻译研究产生了可喜的结合”，说明“翻译研究的跨学科态势已经形成，并正在走向成熟”①。然而，从学科类型来看，这些“跨学科”研究依然是人文社会科学之间的结合，没有从根本上脱离思辨性的本质。

量化研究旨在弥补质化研究的局限，是一种具有较高信度与效度的理性方法和工具。由于翻译研究的复杂性，尤其是人文社会科学背景下的研究者对自然科学思维的欠缺，因而研究者较少采用量化研究的科学方法对翻译进行研究。得益于研究者陈长亮的自然科学背景，《语义含量》依靠思辨性思维和科学化方法的融合，采用人文社会科学与物理、数学相结合的多元性质的框架，形成了从单一思辨性研究到文理结合多元化的研究模式，具有明显的创新性特征。之所以取得这项研究成果，就是因为我们认识到了人文社会科学与自然科学的本质不同，充分利用学生参与者的知识结构和思维资源，将人文科学的直观、思辨与自然科学的实验假说、数理演绎结合了起来，对翻译对象的本质和内在机制研究采用量化方式将其纳入数学模型。有鉴于此，不同背景的研究者通力合作，采用强强联合的战略，有利于最终构想出跨学科的研究框架。

对于 MTI 的导师来说有个优势，那就是，随着翻译在现实生活中的重要性日益增强，MTI 显示出越来越大的吸引力，MTI 研究生的来源已经不限于外语背景的毕业生，其他专业的学生对该专业也表现出浓厚的兴趣。以笔者所在的西安理工大学为例，2015 级招收的 24 名 MTI 研究生中有 3 名具有非英语专业背景。作为理工科院校，跨学科背景成为我校 MTI 招生的一个考虑因素，这极大地有利于导师进行跨学科研究。导师可以抓住契机，结合自己的研究兴趣，因势利导，指导研究生发挥自己的专业优势，在研究项目中起到研究方法跨界融合的作用，充分推动跨学科研究。对于硕士研究生或博士研究生导师来说，充分利用研究生们的学科背景，是取得研究成果的有利条件。退一步说，即便没有专门的理工科学习背景的学生，导师也可以引导研究生进行科学思维训练，毕竟年轻人具有很强的学习能力。

在构思研究框架的过程中，要发挥学生作为研究者的发散性思维（divergent thinking），指导其基于学科思维和范畴，充分发挥想象力。只有任思想驰骋，才能构思出新颖的框架体系，当有了框架，离取得成果就不远了，创新性研究结果相对来说就会“水到渠成”，因为“只有想不到没有做不到”。英语中有谚云：“在游泳中学会游泳。”（To learn swimming by swimming.）借用该谚

① 王东风. 中国翻译研究的过去、现在与未来[J]. 外国语, 2014, （4）: 7-8.

语，可以推衍出类似的道理："在思考中完善思考。"（To perfect thinking by thinking.）那就是，对于研究方法的获取需要在不断的思考中加以完善，从而将思维落实到具体的方法，实现从思维到方法的飞跃。从思维到方法的转化，主要依赖于发散性的思维和科学方法的提炼和凝结，具有植根于学术的理论思维和"从单一到多元"的跨学科方法论背景。

### 10.2.2 经典时新质飞跃

经典理论具有久经考验的品质以及不可动摇的理论价值和阐释力，只要运用得当，便会绽放出光彩。大多数情况下，经典理论具有真理的品质，它阐明了某种道理，有其固有价值和存在的意义，散发着永恒的价值和魅力。若举一反三，将经典理论尝试着运用在不同的情形中，通过上文提到的"试误法"，往往可能找到新的价值。

让旧的理论焕发出时新性、现代性，这是对研究者思维和能力的考验。《语义含量》基于索绪尔语言学概念对翻译对象与翻译结果之间的关系进行定量研究，是在使用经典理论阐释新问题，是老路径和新内容的结合，体现了学术研究的与时俱进。在该研究框架内，旧理论与新内容的碰撞包括两个层面。

首先，索绪尔"能指"和"所指"概念的运用。笔者发现，网络用语汉语翻译成英语的过程中往往出现"一对多"的现象，即一个汉语词会有多个英文翻译，如网络用语"剩女"就有十多种翻译方法。"能指"与"所指"概念之间的线性特征和网络用语翻译"一对多"的本质具有内在联系。在翻译实践中，可将"能指"的线性特征通过对词句的横组合与词项的纵聚合方式运用到译文词句的构成和词项选择上，故该研究以索绪尔"能指"和"所指"的概念为肇始，将原语看作"所指"，将目的语看作"能指"，用以解释和分析原语内涵与翻译结果之间的线性关系。《语义含量》从网络用语翻译的现象联想到索绪尔关于语言的本质，实现了从现象到本质的跨越，经典理论和网络用语的翻译结合起来便具有现实意义。有了理论的支撑，接下来便可基于此理论背景，进一步研究翻译对象与翻译结果（即语义含量与译值熵）之间的关系。

其次，"熵"概念的运用。基于信息熵表示"信源整体不确定性的量"之本质，同时基于翻译结果的不确定性特征，文章参照"信息熵"的思路和计算公式得出了"译值熵"的计算方法。将物理学中"熵"的概念用于翻译研究当中，创建了翻译研究与定量研究相结合的成功模型，研究具有突出的学术创新性，使得翻译研究呈现科学化的思路和方法。综上，《语义含量》一方面基于索绪尔语言"能指"的线性特征，另一方面基于"熵"的概念，构建了创新性的研究模型。索绪尔的《普通语言学教程》是西方语言学的经典著作，是每个高校语言学课程的必修教材，是语言学学生必备的常识，“熵”的概念也由来已久，但和现实的研究主题结合起来，就产生了创新性意义，体现出研究的现代性。

常言道：生活中不是缺少美，而是缺少发现美的眼睛。若把“美”改成“研究模型”同样适用。因此，科学研究需要的是能够发现经典理论之价值的慧眼，然后将其与现代问题嫁接，也就是让“旧瓶装新酒”，因为有价值的研究并非一定要基于新理论，在科学研究方面“旧瓶可以装新酒”。对于经典理论要充分掌握其内涵和本质，这样才能将理论融会贯通地运用在自己的研究模型中，通过巧妙构思，达到完美结合，让理论为自己的研究服务。

“从经典到时新”是让经典理论焕发光彩的过程，需要研究者有扎实的理论基本功和较强的反思能力，反思的过程是进行学科理论和研究框架建构的过程。因此，理论知识和反思能力齐头并进，缺一不可。

## 10.3 文理兼备框架妙

### 10.3.1 文理思路巧融合

当今，人文社会科学不只依赖传统的思辨性思维，而是日益倚重科学化方法，科学的研究方法和研究模式往往会促成有价值的研究成果。一方面，人文社会科学借助自然科学的思维和手段，形成文理思路融合的跨学科研究方法；另一方面，人文社会科学不囿于单个研究者本身的学科背景，而是借助项目合作者的思维，进行不同学科的强强联合，形成创新性研究模式。概言之，文理思路融合和研究模式创新是人文社会科学取得卓著研究成果的关键。

### 10.3.2 研究模式求创新

从研究方法角度看，自然科学多采用以实证、说明为主导的理性方法；从研究手段角度看，自然科学通常使用实验手段，在人为控制条件下，使研究对象得到简化、纯化和强化，使对象的属性及其变化过程重复出现，从而观察和认识研究对象，达到客观统一的认识。比起人文社会科学较常使用的内省、想象、体验、直觉等非理性方法，自然科学的量化研究方法对发现事物本质具有显而易见的优越性。

然而，由于人文社会科学现象的复杂性，至今只有经济学、社会学等个别

社会科学门类采用数学方法作为辅助研究手段，翻译学科采用量化研究的学者并不多见。令人欣慰的是，近年来我国学界涌现出了为数不少的基于计量学的翻译研究论文①。这些研究成果新颖，发表载体高端，在翻译研究领域形成一股萌芽的势头。可见，翻译研究要创新，要取得有价值的成果，最好跟自然科学联姻，让研究呈现科学化的框架，实现多元化的维度。

笔者不揣谫陋，以拙文《语义含量》为例，对笔者研究思维形成及研究模式创新的过程进行了总结和反思。本章表明，要取得卓著的研究成果，除了研究者经年的知识累积以外，正确的研究方法是取得成功不可忽略的因素。本章就如何取得高质量的量化研究成果进行了条分缕析的探讨，所提到的研究思路和方法具有一定的可操作性，若能对像笔者同样背景的研究者起到抛砖引玉的目的，足矣。

## 旁观者清

信人疑己者庸：有人过于信奉“当局者迷，旁观者清”，于是处处信人疑己，将脑袋移至他人肩上。疑人信己者愚：有人过于信奉“只有自己最了解自己”，于是常常疑人信己，闭目塞听，刚愎自用。

如何与人合作？如何跨界合作？《语义含量》是典型的文理兼容、师生协同、教学相长的典范。导师出思想，在与学生的互动中完善思想体系构建，以求质化；学生出工具，在跟导师学习中发挥自己的理工特长，将导师的思想变为数据，以求量化。

现任导师仍有不少是苏联教育模式的产物。学习苏联，使我国丢失了原先的通才教育。文理分科过早，实用倒是实用，却导致文理在基础方面不能相通，大学培养专家，而非通才，学者因此而失去了许多研究的创新。作者充分张了导师之长，扬了学生之强，这也是 MTI 招生文理知识结合的一个范例。

当初作者微信咨询《语义含量》有无做的价值，笔者直接回复：非同寻常，赶紧做。记得文稿被《外国语》录用后作者无比欢喜的口吻。作者对自己的领域有把握，但仅有自信是不够的，还要善听多看。旁观者清，人无完人，吸收他人意见，可补己之不足，取其精华，弃其糟粕。因此，作者将自己的主意告知学生，而技术问题却是理工科出身的学生的基本功，于是作者大胆鼓励学生

① 相关论文如：黄忠廉，杨荣广．译学本体的术语厘定问题——以“原语”与“源语”为例[J]. 外国语, 2015,（5）: 74-81; 陈圣白．中国生态翻译学十五年文献计量研究[J]. 上海翻译, 2017,（5）: 6-10; 彭发胜．中国古诗英译文献篇目信息统计与分析[J]. 外国语, 2017, （5）: 44-56.

参与研究，尝试合作，知识互补，相得益彰。可见，只有信人信己者才是智者。要自信，才可信人。走好自己的路，才能学走别人的路，走别人未走之路。

此外，《语义含量》的选题来自生活，来自对网络语言的思考与对答案的孜孜追问。作者善于借理论来审视现象，同时借数据而提出假想，达到了思辨性思维和科学化的高度结合。可见：生活不缺选题，而缺发现选题的眼睛。常说的跨学科研究，可分为学科内跨与学科外跨，而真正文理相跨者不多。自己能跨则自跨，己所不能，则请人跨，不失为一条有效出路。

# 第 11 章　命题合著夯基础*

**疑点 · 重点 · 难点 · 焦点 · 突破点**

1. 如何筛选例子?
2. 如何深析译例?
3. 问题意识如何培养?
4. 何为命题论文? 有何作用?
5. 如何发掘自己文章的亮点?
6. 纲目对于写作者有多重要?
7. 纲目与正文成型的顺序是什么?
8. 从起意到成型，撰文过程知多少?
9. 跨学科撰文如何分主次? 如何体现专业化?
10. 人文社会科学论文中，图表有何注意事项?
11. 各级标题之间应该注意什么?
12. 细节决定成败，细节见于何处?
13. 学术心得或札记为何要重视?
14. 改文过程中，如何整理心得?
15. 面对文章的不足，应该抛弃重写还是力图挽救?

《舍词传曲：歌曲对外变译探幽——以〈一无所有〉汉英翻唱为例》①（以下简称《歌曲》）一文对笔者而言，具有里程碑式的意义，黄忠廉老师借助此文，从发现问题、生成纲目、产出文章、不断修改，到针对性投稿，通过一整

* 作者简介：张潇（1990—），广东外语外贸大学高级翻译学院博士研究生。主要研究方向：翻译学，翻译理论与实践。

① 黄忠廉，张潇. 舍词传曲：歌曲对外变译探幽——以《一无所有》汉英翻唱为例[J]. 翻译与传播，2020，（1）：91-107.

套的流程，让笔者逐渐体悟独立做研究、写文章的步骤及所需技能。刚拿到这篇半命题作文时，笔者虽接受过一定的学术训练，但对做研究、写论文的“章程”，尚未形成完整认识，科研论文撰写的方法论意识不足；对于何为问题意识、如何培养问题意识、如何解决问题等，也缺乏深入的思考；通过这篇文章的训练，笔者的问题意识、批判能力、独立思考解决问题的能力等，都有所提高，从中发现了更多今后可提升的空间。

## 11.1 余音绕梁 感受曲中“译”

为何说这是一篇“半命题作文”？因为笔者最初拿到的，只有一个歌曲链接，以及老师“能发现什么”的嘱咐，老师没有限制一个固定的框框让笔者作命题作文，也不是让笔者漫无目的地去撒网来发现问题。其实通过这篇文章的训练，笔者发现对于初接触研究的人来说，半命题作文是一个很好的训练方式。让学生在老师的带领下，先在一个划好范围的林子里学着打兔子，既能充分利用资源、发掘潜力，也有利于以小观大，学习以后在更大的森林里自己找到兔子再打。

当时拿到歌曲后，笔者首先明确这是可以写一篇译学方面的学术文章的材料。之前的学术训练中笔者已经明白学术文章的构成及文章如何层层论述思想这两点了，于是笔者开始找可能出思想，也是自己有感觉并且能够驾驭的选题。笔者先分析了一下手里有的这个材料，是歌曲，或许可以往多模态、美学方面思考，但还不够具体。为了避免受到其他文章的影响，也不想形成先入为主的观点，笔者决定在自己想出一两个明确的选题后，再去查看中国知网（其实现在想来这是对的，如果一开始就知道了这类文章可以怎么写，对于新手而言，易跟着别人亦步亦趋了；定了选题再看，就相当于做文献综述了，不仅仅了解关于这篇文章大家都写过了什么，也可以更有针对性地去筛选有用的文献）。

如何才能想到选题呢？不能先查看中国知网，而手头只有一个材料，那就只能尽可能细致地去分析它。笔者当时对着歌曲的中文原版和英文翻唱版反复听了大半天，记录下来能想到的只言片语，就像文本分析一样，从篇章、结构、思想感情、歌词，到韵律，尽可能罗列。然后分析所记录下来的内容。这种“沉浸式学习”除了让笔者在未刻意学这首歌的前提下就记住了其旋律，并不断在脑海中回想，更有助于体悟其中与译学相关的、可能把握的点，争取碰撞出些许火花。

即便研究领域已经缩小到译学，也有许多不同的切入点、研究方向、研究视角、研究方法。这一步的大原则是：先放后收，学会取舍。先发散思维，利用思维导图等工具，尽可能地在译学领域内想到可行的研究话题；然后逐个筛选，考察其研究价值、研究意义、可行性、创新性，选定切入角度。最后笔者决定从创译、改译的角度入手，分析这个作品汉英转换中蕴含的译学道理。对此类译例国内外研究者有不同意见：有的认为严格来说这不是“翻译”，而是“翻唱”，可以从传播学角度分析这首成功的翻唱可能给歌曲英译提供的参考，但是不能直接将其定性为翻译；但有的也直接将其视为广义的翻译，或者给出一个区间，表示是不同类型的翻译。在最初的定稿中，笔者没有注意到这点，或者说当局者迷，自己明白这点，文章开头未清晰指出该文的定位，可谓比较致命的问题了，因为这关乎全文立意是否够稳，所以最开始的投稿遇到了问题。后来笔者才发现并改正了这点。发现问题时，笔者首先分析问题是否可以解决，因为觉得正文的分析还是比较有理据的，所以并没有马上放弃，决定在切入视角这里补充一些说明，且改且前行。

这种分析方法，让笔者开始思考如何看待所谓的“问题意识”。译学研究离不开恰当的例子，为何同一个例子，对方能看出许多门道，自己却一个都看不出，或者说只能停留在浅显的层次？许多人可能会回答缺乏问题意识。那么何为问题意识？问题意识就是能够从日常点滴中随时联系自己的专业去把玩、琢磨其中有无存争议、待解决的实践或理论问题，并能不断吸收各相关领域的知识，完善自己对这个问题的看法。如何培养问题意识？功夫在平时，一要平时注重积累知识储备，二要注重理论与实践联系，多分析例子。

## 11.2　反复调整　改进纲与题

既然定好了题，那就开始写吧。不错，笔者最初也是这么想的，然后洋洋洒洒写出来近 3000 字，里面既有观点也有心得，交给了老师。老师的回复很快就来了（从这封回复开始，此文正式进入学术化路程中），提到笔者之前的心得有几个问题，比如学术规范不到位、研究问题不聚焦、各部分之间逻辑联系不充分、观点与提纲有待提炼。接下来的两稿，老师带领笔者从文纲并写转到纲目先行的路子上来。请一定要严肃对待纲目的重要作用！它不仅有助于清晰展现思路，还有助于有效调整文章结构，更可以减少做无用功。科研论文也像“八股文”一样，除了具有相对固定的结构，也需要经过悉心筹谋、精心布置，若不把各观点思虑好、安排好再动手展开，全文就像一盘散沙一样不够严密。

所以写文章，比较经济的方式是先列纲目（包含观点及小标题的提炼、结构的修改，可以列出关键的观点），据之成文，修改全文，投稿发出。

### 11.2.1 纲目百炼不厌

纲目的训练其实也是正文写作的一部分，不需要多做功。思考、修改、提炼纲目的同时，正文已经在脑海中腾挪多遍，有了清晰完整的纲目，正文只需要据此展开即可，是可以做到一气呵成的。大纲要先定，那么大纲定到何种程度？完善角度有哪些？大纲需至少细化到三级标题；做到文题相扣，题目与各级小标题结构紧凑、相互呼应；各级标题观点鲜明，不可笼统，表述简练，避免“熟即俗”；题目要有关键词。若跨学科成文，标题中要体现出所跨学科的特色。

请看《歌曲》一文几个关键节点的纲目变化（表 11.1）。

表 11.1 关键节点纲目对比

| 第 3 稿纲目 | 第 9 稿纲目 | 第 19 稿纲目 |
|---|---|---|
| 跨语际歌曲创译观<br><br>1. 歌曲创译之义——“音”与“译”的结合<br>1.1 跨语际歌曲创译<br>1.2 歌曲创译例析<br>1.2.1 音节<br>1.2.2 重音<br>1.2.3 韵律<br>1.2.4 节奏<br>1.2.5 格式<br>1.2.6 旋律<br>2. 歌曲创译之益——艺术美<br>2.1 形式和谐<br>2.2 意境深远<br>3. 歌曲创译之异——转换与文化<br>3.1 跨层次转换歌曲<br>3.2 跨语际传播文化 | 改译助音乐文化走出去——以《一无所有》外译为例<br><br>引言<br>1. 歌曲外译的意义、过程与对策<br>1.1 歌曲外译与音乐文化走出去<br>1.2 歌曲外译的过程<br>1.3 歌曲外译与改译<br>2. 个性：改译中曲式与旋律的留与变<br>2.1 曲式与旋律的宏观保留<br>2.2 曲式与旋律的中观改动<br>3. 共性：改译中填词的限制三因素<br>3.1 限制因素一：歌词音节数目<br>3.2 限制因素二：乐句音符数目<br>3.3 限制因素三：歌词韵律<br>3.4 小结<br>4. 结语 | 音乐文化输出“二层三观”改译论——以《一无所有》汉英变译为例<br><br>1. 引言<br>2. 歌曲改译之文化需求<br>2.1 歌曲改译助力文化外传<br>2.2 歌曲改译二层次<br>3. 改形：框架与组成之留与改<br>3.1 曲式与曲调的宏观保留<br>3.2 乐段与旋律的中观改动<br>4. 改意：歌词译填受限因素<br>4.1 原词音乐数限制译词长度<br>4.2 音符数限定音节数浮动范围<br>4.3 形式限制韵脚及字音选择范围<br>4.4 歌曲改译与全译对比简析<br>5. 结论 |

从第 3 稿到第 19 稿，纲目越来越清晰，也越来越体现出这篇文章本身的关注点。通过自己的体会及在各会议、论坛所得，笔者发现在最初的一两稿中，其实大家的想法都是差不多的，或者说呈现出来的纲目所包含的关键词都是差不多的。那么，如何从中提炼出自己的独特之处呢？这就需要结合各自的积累和搜集的例子了。首先，人们搜集的例子不可能都一样，那么每个例子其中的独特之处便不同。其次，各人的兴趣点不同，都是做译学研究，有人对语料库感兴趣，有人对实证感兴趣，有人对女性主义视角感兴趣，有人对传统译论感兴趣。每个人结合自己的兴趣点和相关知识积累，对各自手中的例子进行分析，所得相比也各有不同。所谓最初几稿的相似，是因为大家在做文本分析或语料分析时，基本都是从语篇、语段、语句等几方面入手，故而呈现“相似”的假象。一旦各人都庖丁解牛般对自己的例子层层深入之后，便要细细筛出自己例子的特点，然后归纳整合（如表 11.1 第 19 稿第 3、4 节标题），体现出亮点。

### 11.2.2　重视各级标题

从文章题目到一、二级小标题，其实它们不仅仅起到了导航的路标作用，更是将全文串联起来的脊柱。如果不看全文，通过各级标题，也应该能够把文章核心关键词和思想传递出来，如此才是好标题。而且，各级标题之间，也讲究前后呼应、上下衔接、逻辑自洽。例如表 11.1 第 9 稿 1.2，从全文来看，此节有些多余，放在这里并未起到不可或缺的作用，和前后的衔接不够紧密；再如第 3 稿 2.1 和 2.2，此处两个小标题虽然能够和上级标题呼应，但是和全文的呼应不够到位，当时列上也是为了求取形式对称，实则应该省去，或者缩减到第 1 节中，将 1.2 的 6 个小标题重新归纳、分类，作为文章重心。再以第 9 稿第 3 节各标题和第 19 稿第 4 节各标题对比分析，小标题字数有限，理应尽可能以最少的字传递出观点信息，让每个字都充分发挥作用，前者包含无法传递有效信息的若干字眼“限制因素”，后者就将其删除，把后边真正要突出的各点列为主语，并且将前者没有说到位的信息补充完整。虽然标题多为短语，但也分名词短语、动词短语等，虽然不可啰唆、冗余，也不能过简、表意不明。

### 11.2.3　标题命名要点

各级标题之间是层层递进的关系；上下级标题之间是包含关系；各级小标题和文章题目是分述和总说的关系，紧紧围绕文章标题中凸显出的研究问题来展开。所以起标题的时候，要体现出来这些关系。这次处理的方法是，对每段语言和逻辑修改之后，提炼出每小节的主要内容和关键词，小标题根据关键词补成动宾短语。

小标题如何简练鲜明、层层深入，且既体现跨学科特点又传递作者观点？要注意思想性表达的提炼与布局：表述语言要准确、学术化、有组织，不能口语化，不要有废话。一般顺序都是先说提炼出的理论思想，再结合具体例子阐述。要注意的是，标题简洁的同时，不能太简，让人看不明白，如笔者曾把表11.1第9稿第3节中的“限制三因素”在后面简化为“三限因”，后来发现“限因”这个缩略语并不常见，贸然使用，过于简化，表意就不清楚了。

## 11.3　众里寻他　破平淡立意

前面提过，做研究时，大家起初的想法多存在相似处，那如何求同存异，挖掘出自己文章的亮点呢？在完成《歌曲》一文时，笔者主要把握了两点：一是跨学科专业领域的体现，二是例子的透彻分析。

《歌曲》一文可以算是一篇音乐与译学结合、跨学科研究的文章，笔者在初期思考时，未意识到可将两个领域分开思考，结果便是哪个都提到了，哪个都不深入。归根结底，是因为问题意识不够突出，没有聚焦问题。所以A与B两个领域的结合，必有一个为主导，另一个为辅助，一篇论文就重点解决一个问题，能够把一个问题说得清楚明白，就很好了。若将两者平分秋色，会导致跨领域特色不突出、研究问题不聚焦的问题出现；若想在一篇文章里将两个领域都作为主导分别探讨，考虑到期刊文章的体量，又不现实，不妨拆为两篇文章，分别成文，“各美其美”。一个例子，可从不同方向做，形成系列研究。那么如何一个例子，两头开花，分别深挖：既不轻易否定一个想法，也不囿于某一固定领域思考？一个例子可由不同视角切入，得出的不同观点应分别成文，若混在一处则哪个观点都无法透彻论证。一个观点即主论点，需要围绕它进行层层深入的批判、论述，附上有说服力的论据；而不能止于观点的简单提出、个人主观想法的抒发。分流成文，学习如何同时思考两篇文章（这次没有很好地做到），各有侧重，选材、取点、理论背景、文献阅读等均有不同，既然分家，就要分清楚，不能似是而非。对于高手，还可以同时成文，不同思路之间互相促进。

综上，此类文章在成文前思考大纲时，可从以下方面进行考虑。不同领域是整合还是分开论述？是专一领域还是跨领域？是另辟蹊径还是沿前人成果深入？首先选择从哪个视角切入，可行性是否足够？要考虑各视角出发是否有研究价值，是否能得出概括性、应用性的结论。由于笔者的专业是译学研究，音乐只是兴趣爱好，所以文章选定译学研究为主，是从音乐入手进行的译学研究。

在选定 A 主 B 辅或者 B 主 A 辅的大方向后，在参考文献、术语表达方面，也需要注意时刻体现出作为辅助领域的专业性，不能让“跨学科”变成附会。

### 11.3.1　跨学科文献比例

若本学科为 A，所跨学科为 B，那么，A 领域的文献与 B 领域的文献之比大致为 1∶3 或者 3∶1。具体哪个领域文献占据上风，与所确定的问题及文章目标期刊定位相关。前一个因素前文已述，这里主要解释第二个因素：既然是跨学科成文，文章至少可投两个领域的期刊——本学科所属期刊及所选学科所属期刊；若为前者则本学科文章比例居多，若为后者则所跨学科文章比例居多。

### 11.3.2　他学科表述专业

要进行跨学科成文，就要选用所跨学科专业术语，并且用词要精准到位，不可只得其形不得其神。开始几稿中，大纲第 1 节小标题用词不准确，笔者认为歌曲翻译是“音与译的结合”，老师改为“曲与译的结合”或“曲与词的结合”。笔者把两个不同层次的词语做成并列成分，导致歧义，只搭出框架，未思考各部分逻辑联系。这一问题的出现是因为笔者只做了跨学科研究的表面工作，没有深入下去分析到本质，如果对写出来的新鲜术语进行进一步的思考，就能够有效减少这些现象。

### 11.3.3　本学科例析透彻

译学研究中，视角是尺子，理论是工具，例子是可以实打实把握的抓手。不可削足适履，即先定理论再选且只选符合既定观点的例子，忽视反例，如此只会陷入一种自循环的怪圈之中。可以从理论出发，观察例子，注意反例，但不在《歌曲》一文探讨范围内，故不展开。由于《歌曲》是半命题作文，例子已给，所以笔者要做的是立足例子，深入分析，总结出翻译策略、结合理论工具，试图概括出些许其中可反映出的翻译思想。在这一步中，最重要的是对例子分析到无法更加透彻的地步，力求人无我有、人有我精：都能看到的，争取看出不同；容易被忽视的，不能轻易放过。

译学研究本身就多出现理论与例子生硬结合及论述断层的“两张皮”现象，引入跨学科视角后，如何让其他学科的理论与译学研究相融不出现排斥反应？需围绕翻译行为这一本体研究扩充文章主体。对理论不只用，也不止于用，要反思、批判、发展。不同方向同时思考大纲，可以相互促进。对于理论，不能简单套用，做成 A 理论/视域/视角下的 B 研究；也不能将理论生硬地扣在某一具体例子中。基于事实，分析阐述，证明某一理论的合理性，若进而再对某一理论加以有理有据的推动，是理论拓展的较理想方式。

译学研究的基础是文本分析，找不到头绪无从下手时、问题分析遇到瓶颈时、思路深入不下去时，都应回到文本并从文本中找答案。发现了写心得的益处，不仅是记录所得，还能在梳理的过程中帮助自己跳出单篇文章，从宏观角度反思整个学习过程，总结出方法。文本分析是独立分析出“私”想的过程，暂时不要查文献资料，并做到观察充分、描写充分、解释充分。学术论文观察视角需要学术化，得聚焦问题和深化思考，并和当前需求联系，让文章能够跳出就事论事的限制，要以小见大，理论深度与现实价值兼具。理论不能只套用不发展，这样不利于出观点和思想；要发展就要结合具体文本深入分析。要多读多思，扩大知识储备。

译学研究离不开例子分析，例析不可仅陈述个人对例子的感性认识，而应遵循“理论+例子+评析”的模式，将感性认识上升到理性认识，辅之以引用理论话语进行佐证，然后将恰当的例子以合适的方式呈现出来，最后鞭辟入里地陈述观点。开头不直接开始例子分析（在成文的最初几稿中笔者出现了这个问题，在给出小标题之后，直接就是图表和简单的分析，让读者一头雾水），要善于从例析中升华理论思想，放在开头，并点明该节研究对象。好处是文章结构清晰简明，节省读者时间。例析要给出精加工的内容，不要堆积语言事实。例析内容的呈现要有读者意识，排版尽量美观宜读，比如把英汉对照做成左右两列的表格，或者再多缩进两个字符，图表尽量在一个版面内完整呈现，等等。在例子的数量方面，要遵循“少而精”的原则。若例子数量较多，选取更具代表性的典型例子，对重复性的例子或者和主题关联性较弱的例子，要利落地舍去。例析和图表一样，精加工之后再呈现，不要把原始材料堆在文中。看似详尽，实则杂乱，需要读者自行找出结论。不同的例子分析是为了适应不同的主题，不能用同样的要求写，有的需要特别详细，有的无法极尽详细，只需要说清楚。列表时，文章呈现的表格应为精加工后的表格，同时列出可讨论的对象。例析同样需要语言准确有逻辑，符合学术文章的要求。具体效果可见该文的刊发版本。

## 11.4 深入浅出 文道至于简

纲目定了，正文出来了，接下来，就是另一出重头戏——文不厌改了。无

论是写文章还是改文字，需要注意的点，都可以概括为“三简”：用简练的话概括复杂的事情；用简单的语句表述复杂的思想；用简明的图表传递繁复的条理。一遍遍改文，也是在一遍遍审视：逻辑是否够简明清晰？论述是否够深入浅出？语句是否够简洁到位？图表是否够简单明了？本节关注了图表和心得两个方面：人文社会科学类论文易忽视图表的形式；文章修改中向简而行的心路历程要随时记录，以供后用。

### 11.4.1　图表简洁

图表对于人文社会科学类多思辨、论述的文章来说，可起到四两拨千斤的显著作用，能够用最简洁的线条帮助梳理出清晰的思路，既方便作者接下来的解释论述，也方便读者理解之后的吸收记忆。再加上期刊文章版面有限，图表的字号、线条的显隐虚实，图题、表题和图表的位置关系等，都是易被忽视但会决定文章第一印象之成败的细节，需要作者平日悉心观察、细心总结。

### 11.4.2　心得简便

平时写文章、修改文章，除了意在发表，也要善于抓住无形的宝库——从一篇文章的立意之始，就要不断记录心得。本书中的多个章节，都是黄老师带着黄门弟子从平日的每一次训练中积累下来的心得汇总。心得记录可以算作论文发表的幕后功臣，其作用可能不会显示于当前文章，但可“泽被后文”，让人事半功倍。心得的内容、形式并不固定，只需要把握一个“简便”的总原则即可：内容简洁精辟、形式方便。心得记录本就是为作者本人所用，不必流于形式，不过为了更好地发挥其作用，一定的形式也是必要的，比如对比式心得，即不要只记录一篇文章形成过程中的大概印象，要结合每一稿，两两对比，首尾对比，从每一稿的改进、不足、存在的问题等依次总结。

多读多思多写，是科研人员的不二法门。尤其在学术训练初期阶段，与其浅尝辄止，匆匆写数篇类型不同、深度不足的文章，不如静下心来，好好选一个题，按照“三先三后”的修改层次，即先规范后结构，先立意后例析，先深度后广度，字斟句酌更洗练，把一篇文章改上十几或几十遍。不仅“书读百遍，其义自见”，文章也是越改越精，思路更清晰，叙述更得当，观点更明确。要做到这些学术规范，离不开长期训练，更离不开每次训练之后的归纳总结。这每一遍的修改，每一稿之间的对比，过后都要及时把区别、心得、感受记录下来，慢慢积淀自己的思想与发文技能。如此，便可通过细品一文会一类，“道”

"器"结合促学术。

## 旁观者清

硕士研究生如何培养问题意识？如何在博士期间进一步发现和培养批判精神？由硕士训练到博士训练，如何发现问题？由现象追问，可能是最好的问题催生途径。不妨引导学生接触现象，连蕴含问题的现象都发现不了时，不妨将现象直接给学生，引导他们从中观察、体悟、生发。

新奇比熟悉美，距离产生美，些许陌生会产生美。要赋予研究对象以美，需以适当的距离去看。树本身可能美，可其倒影更美。倒影隔着真实世界，是折射中的美。可见，跨界移植超越了一定的距离和空间，可能产生美！若要探求研究对象之美、之本质，也许拉开距离，纳入多元的观察视角，借助多科学的既有框架，审视研究对象，就能不断接近其本质。跨领域的学术研究，超越了本学科的范畴和框架，更有助于全面探索研究对象的本质，挖掘其美之所在。

结合学生的特长可做相应的文章，或是学科内的，或是跨学科的，借机训练其敏锐的观察力和问题意识。《歌曲》是跨音乐学和翻译学的文章，作者会弹琴，识乐谱，懂乐理，正可以做歌曲翻译方面的文章。研究一事物，先得了解其结构，不入虎穴，焉得虎子？不懂结构，何来功能？作者一上来并不急于查文献，而是将最原始的思路写下来，据已有知识充分观察和描写事实，从中看出点什么；再去查文献，以免被他人牵走。如此一步步地写下去，做到了中心突出，不会失去自我。

其实，如作者所言，初稿并不美，"只缘身在此山中"，也因一时的认知局限，难以从至善至美至真的角度去欣赏。但若推远一点整体看，可见优见劣，肯定否定易于分明，再扬长避短，就可以推进文章了。当年的痛苦，成了现在的美谈、趣谈，甚至是乐谈。如同陈年老酒，不再烈辣，只剩下纯淡。所以从事研究需要前瞻力，从未来回视当下，举重若轻，或能从战略上淡化当下研究的难度。

此外，文章不要讲"普通话"，就怕熟而俗，而要讲"方言"，起初讲一方之言，将来讲方家之言，这才有特色。因此，纲目如何从教科书式到私家式？如何化普通为个别，化公家为私有？《歌曲》前后结构的变化便是明证，三级标题构成的纲最能体现"私"想。练纲的最好方法是层层列出标题或观点，标题带有思想，这样一篇文章纲一举，目即张，思想框架即刻水落石出。

该文还蕴含了另一番道理：跨学科文献如何取舍？A 向 B 跨，A 与 B 的内

容各占多少？各自的术语使用何多何少？各自的文献占多少？投稿的学科取向如何判定？等等。

文章修改趋于尽善尽美，不过也永无止境，炼的就是历程，这正是学历之精髓。

# 教育教学类例话

# 第 12 章　读书思考做文章*

**疑点 · 重点 · 难点 · 焦点 · 突破点**

1. 教研论文的来源是什么?
2. 教研论文的去处有哪些?
3. 教研论文的选题很有难度吗?
4. 如何从教、学、教与学三维发现选题?
5. 如何利用他人的相关研究成果?
6. 如何精炼教研论文的内在逻辑?
7. 如何优化教研论文的语言文字?
8. 教研论文如何提高理论深度?
9. 教研论文如何服务自身科研方向?
10. 教研论文如何从科研方向中抽取?
11. 教研论文如何与学术论文相融合?
12. 如何选定与扩大具体的投稿方向?
13. 返修中如何与编辑互动改稿?
14. 教研如何追求高度、深度、宽度?
15. 教研如何成为学术增长点?

《论早期清华大学外文系的博雅教育》①（以下简称《博雅》）的研究对象是中国现代外语教育史。文章基于对早期清华大学外文系博雅教育理念的系统梳理，论证了其对高等院校外语教育的启示意义，以及对中国高等院校树立正确的价值追求、弘扬人文精神的史鉴价值。现回顾拙文从构思到撰写、从修改

---

* 作者简介：吴自选（1969—），男，硕士，天津理工大学外国语学院教授，主要研究方向：翻译学、中国现代思想文化史。

① 吴自选，黄忠廉. 论早期清华大学外文系的博雅教育[J]. 现代大学教育，2014，（4）：41-46.

到发表的过程，“经验”之谈、老生常谈，不是终南捷径，也无甚高论，倘若对年轻外语教师有点滴助益，我愿足矣。

本章或许对三种读者有阅读价值：①目前在高等学校任教但没有受过严格、系统的学术写作训练的年轻教师；②对中国现代外语教育史研究有兴趣者；③ 目前的学术写作与硕士研究生期间所学不一致者。

## 12.1 众里寻他千百度：写什么？

选题是文章得以发表的第一步，也是关键的一步。选题是思考的过程，需权衡、判断诸多因素，如：是否从自己的阅读兴趣出发，是否在已有研究上有所创新，等等。

### 12.1.1 读书思考找选题

古人云：“读书破万卷，下笔如有神。”不论是文学创作还是学术写作，读书都是最根本的基础，读了万卷书，“神”不请自来，这是真理。

博通与专精兼顾。人文学科研究的主要过程就是阅读、思考、写作，读书是基，思考是桥，写作是抵达思想的彼岸。《博雅》所涉及的中国现代教育史领域，是笔者的阅读兴趣。出于这个兴趣，笔者阅读了清华大学校史编写组编著、1981 年由中华书局出版的《清华大学校史稿》，苏云峰著、2001 年由生活·读书·新知三联书店出版的《从清华学堂到清华大学 1911～1929：近代中国高等教育研究》，苏云峰著、“中研院”近代史研究所刊行的《抗战前的清华大学，1928～1937：近代中国高等教育研究》等著述，又因笔者是外语教师，自然格外关注外语教育史。阅读与《博雅》的选题有直接关系。选题是写作的前提，而读书是选题的基础。通过读书去积累知识，达到本学科前沿，乃至可与古今中外的先贤对话。然而天下的书又是读不完的，书读万卷的同时，又要对自己所从事的专业文献精深阅读。以早期清华大学外文系（以下简称“外文系”）的研究为例，应树木与森林均见，既对晚清以降的外语教育史有一定学识，也能对其背后的中国现代思想史、社会史和文化史有足够的认知，因为教育史只是整体历史的一部分。

阅读与思考并行。读书的同时，还应有自己的思考。“学而不思则罔，思而不学则殆”（《论语·为政》），学与思缺一不可，思考产生问题，问题指向选题。笔者阅读了相关文献，对中国大学外语教育也有思考：①就培养目标论，

为什么以早期清华大学为代表的中国大学是“君子不器”的全人教育，而现在的教育是培养“专业技术人员”？②就教学内容论，为什么外文系的教学以西方文史哲经典的阅读为主，而 20 世纪后半叶以来的外语教育以听、说、读、写、译的技能训练为主？③就教育环境论，外文系博雅教育历史、政治、文化的生成环境与 20 世纪后半叶以来的外语教育生成环境有何异同？而有自己的思考并不等于一个有价值的、能完成的论文选题就产生了。思考可能只是一个方向或缩小化的领域，离最后确定选题尚有一定的距离。找到有价值的、可行的选题，需要经过“阅读与思考—再阅读与再思考”的循环往复的过程。以上述第二个问题为例：教学内容通过课程设置得以实现，而课程设置又服务于教育目标，因此关于外文系的研究重点应是吴宓提出的培养“博雅之士”的教育目标。

### 12.1.2　权衡明辨定选题

一篇论文，想出来不一定能写出来。作者动笔写作前要确定选题，而确定选题需要综合平衡各种因素，做出一个力所能及的选择。

小题可以大做。选题的大小指的是论题的大小与篇幅相称，与论文的水平要求、层次高低相适应，大致可采用“大题大做”“大题小做”“小题小做”“小题大做”“中题中做”五种思路。写作者各有秉性与长短，有人挥如椽巨笔，有人则就事论事。十余年前笔者首次拜读钱穆的名著《国史大纲》，常为其驾驭宏大命题之学力所折服，虽然钱穆在《书成自记》中自谦：“学者苦于听受，群要余为讲义。余曰：通史大业，殊不敢轻率为之。”①中国现代教育史上的博雅教育是一个宏大的学术领域，其中大选题、小选题皆可能产生，选题小并不等于价值小。把小问题说深、说透，就是一篇有分量的大文章。“小题大做”的文章不胜枚举。陈平原的文章②从一个不起眼的小问题入手，见微知著，论说的却是当代中国大学精神的大问题。余承法的论文③也是“小题大做”的典范。《博雅》同样是围绕外文系博雅教育理念确定的一个小选题。

旧题可以更新。人类的认识永无止境，所以人文社会科学学科中某些旧课题一再被提起。中国的外语教育史只有百余年，已很难找到前人或同人没有涉及的选题，但研究者完全可以旧题新做，“以旧换新”。视角不同、理论框架不同、史料不同、论证方法不同，都可能实现更新，特别是拓新。吕敏宏的论

① 钱穆. 国史大纲[M]. 北京：商务印书馆, 2010.

② 陈平原. 北大校庆，为何改期？[J]. 读书, 1998, （3）: 117-125.

③ Yu Chengfa. On Qian Zhongshu’s “Theory of Sublimity”[J]. *Perspectives*, 2007, （3）: 214-229.

文①将吴宓在哈佛大学比较文学系的选修课程及课程论文、国立北京大学英文学系教授会制订的1924～1925年度课程表以及清华大学外文系1926～1927学年课程表进行了对比研究，探究了博雅教育的源流，回答了外文系为什么开设“西洋哲学”“西洋中世及近世史”等非外语课程的问题，是“做旧如新”。同样，学界关于直译与意译之争由来已久，陶磊的文章②也把旧题做出了新意。

具体胜于抽象。与小问题和大问题相关，写作者尚需考虑自己控制具体问题与抽象问题的能力。如果研究外文系在何种世界性背景和地方情境超越中国的疆域坚持博雅教育的理念，是抽象的问题，也是一个大问题，而对博雅教育理念下的课程设置加以探究，则是一个具体问题、小问题。通过具体问题和抽象问题都可以写出有价值的文章，但写作者应考虑自己的禀赋。以具体问题为选题，容易得出可靠的结论，因为具体问题的史料也往往比较具体，无须主观判断就可以得出站得住脚的结论，而抽象问题思辨性较强，不容易得出大家公认的结论。布莉莉的论文③以具体的定量分析手段并借由具体的对孙犁编辑实践和办刊方针的考察，探究了其对“荷花淀”派的塑造，即属于典型的具体选题。《博雅》的选题无疑也是具体问题。

### 12.1.3 创新更新与拓新

对人文社会科学学科而言，少有我们的前人和同人没有思考过的问题。然而，学术写作的灵魂又是“新”，论文的质量高低、价值大小，很大程度上取决于“新”字。所谓新，笔者理解主要指新材料、新观点、新方法、新角度、新论证等，又可概括为创新、更新和拓新。

轻易不言创新。一般来说，创立他人未有的科学理论，提出他人未曾发表过的观点，谓之创新。具体而言，判断一篇期刊论文是否有创新可能要考虑：①研究的对象是否属于新的东西；②采用的研究方法是常规方法还是作者独创的新方法；③作者是提出了新理论并进行了验证，还是将已有的成熟理论加以应用，得出全新的结论。缺乏创新能力，不仅是外语教师的问题，而且是整个中国教育的问题。黄源深④论“思辨缺席”时称，培养创新型人才是中国教育的软肋，我们培养的人才是知识接受型的，而不是创新型的。不是每个人都能

---

① 吕敏宏. 吴宓倡导的博雅外语教育的课程体系探究[J]. 西安电子科技大学学报（社会科学版），2012,（6）: 135-139.

② 陶磊. “直译”词源考——兼论“直译”在古汉语中的语义演变[J]. 翻译学报, 2017, （2）: 1-30.

③ 布莉莉.《天津日报·文艺周刊》与“荷花淀派”[J]. 中国现代文学研究丛刊, 2016, （2）: 104-112.

④ 黄源深. 英语专业课程必须彻底改革——再谈“思辨缺席”[J]. 外语界, 2010, （1）: 11-16.

创新。创新需要多年的学术训练和积淀，也需要一定的天赋。因此，笔者认为更多的人应将努力的目标放在更新，特别是拓新上。

努力追求更新。否定或修正他人已有的理论或观点，提出自己不同的甚至相反的见解，谓之更新。如学界对外语专业学生分析、推理、评价等思辨能力较弱的批评多基于印象或间接证据，而文秋芳等人则以实证数据检验这一假设，构建测量思辨能力量具的理论框架①，依此开展了先导研究②，并依据先导研究对量具进行了修订，最后在 2770 名受试中进行了测试③，部分修正了为学界普遍接受的假设，属于典型的更新型研究。更新也并不容易，轻易不可做翻案文章。首先，做学问除了独立思考、追求真理之外，不可存“作秀”之心；其次，立论必须持之有故、言之有据，有一分材料说一分话，有一分论证得一个结论。20 多年前学界对外文系的教育理念已有较深入的研究④。截至 2013 年 10 月，以“清华大学”和“外文系”为检索主题，可以在中国知网检索到 17 篇文献，其中与《博雅》研究内容关联度较高的是肖玮萍的博士学位论文⑤及陈雪芬的期刊论文⑥。笔者没有否定或修正前人已有的观点，因此《博雅》也算不上更新。

竭力实现拓新。在已有研究的基础上加以扩展、充实和提高，谓之拓新。前人已对中国现代教育史上的外语博雅教育有所涉猎，笔者的文章并没有开辟一个新的领域。即便如此，如果能以新的史料、新的视角，对已有研究进行拓展，论文仍有价值。与上文所提及的两篇文献相比，笔者不敢奢谈自己有什么创新，但在两个方面做了些努力：①在“史”的部分，由于笔者的文章将重点放在教育理念的讨论上，与陈雪芬的期刊论文和肖玮萍的博士学位论文（第五章“个案分析：清华大学外文系的人才培养实践”）在史料的剪裁和取舍上有所不同；②于“论”的部分，陈雪芬以及肖玮萍的论文均局限于外文系博雅教育对外语专业的启示，而其对中国的大学外语（公共英语）教学和整个大学教育的史鉴价值远大于外语专业的启示。笔者的论文论证了外文系博雅教育对当代中国大学人文精神缺失和应对大学挑战的史鉴价值和意义。

---

① 文秋芳，王建卿，赵彩然，等. 构建我国外语类大学生思辨能力量具的理论框架[J]. 外语界，2009，（1）: 37-43.

② 文秋芳，赵彩然，刘艳萍，等. 我国外语类大学生思辨能力客观性量具构建的先导研究[J]. 外语教学，2010，（1）: 55-58.

③ 文秋芳，王海妹，王建卿，等. 我国英语专业与其他文科类大学生思辨能力的对比研究[J]. 外语教学与研究, 2010，（5）: 350-355.

④ 陈建中，蔡恒. 吴宓的“博雅之士”：清华外文系的教育范式[J]. 社会科学战线, 1997，（1）: 255-263.

⑤ 肖玮萍. 中国近代大学外语专业人才培养研究——通识教育的视角[D]. 厦门：厦门大学, 2013.

⑥ 陈雪芬. 清华大学外文系的博雅教育模式分析[J]. 教育评论, 2010，（1）: 143-145.

## 12.2 爱好由来落笔难：如何写？

唐人刘知几提出了著名的“史才三长”论：“史才须有三长，世无其人，故史才少也。三长谓才也，学也，识也。”[①]清代桐城派的姚鼐则说：“余尝论学问之事，有三端焉，曰：义理也，考证也，文章也。”[②]推而广之，桐城派的主张可以看作是对文章基本的要求，也是刘知几“三长”之说的引申，无论何时都有重要意义。“史学”是指治史者具有渊博的历史知识并掌握丰富的史料，是治史的基础，在此只谈史才和史识。

### 12.2.1 史才来自功夫

史才指搜集、选择、组织史料的能力和文字表达能力等，在此主要谈文字表达能力，大致相当于姚鼐“辞章”之说。大多数外语教师由于所受教育的局限，中文写作能力不足，对学术语言的规范更加陌生，没有掌握作为学术研究工具的语言表达。

概念明晰化。学术语言的第一个基本规范是学术概念明晰。如果某一个学术概念模糊，就需要进行辨析，通过定义的方法规范其内涵和外延。如果所涉及的概念非原创，则简要介绍学界的权威研究及定义，最后根据自己的研究选择其一。如果选题所涉及的概念是原创，那么对原创概念的定义将成为整个研究的重中之重。笔者的文章《博雅》的核心概念是“博雅教育”，因此在论文第二节笔者即对这个概念进行了定义，而实际上这个概念的内涵和外延不论是在西方[③]还是在中国[④]都经历了重大变迁，笔者应将其置于中国现代教育史上去界定这个概念，因为《博雅》关涉的博雅教育实质上是中国化的通识教育，其内涵和外延与西方现代的通识教育呈现错综的重叠状态。

行文逻辑化。学术语言的第二个基本规范是行文符合逻辑，指在把握了主题的基础上，句子与句子之间意思连贯，段落与段落之间逻辑严密，通篇文章层次分明、文理贯通。“撰写论文，第一点，也是最重要的一点，就是要运用逻辑思维。”[⑤]逻辑思维是学术研究中最主要的思维方式，在论文的谋篇布局、

---

① 刘昫. 旧唐书[M]. 北京：中华书局, 1975: 3173.

② 姚鼐. 姚鼐文选[M]. 周仲明选注评点. 苏州：苏州大学出版社, 2001: 289.

③ 沈文钦. 从博雅到自由——博雅教育概念的历史语义学分析[J]. 清华大学教育研究, 2013,（1）: 39-48.

④ 陈洪捷. 中国古代通识教育的传统及其问题——知识的视角[J]. 清华大学教育研究, 2014,（2）: 21-26.

⑤ 王力. 谈谈写论文[M]//王力，朱光潜，等. 怎样写学术论文. 北京：北京大学出版社, 1981: 5.

结构段落、材料分析、结论提升等方面都有充分体现。《博雅》这篇文章运用归纳法，先归纳，再分析，完成从特殊到一般的论证过程，从史料和史实中提炼外文系博雅教育对中国外语教育以及高等教育整体的史鉴价值和意义。

表述专业化。学术语言是表述严格、科学、准确，不容易产生歧义的专业化书面语言，处于一定知识层面的读者能够充分理解。道术将为天下裂，语文尚待弥缝者，笔者认为对处于学术写作起步阶段的年轻教师而言在论文表达问题上应注意以下三点。①避免语言晦涩化。绝大多数人文社会科学的研究都应为某一知识群体的人士所理解，即康德《纯粹理性批判》这样艰深的哲学著作也不例外。②避免语言通俗化。人文社会科学学科研究所使用的语言有别于日常化的语言。论文可以使用大众化的表达方式，但不可通俗化，通俗语言很难表达学术思想。③使用专业的语言。人类的语言从某个角度可以分为自然语言和学术语言，前者实质是意象连接思维，是文学语言的主体，后者实质是一种概念连接思维，具有明显的逻辑理性特征。论文写作不是文学创作，一般而言，在论文中不能使用文学化的语言。

### 12.2.2　史识始于思辨

史识是史料之上的见解、见识和思想。何炳棣论及雷海宗的治史特点时说："真正的史学不是烦琐的考证或事实的堆砌，于事实之外须求道理。"[①]这个道理就是史识，而史识来自思辨。

独立思考出思想。将史料上升为史识，大致相当于"义理"，必须以独立思考为工具。论文是独立思考的结晶。所谓独立思考，就是以中性的乃至旁观的态度研究并寻找问题的答案，能够以独到的角度来分析问题和阐释现象。面对中国现代外语教育史上博雅教育这个选题，应用自己的眼睛审视史料，用自己的大脑思考问题，否则，"论文"就不成其为论文。黄源深称："不少外语系教师在评职称的时候，为缺少论文而发愁，感到文章难写，立论不易，不得已而去编写练习手册来凑数。这种因缺乏分析、综合、判断、推理、思考、辨析能力所造成的现象，我们不妨称之为'思辨的缺席'。"[②]实际上，独立思考在确定论文选题时就已经开始：①论文要分析什么问题？②论文将如何界定核心概念？③论文可能得出的结论是什么？《博雅》这篇文章的独立思考表现在最后的定稿中，即外文系博雅教育的价值和意义不仅在于对外语专业教育及

---

① 何炳棣. 读史阅世六十年[M]. 桂林: 广西师范大学出版社, 2005: 107.

② 黄源深. 思辨缺席[J]. 外语与外语教学, 1998, （7）: 1.

公共外语教育的启示，更在于对中国高等教育整体的启示。

批判思维定深度。从2000多年前的苏格拉底到现代的杜威对批判思维都有不同的阐释，其大致可以归纳为对某种现象、事物和主张能发现问题所在，并以客观、辩证、理性的态度全面地判断、理解现象和事物的思维方式。对外语教育史文章写作而言,作者是否对自己的论点广泛地从正反两个方面收集论据，并采用假设演绎和归纳推理的方式进行反省式的、客观的批判？以吴宓提出的培养“博雅之士”的培养目标为例，能否从教育本体论、价值论和教育现象学的角度进行体系化阐释？外文系的博雅教育模式是完整的西方概念还是通识为主、专识为辅的中国化的通识教育体系？从其中的一个问题出发，去诠释、推断并从正反两方面加以论证，就完成了一个批判思维的过程，也就完成了一篇较高质量的外语教育史论文的大部分工作。

科学方法是工具。杨振宁自称在西南联大跟吴大猷、王竹溪等老师学会了演绎法，在芝加哥大学跟费米、泰勒等学会了归纳法，“在我一生的研究过程中，这两个训练最具有决定性的影响，而且是不同的影响”①。研究方法是解决问题的工具，任何科学研究都有相应的研究方法，论文写作者无非是选择一种与自己研究选题相匹配的方法。外语教育史的史料收集、考订、整理有其方法，从史料到史识也有其方法。研究方法通常有宏观、中观和微观三个层次。中观层面的方法很多，如文献研究法、比较研究法、调查研究法、实验研究法等等，属于中规中矩、最常用的研究方法。上述吕敏宏的论文采用的是比较研究法，《博雅》这篇论文采用的是最常见的归纳法。

## 12.3 剪裁妙处非刀尺：怎么改？

外语类期刊一般不刊登教育史文章，其主要去处应该是高等教育类刊物。笔者的文章初稿完成后辗转数家刊物，最后投给《现代大学教育》。随后的5个月内，笔者与编辑及审稿专家进行了深入的交流，受益良深。为了叙述方便，笔者将2013年底寄出的文章称为“一稿”，在编辑及审稿专家建议下于2014年4月完成的文章称为“二稿”。

### 12.3.1 规范细节显态度

学术写作有基本的规范，其中含摘要、关键词的“写法”以及注释及参考

---

① 杨振宁. 我的治学经历与体会[J]. 高等教育研究, 1995, （5）: 1.

文献等的“做法”。而且不同的刊物规范不尽相同，在确定文章投给某个期刊之前，作者应认真研究其规范，争取不在摘要、参考文献、注释等规范或细节上马失前蹄，因为编辑通过这些细节完全可以看出作者治学的态度，并大致可以确定论文质量的高低，甚至决定是否采用。

把摘要写得完整。一篇论文的摘要无非是由几个基本要素组成：①论文研究的目的；②研究过程和研究方法；③主要结果或发现；④主要结论和推论。但各家刊物要求不尽相同。《博雅》一稿摘要不足 200 字，编辑在给笔者的修改意见中指出：“摘要字数不宜少于 200 字，也不宜多于 400 字；太少或太多，都不利于文摘等二次文献采用。”笔者理解其中的“二次文献采用”，指的是文章发表后能否在较短时间内被他人引用和被文献检索系统收录或检索。一稿摘要的主要问题不是字数，而是主要构成要素不全、不完整，表现为“字数不够”。根据编辑提供的 GB7713—87 之 5.7 部分和《现代大学教育》摘要范式，笔者下载了《现代大学教育》的一些文章，并研究了其摘要的一般写法。因为笔者对史鉴意义进行了大幅度的拓展，二稿摘要不仅字数达到了期刊的要求，而且内容也进行了调整，几乎是重写。

把注释编得合规。一稿中共有 7 处注释，主要为外文系课程设置的史实。编辑部在给笔者的反馈中指出：“为避免结构臃肿、行文繁蔓与视觉零乱，《现代大学教育》不使用注释。请将注释分解，将其中扩展性论述融入正文，将文献出处统一编入文末参考文献。”笔者在二稿中即将其一一编入了参考文献。包括笔者在内的很多学术写作者对注释与参考文献的区别可能不甚清楚。一般而言，注释是对书籍或文章的语汇、内容、背景、引文做介绍、评议的文字，而参考文献则是为撰写论文而引用的有关文献信息资源。这个问题仍然与笔者在投稿时没有做到有的放矢有关，写作者投稿之前需要了解欲投刊物是否需要注释以及编写注释的具体规范。

把文献做得正确。一稿的参考文献除了引文数量不够之外，主要问题是引用“二手文献”。编辑部在给笔者的建议中指出：“一些地方使用二手文献，使叙述与观点信度受损。”文章主要讨论博雅教育理念对中国外语教育以及高等教育整体的史鉴价值，但在涉及吴宓最早提出的外文系培养目标时引用了 2012 年出版的《百年清华　百年外文（1926—2011）：清华大学百年华诞暨外国语言文学系建系 85 周年纪念文集》这样的“二手文献”，属于转引。西方现代通识教育的原始文献是 1928 年耶鲁大学发布的《耶鲁报告》（耶鲁通识教育红皮书），一稿中也没有引用这个原始文献。凡此种种转引文献都在二稿中改正。参考文献是编辑观测论文质量高低的一个重要指标，笔者认为初涉论文写作的外语教师应注意两点：①参考文献的权威性，包括文献作者的权威性和文献本身的权威性；②引用文献的数量，一篇论文只有几个参考文献，在编辑眼里是说不过去的，至少说明作者对前人的研究缺乏应有的尊重，更没有充分了解和利用。

### 12.3.2 观点论证见真章

拓展普适性以求广度。一份期刊主要刊登何种文章，作者应了然于胸，否则可能"百发不中"。《现代大学教育》属于高等教育类期刊，所刊文章以高等教育学、高等教育（思想）史为主，而笔者的文章属于学科教育史，因此编辑部在收到一稿之后即反馈"没在高等教育体系中探讨外语教育"，"普适性不强"。一稿主要由三部分组成：①外语教育的博雅理念；②博雅教育理念下的课程体系；③结语（粗略探讨了外文系博雅教育对中国外语教育的价值和意义）。根据编辑反馈的审稿专家意见，笔者在二稿中增加一节"外文系作为中国大学的历史镜鉴"，论证了博雅教育理念对中国大学追求应然使命以及应对人文精神缺失等挑战的价值与意义，增强了普适性，拓展了文章的广度。

加强针对性以求深度。笔者对审稿专家一稿修改意见中的"没有在外语教育历史演进背景中考察外语教育"及"针对性不强"进行了认真的思考。编辑在给笔者的邮件中指出："一九四九年之后的外语专业教育基本上没有出王佐良、李赋宁、许国璋、杨周翰、袁可嘉这样学通中西的杰出人物。"这是尽人皆知的史实，但讨论博雅教育的价值在于探索中国外语教育的规律，不能停留在就事论事，应以一定的史观为指导，从史实中得出有一定深度的史识。论文一稿没有在中国现代外语教育史的宏观背景下讨论外文系的博雅教育，主要篇幅用以陈述史实，因此，笔者将一稿"结语"部分进行了充实，改做二稿正文的一部分，一定程度上规避了教育史论文常见的流于史料梳理而欠缺深度的问题。

提升史鉴性以求高度。一切历史都是当代史，历史的作用就是作用于当代，而教育（含学科教育）史研究的价值和意义就在于发现教育规律，寻求教育智慧，探索教育方法。一稿中的史鉴部分不仅过于单薄，在文章结论部分只用了区区几百字的篇幅，而且没有将视野放大以把外文系博雅教育理念推至一个更大的背景下讨论它对中国高等教育整体的史鉴意义。正如审稿专家修改意见中提及的："早期清华外文系博雅教育，对于当今教育的启示意义，不仅在外语教育，而且在高等教育整体。"因此，笔者在二稿中将史鉴部分详加论述，最

后在三稿（定稿）时，史鉴部分约占文章总篇幅的 1/2，不仅使整体结构趋于平衡，凸显了文章的学术价值，而且提升了文章的理论高度。

## 12.4　处处用心皆学问：怎么办?

2019 年 6 月 15 日教育部公布全国高等学校共计 2956 所，最粗略地估计，高等学校外语教师（含外语专业与公共外语）有近 30 万人。在高等学校对教师科研不断提高要求并量化考核的背景下，多数教师在教学之余必须从事学术写作。

### 12.4.1　见贤思齐，自强不息

无人不是环境的人，如果不能改变环境，只能改变自己。对高等学校外语教师中的多数人而言，只有见贤思齐，于逆境中奋起，才能求得立身和发展。

以先贤为楷模。目前中国高等学校近 30 万外语教师大多是硕士研究生毕业，没有接受过学术写作或研究训练。然而，学历不高并不等于学问低。中国现代学术史上，梁漱溟中学毕业，华罗庚初中毕业，学历不高终有成就者不胜枚举。钱穆 16 岁起即在乡村小学任教，然而读书不辍，左经右史，直至晚年。在香港创办新亚书院不久，他因胃溃疡发作躺在教室地上，仍让弟子余英时买来王阳明文集阅读。[①]钱穆 35 岁即发表《刘向歆父子年谱》，经顾颉刚举荐，登上燕京大学、北京大学、清华大学讲坛，与吕思勉、陈寅恪、陈垣并称中国现代史学四大家。我等虽资质平平，仍可以先贤为榜样，完成自我的训练、教育和提升。

化压力为动力。高等学校近 30 万外语教师面对的发表市场只有区区 30 余种期刊。CSSCI（2017～2018 年）收录的语言学类期刊（含汉语语言学）只有 24 种，外国文学类期刊只有 6 种，学术发表竞争之激烈程度可想而知。而长期以来中国的外语教育遵循的“专业化”或“技能化”模式，其结果是外语院系的师生均普遍缺乏黄源深所谓的“思辨”能力，而没有思辨能力，则无科学研究可言。20 世纪 90 年代后中国的高等学校大多将重心从教学转向科研，进入 21 世纪后，学术发表的难度进一步攀升。由此，大多数外语教师的科研压力可以想见。唯有化压力为动力，变被动为主动，在教书之外读书，在读书之余写作，方能在高等学校求得立身之地。

---

① 余英时. 犹记风吹水上鳞——钱穆与现代中国学术[M]. 台北：三民书局股份有限公司，1991: 5-6.

### 12.4.2 凡事用心，大有文章

不论是教学还是读书，凡事用心，都可以写出文章。只要在教书之余勤于读书，勤于思考，每个人都可以既“述”也“作”。

教书教出文章。一线的教学经验无疑是外语论文写作的一个主要且重要来源，翻译教师可以写翻译教学，阅读教师可以写阅读教学，但教学经验需要系统总结和理论化提升，获得教学经验只是第一步，从教学经验到外语论文的写作同样需要一个观察、整理、思考、加工、实验、考辨和提升的过程。为完成此过程，需要接受教学论文写作的“再教育”，这种再教育可以通过学历教育实现，更多的是借由自我教育完成。教学论文同样可大可小，可宏观可微观，举凡教学理念、课程设置、教师发展等等，都会产出好文章、大文章，举不胜举。

读书读出文章。笔者研究生毕业后从事了十余年的翻译工作，最早发表的5 篇文章皆围绕自己的翻译工作展开，其中《文化差异与电视新闻翻译——以选送 CNN World Report 的新闻片汉译英为分析个案》收录入《上海翻译》（前《上海科技翻译》）创刊 30 周年纪念文集①。此刊 30 年间共发表约 2300 篇文章，而纪念文集仅收录了 100 篇文章，这是对笔者的肯定。基于笔者的阅读积累，2012 年前后笔者又将写作领域转向了中国现代教育史、翻译史，已发表了 4 篇文章，其中一篇文章②是关于中国文学对外翻译与传播的较早研究，即来自笔者研究生毕业时阅读“熊猫丛书”（Panda Books）的经验。不是每个外语教师都有从事翻译工作的机会，但人人皆可读书，如本章开篇所述，在读书上用心可以写出文章，处处用心，皆大有文章。

**旁观者清**

未经博士系统训练者照样可做大文章？跨界天地宽，如何判断跨界投稿？本章又是一篇“小题大做”的案例，文中依例介绍了“小题大做”的路径，值得借鉴。该文更具有启迪甚至是励志意义，只要坚持读书与思辨训练，未经博士训练，照样可发表高质量学术论文。因此，青年学人不妨从自己所熟悉的领域向外扩张，开辟更多的学术根据地。

① 吴自选. 文化差异与电视新闻翻译——以选送 CNN Word Report 的新闻片汉译英为分析个案[A]//方梦之. 应用翻译研究——《上海（科技）翻译》30 年（1986-2015）论文集萃[C]. 上海: 上海外语教育出版社, 2015: 148-153.

② 吴自选. 翻译与翻译之外: 从《中国文学》杂志谈中国文学“走出去”[J]. 解放军外国语学院学报, 2012,（4）: 86-90, 128.

外语教师在全国高等学校教师中人数最多，外语类学术期刊，尤其是高质量期刊不多，发表相当困难。如何走出纯粹研究外国语文及其教学的范围是一个值得思考的问题。外语界的研究范围不仅仅限于研究外语及其教学，更可以升至外语教育，从而扩大研究者的研究领域。

作者的思路非常清晰：写什么？如何写？怎么改？怎么办？态度鲜明地与读者交流，道出了学术心声。作者关于史、论、史才、史识如何出新也有一番心得。史才是外语界研究相关历史问题时所缺乏的，这会影响史识的获得。史才如何炼得，史识如何得出，作者也进行了现身说法。

外语类期刊一般不刊登教育史文章，其主要去处应该是高等教育类刊物。作者完稿后辗转数家刊物，本来投过外语类刊物，但屡投不中。笔者知道后，建议跨界改投。结果，换思路，天地开，文章最后刊于《现代大学教育》。笔者参与了改稿，虽说做了一些修改，给了些建议，但旁观者未必全清，只是部分清，有时基本不清。超然于物外，果真能看清物内？未必，得需训练眼力，得需备好识见，得慎重进入他人的领域。尤其是由外入内后，开始融入其中，常会成为思想同伙，后来又跳不出其外，自批能力下降。这时，还得借助外界人士批评。

与界外的审稿专家和编辑交流，有意想不到的外界启发，隔行不隔理，为文之道会学得更为全面。跨界投稿的经验之谈，多琢磨界外的规范与要求，了解其特点，方可真正做到对路。如摘要，外语界与教育界就有所区别，就必须依样改造。甚至是注释与参考文献都有所不同。又如何时当注、何时当用作参考文献等，着实有讲究。再如，文章谈学科教育史，就应在高等教育体系中探讨外语教育，舍此则导致文章的普适性较弱，只是就事论事而已，有失广度。论史，宜放入历史长河中论述，以求深度。如何求高度，编辑和高等教育界审稿人的意见也具有警示作用。

# 第 13 章　青蓝互融出新彩*

**疑点 · 重点 · 难点 · 焦点 · 突破点**

1. 教研论文如何突出“教学研究”特色?
2. 教学如何激发科研? 科研如何促进教学?
3. 教研论文的来源有哪些?
4. 教研论文的去处有哪些?
5. 如何从教、学、教与学三个维度发现选题?
6. 如何利用相关研究成果?
7. 如何将一般的教学经验升华为教研论文?
8. 教研论文如何服务自身科研方向?
9. 教研论文如何从科研方向中抽取?
10. 教研论文如何与学术论文相融合?
11. 如何追踪审稿状态?
12. 教研如何追求高度、深度、宽度?
13. 教研如何成为学术增长点?
14. 书文奖项如何连线、互推?
15. 职称、学位如何在“研究”中提升?

《外语专业研究生科研能力“三位一体”培养模式探索》①（以下简称《外》）是专门针对外语学科研究生科研能力不足问题，以外语学科研究生科研能力培

* 作者简介：关秀娟（1975—），女，博士，黑龙江大学俄语学院教授、硕士研究生导师，主要研究方向：翻译学、俄汉对比、外语教育。本章为作者主持的国家社会科学基金项目“（俄汉）抗战翻译语境适应机制及其价值研究”（19BYY207）、教育部人文社会科学研究规划基金项目“抗战时期苏联文学汉译语境适应机制及其当代价值研究”（17YJA740013）、黑龙江大学杰出青年基金项目“抗战时期俄苏儿童文学汉译语境适应机制研究”（JC2019W5）的阶段性成果。

① 关秀娟. 外语专业研究生科研能力“三位一体”培养模式探索[J]. 学位与研究生教育, 2013,（9）: 27-30.

养模式为主题而写的一篇外语教学研究论文。论文基于笔者对自己的博士导师在硕士博士研究生培养方面经验的观察、笔者硕士研究生培养的探索、身边其他同事研究生培养的心得分享，以及文献中的有关研究成果而写成。《外》提出外语学科研究生应具有基于外语和母语的敏锐的现象观察能力、逻辑的问题分析能力、科学的难题解决能力、全面的成果呈现能力四种科研能力，导师应遵循“学生、导师、团队”“课堂、书堂、讲堂”“读书、写作、交流”“微文、小文、大文”四个“三位一体”培养模式。《外》是以教育类 CSSCI 期刊《学位与研究生教育》为目标的一篇有专门投稿方向的文章，发表过程很顺利，后期反响也很好。在此以《外》和相关论文为例，与大家分享外语教学论文的来龙去脉。

## 13.1 科研始终为教学

教学是科研的原动力，也是科研的服务对象。教学中储藏着科研富矿，其中的很多问题都值得深入研究。与之相对应的是，科研，尤其是高等学校教师的科研工作会为教学添砖加瓦，反哺教学，使教学更有据可循。教学是科研的起点，也是科研的终端，二者互动且互补。

### 13.1.1 教学、科研互动

教学激发科研，教学实践中遇到的问题往往成为科研的素材。笔者在研究生培养过程中发现外语学科研究生科研能力较差，由此引发“外语学科研究生科研能力有哪些？”和“怎样培养外语学科研究生的科研能力？”两个问题的思考，慢慢结晶成《外》这篇论文及系列相关文章、项目。外语教学中更是储藏了大量有研究价值的点，听、说、读、写、译每一个环节都有值得深思的问题，进而可以成为科研的选题。笔者教授了几轮“商务俄语翻译”课程后积累了一些经验，主编了教材《商务俄语专业翻译教程》[①]，由此产生诸多想法，激发了学术兴趣，先后发表论文《商务俄语翻译教材建设现状、问题与对策》[②]和《商务翻译教材建设理论基础探究》[③]，此后，商务俄语翻译成为笔者的学术方向之一。滕琳教授在中国学生“英语写作”教学中发现独特的问题，就此以大

① 关秀娟. 商务俄语专业翻译教程[M]. 哈尔滨: 黑龙江大学出版社, 2009.

② 关秀娟. 商务俄语翻译教材建设现状、问题与对策[J]. 黑龙江教育（高教研究与评估）, 2011, （6）: 71-73.

③ 关秀娟. 商务翻译教材建设理论基础探究[J]. 哈尔滨学院学报, 2013, （3）: 108-110.

大量数据为基础集结成文 *A questionnaire-based validation of multidimensional models of self-regulated learning strategies*[①]，成功发表于 SSCI 期刊 *The Modern Language Journal*，英语写作教学也成为她的学术兴奋点。

科研促进教学，科研成果充实教学内容、丰富教学方法。最新科研成果应成为教学内容、教学方法的重要组成部分，研究生教学中应将学术新观点、新方法及时分享给学生，使之掌握最新动态，本科教学中也要适当、适量地介绍学术前沿。《外》提出的四个“三位一体”研究生培养模式正在指导笔者、同事及所在单位的外语院系，甚至其他人文社会科学院系的研究生培养工作。其姊妹篇《学术沙龙：有效的研究生教学平台》[②]同样为相关单位所借鉴，用于促进研究生学术交流。有位同事很熟悉先进技术，也善于将先进技术用于教学，她在做微课教学课题研究的同时，将其所授翻译课借助微课形式运行，收到极好的效果。

### 13.1.2 教学、科研互补

教学为科研提供数据和素材，使科研成果可信度高、科学性强。《外》中的研究生培养模式是集笔者三年的博士学习体验和多年观察，以及 50 余次学术沙龙等活动的感悟总结提升而成，营养价值可见一斑。《俄语翻译专业学生误译探析与教学反思》[③]一文写在为期一年的“经贸翻译”课程讲授之后，论文基于教学中积累的大量学生翻译作业及其批注，总结出学生误译的类型，分析了误译原因，提出了消误机制及教学建议，其结论的基础较为坚实。

科研为教学提供理论依据和教学理念，使教学内容有深度、有宽度，又具前沿性。《外》中的经验使笔者对研究生教学和研究生培养有了深刻的认识，其中提出的四个“三位一体”研究生培养模式可提高师生互动效率，指导学生把握上课与自学的关系，引导学生认识读书、写作与交流的价值，训练学生踏实走好从随笔到学位论文写作的每一步。《俄语翻译专业学生误译探析与教学反思》的观点使翻译教学少走弯路，提醒教学者针对学生的易误点多下功夫。《翻译教学的语境化构想》[④]是翻译语境化教学模式探索的结果，开辟了翻译教学的新模式。

---

① Teng Lin Sophie. A questionnaire-based validation of multidimensional models of self-regulated learning strategies[J]. *The Modern Language Journal*, 2016, （3）: 674-701.

② 关秀娟. 学术沙龙: 有效的研究生教学平台[J]. 黑龙江教育（高教研究与评估）, 2014, （1）: 77-78.

③ 关秀娟. 俄语翻译专业学生误译探析与教学反思[J]. 黑龙江教育（高教研究与评估）, 2015,（9）: 31-32.

④ 关秀娟. 翻译教学的语境化构想[J]. 哈尔滨学院学报, 2011, （4）: 109-112.

## 13.2　研究教学出选题

教学实践中会遇到各种各样的问题，无论是教师的教学角度，还是学生的学习视角，抑或是师生教与学的互动维度，都会发现值得深思的问题，从中可甄选出一些有代表性的问题进行研究，搞实验、写书文、做项目。

### 13.2.1　教出各种问题

教师备课、授课、答疑过程中将遇到的问题深入思考，不仅可提高教学质量，而且可发现值得研究的选题。笔者在教授“商务俄语翻译”“俄语经贸翻译”课程的过程中发现，国内没有此类专门的教材，期刊文章对商务俄语翻译的论述也寥寥无几。正是对此类课程的深入探索，笔者发现了这块科研空地，并慢慢开始在此播种，也颇有收获。从授课内容的微观角度而言，通过观察不同层次学生出现的误译现象，笔者发现了一些规律，进而深化成《俄语翻译专业学生误译探析与教学反思》一文。

研究生导师必须思考“应该培养研究生哪些能力”和“怎样培养这些能力”等问题。新晋硕士研究生导师时，这些问题也最先困扰着笔者。于是从最根本的问题出发，即外语学科研究生科研能力有哪些构成要素，继而推进到能力培养，笔者找到了一个很有价值的选题——外语学科研究生科研能力培养模式，也就是《外》的由来。

### 13.2.2　学得大小题目

从学习者的角度，在授课内容、授课方式、学习方式等方面同样能够发现诸多值得思考的问题。笔者 2009 年跟随黄忠廉教授攻读博士学位，也是从那时起开始参加黄教授所指导的硕士、博士研究生共同参与的学术沙龙，这是其研究生培养的核心平台。在这里不仅有一对一学习的亲身体验，而且有作为旁观者的意外所得。因黄教授曾向大家征集沙龙运行机制建议，笔者便进行了深入思考和研究，并撰写了《学术沙龙：有效的研究生教学平台》一文，指出学术沙龙具有开辟学术交流平台、构建综合学术素养、培养良好学风等教育功能，并提出为使沙龙活动高效进行，应保证活动前的精心准备、活动中的科学操控、活动后的全面总结等运行机制，这是从学习者角度提出的独特观点。

在此期间笔者也开始从学习者角度总结黄教授研究生培养的经验，《外》所构建的培养模式就是该经验的升华之作。写论文的同时，笔者也开始了“外语专业研究生科研能力‘三位一体’培养模式研究”的研究生教学改革项目的研究。几年的时间里研究生培养一直是笔者研究的方向。

### 13.2.3 教学引发思考

师生之间教与学的互动能够引发无尽的思考，二者碰撞出的火花可作为难得的研究选题。张家骅教授提及其俄语动词体研究方向时常说，是学生不断的关于俄语动词体的问题促使自己持续深入思考和探索，并逐渐走上了该问题的学术研究之路。

《外》与《学术沙龙：有效的研究生教学平台》中所提到的学术沙龙是黄忠廉教授和研究生们学术互动的平台，在此进行充分的交流后彼此都有满满的收获，不仅有学术观点上的，还有学术方法上的。这两篇文章也在沙龙上得到过老师和同学们的批评、指点，是思想碰撞的结晶。每次沙龙上黄教授的学术展示不仅使学生开阔学术视野、反思前沿学术观点、领略批判性思维和多种研究方法的魅力，而且吸引学生参与讨论，共同“挖出深井”。

## 13.3 推敲写作积思想

发现问题、形成选题，深思熟虑后应进行理论提升，将教学经验和思考所得形成文字，使真正有价值的思想得以沉淀。这一过程中要汲取相关研究的养分，使我们的教学经验得到最大限度的升华，同时注重思想表达的内在逻辑、语言文字的简洁规范。

### 13.3.1 融合相关研究

找到一个选题后，要做出深度、做出特色，文献查阅是必不可少的环节。梳理相关文献，可以在借鉴成果的同时，从中看到相似研究的不足和发展趋势。

笔者选定“外语专业研究生科研能力培养”这个题目后查看了相关期刊和论著，搜集了此类研究的文献，发现研究“研究生科研能力培养”的文献并不多见，而针对外语专业研究生的文献更是少见。显然，学界对研究生科研能力培养这一问题并没有给予足够的重视，相应的外语学科更是如此。外语学科研究生科研能力培养经验的总结有利于提高本学科研究生的指导效率，同时可使相关学科得到有效借鉴，这个选题值得一做。

文献虽然有限，但对笔者的论文写作有很大帮助。《研究生学术研究入门发凡》[①]强调了研究生学术研究能力培养的重要性，并提出了培养方法，即树立远大而坚韧的学术志向，抓住学术“细节”，遵循一般的学术研究规律并养成良好的“问题意识”，同时注重学术积累并逐渐培养坐冷板凳的“恒审”精神。《研究生科研能力结构要素的调查研究及启示》[②]指出文、理、工三科研究生所需基本科研能力结构要素既有共性，又有个性，其中文科研究生基本科研能力结构要素按重要程度由大到小排序前五项依次为：创新能力、语言表达能力、言语理解能力、逻辑推理能力、感悟力。作者基于调查分析建议建构研究生选拔与培养的科研能力评估体系，创建一种以科研能力为本位的研究生培养模式。这两篇文章有利于人们认识科研能力的构成要素，但止步于文科研究生科研能力构成要素，准确界定外语专业研究生科研能力构成要素还需结合外语专业研究生的实际情况，这就是进一步研究的价值。

《论导师在研究生培养中的作用》[③]认为研究生导师是决定研究生培养质量的关键因素，提出导师应该是研究生健全人格的发展者、创造性的知识传递者、研究生科研能力的培养者、市场化引路者以及研究生做人的楷模，导师要鼓励学生主动参加科研实践，在实践中培养独立选题的能力，分析问题、解决问题的能力以及创造性的思维能力和组织领导能力。《教师培养研究生科研能力的问题及原因分析》[④]指出教师培养研究生科研能力时存在教学内容的滞后性和重复性、教学方式方法的单一性等课程教学问题，以及导师重己事轻指导、重使用轻培养、重知识轻方法、重个别指导轻集体培养等科研指导的问题，并分析了原因，而且强调导师集体意识的重要性。这两篇文章帮助我们深入认识研究生科研能力培养与导师的关系，但如何在外语专业研究生培养中得以实践，集体培养模式研究还有很大空间。

《改革外语专业研究生培养模式浅见》[⑤]指出，强调理论教学，忽略研究方法和研究实践、忽视学生的创新能力培养是目前我国外语研究生教育较为普遍的现象，并有针对性地提出了改革外语专业研究生教育模式的几点思考，其中强调要强化外语学科研究生的科研创新意识。《外语小科研入门漫谈》[⑥]建议，结合教学进入科研，可从教与学的各环节反思与总结，发现教与学中的问题，

---

① 郭继民，韩静. 研究生学术研究入门发凡[J]. 学位与研究生教育, 2012, （6）: 1-5.

② 孟万金. 研究生科研能力结构要素的调查研究及启示[J]. 高等教育研究, 2001, （6）: 58-62.

③ 陈祎鸿. 论导师在研究生培养中的作用[J]. 学位与研究生教育, 2009, （12）: 24-27.

④ 姚利民，王燕妮. 教师培养研究生科研能力的问题及原因分析[J]. 学位与研究生教育, 2006,（12）: 58-63.

⑤ 孙玉华. 改革外语专业研究生培养模式浅见[J]. 中国高等教育, 2008, （13/14）: 47-49.

⑥ 黄忠廉. 外语小科研入门漫谈[J]. 英语知识, 2012, （4）: 封二-1.

善于分析其产生的原因，寻求解决方案。这两篇文章有助于我们更准确地把握外语学习者和工作者科研能力培养的特点，但较为具体、系统的外语专业研究生科研能力培养模式还需要建构。

笔者吸收了上述相关文献的营养，坚定了我们对外语专业研究生科研能力培养研究选题的信心，同时针对现有文献的不足，找到了外语专业研究生科研能力培养模式研究的缺口，最终发表了《外》，使相关研究成果价值最大化。

### 13.3.2 升华教学经验

外语教学中发现的问题及其解决经验的记录一般是粗浅的、平白的，就事论事，分享价值较小。如果将相似教学现象加以抽象、提升，得到一些共性的教学经验，可以使更多的同行得到借鉴、产生共鸣。

《外》中笔者指出了外语学科研究生科研能力起点低，回避就业、再次就业、科研兴趣三种类型研究生的科研能力和科研动机各不相同等现象，描述了外语专业研究生的科研状态，分析了外语专业研究生科研能力不足的原因，借鉴了研究生科研能力构成要素，从而加以升华，归纳出外语专业研究生应具备语言研究，特别是外语研究的创造性能力，即敏锐的现象观察能力、富有逻辑的问题分析能力、科学的难题解决能力、全面的成果呈现能力，并细致地指出各种能力要素。

笔者研究认为，为培养上述科研能力应做到课内、课外相结合，学习与科研相结合，学生与团队相结合，学习内容专与博相结合，自修与交流相结合。《外》则以这“五个结合”的经验为基础，按照人为因素、环境因素、方法因素和进程因素四个维度，凝缩出“学生、导师、团队”“课堂、书堂、讲堂”“读书、写作、交流”“微文、小文、大文”四个“三位一体”外语专业研究生科研能力培养模式，并结合具体运行机制与读者分享研究生培养经验。

### 13.3.3 精炼内在逻辑

一篇教研论文也要有缜密的内在逻辑，要精心设计文章结构，做到层层深入、前后贯通，不能简单罗列教学经验。

《外》的主要目标是分享外语专业研究生科研能力“三位一体”培养模式，而文章的结构设计不能仅限于此。培养模式建构的前提是科研能力构成要素，而科研能力构成要素要借鉴当前人才需求现状和科研能力不足的原因。我们的指导思想是，为完成研究生教育的职能目标，培养出合格的外语学科研究生，应结合专业特点、社会需求、学生愿望，明确科研能力构成要素，总结

科学的培养模式。所以，《外》首先分析外语专业研究生科研能力培养不足的原因，继之从外语专业研究生科研能力概念谈起，明确其构成要素，进而提出四种“三位一体”的培养模式。笔者打腹稿时间很长，论文纲目设定较为严密，论文写作过程中纲目拟定后再未改动。

从整体而言，论文第二部分“外语专业研究生科研能力的构成”是基于第一部分“外语专业研究生科研能力培养的不足”而提出的，而第三部分“外语专业研究生科研能力的‘三位一体’培养模式”则是针对第二部分的科研能力而构建的。就局部而言，第二部分“外语专业研究生科研能力的构成”中观察能力、分析能力、解决能力、呈现能力也体现了各个能力的层次性和内在统一性。第三部分“外语专业研究生科研能力的‘三位一体’培养模式”由“学生、导师、团队”“课堂、书堂、讲堂”“读书、写作、交流”“微文、小文、大文”四个“三位一体”模式构成，体现了导师、学习、读书、写作这四种要素对研究生成长的重要意义，这四个要素内部又分别强调了师生关系、课内外关系、读写关系、文章大小关系，且强调了每个“三位一体”内部的辩证统一。

### 13.3.4 优化语言文字

文章写作的最后一道工序为优化语言文字，使其更丰富、更准确、更凝练、更规范。而且，应该按照所投杂志的规范和语言风格修改。

《外》写作过程中尽量做到语言一步到位，但那只是希望，“改”是文章写作的硬道理。无论是从深思熟虑角度而言，还是从整体效果来说，文章都要反复修改。初稿句子“研究生……对理论的运用也应有科学的态度”中比较中性的词“有”被改为“体现”，使得语言表达更丰富，不至于太平淡。为使意思表达更准确，笔者将初稿“……个人的观点可能得到肯定，也可能受到怀疑，更可能得到建议……”中的“怀疑”改为“质疑”，将初稿“‘学生、导师、团队’模式是一种充分发挥三种人优势的研究生科研能力培养模式”中的“三种人”改为“三方”。为使语言表达更凝练，往往需要幅度较大的调整，初稿“导师指导学生应该依靠团队，导师个人的力量毕竟有限，借助团队中其他教师和学生的智慧更有利于研究生培养。同门、同专业的研究生除单个指导外应发挥集体指导的优势，让学生相互学习，使他们共同进步”中开头处调整了表达角度，将“应该依靠团队”改为“离不开团队”；接着又改变了用词，将“智慧”和“力量”对调，更体现导师的主导性；最后将“让学生相互学习，使他们共同进步”凝缩为“让学生相互学习、共同进步”，使语言更简洁，终稿为“导师指导学生离不开团队，导师个人的智慧毕竟有限，借助团队中其他教师和学生的力量更有利于研究生培养。同门、同专业的研究生除单个指导外应发挥集体指导的优势，让学生相互学习、共同进步”。为避免啰唆，初稿“……积累深厚的学生……也能冷静地、机智地回答答辩委员的每一个问题”中“冷静地、机智地”中的第一个“地”被删除，使表达更规范、简洁。

## 13.4 以文会友拓思路

文章是学者在学界生存的“门票”，借助文章学者可与学界同人广泛交流。这其中，写成的稿件如何选定去向、投出的稿件如何追踪、得到修改意见的稿件怎样与编辑互动、发表的稿件又该做哪些后续工作，每一个环节的交流都能拓宽当下的思路。

### 13.4.1 成稿投向定位

论文投稿一般分为三种情况，第一种是投稿目标明确，论文针对某期刊某栏目而写，第二种是论文写就后找匹配的期刊栏目投稿，第三种是随意投稿。

《外》属于第一种情况，有的放矢。笔者关注《学位与研究生教育》杂志已久，该刊物是专门从事研究生教育研究的月刊，由国务院学位委员会主办，中国学位与研究生教育学会协办，杂志社设在北京理工大学。该刊设有学术探索、导师论坛、学位、专业学位、研究生培养、研究生教学、研究生管理、研究生德育等栏目，从宏观到微观，从教学到管理，从理论研究到实践探索，涉及研究生教育方方面面的问题。其中，“研究生培养”栏目主要刊登有关研究生培养的制度、模式、方法等的理论思考或实践探索的论文，如2013年该栏目发表的部分文章：《优化学术软环境 培育拔尖创新人才——北京工业大学的探索与实践》《建构我国研究生培养模式的改革思路》《研究生创新实践能力培育复合平台的构建研究——以重庆大学为例》《研究性教学与研究生创新能力培养》《优质教育资源共享理念下研究生培养模式改革的思考》。而且每年年初该杂志社都会发布组稿重点，指导作者了解动态，选择写作方向。例如，2012年的组稿重点为：学位与研究生教育基本理论问题研究、研究生培养机制改革研究、专业学位研究生教育研究、学位与研究生教育评估理论与实践探索、导师培养研究生的理论研究与经验交流、研究生学风建设与学术道德教育问题研究、新形势下研究生招生制度改革研究、学科目录调整后的学科建设与研究生教育、研究生教育国际化的理论与实践探索、国外研究生教育的最新进展等10大问题。《外》是针对“研究生培养”栏目而写的，其选题切合了其中的“研究生培养机制改革研究”和“导师培养研究生的理论研究与经验交流”两大方向，能够为这两大问题的解决提出可借鉴的经验，投稿时文章果断投给了该刊该栏。

当然，有关研究生教育的文章还可投给《中国高等教育》《中国大学教学》以及一些综合类刊物，这些刊物也开设有研究生教育的相关栏目，但比重较小。外语专业类期刊多开设外语教育类栏目，但罕有研究生教育类的文章发表。

### 13.4.2 投稿报刊追踪

投出的稿件作者要有记录，记载投稿时间、投稿报刊名称及栏目、联系方式等信息。投稿后要确认对方收到，并随时关注稿件状态，以免因自身疏忽错过发表机会。

笔者向《学位与研究生教育》投稿时，投稿方式已是通过投稿系统投稿，《学位与研究生教育》杂志社官方网站（http://www.adge.edu.cn）主页即可注册进入，投稿、查看稿件状态非常方便。当时，投稿收到系统自动回执后笔者没有电话联系编辑确认投稿成功，也没有再追踪审稿情况，只偶尔关注是否有邮箱反馈，直到一个多月后的一天，一个北京的号码来电话。起初笔者因怀疑其为广告电话未接，后经查询验证为《学位与研究生教育》杂志社编辑的电话。编辑老师很有责任心，她说很久前已经通过编辑部邮箱通知笔者确认最后修改稿，第二天已是截止日期，未见回复特意打电话询问情况。笔者到邮箱一看，确实没有杂志社的邮件，但仔细检查发现，来自编辑部的邮件被自动打入垃圾邮件之列了。若不是编辑老师负责，该文就无缘在该刊发表了。可见，投稿后仍然要时刻关注稿件状态，定期到投稿系统中查看审稿阶段，以免错失良机。当前，多数杂志都使用投稿系统，便于作者投稿、查看审稿流程。《学位与研究生教育》的投稿系统工作效率很高，一般一周之内可在投稿系统上看到初审结果，这使我们对是继续等待审稿，还是改投其他期刊有了明确的把握。

### 13.4.3 改稿细节反思

研究编辑修改稿，与编辑互动，是重要的学习机会。修改过程中不仅能够得到思想和观点上的提升，还可看到自己文章结构和文字表述等方面的诸多问题。对所出现问题的不断反思是一种历练。

由于笔者没有及时发现修改稿确认通知，《外》的修改稿确认只用了 1 小时，略改动了其中的基金项目信息（编辑部要求保留一个基金项目），失去了与编辑深度互动的机会。然而，笔者认真研究了修改稿，从结构到文字，编辑的修改大致分为两类，一是摘要、引言和结束语的调整，二是个别文字的修改。

编辑去掉了摘要开头部分关于科研能力的概念性文字，增添了对文章第一部分科研能力不足的引入性文字，改后的摘要更能概括全文内容。编辑也将引言部分有关科研能力概念的表述删除了，可能是认为概念只是第二部分“外语专业研究生科研能力的构成”的一小部分，不值得在引言中提及。笔者觉得概念是提出科研能力构成因素的前提，应该一言带过。文章结尾部分改动较大，编辑完全删除了原稿的结束语，这也是教育类、综合类杂志的特点，即不设结束语、结论之类的内容。请见例 13.1、例 13.2、例 13.3 中原稿和发表稿的部分内容修改前后比较。

**【例 13.1】**

摘要原稿：……科研能力是一种创造性能力，是研究生教育的智能目标，外语专业研究生也应达到这个目标，并体现专业领域特点。外语专业研究生……

摘要发表稿：……**指出了外语专业研究生科研能力培养不足的问题，认为**外语专业研究生……

**【例 13.2】**

引言原稿：……培养不足的原因，继之从外语专业研究生科研能力概念谈起，明确其构成要素，进而提出四种“三位一体”的培养模式。

引言发表稿：……培养不足的原因，**继而明确外语专业研究生科研能力的构成要素，提出四个“三位一体”的培养模式。**

**【例 13.3】**

结束语原稿：外语专业研究生科研能力起点低，回避就业、再次就业、科研兴趣三种类型研究生的科研能力和科研动机各不相同。为完成研究生教育的智能目标，培养出合格的外语专业研究生，应结合专业特点、社会需求、学生愿望，明确科研能力构成要素，总结科学培养模式。外语专业研究生应具备语言研究，特别是外语研究的创造性能力，包括敏锐的现象观察能力、逻辑的问题分析能力、科学的难题解决能力、全面的成果呈现能力。为培养这些科研能力应做到课内、课外相结合，学习与科研相结合，学生与团队相结合，学习内容专与博相结合，自修与交流相结合，合理运用“学生、导师、团队”“课堂、书堂、讲堂”“读书、写作、交流”“微文、小文、大文”四个“三位一体”培养模式，充分调动起人为因素、环境因素、方法因素和进程因素。

语言表达方面，编辑更注重文字的通俗易懂、语法的准确规范。修改稿补全了可能产生歧义的省略词语，补足了语法空位，替换了模糊表述，使文章更具大众可读性，不仅外语学科的同人能读懂，其他学科的师生也一目了然。过于追求简练是不符合编辑要求的，可能这样的表达对读者来说需要付出更多思考时间，“硕博研究生”“二外”“掐时间”分别被改为“硕士、博士研究生”“第二外语”“掐准时间”，后者补全了省略成分，意思表达更清晰，更易于让读者接受。原稿“……无论是学生本人还是教师或是学校均未把科研能力培养放在研究生教育的突出位置”中“培养”的补充填补了语法空位，使上下文搭

配更合理，即“科研能力培养”是“研究生教育”工作的一部分。而一级标题“外语专业研究生科研能力**的**‘三位一体’培养模式”中“的”的增加只是使偏正结构更明显而已，若不增加，则更具标题的凝缩特性。文章中编辑修改了笔者忽略的、表达不够严密的信息，使语句意思更清晰，又没有太绝对。例如，“就学生而言，从本科阶段起**他们**的科研意识就落后于其他学科**的学生**……”“学校招生、管理方面不太重视**外语专业**学生的科研能力。”“学校管理**方面的**出口**较**松……”三句中字体加粗部分为编辑所加，使文字表达更完整、准确。而“……课堂的指引利于书堂查阅资料，锁定讲堂讨论核心问题，书堂和讲堂的拓展和深化又会**影响**课堂，帮助修正课堂方向。书堂获取的大量信息需到讲堂交换，讲堂碰撞的火花又会**影响**书堂查阅的目标”中两个“影响”替换了“反馈”“反涉”，意思可以传达，但不能更细致地表现课堂、书堂、讲堂三者的关系。

### 13.4.4 发稿反响总结

论文发表后要关注学界对论文的反应，如是否有引用、是否被采用、是否有商榷文章、是否有读者来信、是否有相关论文发表，等等。

《外》被《山东省研究生科研能力的实证研究——以经济学学科为例》[①]《OCPA 模式下英语专业研究生研究能力发展的个案分析》[②]等论文引用。可见，该文不仅对外语学科研究生科研能力培养研究起到借鉴作用，还被经济学学科研究生培养所参考，具有较为普遍的指导意义，这也是论文写作之初期望达到的效果。

此外，《外》成为某些高等学校外语院系研究生入学教育的参考资料和讲座素材。笔者也以该文中心思想为基础，给外语专业研究生做了科研能力提升为主题的讲座，学生受到很大启发，有了明确的努力方向。一些导师在研究生培养过程中不仅自己借鉴其中的观点，还专门向学生推荐阅读该文，师生各有收获，同时笔者也从中得到了一些反馈。

## 13.5 学术增长于教研

写教研论文、做教改项目、搞教学实验等教学研究不要停留在低水平上，

---

① 杨宏力，宋士云. 山东省研究生科研能力的实证研究——以经济学学科为例[J]. 山东高等教育，2015，（11）: 55-64.

② 袁欣，常俊跃. OCPA 模式下英语专业研究生研究能力发展的个案分析[J]. 外语教育研究，2015，（2）: 1-6.

只要追求高度，也可做出大成果。对教学一线的教师而言，教学研究是学术增长点，是必不可少的研究方向。无论是教学研究型教师，还是研究教学型教师，都应使教研方向和专业方向协同发展，从中找到更多的学术增长点，书、文、奖、项互动互促，丰富自己的职业生涯，提升自己的学位、职称。

### 13.5.1 教研追求高度

教学研究要有高度追求，不能仅仅满足于写一篇教研小论文，或是做一个简单的教学改革项目，抑或草草地设计完成一个教学实验，这些都是零敲碎打、小打小闹，一时完成了教研工作量，得到了几个教学分数而已，并没有发展后劲，不能形成研究体系。

教学研究要做宏观设计，圈定研究范围，形成合力，专攻某些问题，逐渐成为某一领域的专家。围绕一个核心向四周辐射，研究宽度不断扩展，成果形式也不断丰富，书、文、奖、项互相带动。教学研究切忌教学经验的简单总结，应借助国际、国内先进的教育教学理论、实验方法、实证研究技术，使研究有高度、有深度、有宽度，成为可持续发展的学术组成部分。

### 13.5.2 学术增添维度

“教学与科研本质上都是学术”。①作为一线教师，真正的教学研究可以成为学术方向不可或缺的组成部分。专业方向是学术基础，但不应该成为唯一研究方向，而且，应在教学实践中找到理论契合点。教学中的问题及其解决之道应成为研究的重点，从中发现的规律应反过来用于教学，指导教学，发展教学。

专业方向有了教学研究的滋养而丰满，教学研究因为专业方向的指导而强壮。对于一名以教学为主的教师，特别是外语教师，实践是命根子，必须教学、科研并重，处理好基础和上层建筑的关系，捕捉到语料和理论的互动瞬间，使教学研究成为学术的利好因素，使研究方向得以丰富和发展。

### 13.5.3 书、文、奖、项连线

一篇文章是对某一问题思考的结晶，但未必是对此类问题的全部想法。单篇文章往往能带动相关问题的系列研究，形成书、文、奖、项系列成果，拓展出多个研究兴趣点。

《外》激发了笔者对研究生培养研究的兴趣，此后笔者又发表了论文《学术

---

① 陈大兴. 教学学术是大学教师专业发展的核心[N]. 中国社会科学报, 2013-8-14.

沙龙：有效的研究生教学平台》，相继写了《学术沙龙：研究生的学术化进路》《研究生导师可践行三观》《情智双商研究生培养》等论文，研究范围不断扩大。与此同时，笔者申中了研究生教学改革项目“外语专业研究生科研能力‘三位一体’培养模式研究”，并顺利完成，且获得了研究生教育教学成果二等奖。在上述研究的基础上，笔者拟申报一个关于研究生导师与学生关系研究的研究生教学改革项目。

当前，专业型研究生培养很受关注，很多问题尚处于探索阶段。笔者的关注点自然由学术型研究生科研能力培养研究慢慢推进到专业型研究生科研能力与实践能力的培养探索。《MTI 学生毕业论文写作问题与对策》《MTI 学生误译研析》等论文的撰写，全国翻译专业学位研究生教育指导委员会项目“MTI 学生误译的语料库研究”的研究，对 MTI 学生毕业论文写作模式问题的关注，都是笔者在这方面所做的初步工作。

此类经验可运用于整个研究工作中，做项目的过程中可发表一系列文章，好文章可获奖，成体系的文章思想又可著书、编教材，这些成果又支持了项目结题，形成厚重的结题报告。这一循环过程中的发现又可产生新的项目、论文、奖项、著作。笔者做第一个教育部人文社会科学研究项目[题目为：（俄汉）全译语境作用机制及其应用研究]时发表了十余篇有关“翻译”和“语境”的文章，其中有四篇文章获得了厅级以上奖励，且有 20 余万字结题书稿一部、合作专著一本、博士学位论文一篇，这些成果深化了笔者对翻译语境的理论认识，也从理论上指导了翻译教学。上述经验和成果进一步推动笔者申中了第二个教育部人文社会科学研究项目（题目为：抗战时期苏联文学汉译语境适应机制及其当代价值研究），这是对已锁定的研究核心“翻译”与“语境”的进一步推进，相应的研究工作也同步扩大范围。相信，新一轮的书、文、奖、项成果也将相应滚动。

### 13.5.4 职称学位攀升

之所以说教师是最美好的职业，在于学习就是工作，研究问题、解决问题就是成绩。日常的教学、科研工作中勤于思考、主动探索、认真总结终会积累出较大成果。日积月累、集腋成裘，汇集的书、文、奖、项各类成果可逐渐提升职称和学位，丰富教学和科研简历。

笔者从参与教学研究和科学研究入手，慢慢形成了对研究问题、解决问题的兴趣，进而开始了独立研究、牵头研究的工作，这是一个不断成长的过程。由于笔者主编、参编了几部教材，在《外语研究》《中国俄语教学》等国家重要期刊上发表了较高水平的文章，又主持申中了教育部人文社会科学青年课题，并作为重要成员参与、完成了省级教学改革课题，笔者以较大优势晋升了副教授职称。在此基础上，笔者于次年顺利通过博士学位论文答辩，拿到了博士学位。应该说，这是研究工作的真正起点，笔者当时头脑中有了对“研究”二字较为清晰的看法。由于笔者读博期间的勤奋努力，通过五年的积累，笔者的专著在国家级出版社出版，文章发表在《俄罗斯文艺》与《学位与研究生教育》等 CSSCI 期刊和《中国社会科学报》等重要报纸上，并荣获了省高等学校人文社会科学研究成果奖，拿到了教育部和省级及厅级课题，书、文、奖、项都达到了教授的评审标准。一年后，笔者又主持申中了一个教育部人文社会科学一般项目。两次晋升职称、两次申中教育部项目，这些都是教学、科研工作中勤学、善思、努力实践、不断积累的结果。

## 旁观者清

换位思考思路宽。若要脱离迷局，看清真相，就要变视角、换位置。善学者，一定讲究方法论，眼观六路，耳听八方。该文作者研究自己，观察导师，琢磨同事，广涉文献，只为研究生如何培育，并将研究生培育模式升华，写成文章。从学生角度观察研究生培养，从教师或导师角度观察研究生培养，连教育类 CSSCI 期刊《学位与研究生教育》，也成了其投稿琢磨的对象。作者是个有心人，处处留了心，凡事成学问。

善于思考，才有思想。作者重视打腹稿，以至于论文纲目列出时较为严密，已是胸有成竹，写作时几乎未动。这再次透露出信息：“炼纲”多么重要，好纲是这样“炼”成的。

与编辑沟通后，作者换位思考，反思、改变、提升自己，修改草稿时，将自己当成旁观者，以对方的角度或身份思考，以最苛刻的读者要求看自己，以最高的标准看文章，问题来了，解决方案也随之而出。旁观，可赋予自己清醒的大脑、敏锐的观察力。因为身处文中，问题棘手，无从下手，跳出文外，山高月小。重在你立于何处，选择什么样的观测点。

投稿要琢磨期刊，目标才会更明确。该文投稿前作者比较了《学位与研究生教育》《中国高等教育》《中国大学教学》以及综合类期刊，得知《学位与研究生教育》是研究生教育研究的主要刊物。于是就专为该刊而作，针对其“研究生培养”栏目而写，符合其“研究生培养机制改革研究”和“导师培养研究生的理论研究与经验交流”两大方向。

教学是科研的家园，选题来自教学。明白教学与科研的关系，就不会觉得科研难、无趣或者成为负担。由文章可知，单篇文章往往能带动相关问题的系列研究，形成书、文、奖、项系列成果，拓展出多个研究兴趣点。几年内，作者主持了两个教育部人文社会科学研究规划基金项目，两次晋升职称，2019 年又获批国家社会科学基金项目“(俄汉)抗战翻译语境适应机制及其价值研究”。

# 龙虫并雕类例话

# 第 14 章　龙虫并雕于报刊*

**疑点·重点·难点·焦点·突破点**

1. 如何从生活点滴抓选题？
2. 如何由平淡文字记出真情？
3. 如何与编辑进行互动和交流？
4. 如何在拟定标题时动静结合？
5. 如何使标题兼顾学术性和大众性？
6. 如何依据标题选择相关内容入文？
7. 如何在素材组织时做到繁简适宜？
8. 如何根据刊物文体特征修饰文字？
9. 如何在有限篇幅中做到图文兼顾？
10. 如何龙虫并雕，在高头讲章之外练笔？
11. 如何融学术写作技巧于抒情记事类文体？
12. 如何根据刊物或媒介特征炼出吸睛之题？
13. 如何先一句话评价，随后摆事实，讲故事？
14. 如何在报刊学术人物传记写作中做到情理兼容？
15. 如何做到情节化，让人物鲜活、形象丰满、见人见事见情？

报章人物传记兼属通讯和报告文学体裁类，一般多以“特写”为其文体特征，强调面对普通读者，注重可读性。受当今读者阅读习惯影响，报章人物特写大多篇幅短小、图文兼有。在有限的篇幅之内做到既述学人行止，又评其思想，殊为不易，其写作中有许多问题值得思考，例如，选材如何情理交融？标题如何兼顾大众性和学术性？谋篇如何做到内部连贯、图文兼顾？布局如何做

* 作者简介：杨荣广（1983—），男，博士，湖北汽车工业学院外国语学院副教授，主要研究方向：翻译理论与实践。

到层次清楚、碎而不破、分而不乱？本章拟以黄师忠廉所撰《李亚舒：“80后”的翻译人生》[①]为例，剖析报章类小文如何写作发表，以反思学人著文如何龙虫并雕。

## 14.1 广泛阅读抓选题

“名家·光明人物”是《光明日报》专门刊载各行各业名家人物“特写”的栏目。其中，《光明日报》2015年11月26日第10版刊登了《李佩：创新者永远年轻》一文。此文刊出后，引起了黄老师的注意。因为李佩是中国科学院大学外语系教授、“应用语言学”研究生专业创始人以及《中国科技翻译》杂志顾问。她的人生经历、社会贡献与黄老师所敬佩的《中国科技翻译》主编、中国科学院国际合作局的李亚舒教授有颇多相似之处，恰好李亚舒又是李佩的学生。黄老师遂主动邮件联系《光明日报》编辑，希望能够撰写一篇类似文章。其邮件主体内容如下。

> 读了2015年11月26日经您编发的《李佩：创新者永远年轻》，倍感亲切，特来信致谢，因为我亲耳听过李先生的报告，还一直受教于李先生英语培训班的学生——翻译学家、中科院国际合作局的李亚舒教授。也写成《李亚舒：科学翻译学的创建者》一文，发来请您批评。

黄老师平时除了大量阅读学术类著作之外，还广泛涉猎《人民日报》《光明日报》《中国社会科学报》等各类报纸。据邮件可知，这篇人物报道选题也正是他在平素阅读中有所感想而生发。随后，编辑热情地回复了黄老师，而且还给予了相关指导。现将邮件择要摘录如下。

> ……文章我已拜读，有些建议还望跟您沟通，李教授的治学与为人值得我们学习和阐扬，您的文章注重的是人物的梳理，而我们这边对文章的要求，更倾向于通过人、事、情的娓娓道来，让一个名家在读者心目中的形象渐渐丰满起来，我们曾经推出过范敬宜弟子的追忆文章，个人觉得写得感情真挚，入情入理，推荐给您，请您批评指正……

在邮件中，编辑实际上简要对比了学术类人物思想梳理和报刊类人物特写，突出强调《光明日报》“名家·光明人物”栏目重“情”轻“理”的特点。而且，编辑另文指出来稿既要“侧重表现新闻人物的某一特征和某一精神状态，强调思想性”，又要注意“用语讲究文采，以实为主，标题简朴”。编辑批评投稿原文只“注重人物梳理”，主要指原稿第一版（表14.1）。从表14.1中投

① 黄忠廉. 李亚舒：“80后”的翻译人生[N]. 光明日报, 2016-07-21.

稿原文大纲来看，其重点是对李亚舒学术发展历程和学术贡献的梳理。由于过于强调学术性，显得“理”有余而“情”不足，很难符合专栏特色。

表 14.1　三稿纲目对比

| 投稿原文大纲 | 作者修改大纲 | 编辑修改大纲 |
| --- | --- | --- |
| 1. 引言 | | |
| 2. 源头（20 世纪 40～50 年代）：非凡童子功　多道智慧源 | 楚材出于私塾 | 楚材 |
| 3. 上游（20 世纪 60～70 年代）：口译笔译上乘　译事外事精通 | 为人生的翻译 | 笔耕 |
| 4. 中游（20 世纪 80～90 年代）：力促科技译事　明察科技译史 | 为翻译的人生 | 前瞻 |
| 5. 下游（21 世纪 00～10 年代）：立说创学科　热心育学人 | 人生续于私淑 | 仁者 |

根据编辑回复，黄老师重新拟定了新大纲（表 14.1）。新大纲由“楚材出于私塾”“为人生的翻译”“为翻译的人生”和“人生续于私淑” 四个部分组成。内容上也从学术论证转变为随笔记事。编辑收到新纲目后，回复称“框架已看，没有异议”，并且表达了自己对正文内容的期待：“希望您通过李教授的人物稿的撰写让我们熟悉这个在我们看来有些冷门的领域，熟悉这其中的各种甘苦与人情冷暖。”细读回复，不难发现，编辑所期待的仍然是一个“情”字。倘若说学术论文是“以理服人”，那么此处就是要“以情动人”。抓住这点对正文写作极为重要。

## 14.2　拟定标题构全篇

“题”即标题，是文章题眼和全文文脉所在，更是读者读报时的焦点。标题包括题眼和围绕题眼设置的小标题。题眼定，则纲举目张；小标题定，则全文结构一目了然。两者都需要做到“用词精、定位准”。“用词精”是说遣词必须精炼醒目、巧中见智。“定位准”是指必须抓住全文文脉，需明确是以传主的德、才、识哪方面作为素材传情达意。本节通过文本细读，对比原稿和定稿，对此加以说明。

### 14.2.1　去冗余彰显题眼

好的题目能“吸睛”，给人留下深刻的第一印象。倘若读者能对题目“一见钟情”，自然愿“深入了解”，若正文亦颇有文采，则必能“爱之弥深”；

假如题目了无生气，则必被人一扫而过，作者绞尽脑汁的作品也就与丢弃的报纸一起成为垃圾了。由此可见，唯有金玉其“题”，才能得到欣赏，分析文章也该由此入手。

作者原题“从私塾到私淑：‘80 后’李亚舒的翻译人生”共 16 字，分为两个部分。从字面看，前半部分“从私塾到私淑”作者意在叙述传主的求学成长经历，后半部分“‘80 后’李亚舒的翻译人生”则重在凸显其学成后，以“学”建“业”的过程。

就前半部分而言，作者颇费了一番心思：“私塾”与“私淑”音近意不同，形成英语中尾韵的效果，且以私塾恰当地体现了传主的蒙学经历，暗指其深厚的国学功底，但“私淑”则颇令人费解。据《辞源》解释，“私淑”源出《孟子·离娄下》“予未得为孔子徒也，予私淑诸人也。”大意是，孟子因未能亲自受业于孔子而抱憾（孟子曰：“乃所愿，则学孔子也。”）。“私淑”在《现代汉语词典》（第 7 版）中的解释是“未直接受业但敬仰其学术并尊之为师”。若照字面理解，文中“私淑”当指传主因未能亲自受教于某位大家而宗仰其人，但文中并无相关内容。从上下文来看，作者本意是指传主奖掖后学（包括作者本人），后学私淑于传主。由此观之，似乎“从私塾到私淑”前半部分指传主，后半部分指作传之人。两者混用，稍嫌扞格。

从后半部分来看，“‘80 后’李亚舒的翻译人生”以幽默风趣的语言暗指传主年逾八旬，仍老当益壮，从译治学。读者若对传主有所耳闻者，见此当会心一笑，不明白的读者则会深感好奇（80 后居然上“名家·光明人物”栏目，而且是翻译大家？），进而产生阅读兴趣。如此拟题，可谓一石二鸟，值得称道。

编辑改后的标题“李亚舒：‘80 后’的翻译人生”将传主姓名前置，保留精妙的“80 后”一喻，两部分间相互提示，形成正副标题，共计 10 字，简而不陋，可谓好题！

原文标题与定稿的标题对比来看，定稿的标题删除了原文中“从私塾到私淑”的部分，相当于清除了信息传播中的噪声。这种处理方式，既避免标题显得冗长，又突出了主要信息和原文的题眼所在。而新标题中“80 后”和“李亚舒”的对调则将传主“李亚舒”置于最突出的位置，这也与《光明日报》“名家·光明人物”栏目一贯的标题设置方式保持了风格上的统一，可谓一举多得。

### 14.2.2 抓焦点动静结合

小标题是题眼的“目”，同时又是全文内容的“纲”。题眼、小标题、正文三级之间配合有序则能够纲举目张。但是如何于寥寥数字中做到前后映衬、详略得当却是极其考验作者功力的地方。

从作者原文标题来看，共有 5 个小标题管控全文 5 个部分。其中，第一个小标题为引言，其他 4 个小标题包括“楚材出于私塾”“为人生的翻译”“为翻译的人生”“人生续于私淑”等。“楚材出于私塾”主要以传主的蒙学、小学、中学、大学的学业经历为主线，叙述了其成长、成才的经历。因传主生于湖北，发蒙自私塾，故名“楚材出于私塾”，凸显传主之“学”；“为人生的翻译”与“为翻译的人生”形成颠倒对应，“人生”与“翻译”的重复则强调了传主成人后的事业与翻译之间的紧密关系。在正文内容安排上，前者接续上节传主立志从译，主要记叙其受教于名师，游学多地，亲自从译的经历，后者则叙其译艺精熟后从事译学研究、译学刊物创办管理、译学学科建设方面的贡献，凸显传主之“才”；“人生续于私淑”则强调传主成名成家后淡泊名利、奖掖后学、甘为人梯的高风亮节，凸显传主之“德”。整体观之，“人生”出现 3 次，“翻译”出现 2 次，高频词汇凸显传主生平主线。这 4 个小标题，均为 6 个字，用词简而意蕴丰，且句式齐整。在笔者看来，增一字则太多，减一字则太少。

上述 4 个小标题编辑改为“楚材”“笔耕”“前瞻”“仁者”，共 8 个字（原文 24 个字）。就形式来看，原来的“六字式”变成了“二字式”。其中，“楚材”一节专述传主求学、学成的过程，“笔耕”则以传主从事翻译实践与文学创作的活动为主线，“前瞻”则围绕传主从事译学研究、译学期刊管理、译学学科建设体现出的前瞻性入手，“仁者”则从原文末尾“仁者寿、译者寿”得出，既贴切又显出传主的仁者之风。改后的标题或从原标题出，或从文章正文出，以“才”为始，以“学”贯通，以“德”收尾，简洁明了，读者一观即知。八字中，“楚材”“仁者”皆为静态描述，“笔耕”则以动态串联，动静结合，颇暗合“文似看山不喜平”的行文之法。

对比来看，原题、改题各有千秋，都是上佳之作。不过鉴于文章发表在报纸上，限于排版需求（从版面看，正文共占 6 竖栏，每栏 17 字左右），二字标题在醒目简洁的特点上的确胜过六字标题。

## 14.3 巧取材简繁适宜

材料选择与内容布局是组构正文主体的重中之重。选材一方面需要以题眼和标题为导引，筛选和过滤手边的原始材料；另一方面又需结合原始材料自身的特点，整合和组织相近、相关、相似的内容。这一点通过对比编辑修改后的内容和原文内容可以得到较为清晰的认识。

就全文篇幅来看，原文分五个板块，字数超 7600 个。改后的文章整体结构未变，但字数则近 4000 字删除近 12 处之多，字数近 2000 个。可见，删减是编辑处理本文的主要手段之一。编辑删除的内容既有词、短语等，也有单句及以上单位，此处主要讨论句子以上较大单位的删除。就其删除内容来看，大致可分为以下四类。

### 14.3.1 删低关联度信息

作者记叙力求精细，相关细节信息较多，因而篇幅较长。编辑修改时对一些可有可无的细节删除较多，如表 14.2 所示。

表 14.2 内容对比之一

| 原文 | 改文 |
|---|---|
| 李亚舒，道地的楚材。1936 年 6 月生于~~三楚腹地湖北~~荆州公安~~，祖籍却是湖南湘阴，其父辈民国初年迁来湖北~~。<br>~~学龄前，亚舒发蒙于乡村私塾，读四书五经。~~抗战后，入新式学堂，两年后因长江决堤而辍学。1947 年考入县城公立中学，不到两月又因溃堤而失学。后投考长沙林枫中学~~，深受英语老师钟爱，所得帮助最多，其教学方式让亚舒养成了主抓课堂听讲的习惯~~。（143 字） | 李亚舒，道地的楚材，1936 年生于荆州公安。抗战后，他入新式学堂，两年后因长江决堤而辍学。1947 年考入县城公立中学，不到两月又因溃堤失学，后投考长沙林枫中学。（65 字） |

对比原文和改文可知，编辑删除了修饰性词汇“三楚腹地”、祖籍父辈相关信息、发蒙细节以及中学时学习习惯的描写。这些删除的内容更多只是事实性陈述，大多是传主的生活、学习经历，显得颇为琐碎。至于“发蒙于乡村私塾”之类的信息，则稍嫌多余。毕竟稍有常识的读者从传主出生信息即可推知当时他的初级教育背景。而中学学习习惯的描写看似塑造了一个“好学生”的

形象，却似乎又与任何时代的好学生完全一致，并未提供关于传主的任何独特信息。总而言之，上述信息与报章小文风格和内容关联度不高。

再从编辑改后的小节标题“楚材”来看，该节主要叙述传主小学、中学、大学的求学经历，删除原本与此关联度不大的细节也实属明智之举。删除后并原文两段为一段，变 143 字为 65 字，删除一半还多！

### 14.3.2　删/简同类事例

作者为论证传主的高风亮节或德才学识往往会围绕同一主题，从不同角度叙述相关的人和事作为案例，这些故事无疑增加了原文的可读性，也使得传主显得有血有肉、可触可摸。但大量的故事必然会占据较多的篇幅。例如，“仁者”一节，作者在原文中提及李亚舒先生掖助李塔娜、李亮、从滋杭、潘卫民等后学，编辑删除了李亮、潘卫民事例。同时，编辑对其他事例中的冗余信息也进行了简化处理，使得全文叙事节奏加快，组构主线清晰，如表 14.3 所示。

**表 14.3　内容对比之二**

| 原文 | 改文 |
|---|---|
| 十多年前，亚舒与我商议，想约请 1991 年获~~世界科幻小说协会~~“恰佩克翻译奖”的~~浙江大学~~郭建中教授撰《科普与科幻翻译：理论、技巧与实践》。书成~~，正可纳入我们主编的丛书，~~亚舒~~感到~~特别高兴，作序“在科学与文学之间”，给予高度评价：“这是我国第一部研究科普科幻翻译的专著。它填补了我国（科学）翻译研究的空白。”~~他不仅独具慧眼，更是为同道鼓呼。~~ | 十多年前，亚舒与笔者商议，计划约请获得“恰佩克翻译奖”的郭建中教授撰写《科普与科幻翻译：理论、技巧与实践》。<br>书成之后，亚舒特别高兴，作序《在科学与文学之间》，给予高度评价：“这是我国第一部研究科普科幻翻译的专著。它填补了我国（科学）翻译研究的空白。” |

细读发现，编辑删除三类内容：①同义反复导致信息冗余，如“世界科幻小说协会‘恰佩克翻译奖’”这一表述中，就存在类似情况。提及“恰佩克翻译奖”，但凡业界人士都知道这是世界科幻小说协会的重要奖项，两者并存实际上并没有提供任何新信息。②指代不明的信息。由于上下文都没有提及任何与“我们主编的丛书”相关的信息，这里突然出现，自然会令读者困惑。③过于主观的信息，如“感到”是传主自己“感到”，而非写文章的人能够直接体会的。这种表述方式与新闻特写文体偏事实、偏客观的报道方式不符。最

后一句评价性话语“他不仅独具慧眼，更是为同道鼓呼”则更是主观性多于客观性。

### 14.3.3 调缩过长段落

编辑在删减段落的同时，还采用了将段落化长为短、化零为整的做法。从版面格式来看，原文最长段落达 8 行之多，6 行左右的段落较为常见，而改后的文章布局上则以 4 行为最长段落，2～3 行的段落最为常见。修改稿段落普遍短小或许是因为报纸分栏排列，段落太长不利于读者快速浏览，如表 14.4 所示。

表 14.4 内容对比之三

| 原文 | 改文 |
| --- | --- |
| 扶持年轻人，为中青年学者的成果作序是亚舒乐意的事，他先后为人作序至少 40 篇。面对年轻的同人，他不便拒绝，总是说：“年轻人不易，需要扶持。”著者自知，作序不易，尤其是受邀作序更难；凡作序，先要读，得读懂；读后得思，思得更广更深，才可出见解，才能悦人益人。2006 年，浙江树人大学丛滋杭教授出版第一部专著，想请他作序，考虑到他工作繁忙，怕遭拒，忐忑之中去信索序；不曾想亚舒爽快应允，半月复序五千字！ | 扶持年轻人，为中青年学者的成果作序是亚舒最乐意之事，他先后为人作序至少 40 篇。<br>2006 年，浙江树人大学丛滋杭教授出版第一部专著，想请亚舒作序，但考虑到他工作繁忙，怕遭拒，忐忑之中去信索序。不曾想，老人家爽快应允，半月即复序五千字。<br>其实，作序不易，受邀作序则更难。凡作序，先要读，得读懂；读后得思，思得更广更深，方可出见解，才能悦人益人。 |

对比原文和改文可以很容易发现，编辑不仅删除了部分信息，而且把原文的一长段打散，换成了三段。改后的段落中许多是一句或者成段，这种排版方式不仅是为了适应报纸版面的需要，而且在内容载体从纸质媒体转成电子网络媒体之后，更适应“快餐文化”下的当代读者。

### 14.3.4 前后挪移疏通脉络

对比原文和改文可知，编辑采用调整段落布局的方法，重排原文。比如编辑按照节次的需要，将原文第三小节关于李亚舒大学时师从齐香教授的经历挪入“楚材”一节，这样保证了该节专述求学经历，下节主攻“笔耕”主题，显得逻辑更为清楚。此外，编辑在叙事逻辑上也进行了修改，如表 14.5 所示。

表 14.5　内容对比之四

| 原文 | 改文 |
| --- | --- |
| “啊，小伙子，我们是老乡。我是公安人，县挨县。你就直呼我‘亚舒’吧，以便平等交流。”说毕，长者更为兴奋，激燃了青年的乡情，畅聊起来。<br>那位青年正是本人，20 世纪 80 年代硕士刚毕业。而那位长者，今年已成“80 后”，他就是本文的主人公——中国科学院李亚舒教授。<br>就这样，一问一答，两人从此结下深厚的友谊。会上长者还赠诗一首：“黎明倾听风争鸣，学得雄文艺更精。智商高下无须问，好学苦读事必成。” | “啊，小伙子，我们是老乡。我是公安人，县挨县。你就直呼我‘亚舒’吧，以便平等交流。”<br>长者的兴奋触动了青年的乡情。就这样，一问一答，两人从此结下深厚的友谊。会上，长者还赠诗一首——<br>黎明倾听风争鸣，学得雄文艺更精。智商高下无须问，好学苦读事必成。<br>那位初出茅庐的青年正是笔者，而那位长者，今年已成“80 后”，他就是中国科学院李亚舒教授。 |

原文在此部分主要叙述两人对答之间相互熟识的过程，体现了李亚舒平易近人、眷恋故土、奖掖后学的风格。对比下划线部分可知，编辑除了在段落方面做了些微调之外，最主要的是把原文“就这样，一问……”调到紧接着对话的地方。从逻辑结构来看，这属于对前文的总结性文字，理应紧跟着问答部分出现，而原文则在此处插入了一段话，打断了相互照应的结构和整体叙事的逻辑，因此编辑在改文时对此进行了调整。类似的修改，在叙述李亚舒就读一中的部分也有体现，读者可自行比对，此处不赘言。

## 14.4　多种媒介共传播

前文提及现代纸质媒体往往伴随着数字网络媒体而生，《光明日报》也不例外。除了纸质版外，我们还能看到网络版和微博推送版，尤其是微博推送版往往短小而且必须能够概括全文的主要内容或者至少是精华部分。因此必须有一段话能够高度概括全文，且尽快出现在读者眼帘之中，以吸引读者，对此编辑也做了相应的调整。先看原文。

> 亚舒的翻译人生历经了多次转折，无不与时运、国运相关：为共和国外交而留学越南，为科技发展而译介东西方，为科技兴国而创办刊物，为中国译学建设而创立新学科。从科学翻译到翻译科学，即从为人生的翻译向为翻译的人生，亚舒完成了华丽的转身！

该段文字具有概括的功用，却出现在第三节的开头部分，相对较晚。编辑将其修改如下。

> 为共和国外交而留学越南，为科技发展而译介东西，为科技兴国而创办刊物，为中国译学建设而创立新学。李亚舒的翻译人生虽然历经多次转折，却无不与时运、国运相关。从科学翻译到翻译科学，从为人生的翻译到为翻译的人生，他完成了一次次的华丽转身。

在修改稿中编辑还将本段文字置于开头的“引子”部分，作者又在开头引子段落加入了小标题“翘楚”。网络上也能查到《光明日报》正是用这样一段话作为推送内容（图 14.1），足见其妙用！

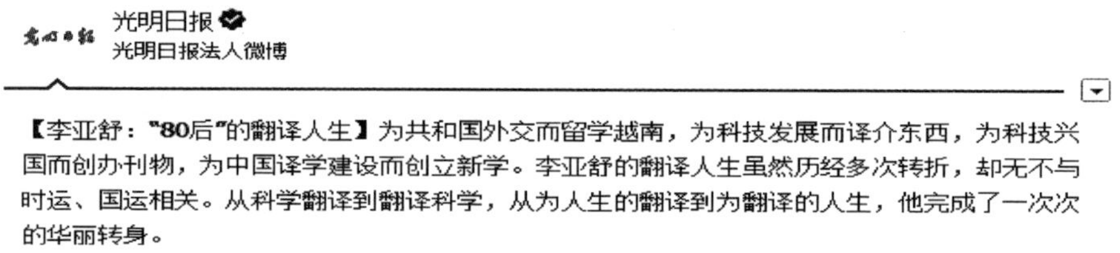

光明日报
光明日报法人微博

【李亚舒："80后"的翻译人生】为共和国外交而留学越南，为科技发展而译介东西，为科技兴国而创办刊物，为中国译学建设而创立新学。李亚舒的翻译人生虽然历经多次转折，却无不与时运、国运相关。从科学翻译到翻译科学，从为人生的翻译到为翻译的人生，他完成了一次次的华丽转身。

图 14.1 《光明日报》微博截图

对于任何有志于从事科研的人而言，写作与发表都必不可少。但是如何写作，或者说如何练习写作实际上往往是发表的前提。由分析可知，真正的学者既善于从理论和实践出发寻找问题作为研究的开始，也有必要从生活中的趣味入手，发现一些可以“练笔”的东西，既要善于写高头讲章，也要善于写“豆腐块式”的小文。前者需要旁征博引，于纵横捭阖中见真功，后者则需要入情入理，于方寸之间显智慧。不管哪种写作都需要从材料选择、内容布局、题眼设置等多个方面入手。笔者另外一个切身体会是，将原稿与发表后的文稿对比可以说是“偷师学艺”的妙法之一。

## 旁观者清

自己写过的文章，让学生批评，常有意想不到的收获，此前所出的《译学研究批判》即是一例。该文是作者批拙文《李亚舒：“80 后”的翻译人生》的结果，旨在训练其发现之功，学会非学术文章的写作，训练另一类文风，等等。经作者一批，还真印证了“远近高低各不同”的画面感！

笔者写传主李亚舒，第一次旁观；编辑改拙文，第二次旁观；作者对比批评拙文，第三次旁观；笔者写“旁观者清”再看该文，是第四次旁观。事物有多面，遇事宜多方考虑。当局者，迷时陷入局中，视域窄，所见少，眼界小，所感的是局部，所知的是个别，所失的却是综合。此时，需要冷静，需要借助他人的批评，转益多师，从不同的角度对文章进行反思与批判，审时度势，当改则改。若能远近高低，将不同修改意见综而观之，即可由“木”而“林”，由“林”而“森”，看层林尽染，绘层峦叠嶂。

拙稿之前其实是篇译学人物研究，受某刊之约，后因故而未刊出。转而投向报纸，因常看《光明日报》，就投向“名家·光明人物”栏目。这也算是改变文章性质、改投不同园地的一种尝试。编辑的首次回复，以及作者对刊发前后纲目的对比，均能反映两种载体对文章要求的不同。

作者从标题到结构再到文字，对比分析得有理有据，条分缕析。尤其是标题的变化，分析得格外细致入微。报纸修改比期刊更为鲜明，从学术性到可读性，从冗长到双音化，于笔者是难得的训练与学习的机会。此前笔者在《光明日报》也发过其他类型的文章，均因篇幅不大而训练有限，此次跟着编辑学，受益极大。

笔者写拙稿时还有一经验或教训，就是要比报纸要求的字数写得多一点，约多出 10%，以便编辑取舍。笔者投稿时文章有 7600 多字，刊出才近 5000 字，因为刊出前不知编辑会加入什么图片，或用多大比例的图片，还有各种标题的字号、字体设计等。但是编辑的删减艺术非常值得学习，正如作者所总结的：删低关联度信息、删/简同类事例、调缩过长段落等。

旁观者清是说问题的正面，它还存在另一面，即隔雾看花或隔靴搔痒。既云旁观，则必有距离，所以难免失之粗疏，失之直接，失之真切。即便是智者，千虑也必有一失。更何况我等凡人？！

# 第 15 章　从幼到壮渐生成*

**疑点 · 重点 · 难点 · 焦点 · 突破点**

1. 如何重读文章?
2. 如何重写文章?
3. 如何立出新意?
4. 如何转化他人思想?
5. 如何深入挖掘题目?
6. 如何打开写作思路?
7. 如何把小题做成大题?
8. 如何显化选题的价值?
9. 如何提炼摘要及标题?
10. 结论中如何做到“结”与“洁”?
11. 如何善用其他学科理论解决问题?
12. 如何提高文章的理论性与可读性?
13. 合作中如何在开始前做好设计与沟通?
14. 合作中如何做好内容分配与逐步推进?
15. 写作如何从微观走向宏观，再回微观?

文章有大小。小文章从几百字到上千字不等，一般载于报刊或网络等多媒体平台，精悍的形式利于短平快传播。进入理论学习和学术写作训练阶段，大文章的写作常是重要一关。学术论文不仅字数有所增加，立意角度、理论创新及阐释辨析都需不断深入。文章思想的深化与体量的扩大究竟可以有哪些着手

---

* 作者简介：杨丽（1988—），女，上海外国语大学俄罗斯东欧中亚学院博士研究生，主要研究方向：俄汉语言对比与翻译。

点？可否以小文章为基础，经过“深加工”走向大文章？本文结合《〈共产党宣言〉汉译考》[①]（以下简称《考》）和《政治文献汉译经典化进程——以〈共产党宣言〉为例》[②]（以下简称《例》）两篇文章，回忆导师带笔者走过的一次“深加工”过程，看小文章如何“长大”。两篇文章前后情况对照见表 15.1。

表 15.1　《考》文与《例》文对照

| 篇名 | 篇幅 | 发表刊物 | 发表时间 |
|---|---|---|---|
| 《共产党宣言》汉译考 | 约 2500 字 | 《读书》 | 2009 |
| 政治文献汉译经典化进程——以《共产党宣言》为例 | 约 11000 字 | 《当代外语研究》 | 2020 |

## 15.1　选桩留干深挖根

已刊发的《考》文，以约 2500 字考察了《共产党宣言》（以下简称《宣言》）在历史中的各种翻译版本，从字数与内容上来说，属精悍型。而后的《例》文，正是在《考》的基础上继续挖出新意，终成万余字稿。从这两篇文章的关系看，后者是前者的继续思考，大文章来源于小文章。知道了从何而来之后，更关键的是要知道如何而来。

### 15.1.1　旧题不扔做根基

从何写起？理论还是事实？这可能是我们要面对的第一个问题。即便同一研究对象，也可从不同角度观察。通过不断的阅读与思考，激发更多的认识。《考》文以汉译版本为考察对象，发现汉译中存在两种翻译形式：变译和全译。此后导师带笔者对译介过程进一步凝练，概括出路径的分类，以及对复译及经典化过程的探析，都是以之前所掌握的殷实的“汉译考”为考察资料。所以，对已掌握的文献材料，或已有一定基础的成形的小文章继续思考，仍会出新、出奇。

### 15.1.2　主题深挖出新题

学术研究在思与辨。要让旧枝发新芽，更要辩证地思考，发展地观察，发

① 黄忠廉.《共产党宣言》汉译考[J]. 读书，2009，（4）：98-101.

② 此文正在发表中。

现动态和静态间的关系，找到事物内部各要素间的关联，归纳发展阶段。导师与笔者从汉译版本考察为出发点（静态），追溯汉译发展脉络（动态），以复译行为作为研究对象（找本体），行为的结果为经典化过程的实现（渐进），揭示复译与经典化的关系、前提、原因、目的、制约因素等（动态与静态之关联、条件之间的关联），概括经典化进程（阶段性特征，状态的转变），揭示《宣言》之所以成为经典的原因，望对马克思主义文献的汉译经典化有所启发（未来）。这是在原主题上深挖的过程（图 15.1）。

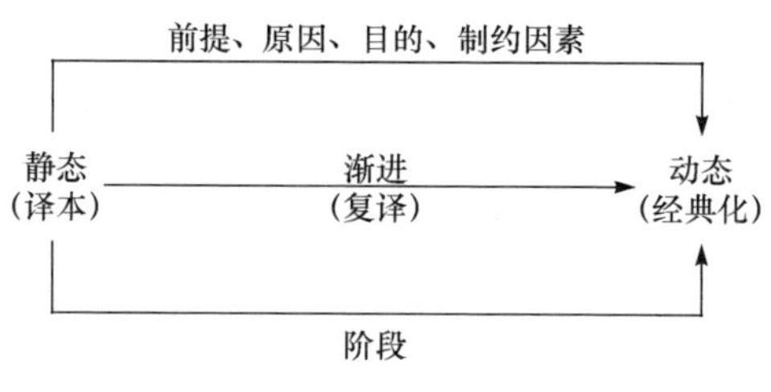


图 15.1　文章主题拓展过程

## 15.2　移花接木通文脉

文章成活要通理路。既要有自家想法与别家想法的融合，又要有上下文的呼应。文章得以做大，必然是拓展层次、充实内容、增加段落的结果。结构上，可以试图搭建出文章的横向、纵向关系。横向上，根据原文主题，从不同角度、侧面选取若干材料或事件分别进行叙述或论证，可能涉及多学科。纵向上，按照客观事物各发展阶段的先后顺序或客观事理各侧面层层深入的递进关系来推进文本内容的结构形态。最后的结果，是文章多侧面、多层次的架构呈现。

### 15.2.1　多科知识善综合

写作写的是“私”想。“私”从何来？可能在主题与研究方法上有突破，也可能在分析与阐释视角上有创新。用原学科背景诠释新领域，在新园地上灌注自己的思考，是出“私”想的途径之一。

探讨《宣言》的翻译问题时，多数是从版本角度着手，笔者尝试以翻译学视角考察复译与文本经典化的关系，异于前人。以《例》文第 3 节内容为例，见表 15.2。

表 15.2　《例》文第 3 节内容概要

| 章节 | 标题 | 章节内容梗概 |
| --- | --- | --- |
| 3 | 复译：《宣言》汉译经典化之路 | |
| 3.1 | 复译链促进经典化 | 复译的定义；复译的使命；复译促进经典化的原因。 |
| 3.2 | 复译以经典话语张力为前提 | 话语张力的表现；话语张力催生复译。 |
| 3.3 | 复译因主体间性差异而产生 | 复译的主体；各主体变化意味复译产生。 |
| 3.4 | 复译以翻译目的为先导 | 翻译的目的；目的与策略。 |
| 3.5 | 复译受翻译相似律的制约 | 翻译的本质——似；翻译相似律的内涵。 |

由表 15.2 可知，为阐释复译的理据，即解释为什么会有复译这种行为，笔者从话语张力、主体间性理论、翻译本质等几个方面各成一节，角度不同，但聚焦一点——复译，从多角度分析经典化的形成为何可经由复译这条路。反过来讲，研究复译或文本经典化，笔者没有选择文学名著或其他传统类别文本，而以社会科学经典文献《宣言》为文本，试图寻找普遍性的翻译规律。

参考各学科或不同方向上的文献时，无论是概括、转引还是直接引用，重在相融。一是简明扼要，辅他言以显我声，他人的思想介绍过多，自己的观点易被湮没。参考的内容或概括其要点，或简述其思想，直接引用时注意长短适宜。二是明确所参考的内容与本文论点的关系。即引用的目的是背景铺垫，还是术语解释、厘定概念？是反衬观点巧加批判，还是顺承他意借以深入？是重新说，还是接着说？接着说包括是反着说还是顺着说？目的明了，观点明确。

下面，仍以《例》文第 3 节下的一段为例（例 15.1）。

**【例 15.1】**

①科技名著因反映客观世界而内涵明确，而社科名著因其阅读的开放性而理解有别。②读者期待正确内容，也便要求译者译得准确，即“话语的确定性要求与话语自身的开放性形成的张力促使译者对已译作品进行修正、润色、补遗，进行重译和复译”。③话语意义结构是开放的，译者理解与读者期待会有差异，原作潜在的含义需要逐渐发现，这便注定其理解过程具有多样性或个体性，而译者主观上会要求社科名著像科技著作一样文本意义确定明晰。④这种张力导致译者翻译不能一步到位，而是不断地逼近原作，在不同时期就会产生不同的复译。⑤据高放介绍，2001 年台湾唐诺译本附有译者写的题为“先知的文件”的说明，长达 88 页；译者为何加写如此之多的内容？无非是方便台湾读者更全面地了解《宣言》，这便是写超过译的译写形式。（文中序号为此次笔者所加）

例 15.1 中句①开启下文，引出本段讨论的前提——阅读的开放性造成理解的不同。句②进一步分别指出从读者到译者，都因话语的开放性促使复译产生，加以解释和铺垫后直接引用前人的核心观点。句③在引用后继续解释话语意义结构的开放性如何影响翻译中的理解。句④为影响的结果，即产生复译。句⑤结合《宣言》译本中存在的译写形式，以此为例，将前文所述理论具体化。

再如例 15.2 有关复译链为何促进经典化的阐述。

**【例 15.2】**

复译负有继承前译、满足当下的文化使命。前译的使命是历史的，也具相应的创造性，即便是经典化了，也难免时空考验成为历史，成为复译借鉴的底本，“前译因复译的缘故而遭遇翻译价值由重而轻的宿命，而复译的创新翻译表现使后译居上，因此获得当下性翻译价值。”为什么说汉译链促进了经典化？换言之，为什么需要复译？许钧等人认为，复译的前提是：旧译未能顾及特殊目的；旧译未能服务于特定的读者；旧译对原作的阐释过时或僵化；旧译语言风格与原作不符或未能与时俱进；旧译未尝试过某种传播方式；旧译未尝试过某种翻译视角，等等。

例 15.2 直接引用的部分论述了复译分别对前译、后译的价值，以及复译这一行为自身的价值。引用前，笔者用自己的话作为引导和铺垫，提示后面字句将要出现的新信息。在第二个概括性引用之前，也以设问的方式，点明引用的意图。

### 15.2.2 前后顺应巧过渡

整合文章需过渡。过渡词、过渡句、过渡段，让层次与段落前后承接，思维连贯，符合逻辑。文章结构脉络是作者思维发展轨迹的体现，段与层次的划分是思维步骤外化的形式，根本上，文章理路即作者思路。

因此，先梳理思路，增强思维的条理性极为重要。下笔前，导师就与笔者厘清了文章的逻辑，并确定了总字数及每部分的字数，即划出“汉译考”“复译的理据”“经典化过程”三个层次，从表征向内在观察，每个层次又从不同方面切入，最后把三个层次合在一起。谋篇时，先把握全局，整体上把握章节间的关系，思路一打开，文章横纵交织的框架便搭起来了。写下提纲，把思路固定，简写出每部分大致内容，预计总字数 8000～10000 字，各部分字数设计约为：中文摘要与前言各 200 字，主体部分三章各 3000 字，结论 300 字。有了全局观，让思考具有逻辑性，又把问题分成几个方面，分门阐释，文章便有了层次。

思路拟定后，至于各部分的完成顺序，可顺可倒，既合写，可同时分头进行。过程中若遇到瓶颈，导致停顿，把自己卡住，可跳过瓶颈，先写有思路的部分，更能借此鼓励自己向前推进。

每一小节围绕一个主旨展开论述，思想明确、统一、完整。以文中 3.4 小节为例，如例 15.3 所示。

> **【例 15.3】**
> 3.4 复译以翻译目的为先导
> ①翻译讲求效率和作用，追求自己的目的。②每个文本都因为特定的目的而生，翻译目的取决于译语读者需求，所以翻译应以译语读者为导向。③按需求分，翻译有两个目的，一是满足特定条件下特定读者的特殊需求，二是满足一切读者的需求。④不同的目的决定不同的翻译策略和方法，与前一目的相应的翻译策略是变译，如 1907 年震述在《女子革命与经济革命》文末附录中摘译了《宣言》的有关段落，刊于《天义报》第 13、14 卷合册。与后一目的相应的翻译策略是全译，如原中央编译局不同历史时期的全译本。（文中序号为此次笔者所加）

句①确立翻译和翻译目的两个概念的关联，句②由翻译目的提出译语读者导向，句③将翻译按读者需求分类，句④提出翻译策略，并据此对《宣言》译介行为分类。如此，段内上下句联系紧密，没有赘述，节奏紧凑。

此外，各段长度要适中，若过长，容易引起阅读疲劳；过短，形成跳跃，对于学术文章来讲，不够充实。

### 15.2.3 抓住本体以贯之

打通文路要瞄准基点。文章上下抓住一点，从一小点引发扩大，或者相反，从大不断聚焦到一小点。总之，不能忽左忽右，对象不一致，也就无法深入。以“复译”通上下，每个一级标题中都有“汉译”二字，通篇不离翻译行为，重在分析文本经典化动态过程，紧扣在“译”，抓住翻译学本体，凸显与前人思考的差别。

## 15.3 删削旁枝炼文字

“百炼成字，千炼成句”。字句的提炼，尤其体现在摘要、结论和标题上，体现了作者对自己研究的了解程度，以及精炼语言的能力。《考》文所属期刊栏目无需摘要与结论部分，《例》文撰写时按新期刊规范补充。

### 15.3.1 内炼文字成金字

摘要与结论都是文章主旨最精要的浓缩，以宏观俯瞰全篇的视角，指出文章的核心观点。其信息量最大，有提示读者阅读的功能，故提炼是关键。如何提炼，摘要与结论有何不同？以《例》文中二者的对照为例，如表 15.3 所示。

**表 15.3　摘要与结论对照**

| 摘要 | 结论 | 展开内容 |
|---|---|---|
| 受经典话语的张力、主体性差异、翻译目的、翻译规律等制约，马克思主义文献《共产党宣言》的汉译在主体、方式、语言、渠道、出版、受众等方面形成了六条**路径**，一路历经了百余年**复译**，构成了经典复译链，使《宣言》从经典到二度经典化、从汉译策略到本土化传播、从主流意识确认到政治认同，完成了汉译探索期、拓展期和确立期三个**经典化过程**。 | 百余年来，《宣言》的汉译在译介的主体、方式、语言、渠道、出版、受众六大方面经历种种变化。①从话语语言学、哲学的主体间性理论、翻译目的论、全译理论和变译理论，以及翻译的内在规律等角度考察《宣言》汉译不断复译的理据之后，经辨踪与勾画各种汉译路径，织出了一张复译图。②即通过复译促进经典化，话语的确定性要求与话语自身的开放性的张力要求复译，原文作者、译者、复译者、读者、原文等之间的差异也催生复译，目的不同复译版本不同，而无论哪一版本的复译都是在追求与原作的某种程度上的“似”。③正是绵延不断前后相替的汉译链及其出版、阅读、批评、入史、研究等环节，继承了《宣言》的经典属性，确保了《宣言》从经典到二度经典化、从汉译策略到本土化传播、从主流意识确认到政治认同，一步步地走向了经典，走过探索期、拓展期和确立期三个阶段，最终完成了经典化过程。 | ①从哪些角度阐释复译的理据？<br><br>②复译链如何构成？<br><br>③经典化过程中有哪些具体环节？ |

由表 15.3 可知，字数上，摘要更简短。《例》文摘要 137 字，结论 318 字，相差一半多。内容上，摘要对各章节内容点到为止，可通过梳理各章节标题或关键词（表中加粗的关键词“路径”“复译”“经典化过程”依次来自文章主体中的各节标题），从词得句，得出摘要，摘要有意写得更精要。而结论略展开（画线为展开部分），即从“复译”到“复译的理据阐释角度”，从“复译链”到“复译链的构成”，从“经典化”到“经典化中的环节”。表述上，摘要虽短，仍有独立性，可自我解释，不需要读全文可理解。故尽量避免使用读者看不懂的新术语。结论要“洁”，直接亮出全文观点，有力收尾，无须再对结论继续阐释。

### 15.3.2　外秀标题出命题

标题既能标新，又能立意。标新，即彰显文章创新之处，立意，即确立本人独有视角。标题或具体细微，或宏观高瞻，取决于标题所统摄的内容。以《例》

文题目的拟定过程来看，《共产党宣言》属马克思主义文献，由下位概念到上位概念，考虑种属关系，从小类到大类，定位到文章大主题“马克思主义文献汉译经典化进程”。然而，题目过大也不合适，既然仅采《宣言》一例，故通过双行标题形式，正标题点明主题，副标题加以限制、说明，作为补充。所以，文章题目起得小，不够深广；起得过大，又不够准确。当一篇文章的正标题不足以确切地表明文章内容时，采用副标题补充说明，以准确限定文章内容，可以通过副标题框定研究范围，具化研究对象，以小见大，从下往上，引发深层思考。

文章题目仅揭示主题或课题，即关于文章要讨论的问题，故暂未涉及笔者对问题的看法。而文章各级标题揭示论点，是笔者的命题性认识，或者说是对各章节要点的概括。《例》文的各级标题如例 15.4 所示。

**【例 15.4】**

1.前言
2.《宣言》汉译路径辨踪
2.1《宣言》译介主体辨踪
从西人主译到国人主译
从个人之译到集体之译
从自发之译到自觉之译
2.2 译介方式辨踪
从变译到全译
从转译到直译
2.3 双语选择辨踪
原语选择：从日语、英语、俄语到德语
译语选择：从汉语到各民族语
译语选择：从文言到白话再到现代汉语
从单语到双语对照
2.4 译介渠道辨踪
从党外到党内再到以党内为主
从多党关注到一党推崇
从报刊宣介到多媒介并存
从境内到境外再到境内
2.5 译介出版辨踪
从伪装本到特种版
排版从古典到现代
发行从秘密到公开
2.6 受众从精英到大众
3.复译：《宣言》汉译经典化之路
3.1 复译链促进经典化
3.2 复译以经典话语张力为前提
3.3 复译因主体间性差异而产生
3.4 复译以翻译目的为先导
3.5 复译受翻译相似律的制约
4.《宣言》汉译经典化进程
4.1 由经典性到经典化
4.2 汉译二度经典化与译者的经典化
4.3 从汉译策略到本土化传播
4.4 从主流意识确认到政治认同
4.5《宣言》汉译经典化分期完成
5.结论

以上各标题均以陈述句形式出现，内含判断，表明笔者对研究对象的结论性认识，都是对事实的描述或阐释，明示论点。

在第 2 节进行“路径辨踪”时，为清晰展现各路径图，文章在每一小节内，又设小标题，语表形式相同，“从……到……”突出体现译介的动态过程，也起到提示读者阅读的作用。

## 15.4 深入浅出易理解

从小文章走向大文章的过程中，一边思考如何提高学术性，加深理论深度，一边学习深入浅出，新旧信息结合，便于理解与阅读。

### 15.4.1 以浅言化解深意

提出较抽象的概念或自己的见解，而后的演绎越有层次，阐释越具象，越容易被读者接受和理解。反之，可能让读者不断生疑，难被理解。例如《例》文中第 4.3 节，见例 15.5。

**【例 15.5】**

4.3 从汉译策略到本土化传播

前两节讨论了《宣言》汉译历程和复译的作用，其实也是在讨论经典化过程。在我们看来，翻译包括全译与变译。全译是完整性翻译，1920 年诞生了第一个完整性译本，即陈望道译本；迄今为止，全译本有 1930 年华岗译本、1938 年成徐译本、1943 年陈瘦石译本、1943 年博古译本、1948 年苏联外文局译本等。建国后，一群人一辈子专做马列著作翻译这一件事，其中就包括《宣言》的反复校译，它成了马、恩著作在中国版本最多、研究资料最丰、普及程度最广、影响最大的文本。

学界似乎更在意全译本的传播作用，其实全译本只是《宣言》汉译经典化的方式之一种，还存在其他形式。

第一种是变译，《宣言》首译便是变译之摘译+写作，合称为“译写”。到 1920 年全译本出现之前，以变译本形式的传播经历了长达 20 年时间。其中有抽取原作部分内容进行翻译的摘译，有对《宣言》的主要内容、背景知识等进行介绍的译述，也有编译、阐译等。译者作为变译的主体之一，充分考虑到自身的政治观点、翻译目的和面对读者，有目的、有意识地选取《宣言》部分内容进行变译，而读者作为变译的另一主体，对变译中的原文内容选择起到隐形的影响作用，其内在需求也是影响译者选取变译客体进行翻译的重要因素（杨冬敏，2015）。从变译到全译的策略选择变化，既是《宣言》在中国介绍和传播逐步完整的过程，也是中国早期先进知识分子逐渐接受马克思主义的过程。其意义，如陈家新所言，“使当时的中国人初步认识到发明阶级斗争理论的马克思必是一个伟大的人物；特别是当这种翻译从片断传播发展到李大钊在其文中进行实质性引用的阶段后，使中国进步知识分子从思想上认识到马克思学说是全人类的进步学说……该阶段《宣言》在中国的传播具有一定的进步意义和历史功绩。”因此，变译将永远是马克思主义文献汉译经典化的一种方式。

第二种是更深层次的不断本土化，即汉译研究。原中央编译局部分学者在做译介，另一部分学者在研究。其中不少人皓首穷经，毕生对包括《宣言》在内的马克思主义文献追根溯源，整理注释，详解阐述，成果累累。这些解经、注经、批经、点评、编纂、序跋、答问、廓疑以及版本考证、阐发传扬等工作有力地促进了《宣言》等文献的广泛接受与经典化。吴建广从学术任务的角度认为这部著作的经典化包括两个方面，“其一，语文诠释学的研究方法，就是对标准化了的

文本进行总体和细节的分析、解释和说明，即讲解主要、重要和难解的语词和概念；分析每个句子的句法结构及其语义；论述文本中的衔接和关联以及修辞手法等。其二是哲学诠释学，就是研究《共产党宣言》广泛的哲学意义及其在马克思以及马克思主义理论框架中的理论位置，站在今天的立场上，带着今天的意识和面临的问题研究文本”。

第三种是大众传播。政治文献要明确是成为经典，还是掌握群众。《宣言》出版由伪装到公开，是置身于传统与现实、反动与自由的解放过程，标志着思想形态的结构变化，表明《宣言》由潜流转为主流的政治建构过程。译语由文言转译为白话，再由白话改译为现代汉语，语言载体的变化标志着《宣言》从语言形态上使“大众”登堂入室，倾听共产党人最高理想最通俗的表述。《宣言》汉译的去精英化，让它成为国民的，而非贵族式的，这使得《宣言》从少数受众走向多数受众，工农大众的加入无形中增加了《宣言》思想的受众面，使得经典为更多人所掌握，一旦深入社会的最底层，就达到了政治思想最彻底的经典化。2011 年中央编译局创建了“马克思主义在中国·百年传播”展览馆，永久性地向社会开放，通过图片和文献向公众展示相关内容。此外，直观可感、生动形象的影视化传播也是《宣言》走向经典的手段，由北京大学著名马克思主义哲学家王东、中国人民大学科学社会主义与《宣言》著名研究专家高放教授，在中央电视台“读书”节目作了专题学术演讲。原中央编译局韦建桦、杨金海等著名专家学者，还与原中央电视台合作，拍摄了多集相关专题片（王东等，2009：236）。1998 年、2010 年、2011 年《宣言》多次拍摄成电视剧，使之具象化、银屏化，让抽象的思想或意识形态变成了可以触摸的形象，使得共产主义思想在人们脑海中生根，使经典化走上了立体化之路。

第 4.3 小节标题中提到“汉译策略”和“本土化传播”，但没有阐明汉译策略的内涵和本土化传播的途径。在该节中，就要通过充分论述，举《宣言》汉译过程中的具体翻译事例，把“事”与“理”紧密结合，说明翻译策略中存在的全译与变译之别，详细列出变译的方式（包括摘译、译述、译写、编译、阐译等），根据当时的历史条件分析影响策略选择的外部因素。“本土化传播”划分出汉译研究和大众传播，并从这两方面展开论述。这种逐步演绎新概念，把自己的思想越来越清晰地展现给读者的过程，就是笔者推演思想、传递观点的过程。

### 15.4.2 以深意彰显新意

学术写作引导人们对事物本质认识由浅入深，由表浅向深刻，再向更加深刻的本质认识逐层推进。这种推进过程也是一种分析过程，由此向事物内部逐渐深入。所以，事实和理论的结合，是在尽量全面掌握材料的基础上向内在纵深事理层面挖掘。导师与笔者基于对《宣言》汉译版本的考察，从六个角度刻画出六条传播路径，每一路径下又细化二至四条分路径，形成全面的复译路径图，再去探寻这幅路径图形成的原因，思考是什么导致不断的复译。而在成为经典的过程中，又经历了哪几个阶段？由现实回溯历史，由结果追问原因，由表面原因追问内在原因。正是这样的思考方式，推着思路向前走，对这一问题形成自己的视角。

就这样，小文章加工成了大文章。这其中不只是字数上的超越，而是笔者在步步深入的推求过程中学会独立、辩证思考，让读书更有价值。

## 旁观者清

常说“小题大做”，指小选题，深研究。还有一种小文大做，短文长做，即将短文做成长文，也是一种训练。短文可能发表了，也可能未发表，但时机成熟，可以做长做大。该文就是作者（当时是硕士研究生）将《考》一起改写和扩写为《例》的过程，也历经了一剑磨十年的过程。

一般而言，对局内情真正了解者只有局中人，关键时刻，若能跳出文外看清自己另一面，或许能全面自我完形。旁观自己，正如“世人皆浊我独清，世人皆醉我独醒”，不被陋见和情感所蒙蔽，能明缺点与不足，可以不再迷惘。

旁观他人，以他人之过反省自身，以免重蹈覆辙，以人为鉴，借他人和集体评价认识自己，这是合作应努力做到的。但是，旁观自己时虽说力求客观，却免不了主观。因此，有必要请学生旁观，批评和补充。该文总结如何推陈出新，如何由小至大、由短至长的过程与方法，通过旧题不扔做根基、主题深挖出新题等，将知识性小文升格为论述性长文。其中最值得反思的是如何以短文为基础，提出六条传播路径，形成复译路径图，发掘路径图的成因，考量复译的缘由。由事溯史，由果追因，由表及里、由史至论逐步走向理论性。

文章合作过程中双方时而是旁观者，时而是当局者，这与观棋有所不同。观棋忌多语，对弈结果于旁观者不啻开心果，于当局者则胜喜败忧。棋局一开，当局者思路紧收，精神紧张，难得清闲。旁观者则去留两便，随时抽身，超然棋外。当局者因身在文中而不知其根本，或不知其外围，要求修改者既能入乎文中，又能出乎文外。修改者同样可以相对轻松的心态掌握文章始末，通晓作者之利害，以文章之常规明主次，知轻重，也就持有了全盘观。在师徒二人彼此互改的过程中，当局者与旁观者的角色有过好几次的调换，做到了互批互动。

议事者身在事外，宜悉利害之情；任事者身居事中，当忘利害之虑。旁观者身在文外，无利害之忧，当事者身在文中，有利害之虞。害宜避，利可趋，趋利避害，凡事不可不求，而又不可强求。写文章如同讲故事，不同人有不同角度，学术的故事也会被讲得异彩纷呈。

# 第 16 章　师徒联手创新思*

**疑点 · 重点 · 难点 · 焦点 · 突破点**

1. 如何由点及面，确定选题?
2. 如何面中取点且能另立新题?
3. 文章如何变化长短，自如伸缩?
4. 如何由节至篇合理增删、举撮?
5. 由节至篇过程中纲目如何演变?
6. 如何提升小标题的适切性?
7. 如何以“纲”载思，筑文章风骨?
8. 师徒合作如何分工?
9. 师徒合作如何分享共用文献库?
10. 交叉互改哪些内容?
11. 交叉互改的方法有哪些?
12. 交叉互改的过程如何操作?
13. 对编辑退修意见如何商榷交流，做出应对?
14. 如何按照编辑意见对论文深忖精修?
15. 面对编辑追问，如何反思自己，再度超越?

论文《“中国文化外译+互联网”工具及策略优先规划论》①（以下简称《工具及策略》）的作者为黄忠廉、杨荣广和刘毅等师徒三人，文章类型为翻译理论类。论文选题是黄忠廉在广东外语外贸大学一次译学沙龙上提出的，然后博

---

* 作者简介: 刘毅（1982— ），男，南京大学外国语学院博士研究生，中国药科大学外国语学院讲师，主要研究方向: 翻译学。本文系江苏省高等学校哲学社会科学研究基金项目“基于语料库的典籍英译质量评估和译者风格实证性研究”（2017SJB0047）的阶段性成果。

① 黄忠廉, 杨荣广, 刘毅. “中国文化外译+互联网”工具及策略优先规划论[J]. 翻译界, 2017,（4）: 30-42.

士研究生杨荣广和访问学者刘毅加入，共同谋篇推进，经历了由宏观性的大论文到取其一环单独成篇的过程。师徒三人从立题到纲目到内容都几易其稿，从前期规划到落笔成文到编辑退修都数次探讨，从组队到分工到互改都开诚布公，此次论文写作师徒充分高效合作，互鉴互学，锻炼了队伍，提升了写作技巧，历练了学术思维。

## 16.1 系列选题觅骊珠

《工具及策略》取自黄忠廉师徒三人的大论文《“中国文化外译+互联网”优先规划战略》（以下简称《战略》）之一节。原大论文涉及一系列文化外译的重要议题，本节将讨论师徒三人如何以外译行为为基础，发散思维，由点及面生发出系列选题，构筑《战略》纲目，进而又面中取点，从《战略》中选取一节扩展成一篇万余字的论文《工具及策略》。因此，《工具及策略》的成文经历了“小→大→小→大”的历程，即由小到大，又大中取小，复由小变大的过程。

### 16.1.1 点面结合创想新题

师徒三人一开始便定下基调：文化外译为研究的基点，外译行为要分轻重缓急，理出先后顺序，实现资源投入和效果产出的最佳配比。“外译”作为一种文化行为，具备行为的基本义素特征，即“十何”：何时、何地、何人、何方式、何领域（何对象）、向何地、向何人、用何媒介、为何目的、达到何种效果。由此，三人以外译行为为原“点”，进而由点及面展开义素分析，将外译行为义素拆解为三大参与方（主体、客体、受体）（表 16.1）和四大因素（行为、方式、时空、因果）（表 16.2），然后进一步演化为主体、客体、受体、技术、媒介、语言、策略、时空等义素，进而分别对这些义素进行优先规划设计，思路便泉涌而出，得出如下优先规划论谱系：外译主体优先论、外译目的优先论、外译策略优先论、外译去向优先论、外译领域优先论、外译对象优先论、外译受众优先论、外译时空优先论、外译模态优先论、外译语种优先论、外译效果优先论等。在《战略》宏观架构之下，取其一环，便可独辟一题，单独成文。例如，将包含技术、媒介、语言、策略的“方法优先论”整合重组为“《工具及策略》优先论”，再进行深入挖掘，便成为《工具及策略》，而其他环节则依照此法遂成系列论文：《“中国文化+互联网”外译客体优先规划论》[①]

① 黄忠廉，杨荣广，刘毅．“中国文化+互联网”外译客体优先规划论[J]．中国俄语教学，2016，（04）：61-64.

《"中国文化外译+互联网"时空优先规划论》[①]《"中国文化外译+互联网"主体优先规划论》[②]《"中国民族文化外译+互联网"优先规划论》[③]等。

**表 16.1 《战略》初稿"文化外译义素分析思维演化表"之三大参与方**

| 参与方 | 表层 | 深层 |
|---|---|---|
| 主体 | 人+IT 技术 | 个人+团体+IT 技术<br>国内+国外+IT 技术<br>官方+非官方+IT 技术 |
| 客体 | 时空+民族+领域属性+介质 | 古代；现当代<br>汉族；少数民族<br>政经、科技、人文<br>纸媒、数字 |
| 受体 | 时空+语族+层次 | 地理时空<br>文化语族<br>读者层次（年龄、职业等） |

**表 16.2 《战略》初稿"文化外译义素分析思维演化表"之四大因素**

| 因素 | 表层 | 深层 |
|---|---|---|
| 行为 | 全译+变译 | 全译为主变译为辅<br>全译为辅变译为主 |
| 方式 | 语种+媒介 | 通用语+非通用语<br>静态文本+动态影像 |
| 时空 | 何时+何地+向何地 | 阶段性（因时制宜）<br>地域性（因地制宜） |
| 因果 | 目的+条件+效果 | 目的主导<br>条件考量<br>效果评估 |

找准"原点"后，一开始的拟题是以"互联网+文化外译"为中心，但考虑到文化外译与互联网之间的关系，三人对"互联网+文化外译"和"文化外译+互联网"进行了深入思辨：一是文化外译和互联网二者之间的关系需明确，即文化外译应为选题的出发点和研究重心，而互联网是外译活动顺势创新的工具；二是"互联网+文化外译"与"文化外译+互联网"之间的关系，即前者包含后

①、②、③均为拟题论文，尚未发表。

者，前者是文化外译的高级阶段。此外，原大论文《战略》为“面”，而《工具及策略》为“点”，是大战略中的一环，是一个下位概念，属于面中取点，于是《工具及策略》题目中的“优先规划战略”改为了“优先规划论”。至此，题眼得到厘定，选题确定为：“中国文化外译+互联网”工具及策略优先规划论。

### 16.1.2 由小到大幼秧参天

大标题确定后，接下来师徒三人开始设置各级小标题，宏观微察，扩容增量。首先，三人深入交流探讨，集思广益，扩展纲目，对原《战略》中的二级标题进行修改提炼；然后，三人分头深入思考，充实内容，汇聚思想，提升理论含量。经此，幼秧长成参天大树。

《战略》第二节是对系列优先论理论背景和研究方法的叙述介绍，又下设 4 个二级标题。《工具及策略》保留了《战略》的第二节，但内容不能原封不动，因为前者只涉及工具和策略，而后者则范围更广，所以二级标题和内容均需进行撮要，以更加适合《工具及策略》的题旨。于是，三人在《战略》第二节中萃取了与工具和策略相关的内容，有的地方还适当润改和扩充。试以标题为例，见表 16.3。

**表 16.3 标题撮要**

| 《战略》原标题 | 《工具及策略》撮要 |
|---|---|
| 2. 中国文化外译与互联网关系简论 | 2. “外译+互联网”：工具革新的现实意义 |
| 2.1 中国文化外译现状 | 2.1 中国文化外译的窘境与蜕变 |
| 2.2 中国文化外译网络化趋势 | 2.2 网络+翻译：文化外译的新出路 |
| 2.3 外译+互联网≠互联网+外译 | 2.3 外译+互联网≠互联网+外译 |
| 2.4 互联网大数据处理对中国文化外译的作用 | 2.4 数据挖掘与文化外译：跨界的优势 |

如表 16.3 所示，《工具及策略》第二节摘取自原《战略》第二节，但是标题名和内容进行了系列修改和撮取精要，目的是跟“工具及策略”之主题更加切合。通过对比可见，原文第二节是针对《战略》系列优先论的，是一个更为宏观和笼统的章节，而《工具及策略》第二节只是针对“工具及策略”，因此撮要的策略便是“具体化”与“适切化”。例如，《工具及策略》第二节一级标题由“中国文化外译与互联网关系简论”改为“‘外译+互联网’：工具革

新的现实意义”，紧扣“工具革新”；二级标题 2.2 改为“网络+翻译：文化外译的新出路”，直指“互联网”；二级标题 2.4 改为“数据挖掘与文化外译：跨界的优势”，凸显互联网的跨界属性和大数据处理对文化外译的工具性作用。

此外，在宏观理论论述方面，《战略》的序言也经过浓缩和充实两个撮要步骤（表 16.4），形成《工具及策略》的序言：“问题的提出”。

**表 16.4　序言举撮与充实**

| 《战略》序言前两段 | 《工具及策略》终稿序言<br>第一段举撮 |
|---|---|
| 明季以降，中国渐次引入西方科技知识，至近代则迫于国势衰亡压力，受师夷求存观驱使，西学之风大盛，文化译入占据主流。而今，全球一体化与网络信息对人类社会架构已产生根本性影响，物理空间与虚拟空间并置，知识输入与输出共存，语言文化接触更频。依托强大经济实力和政治影响力的西方强势文化更是借开放的互联网空间呈席卷全球之势。如何在不同文化高频碰撞的今天保持独立，甚或应时而动，参与国际竞争，仍需战略规划。与此同时，中国国势日隆，中华文化复兴势头强劲，当此“近两百年来未有之大变局”（潘文国，2016），立于国家高度做好顶层设计和战略规划，实现中国文化外译的宏伟目标，可谓正当其时！<br>世纪之交，中国政府早已明确了中国文化走出去的战略构想，迄今却未取得理想效果(杨利英，2009)，瓶颈正是翻译(白旭和冯千，2013)。摆脱窘境，只有创新，正如中国翻译研究院院长周明伟（2016）谈及中国文化国际传播问题时所指出的“创新不仅是技术的创新，方法、手段的创新，实际上也要理念的创新、机制体制的创新”，既需顶层的理念与机制创新，更需要底层的方法与手段创新。前者具体表现为依托于互联网思维，即用户思维、平台思维、跨界思维和草根思维；后者具体表现为操作工具、传播工具、媒介工具等层面。 | 明季以降，中国渐次引入西方科技知识，至近代则迫于国势衰亡压力，受师夷求存观驱使，西学之风大盛，文化译入占据主流。而今，中国国势日隆，中华文化复兴势头强劲，当此近两百年来未有之大变局（潘文国，2016），加强文化外译，实现中国文化走出去的宏伟战略目标，可谓正当其时！事实上，世纪之交，中国政府已明确提出了中国文化“走出去”的战略构想，然而时至今日，却未达至理想效果，瓶颈正是翻译（白旭和冯千，2013）。欲摆脱窘境，只有创新，就当下而言，中国文化外译的重要依托便是互联网为代表的信息技术。 |

表 16.4 显示，《战略》中序言的前两段被撮取精要，再适当充实，形成《工具及策略》的序言第一段。《战略》序言第一段画线部分被删掉，因其内容与《工具及策略》的关系不够密切；《战略》序言第二段画线部分删掉了直接引用的内容，并对剩余部分中有关互联网的内容进行了撮要，进而点出文化外译要依托互联网技术进行创新。

从《战略》摘取一节扩展为一篇论文，理论内涵和细节论述方面都进行了扩充。比如，对移动-语音翻译、外包翻译和众包翻译的论述扩容增量，使其更加完善，增加了如下段落（例 16.1）。

> **【例 16.1】**
> 移动-语音翻译和外包翻译更多是单一技术的运用。“众包翻译”和“外包翻译”在此处更全面的说法是“基于互联网的众包/外包翻译”，也即借助互联网完成翻译任务分解与管理。外包对象多为专业服务机构，因而更具针对性，效果更好，众包则以成本为重要考量因素，参与众包服务的机构或个人存在资质差异，效果无法保证，故排序在后。

加上以上段落，一是增强了众包与外包翻译与主题（外译+互联网）的关联，二是阐释了外包翻译优先于众包翻译的理由，使得论述更加完备。

## 16.2 炼纲目构筑风骨

### 16.2.1 以纲载思

合作自始至终贯彻炼纲的思想，即炼纲促思是大道，纲目中见逻辑，见思维。《工具及策略》纲目经历了“四分”变“二分”的蜕变过程，即从正文“四分”（技术、媒介、语种、策略）改为“二分”（工具、策略），将技术、媒介和语种三部分统合于“工具”之下，详见表 16.5。《工具及策略》主体部分是《战略》第 5 节，第 5 节的标题和纲目经历了一系列修改：从一开始“互联网+翻译行为优先论”改为“外译技术手段优先论”，定稿又改为“‘中国文化外译+互联网’方法规划优先论”（含手段、媒介、语种、策略）。而《工具及策略》则将此节拆分为两部分，即①工具优先规划论（第 3 节），包括技术、媒介和语种，其中的“技术”取代了《战略》中的表述“手段”；②策略优先规划论（第 4 节）：外译文化策略优先论和外译操作策略优先论。由表 16.5 可以进一步看出，《工具及策略》第 4 节的两个二级标题用“策略”取代了《战略》第 5 节三级标题中的“战略”，原因在于：小标题受大标题统摄，“战略”属于“策略”的上位概念，不可僭越，以免造成标题层级逻辑的混乱。

**表 16.5 炼纲过程**

| 《战略》纲目第七稿 | 《战略》定稿纲目 | 《工具及策略》定稿纲目 |
|---|---|---|
| 5. 互联网+翻译行为优先论<br>5.1 全译/变译优化组合<br>全译为主变译为辅<br>全译为辅变译为主 | 5. “中国文化外译+互联网”方法规划优先论<br>5.1 外译手段优先论<br>5.2 外译媒介优先论 | 3. “中国文化外译+互联网”工具优先规划论<br>3.1 “中国文化外译+互联网”技术优先规划 |

续表

| 《战略》纲目第七稿 | 《战略》定稿纲目 | 《工具及策略》定稿纲目 |
| --- | --- | --- |
| 5.2 翻译策略与客体组合<br>5.3 翻译策略与受体组合 | 5.3 外译语种优先论<br>5.4 外译策略优先论<br>5.4.1 外译文化战略优先论<br>5.4.2 外译操作策略优先论 | 3.2 “中国文化外译+互联网”媒介优先规划<br>3.3 “中国文化外译+互联网”语种优先规划<br>4. “中国文化外译+互联网”策略优先规划论<br>4.1 外译文化策略优先论<br>4.2 外译操作策略优先论 |

### 16.2.2　分工分享

定下纲目后，三人先是分选标题和章节，然后深入写作与修改。考虑到章节难易和个人所长，分工时三人遵循“生先后师”的原则，即杨荣广和笔者优先选择自己拿手的部分,然后将自己感觉较难或难以把握的章节留给导师来写，导师欣然接受。三人约定，在自己选择的标题之后标注自己姓氏拼音的首字母大写，即黄忠廉为 H，杨荣广为 Y，刘毅为 L，如杨荣广选择“5.4 外译策略优先论 Y”，刘毅选了“5.1 外译手段优先论 L”，黄忠廉最后选择“5.2 外译媒介优先论 H”等。分配任务之后，师徒三人便分头并进，在规定的时间之内写完各自部分，然后由杨荣广或笔者统稿整理，进而进入下一阶段的修改、定稿。统稿整理过程意在训练综合统筹、协调整合能力，亦即为文论道既要胸有点墨，又要心怀格局。

在定纲目、分任务的基础上，为进行下一步的深入论证和扩展，三人将各自搜集的文献汇集在一起，共享前期文献资料，组成一个文献库，并对其进行合理标记和编码，进而在扩展纲目过程中详细标注引用情况，一则方便后期检查引用出处，二则避免师徒三人的文献引用撞车。在此基础上，再在理论思辨上施以广度和深度上的内容拓展和充实。以下是初稿从纲目到内容的思维运筹过程和文献引用标注示例。

> **【例 16.2】**
> **5.1 外译手段优先论**
> 移动翻译；L41 网络翻译 H106（1）；H124’ACD2E；
> 云翻译；H6，L8

众包众筹 H6-10；H49AB、H81；H124；L9-13
外包：H90
笔译＞口译＞标准 H95
线上+线下 L7；
**5.2 外译媒介优先论**
Y16 多样形式；
多模态变译＞单一模态变译＞ 多模态全译＞单一模态全译
影视成本相对较低，影视大于工程 H120M”；
文艺形式 H123K’；
新媒体 H123K”；
外语本地化网站 H122
民间网站 H135
语音翻译 H122”

从以上运作流程可见当时的思维过程和论辩轨迹。每个条目后面标注所引用文献在共享文献库中的编码，如 H135 即为黄忠廉所列文献库中的第 135 条，Y16 即杨荣广文献库中的第 16 条，L9-13 即刘毅文献库中的第 9～13 条。文献库编码还可进一步以不同字母标示不同主题，以单撇号和双撇号标示主题层级，以方便文献库管理和调用，例如 H123K’即黄忠廉文献库第 123 条中关于次 K 主题（单撇号意为 K 主题下面的子主题）的文献。

## 16.3　师徒互改有真法

初稿完成后，师徒三人商定互改。黄忠廉提醒大家互相之间要展开大胆批评，充分发挥各人所长，不要不好意思。这番话打消了徒弟不好意思改的“面子”忧虑，于是乎，大家大刀阔斧，直言不讳，以改促思。修改过程经历了两轮交叉互改，第一轮的顺序是 H 改 Y，Y 改 L，L 改 Y，第二轮顺序是 H 改 L，L 改 H，Y 改 H，这样一来就保证了每个人写的部分都能得到充分修改。

### 16.3.1　互改方法

师徒三人在修改过程中采用的方法主要涵盖增、删、简、换等，切实以改促写，将“改”作为一种重要的交流手段。“增”指在原文论述不够充实、信息不够丰富的地方增加语句，加强论证力度和说服力；“删”指删除原文用词累赘、与主题关系不够密切之处。“简”指简化原文表述拖沓、论证牵强之处。

"换"有两个层面，一是换词，指用新的表述换掉原文用词不妥、缺乏感染力之处；二是换位置，即把某些词句的位置调到前文或后文，使其用对地方，增强连贯性。当然，有时候需要综合运用这几种方法，如表 16.6 所示。

**表 16.6　互改流程**（节录）

| 《战略》（L 改 H） | 《工具及策略》（Y 改 H） |
|---|---|
| 全球 200 多个国家和地区已联入网，互联网突破了时空和媒介的界限，各类信息以声、像、表、文诸多形式，不舍昼夜地迅速海量地流向世界。读表时代、数字信息时代的到来也极大冲击了传统的纸媒传播模式，因此若需实现外译传播效果优化设计，对诸多媒介何者为先也应作战略考量：多模态外译＞双模态外译＞单模态外译。考虑到声、像、表均可与文字配合，这一序列还可具体化为：声像文/声表文＞表文/声文/像文/＞声/像/表/文 | 读表时代、数字信息时代的到来也极大冲击了传统的纸媒传播模式，因此若需实现外译传播效果优化设计，对诸多媒介何者为先也应作战略考量：多模态外译＞双模态外译＞单模态外译。考虑到声、像、表均可与文字配合，这一序列还可具体化为：声像文/声表文＞表文/声文/像文/＞声/像/表/文 |

表 16.6 的"互改流程"展示的是对"媒介规划优先论"一节的互改过程。《战略》中的画线部分为笔者所加，增加后语义上与互联网关系更为密切，也在一定程度上使得句际更为连贯，逻辑更为明晰。《工具及策略》互改中杨荣广则将该段第一句删掉，进一步突出了重点，也避免了语义重复。

### 16.3.2　操作过程

互改时三人各自把自己所写部分摘出来发给对应的修改人，第一轮按照 Y→L→Y→H 的顺序发送，改完后都把修改稿发给 Y 汇总，Y 再把汇总稿发给各位作者，作者根据修改意见进行整改或跟修改者进行商榷，拿不准的还要三人共商；第二轮则将修改后的稿件按照 H→Y→L→H 的顺序发送给第二位修改人，改完后发给 L 汇总，L 把汇总稿发给各位作者进行再次整改或商榷。三位作者在互改过程中使用了一些简洁明了的方式，让修改看起来明晰直观，主要采用了添加批注、分栏对照、颜色凸显等方式。其中，"分栏对照法"（由黄忠廉提出）采用原稿在左、改稿在右的布局，一经比对，修改之处一目了然，问题立现，优劣立判。

对于不适合或不能确定直接修改的地方可以使用批注，留下建议和商榷意见。譬如，初稿第 3.1 节"外译技术优先序列"一开始拟为：网络翻译＞其他技术手段（移动-语音翻译＞外包翻译＞众包翻译），后来黄忠廉修改时使用批注建议改为：网络翻译＞移动-语音翻译＞外包翻译＞众包翻译，笔者看到建议后表示赞同。而第一个优选项“网络翻译”在返修时又改为“机器-云翻译”，后面与编辑对话部分会有详述。

表 16.7　分栏对照修改操作过程展示

| 《战略》原文 H | 《战略》修改：Y&L 改 H | 定稿 |
| --- | --- | --- |
| **2.3 互联网+外译≠外译+互联网 H**<br>2016年政府工作报告使用“互联网+”三次，“+互联网”一次。二者语表位次不同、语义不同，作用效果也不同。“外译+互联网”可简称为“外译互联网”，指以外译为根，使其互联入网，优化传统的外译活动。而“互联网+外译”可简称为“互联网外译”，指以互联网为平台的翻译行为，只是多种翻译技术中的一种。可见前者包括后者，两种组合，不仅仅是一种包容关系，更重要的是看哪一种涵盖面更广，对中国文化走出去作用更大。前者突出外译是中心和重心，联网只是条件或工具。外译欢迎技术，甚至离不开技术，当下翻译技术市场十分火热，因为市场使然，但绝不能因技术而忘了翻译本身。<br>“+互联网”更强调顺势创新，以传统翻译为基础，利用互联网，提高海外服务的效率和质量。“互联网+外译”重技术，仍以互联网为主导，以其为基础，将其当作操作系统，重新整合翻译运作及其管理模式，赢得翻译的社会和经济效益。而“外译+互联网”则是利用互联网提高自身服务客户的能力， | **2.3 互联网+外译≠外译+互联网 H**<br>2016年政府工作报告使用“互联网+”三次，“+互联网”一次。二者语表位次不同、语义不同，作用效果也不同。“互联网+”体现互联网的主导地位，强调以互联网的技术优势彻底革新传统行业的操作模式，如互联网+零售便形成了淘宝的 C2C 营销模式，而“+互联网”则体现传统行业对互联网工具与媒介的利用，强调在传统业态内运用互联网技术拓展出新的工作方式，如“银行+互联网”形成了网上银行。<br>就外译与互联网外部关系而论，“外译+互联网”可简称为“外译互联网”，指以外译活动为主体，在不同的环节融入互联网技术，优化传统外译活动。而“互联网+外译”可简称为“互联网外译”，指以互联网主导，外译活动为辅助，体现对互联网技术的高度依赖，是“外译+互联网”发展的高级阶段，须待互联网翻译技术高度成熟之后方可实现。就两者内部关系而言，“外译+互联网”可简称为“外译互联网”，指以外译为根，使其互联入网，优化传统的外译活动。而“互联网+外译”可简称为“互联网外译”，指以互联网为平台的翻译行为，只是多种翻译技术中的一种。可见前者包括后者，两种组合，不仅仅是一种包容关系，更重要的是看哪一种涵盖面更广，对中国文化走出去作用更大。<br>就实践层面来看，“+互联网”更强调顺势创新，以传统翻译为基础，利用互联网，提高文化外译的效率和质量。“互联网+外译”重技术，仍以互联网为主导，以其为基础，将其当作操作系统， | **2.3 外译+互联网≠互联网+外译**<br>就外译与互联网关系而论，“外译+互联网”可简称为“外译互联网”，指以外译活动为主体，在不同的环节融入互联网技术，优化传统外译活动（黄忠廉等，2016）。而“互联网+外译”可简称“互联网外译”，指以高度成熟的互联网技术为主导，引导、管理和实施文化外译活动，其现实可行性尚待时日。就两者内部关系而言，“外译互联网”，指以外译为根，使其互联入网，优化传统的外译活动。而“互联网外译”，指以互联网为平台的翻译行为，只是多种翻译技术中的一种。 |

续表

| 《战略》原文 H | 《战略》修改：Y&L 改 H | 定稿 |
|---|---|---|
| 以传统翻译为主导，视互联网为传播工具，延伸外译实践的作用与价值，传统的外译也因互联网而生巨变，促进外译内部结构的重构，但外译的本性不变，更凸显传统外译下互联网的媒介作用。 | 重新整合翻译运作及其管理模式，赢得翻译的社会和经济效益。而“外译+互联网”则是利用互联网提高自身服务客户的能力，以传统翻译为主导，视互联网为传播工具，延伸外译实践的作用与价值，传统的外译也因互联网而生巨变，促进外译内部结构的重构，但外译的本性不变，更凸显传统外译下互联网的媒介作用。 | 可见前者包括后者，两种组合，不仅仅是一种包容关系，更重要的是看哪一种涵盖面更广，对中国文化走出去作用更大。 |

表 16.7 展示了从《战略》到《工具及策略》的层层对照修改过程，反映了三位作者在语言、逻辑和论证等方面的切磋和妥协过程。Y 和 L 在《战略》修改中，做了三处增补（中间一栏的画线部分）、一处删减（左边一栏的画线部分）和一处顺序调整（二级标题“≠”前后内容互换），目的是使得论述更加完善，充实，贴切。在《工具及策略》的撰写过程中，作者三人对《战略》的定稿进行了萃取，吸收精华部分，突出“外译+互联网”和“互联网+外译”之间的核心差异以及“外译”和“互联网”之间的实质关系，充分对接文章主旨。

## 16.4　答疑精修始成稿

文章定稿投出后，《翻译界》责任编辑孙三军博士回函，对文章提出 4 个疑问，就相关问题表达了看法。师徒三人对 4 个问题进行了深入反思、广泛讨论、及时回应和修改。

### 16.4.1　编辑追问

第一，第 3.1 节提到“网络翻译＞移动-语音翻译＞外包翻译＞众包翻译”。这几个概念之间似乎存在重叠。比如，网络翻译包括互联网机器翻译和云翻译；移动-语音翻译“利用移动网络和移动翻译软件”，如果利用移动网络，那也算是网络翻译的一种；与外包翻译相对的是单位内部自行翻译；与众包翻译相对的是将翻译外包给一个人或一个单位。外包翻译与众包翻译这两种组织形式均可以采用网络翻译技术。

第二，文化外译被认为是“以推介中华优秀传统思想为主”，比如中国典籍。从这点来看，“移动-语音翻译”（如出境游语音翻译软件“出国翻译官”）就跟文化外译无关，除非是译成 audiobooks（有声书）。外包翻译中所说的“口译、文案写作、文档排版、网站本地化”也与文化外译关系不大，属于边缘性活动。

第三，机助翻译 CAT 的长处在于利用翻译记忆，重复的句子不需要翻译第二次。在文化外译中，这种重复的句子极少出现，所以多数情况下，译者只能利用机助翻译来进行信息检索。比如要译一首唐诗，译员可以先将前人的几个译文版本检索出来，参考一下，然后给出自己的版本。但如果只是信息检索，像使用谷歌或平行语料库，那又难以称作“机助翻译”。

第四，读者还可能会问：目前国内翻译专家多数不懂翻译技术，那他们还能从事文化外译工作吗？他们应扮演何种角色？

### 16.4.2 返修完善

针对责任编辑提出的 4 个问题，作者三人做了如下 4 个方面的认真反思和讨论。①对关键概念要定义和范畴化，厘清内涵外延，做到概念无歧义、内涵有精度、外延有关联。②对关键概念“中国文化”进行界定。编辑理解也存在一定偏差：认为“移动-语音翻译”不属于文化外译范畴，而“移动-语音翻译”是工具，并非内容/对象。③需对“机助翻译”进行适当定义，要锤炼概念定义能力、范畴化能力、概念关系建构能力。④涉及人译和机译关系问题和翻译技术定位问题，论证结构需完整、严谨。讨论结果及时回复给了责任编辑，文章也做了修改。

第一，问题①指出了原稿所存在的概念重叠问题，即对网络翻译的定义不够明确，在本序列中实指“机器翻译”和“云翻译”，故调整为“机器-云翻译”，并对“机器-云翻译”进行了定义，使表述更为精确，详见《工具及策略》第 34 页最后一段。

第二，问题②实含三个层面的问题。

第一个层面：原稿没有对关键概念“中国文化”进行界定，其内容失之宽泛和模糊，因此修改稿在文章第一部分末尾处添加一句进行说明，这样就避免了歧义（详见《工具及策略》第 31 页第 2.1 小节第 1 行至第 3 行）。

第二个层面：原稿对关键要素的内涵和属性没有讲透，移动-语音翻译属于外译工具，其工具属性是外译过程所必不可缺的，舍此则会造成读者理解的偏差，因此笔者在修改稿中专门加以说明（详见《工具及策略》第 35 页第 1 段第

1 行至第 3 行）。

第三个层面：原稿对外延概念（即后四种语言服务类型）与核心议题之间的关系建构缺失，似有“跑题”之嫌，经修改，将后四种纳入“变译”范畴，建立了与主题“文化外译”的关系（详见《工具及策略》第 35 页第 2 段第 4 行至第 5 行）。

此外，为加强本部分的完整性和内在逻辑性，增补一段小结，对四种外译手段之间的内在关联进行概括和升华（详见《工具及策略》第 35 页最后一段）。

第三，问题③是对“机助翻译”在文化外译中的功能及何为“机助翻译”的质疑，说明“机助翻译”需要进行适当定义。因此，修改时对“机助翻译”予以广义的界定，并做层次化分类，使这一概念得以明晰（详见《工具及策略》第 39 页第 4 段）。

第四，问题④涉及论述的完整性和结构的严谨性。外译工具和机译的作用等概念是文章主要内容，但在谈论机译的同时，却没有论及人译和机译的关系问题以及翻译技术在翻译学研究体系中的地位问题（虽然人译的问题另将专述），这样就显得不够全面和严谨，容易失之偏颇，受到攻击。因此，特缀补一段使之完善，详见《工具及策略》第 40 页第 3 段。

### 16.4.3 反思借鉴

《工具及策略》一文最大的特点就是它是从大论文中的一节变身而来，其中所经历的增、删、并、改、撮等过程极大地历练了作者的综合写作能力，尤其是“伸缩”能力，即文章可长可短，缩写、扩写之间可见真功夫，炼真思维。特点之二是《工具及策略》合作作者（尤其是师徒）之间的分享合作、互改提质为读者提供了借鉴。特点之三是如何回应编辑追问以及如何返修，返修过程中笔者深感写文章、做学问是一种严谨的高智商行为，来不得半点马虎和模糊，对论辩的全面性、贴切性、逻辑性和严谨性有很高的要求，需要作者具备较高的概念界定能力、措辞能力、学术交流和沟通能力。

**旁观者清**

师徒三人行，多人合作，如何操作？师徒二人合作，同构一局，彼此又各自成局，相互看清对方，三人合作则可鼎立而为。师生平等，互改互校。师徒三人行，“顶个诸葛亮”。真正的合作，不带偏见，平等交流，各有收获，可优势互补，达到效果最优化。

长文如何取其片段或一节单独成篇？如何拆成多篇，先期发表，再以此为基础获批部级以上课题？该章讲述了《工具及策略》成文的故事，即文章按“短→长→短→长”的节奏，如何由小到大，又大中取小，再由小变大的过程。

《工具及策略》选自两万字长文《“中国文化外译+互联网”优先规划战略》中近两千字的一节，扩展成一篇万余字的论文。立题后，三人集思扩目，设置二、三级标题，宏观微察，扩容增量。之后分头思考，充实内容，提升理论含量。

考虑到章节难易和各人所长，三人在分工时遵循“先生后师”原则，即学生先选最能写的部分，剩余的由导师来写。文中所述的标序、分类、合作、从文献阅读到纲目设计等方面的方法可供同行参考。分工后，分头推进，限时写作，再分工归并统稿，反复修改，直至定稿。

三人合作最为迷人的是轮番互改的过程，真是互相启发的美妙过程。师徒平等相待，打破面子观，只重批评。三人之间两两互批，互批互学中相互提高，增、删、简、换式互改方式，由生生到师生互批互改的过程有效地达到了集思广益的效果。在与编辑交流阶段，师徒遇上了真正的行家里手、《翻译界》责任编辑孙三军博士，更从专业角度学到了许多真经。

《工具及策略》改发过程中最大的借鉴价值在于通过对一篇长文先缩后伸的训练，揭示了思想的压缩与扩张之道。学生关注一棵树，导师关注一片林；学生成为一片林，导师笑看桃李满园、层林尽染。所谓先生，就是先出生，其视野一般更为开阔，既旁观指导，又实质合作。或相反，学生对现代技术、新鲜事物等极其敏感，可弥补先生之不足。师徒亲密无间，实为教与学的至美境界。

# 报纸文章类例话

# 第 17 章　会议综述见功力*

**疑点·重点·难点·焦点·突破点**

1. 会议综述新闻稿有何要素?
2. 学术报刊会议综述有何特点?
3. 任务型写作过程如何模仿参照?
4. 综述内容杂乱无序时应如何统筹?
5. 综述之题目和小标题拟就有何诀窍?
6. 报刊会议综述正文写好还应注意什么?
7. 报刊综述文章发表后能总结哪两点经验?
8. 写作之模仿是否必须循规蹈矩不敢越雷池?
9. 面对任务型写作毫无思路时应如何应对?
10. 学术写作初学者如何步步为营进阶?
11. 短文顺势写作时应遵循何种步骤?
12. 短文逆势思考时应该怎样着手?
13. 报纸和期刊的综述有何区别?
14. 综述稿和见报稿有何区别?
15. 如何根据会议手册综述?

2017 年 1 月，第一届理论翻译学及译学方法论高层论坛在广东外语外贸大学召开。笔者在导师黄忠廉的指导下撰文，写会议综述投稿到报刊上发表。因此，该综述为任务型写作，目标明确，就是以第一届理论翻译学及译学方法论高层论坛为对象，写出简短的学术综述，投到学术报纸发表，所以不能太长，文章有报道之功能的同时，又要注重学术性，凸显其学术价值。所以，本章就

* 作者简介: 陈元飞( 1980— ), 男, 博士, 大连理工大学外国语学院副教授, 主要研究方向: 翻译学。《理论翻译学: 立说与构建》发表时作者为广东外语外贸大学高级翻译学院翻译学博士研究生。

是学术报刊综述《理论翻译学：立说与构建》[①]（以下简称《理论》）一文成文全过程的描述和呈现。

## 17.1 无思路草草写成

### 17.1.1 记流水账

笔者全程参与了该次论坛的筹备，承担会议新闻稿写作并上传校园网络的任务。由于会议结束后，往往当天或第二天新闻稿就要上网，而会议期间往往无暇他顾，所以必须提前写好新闻稿，这是惯例。所以笔者于会前十天，就参照相关资料和会议手册草稿着手写作。有人确定参会，但摘要提交拖拉，暂无材料可用；有人交了“摘要”，但可能出于个人知识产权保护，内容其实只是导言，不是真正的摘要；还有人虽提交摘要，但最终未能到会，写了还得删去。总之情况复杂，由于当时会议未开，笔者没有太多想法和感触，于是就写了流水账。第一稿为新闻体初稿，笔者在突出会议时间、地点、人物、起因、经过、结果六要素的基础上，近乎摘录各专家所提供摘要的观点。

### 17.1.2 提炼标题

细读之下，笔者发现颇多文章与会议主题几无关联。当下，很多专家由于会议众多，不见得都有时间专门切题准备论文、PPT 和讲演，拿沾边的话题来应景，可能也是常态。由于话题庞杂，与主题没有紧密结合，但在综述中如都不提及，不好看，似乎也不行。于是笔者给文章设了几个二级标题，分类谈及，把各专家思想都串了进去。当时笔者想法简单，认为既然无法都不涉及，你就只能记流水账，依次谈及。其实，除了简单分类、提炼标题，文章要的就是“揉”的功夫。这样至少看上去条理清晰、纲举目张。在早就拟好的会议转写稿基础上，笔者根据会议实际到会人数和现场召开情况，将文章略作增删修缮，题为“第一届理论翻译学及译学方法论高层论坛顺利召开”，并以此作为发稿新闻。该文是草成后的第二稿，亮点是提炼了 4 个显眼的标题——宏观视角、专业领域、历史梳理和编辑出版，原文在网上搜索可得。

---

① 陈元飞. 理论翻译学：立说与构建[N]. 中国社会科学报, 2017-05-09.

## 17.2 没头绪继续深化

### 17.2.1 写作描红

此时笔者又接到给报刊写会议综述的任务。手头有的就是新闻稿，可笔者认为新闻稿放在学术报刊上肯定不行，两者虽有重合，但前者重新闻性，后者重学术性，还是有区别的。于是笔者开始在原新闻稿的基础上修改增益，谋划写学术报刊综述。

这里首先需提及导师发给笔者参考的一篇文章——《地理语言学深化汉语方言研究》①，这是《中国社会科学报》上一篇类似会议报道的学术综述。按照导师要求："不写成会议报道，而是学术研究。以此文为参考。同时写心得，总结这类文章的写法！"笔者开始真正进入学术报道写作，跳出读者模式，把参考文章以写作者的心态认真读了5遍，觉得有启发意义：弱化具体时间、地点等新闻性；重在介绍学理发展；分3个小标题，按照逻辑介绍专家观点。于是笔者就把整篇文章完全复制过来，照葫芦画瓢。例文写什么，笔者就按照其体例写什么，自己的文章写好一段，就删去例文一段，进行描红式写作。一般来说，推荐写作初学者用这种方式开始学习任务型写作。为了凸显学术和学理传承，笔者先在文首突出了理论翻译学的发展。

### 17.2.2 逻辑暗合

其实笔者最初尝试过以问题为导向进行写作，但实在难以统御，遂按照原先的分类写，但框架措辞做了调整。具体来说，逻辑上的一条暗线是文章的"起承转合"，增加其学术探讨和思想。笔者发现，任何小文章顺势行文又无明确思路时，行文都可大致按照此思路来写。第一段前两句为"起"，后两句为"承"；第二段为"转"，指出问题，适度表达思想，引出主题；第三段为新闻报道；第四段为"合"，再次表明观点，但引而不发。后面再分领域介绍，最后总结，如图17.1所示。在前稿基础上小修小补，变化不大，从略。导师批评"还是像会议报道，需要突出思想，其他穿插而不太显"。

当然，还有一种写作思路，是逆向推导，主题先行。根据现有资料深入分析，分门别类，得到思路乃至主题，确定好大框架，然后再开始写作。此时，

① 冯爱琴. 地理语言学深化汉语方言研究[N]. 中国社会科学报, 2014-08-15.

**理论翻译学对翻译学进行元反思**

上世纪七十年代起，翻译学开始迅速发展，研究方法由规范性向描述性成功转变，为翻译学腾飞提供非凡助力。翻译学者可以摆脱翻译理论必须直接指导翻译实践的束缚，广泛借助相邻学科的理论和方法，聚焦翻译产品、过程和功能等，极大拓展研究范围。一时间，学者们从各自背景和角度出发，提出多种翻译研究的理论和方法，如翻译系统论、翻译操控理论、翻译文化学派理论、解构翻译理论、后殖民翻译理论、女性主义翻译理论、语料库翻译理论、认知翻译理论等。

翻译学是以翻译为研究对象的经验科学。在获得独立学科地位且经数次“转向”之后，当下翻译学研究表现出术语泛滥、概念模糊、学科边界模糊等问题，其发展值得学界深思。鉴于翻译学独特的研究对象和经验科学的本质，从本体论、认识论和方法论三层面进行学科的元理论反思，采用归纳演绎的方法，构建具有翻译学元学科性质的理论翻译学便具有一定的科学哲学意义。

2017 年 1 月 7—8 日，由广东外语外贸大学、商务印书馆、《中国翻译》、《外国语》、《中国外语》联合主办，第一届“理论翻译学及译学方法论高层论坛”在广外召开。广外校长仲伟合教授、商务印书馆总经理于殿利先生分别致辞，译学理论界、学术刊物界和图书出版界顶尖专家齐聚一堂，共襄盛举，商议理论翻译学发展大计。

本次会议召集人、广东省珠江学者黄忠廉教授认为，翻译学研究发展至此，应该以理论翻译学为主要研究对象，运用科学哲学的元反思方法，通过翻译学学科发展历程、认识论基础和学科核心问题等方面的探究，力求阐明从翻译本质出发构建理论翻译学的必要性和重要性，明确其内涵与外延，勾勒其学科框架，探讨其构建方法。以此为基，进一步指明理论翻译学是翻译科学发展的必然产物，理论翻译学具有元学科的作用。

**宏观视角**

《中国翻译》主编黄友义认为，中国翻译进入研究和发展的新阶段，传统的口笔译翻译已发展为语言服务业，翻译成为中国参与全球治理的重要手段。王东风教授对中国译学发展过程中翻译学的学科属性和学科地位进行了深入思考，澳门大学张美芳教授讨论了“后霍姆斯时代”译学构建的目标、范畴及研究途径，香港岭南大学孙艺风教授从霍姆斯提出的翻译学三大分支即理论、描写和运用的不均衡发展，提出翻译学理论研究亟需反思、翻译的“实”（性质）需要深入探索、为译学发展注入活力的观点。

**专业领域**

曾利沙教授提出“理论模块”和“经验模块”有机统一的译学技术理论范畴化建构观，探讨译学理论与实践的创新研究之道。蔡新乐教授认为翻译批评应具有历史性导向，在自身存在的基础上，关注人的跨文化未来的走向。莫爱屏、赵军峰、穆雷教授分别从岭南文化外译的文化身份构建、法律翻译学的独立学科构建和翻译学博士培养等角度探讨了翻译学理论建设的问题，李瑞林教授从应用翻译学的角度谈到翻译研究应着力解决的语序、歧义性、非对称的问题，并指出翻译教育中应坚持知识驱动的理念，同时准确理解翻译的学科性。

**历史梳理**

谭载喜教授总结了翻译学研究三十多年来的成就，并提出立足译学辩证论、树立正确翻译与翻译研究观、对翻译研究范式采取开放态度，坚持翻译本质以促进翻译研究作为独立学科的可持续发展。李德凤对近半个世纪以来的翻译学发展进行了梳理，对翻译学的现状、发展趋势和面临的挑战提出了独到的见解。云山领军学者罗选民教授历时梳理了翻译在国家民族、发展的过程中的教育意义，并从清华译学传统出发，谈到了中国译学发展的大视阈与大发展。

**编辑出版**

马皓岚以“坚守与开拓”为主题，印证了商务印书馆 120 年与中国翻译实践和理论研究息息相关的关系。《中国外语》副主编常少华对《中国外语》十多年来刊载的翻译研究类论文进行了评介，《外国语》编辑部郑敏宇博士通过对期刊来稿和发稿内容的对比分析，讨论了翻译理论研究者关注的热点和对理论翻译学构建的思考。

**圆桌会议**

圆桌会议有两项意旨：其一在于探讨理论翻译学文库的结构，确定专家委员会成员名单，商议如何进行人才培养；其二在于明确中国译学的协同研究，协商其具体方式和阵地。

最后，本次会议召集人、珠江学者黄忠廉教授对大会进行了总结，切中肯綮、画龙点睛又幽默诙谐、发人深省，并期待与会专家将文章择要 3000-4000 字，在《中国翻译》和《中国外语》开辟专栏刊发，6 月份再将之扩充成万字论文，汇集成册，由商务印书馆出版，初步定名《理论翻译学构建》。

本次“理论翻译学及译学方法论高层论坛”高屋建瓴，立意深远，特意安排圆桌会议的环节，旨在通过翻译学界、出版机构、期刊编辑之间的对话与交流，探索理论翻译学学科构建，并明确此后两年一届。

图 17.1　学术报刊综述初稿

只要把刚才的逆向思路倒过来，顺势写出即可。

## 17.3　摸门道文章升华

### 17.3.1　标题精进

写到此时，按照导师意见，笔者开始反思，再三琢磨，又把 13 个小时的开会录音重新听了一遍，边听边记，努力寻求思路，再找来导师就专门为此次会议撰写的论文《构建》①进行精读。后面笔者结合其他与会人员的相关观点和所有录音转写的摘要，以理论翻译学为中轴和主线，以导师文章《构建》为纲，统摄相关观点，找出与会人演讲中与理论翻译学相近的观点——虽不是其主要观点，但一定是参会者表述过的观点，找到其中关联，归纳到一起，并总结小

① 黄忠廉，方仪力. 基于翻译本质的理论翻译学构建[J]. 中国翻译, 2017, （04）: 5-10, 128.

标题。此方法是笔者再三思考所得，建议初学者可以一试。

后来，笔者忽然灵光一现，发现其实不用面面俱到，一些观点点到为止，该删则删。笔者又尽量删减了有新闻报道口吻的词，往“理论翻译学”专题上扣。导师在会议上总结的“三视”，笔者从中找到灵感，变成了“三视一顾”，对象都是理论翻译学，算是有了一条主线。本来笔者在总结中还简单写了导师对翻译的定义，并把翻译学理论基础课上导师给大家讲的主体、客体、行为等简单介绍了一番。临了又觉得有画蛇添足之感，删了。最后想到，“三视一顾”毕竟为导师“私想”，有掠美之嫌。于是，笔者又改进小标题，终而形成如下样式：题目——理论翻译学对翻译学进行元反思。框架小标题——①宏观视角：呼唤理论翻译学；②学理探寻：强调理论翻译学；③历史梳理：催生理论翻译学。

### 17.3.2 题目锐化

题为标题，目即纲目，就是小标题。导师认为目前的框架有进步，但尚需探讨题目。“模仿最后都是为了超越，所以不见得都要模仿他人。题目是一句话，显得笨，尽管也可以，但不如改成名词短语或动词短语。”此为导师经典语录。得师如此，夫复何求。笔者最终悟到，模仿是为了超越，而不是为模仿而模仿，切不可本末倒置，写出灵动的好文章才是根本目的。

经导师指点，笔者将题目进行了调整：理论翻译学对翻译学进行元反思→理论翻译学之元反思功用/译学元反思之理论翻译学路径。下面是导师对第六稿改定后的修改手稿，如图 17.2 所示。应该说导师修改有如画龙点睛，文章顿时有了精神。这里用表格形式直观列举题目和标题的变化过程（表 17.1）。

表 17.1 综述文章题目和小标题变化过程对比

<table>
<tr><th>稿次</th><th>题目</th><th colspan="4">小标题</th></tr>
<tr><td>初稿</td><td>理论翻译学对翻译学进行元反思</td><td>宏观视角</td><td>专业领域</td><td>历史梳理</td><td>编辑出版</td></tr>
<tr><td>改稿</td><td>译学元反思之理论翻译学路径</td><td colspan="2">宏观视角：呼唤理论翻译学</td><td>学理探寻：强调理论翻译学</td><td>历史梳理：催生理论翻译学</td></tr>
<tr><td>终稿</td><td>理论翻译学：立说与构建</td><td colspan="2">宏观战略：现实呼唤理论翻译学</td><td>学理探寻：学科急需理论翻译学</td><td>历史梳理：研究催生理论翻译学</td></tr>
</table>

理论翻译学之元反思功用

译学元反思之理论翻译学路径

翻译学是以翻译为研究对象的经验科学。在获得独立学科地位且经数次“转向”之后，当下翻译学研究表现出术语泛滥、概念模糊、学科边界模糊等问题，其发展值得学界深思。鉴于翻译学独特的研究对象和经验科学的本质，从本体论、认识论和方法论三层面进行学科的元理论反思，采用归纳演绎的方法，构建具有翻译学元学科性质的理论翻译学便具有一定的科学哲学意义。

2017 年 1 月 7—8 日，由广东外语外贸大学、商务印书馆、《中国翻译》、《外国语》《中国外语》联合主办的第一届“理论翻译学及译学方法论高层论坛”在广州召开。校长仲伟合、商务印书馆总经理于殿利分别致辞，译学理论界、学术刊物界和国内出版界顶尖专家齐聚一堂，共襄盛举，商议理论翻译学发展大计。

本次会议召集人、广东省珠江学者黄忠廉认为，翻译学研究发展至此，应该以理论翻译学为主要研究对象，运用科学哲学的元反思方法，通过翻译学学科发展历程、认识论基础和学科核心问题等方面的探究，力求阐明从翻译本质出发构建理论翻译学的必要性和重要性，明确其内涵与外延，勾勒其学科框架，探讨其构建方法。以此为基，进一步指明理论翻译学是翻译科学发展的必然产物，理论翻译学具有元学科的作用。

宏观视角：呼唤理论翻译学

中国译协常务副会长、中国翻译研究院副院长、全国翻译研究生专业学位教学指导委员会主任委员、《中国翻译》杂志主编黄友义认为，中国翻译进入研究和发展的新阶段，现有理论尚不能完全解释当前现象，引导未来发展，因此，中国翻译需要理论创新与突破。仲伟合则更进一步发问：“纯翻译学或理论翻译学如何建立？翻译学研究如何回望？如何固本正元，以求繁花似锦？应用翻译需要什么样的翻译理论指导？如何从译才培养反观翻译学理论建设？如何从文化建设的高度把握翻译理论建设？”

学理探寻：强调理论翻译学

澳门大学张美芳讨论了“后霍姆斯时代”译学发展，并指出“纯理论研究滞后了，因此，我们需要加强翻译理论研究、理论创新”，香港岭南大学孙艺风也表示，“霍氏所述的翻译学三大分支：理论、描写和应用未得到均衡发展。描写翻译学的局限日益显现，主要表现在对重大理论问题始终处于回避状态，其几乎囿于实证的经验性描写亦使得翻译学的理论研究成了短板。面临这个困境，纯翻译学若无突破性发展，很可能拖累乃至危及整个学科的发展。”他提出翻译学理论研究亟需反思、翻译的“实”（性质）需要深入探索、为译学发展注入活力的观点。

历史梳理：催生理论翻译学

中山大学王东风从西方学术视野中的翻译学谈起，回顾了西方翻译学的发展历程，从另一个角度指出了理论翻译学建设的紧迫性：“给予翻译学以一级学科的地位目前已经是翻译学界的一个普遍的呼声，这并非是圈内人为了自抬身价而发出的声音，而是翻译学的学科性质使然。”而一级学科则必然要求理论翻译学树大根深，枝繁叶茂才能真正支撑。香港浸会大学谭载喜则总结了我国翻译学研究三十多年来的成就，并提出立足译学辩证论、树立正确翻译与翻译研究观、对翻译研究范式采取开放态度，坚持翻译本质以促进翻译研究作为独立学科的可持续发展。而这一点也与黄忠廉基于翻译本质的理论翻译学构建的发言相契合。

黄忠廉强调，从学科定位看，理论翻译学是翻译学的元学科，是整合普通翻译学、特殊翻译学和应用翻译学的上层学科，是运用理论思维研究翻译本质问题，研究翻译学根本性

1

质理论的翻译学分支，旨在从元学科层面反思翻译学的本体论、认识论和方法论基础。他进一步指出，翻译本质是翻译学基本问题的出发点、应是当今翻译学的重要对象，元学科构建应以其为基础。通过反思翻译学学术史（翻译思想、理论与学科的历史），探讨翻译学元理论（主体论、客体论、受体论、行为论、工具论、目的论、性质论等），解析翻译学方法论（翻译思想、理论与学科研究的方法论），可以尝试构建理论翻译学的框架。所建的理论翻译学是翻译学理论的基础，前者研究的结果可入后者，与应用翻译学功能上呈相对关系，与普通翻译学任务上呈相叠关系。

本次“理论翻译学及译学方法论高层论坛”高屋建瓴，立意深远，与会专家文章将择要 3000-4000 字在《中国翻译》和《中国外语》专栏刊发，2017 年 6 月前相关论文扩充后汇集成册，并由商务印书馆出版，初步定名《理论翻译学构建》。会议专门安排圆桌会议的环节，旨在通过翻译学界、出版机构、期刊编辑之间的对话与交流，探索理论翻译学学科构建，并明确此后两年一届。该会议将成为中国乃至国际上理论翻译学研究的一面重要旗帜，标志着理论翻译学真正走上历史舞台。

图 17.2　第六稿修改手稿

## 17.4 读例文修缮提高

### 17.4.1 注重细节

笔者又参考了《中国社会科学报》例文的行文，按照老师的手稿批注对文章进行修改。首先，修改题目。先亮明观点，并用分号代替动词，后面用两个动名词性质的动词，形成递进，既“立说”，又初步“构建”。其次，增加了发言专家的头衔，体现会议规格和档次；第三，增加文字，全文超过 2000 字；第四，文末专门提到理论翻译学文库，突出立说和构建的系统性，并说明其后续展望。

### 17.4.2 完善体例

投稿前，要确认投稿人信息。其实《理论》完全是导师带笔者写就，笔者再三恳请，但导师坚持让笔者一人署名，因此最终还是署上了笔者的名字和博士在读学校信息。投稿之前，笔者又再三确认了发言专家的原话，确保引用规范，以免出错。如果引用期刊上发表的论文，还需要详细列出参考文献，即便是会议上大家表述的观点，也应该注明会议的具体时间、地点、人名等，以标明知识产权和原创信息。需要指出的是，除了综述会议上的一手文献，一般综述论文还应包含最新的相关论文等，并相互产生勾连。虽为综述，但也应在综而述之的基础上，发现动向，预测趋势；再走向评论，写出思想，产出智慧，是为此类论文之灵魂，后者也可以说是所有论文写作的终极旨向。

## 17.5 善总结一通百通

### 17.5.1 写为王道

一篇区区 2000 字的综述，看上去十分简单，但要写成文章，又要区别于简单的新闻综述，还是需要下一番功夫的。现在回过头来看，首先就是要大胆去写，敢于动笔，不能单凭想象，也不能认为仅凭阅读就能学会写作，而要真正去实操。写作的过程是很重要的，大胆写出来，才有改的空间和思考的余地——写为王道。

笔者曾经就只是一个阅读者，至多读完做些评价，觉得还不错；甚或读完个别文章之后，腹诽不已，觉得不那么好。现在想想可能未必，即便文章真没那么好，可笔者当时的评价视角也很片面——因为那时笔者只是站在读者的立场上在看问题。所以，只有当一个人开始学着谋篇布局写文章时，视角才可能真正有所转变。

参加学术会议，当时有感想，事后再根据会议手册内容，在有了基本素材的前提下，从两三千字的小文章开始学着写，并最终写出来，是切实可行的。只是，走出这一步并不容易——需要再三坚持，笔者是在导师多次督促下，才迈出这一步的。所以，先硬着头皮，迈出这坚实的一步至关重要。之后，就能蹒跚而行，越走越远。比如，可再学着写某类主题综述、期刊综述、学科年度综述等，或者细读某本译学书籍写书评，此类文章往往四五千字，篇幅不长，又有基本素材可用，格式相对较固定，初学者容易上手。总之，写为王道，由易到难，掌握方法，终可远行。

### 17.5.2 同类比较

正如前文所提，导师黄忠廉教授也撰写了关于此次会议的综述《“三界”共创理论翻译学》，文章容量更大、内涵更深、视角更多、思路更精，发表在《外国语》2017 年第 2 期上，为文之道昭示得也更加清楚，欢迎大家去下载、阅读、体悟、揣摩。笔者这篇综述文章最终发表在 2017 年 5 月 9 日的《中国社会科学报》，题目即为“理论翻译学：立说与构建”，欢迎读者去中国知网下载。细心的读者可能会发现，由于版面和字数的限制，改定稿和发表稿其实也略有出入，如具体时间、地点，小标题和译者单位等，欢迎大家仔细去体会编辑在大格局上对文章的修改之道。

**旁观者清**

只要时间允许，博士研究生在读期间应尽量分头训练不同类型的文章，成为学问的多面手，体验不同文类的写作方式，不仅知，更能行。知行合一才是训练的终极目标。

人都有习惯性思维，尤其是中老年学者。旁观或远观，均能认清自身不足。跳出文外，旁观自己的错误，敲碎恶习的桎梏，才更能警醒自己，从而彻底匡谬正俗。撰文之不足，有人已习非成是，习焉不察，熟视无睹了，一旦放些时间，跳转空间，再回眸一望，因周边而看清中间，会看得更清。因为远离，更能聚焦，可以刷新旧貌。

见报的会议综述也并非人人有机会可写。它虽属小文章，却也需大锻炼，也需要大手笔。短文写作是任何学人必经的训练课程，勇于写，才会善于写。正如作者所言："写为王道。"

平时大家读比写多，常常是读而思，思而评，但最重要的却是起而行，自己动手写起来！学人愿当批评家者不少，既批又练者不多，是典型的语言的巨人。该文表明：万事开头难，敢于下笔，不要踌躇。迈出了晃晃悠悠的第一步，才会有更坚实的第二步。第一步不稳，是因为作者可能受时代、地域、学识、水平等限制，难以突破旧规，还未入新文类书写的门径，只因不识庐山真面目。

庐山面目为什么识不得？只因身在此山中，为其峰峦所蔽，只见峰岭丘壑，所见只是一片一面，都是局部。撰文修改也是如此，时时所见皆为文章的片面，逐渐走出片面，才可接近全面，才能由小到大，才可识得全文的真相与概貌。所以文章不厌千遍改，始出沟坡见山岭。

学术报道文章，如何做到新闻性，又不失学术性？作者的写作过程极有参考价值，如提前备料、随会调整、如实记录，形成了最初的一般新闻稿，也在网上发布了。从新闻稿到给《中国社会科学报》的学术报道，作者本能地认识到差别：后者用稿重学术性，轻新闻性。这对作者又是一次考验与磨炼。

为训练其仿作，笔者转发给作者一篇相似的学术报道文章，供其观摩。倘若满眼是山，难以放小，难观全貌，不如先钻进去，识得结构，解析结构，识其小，再跳出来，作整体观，进而得其大。入乎其中，出乎其外。于是，作者一改原稿写法，而重学理和代表性观点，点面结合小综述，彰显学术性。作者先描红，后脱手，也反映其真实的仿作过程。从中作者学会了取舍，分清了主次，直至列出清晰的二级标题。一篇突破思维定式的别样文章就幽香出炉了。

# 第 18 章　以小见大显本色*

**疑点 · 重点 · 盲点 · 难点 · 焦点 · 突破点**

1. 人物通讯类写作的特点有哪些?
2. 写作时如何避免先入为主?
3. 写作时如何选取并组合典型事例?
4. 写作时如何凸显现场画面感?
5. 人物通讯标题的作用是什么?
6. 标题的拟定有哪些方法? 各有什么作用?
7. 分段与合段分别以什么为标准? 其作用是什么?
8. 分段与合段的关系是什么?
9. 总分与分总关系在人物通讯写作中各起什么作用?
10. 在人物传记中可用哪些称呼语?
11. 称呼语与双方心理距离间的关系是什么?
12. 编辑对原文进行删减的原因有哪些?
13. 人物通讯要形成一个什么样的导向?
14. “蒙太奇”在写作中如何运用?
15. 作者、编辑和读者三者的关系是什么?
16. 当代读者的阅读口味是什么?

## 18.1　人物写作　魂有其三

人物写作不是素描，无须将每个细节都处理到位，360 度全方位展示。其

* 作者简介: 陈赟（1990— ），女，硕士，四川外国语大学俄语系讲师，主要研究方向: 俄语语言文化学。

文之魂有三：融情于事、选例典型、赋活画面，以此便可“以点滴之水，观偌大世界”。

### 18.1.1 动人动己真情露

《李锡胤：“词典比小说更引人入胜”》[①]（以下简称《李锡胤》）在《光明日报》“光明学人”栏目上全版登出，黄忠廉谨以此文献给自己的博士后协作导师。该文属于人物通讯，此类文章的目的在于通过人物的具体先进事迹，向读者传达其先进思想，从而产生正面的社会效应。[②]这一切都需作者使出以情动人的妙招。所谓“动”人必先“动”己，要使读者产生共鸣，作者必先自融其中，才能感染他人。作者此时内心应怀有对人物深深的敬意，并对读者抱有友善的态度。在《李锡胤》中，作者怀着对恩师的感激、景仰之情道出一位有灵魂、有思想、温文尔雅的优秀学人。李锡胤是外语界众人尊崇的大家，为学、为人皆为世人所敬仰。

### 18.1.2 选例典型主旨明

相比华丽的辞藻，向来真挚平淡的话语更能直击人心，人物通讯忌讳作者靠想象、虚构夸大抬高人物。一来失真，二来也走上先入为主的歧途。为避免戴上“给人物贴标签”的帽子，作者在写作时要以事实为证，以典型事例突出人物个性，展现其优秀品质。典型事例的选取要能突出主题，在各事例的叙述上也并非要平均用力，而应如击鼓般强弱轻重分明，主题也要符合时代发展的需要，才能成为当下社会的共同财富。[③]

### 18.1.3 勾勒具象画面活

作者大可模仿电影的叙事方式，以蒙太奇、原声重现等方式组合与某一主题相关的典型事例，运用陈述、描写、直引等方式，通过人物的神态、动作、语言、心理活动、自然与社会环境等细节，多维度地展现其性格特征，引人入戏。人物通讯以人物为中心，将作者对人物美好的情愫倾注于笔墨之中，以事为壤，以情为雨，必能达到润物细无声的绝佳境地。

在《李锡胤》一文中，作者分别以“成就、学识、品德、生活”4 个主题

---

① 黄忠廉. 李锡胤：“词典比小说更引人入胜”[N]. 光明日报, 2017-07-03.

② 贾秋军. 人物通讯写法研究[J]. 科技传播, 2015,（4）: 200, 199.

③ 赵云生. 谈谈通讯的写作 第六讲 人物通讯写作三法[J]. 新闻知识, 1996,（8）: 26-27.

为线，用种种典型事例串出一个超凡脱俗、未沾染俗气、醉心于书海、有情趣、热爱生活的学者形象。

原稿到达编辑之手后，在标题、段落、内容方面有所微调。就标题而言，它是一文或一节主旨的凝结，决定着相应内容的主要信息，掌控信息的去留，而信息内容的表现手法不同，也必然涉及段落形式的改变，因而是“牵一发而动全身”。那么如何微调才能让原文更加熠熠生辉？编辑改稿时的出发点又是什么呢？

## 18.2　标题新奇　立意自明

在如今碎片化信息横流的时代，如何让走马观花的读者停下来欣赏美文，作者和编辑都要费好一番心思。文章要想让人眼前一亮，让人有深入阅读的欲望，作为文眼的标题不可轻忽。

定文眼时一来要想尽办法求生动，二来要考虑所发报刊的特点。例如《李锡胤》所发的《光明日报》“光明学人”栏目就旨在介绍优秀学者，向社会展现其学术人生、学术思想和学人精神，编辑在对标题修改时就意在凸显李锡胤为学和为人的品质（表 18.1）。

表 18.1　原稿与改稿标题对比

| 标题层次 | 原稿标题 | 改稿标题 |
|---|---|---|
| 全文 | 李锡胤：士之通儒 | 李锡胤：“词典比小说更引人入胜” |
| 第一节 | “能与钱锺书比肩者，非锡胤师莫属” | “译文有如高山清泉般甘美，又如天空行云般轻柔” |
| 第二节 | “假我十年再读书，不立程门立李门”/“语句是用文字写出来的数学论题” | “假我十年再读书，不立程门立李门” |
| 第三节 | “天下莫能与之争”的“东方之子” | “以其不争，故天下莫能与之争” |
| 第四节 | 我依然会选择如今生这样的书呆子的一生 | 可爱的书呆子 |

### 18.2.1　见微知著引悬念

作为一名普通读者，笔者深深地被李锡胤的学识与人品所折服。作者作为李锡胤的学生应更甚于此，作者本想用“士之通儒”四字突出李锡胤学识渊博，从宏观上为其定位，总括全文，但通儒之士自古皆有之，并非是李锡胤的专属标记，原题流于概括而失其特点，未突出其异于他人之处。李锡胤主要是在词典编纂方面成就斐然，但“通儒”一般指在文史哲等至少两个以上主要学科门类均有所建树的人，编辑引用李锡胤原话：“词典比小说更引人入胜”，以“词典”一词聚焦全文，突出李锡胤的杰出成就，更为精当。此外，改后的标题与读者常识相悖，令人费解，却更吸引读者。人们读小说时，间或眉开眼笑，间或痛哭流涕，间或心急如焚，间或扼腕而叹。在寻常人看来，跌宕起伏的小说情节往往更扣人心弦，词典反倒常叫人意兴阑珊。然而李锡胤却恰恰相反，词典的趣味一般人无法欣赏，李锡胤却乐在其中，此种精神非常人所能望其项背，由此更见其痴迷之程度。别具一格的标题，引出的是与众不同的学人及人生。

### 18.2.2　具象比喻新耳目

文章第一节写李锡胤的译作水平高超。原题为钱冠连在读过李锡胤翻译作品后的一番肺腑之言，他认为“能与钱锺书比肩者，非锡胤师莫属”。钱锺书的文言典雅纯正，白话清晰明澈，提出的化境说更是为后人所追求。钱冠连将李锡胤同钱锺书相比，凸显了其译文与学术水平，体现出晚辈的敬仰之情。但此题的主观性太强，读者恐怕未必会认同。

编辑从李锡胤的译文入手，引用他的学生倪璐璐的一句话“译文有如高山清泉般甘美，又如天空行云般轻柔”，直接对其译文评价，点明了主旨。倪璐璐作为李锡胤学生的学生，隔代看前辈，晚辈的由衷评价更显其水平之高，她将其译文比作“高山清泉”“天空行云”，一股清新柔和之风扑面而来，比喻句生动地传达出李锡胤的文风清美而新颖、优美而高雅，令人心旷神怡。此句虽为主观评价，但我们仍能从中窥见李锡胤深厚的翻译功力。

### 18.2.3　即兴仿拟添诙谐

文章第二节讲述李锡胤学贯中西，文理兼通。作者原为此节拟出两个标题：“假我十年再读书，不立程门立李门”和“语句是用文字写出来的数学论题”，这两个标题前者取思想，后者取通儒，各有千秋，令人难以抉择。作者犹豫不定时，将两个题目都交与编辑，为编辑提供了几种思路，由其做最后的定夺。

前者是钱冠连读完李锡胤作品后的由衷之声，他的感情已由晚辈的敬佩转为学生的崇拜。钱冠连本已是语言大家、哲学大家，但若上天再给一次机会，他却甘拜李锡胤为师，不免令人想到李锡胤的思想该是如何深刻、学识该是何等渊博，才能让钱冠连萌生这种想法。钱冠连不再程门立雪，而要立于李门，成语的改写使语言新颖独特。后者引用李锡胤原话，将语言与数学相连，乍看风马牛不相及，细思妙趣横生、见解独到，可谓是“高”。这一哲学思想直接展现出李锡胤文理融会贯通，独具慧眼。作者本想突出李锡胤文理兼通，编辑的选择却违了作者的心思，编辑舍后留前，取的是前者的生动与形象。

### 18.2.4 鲜明对比见本质

文章第三节讲述李锡胤虚怀若谷，爱护学生。作者原题中采用“东方之子”，实则藏有“私心”。“东方之子”是原中央电视台一档高层次人物的访谈节目，采访的人物都是为国家做出突出贡献的中华民族的优秀儿女。李锡胤是外语界为数不多接受该节目访谈的学人之一，他深藏若虚，却“下自成蹊”，他的资格无人可非议。作者本想用此题突出李锡胤的这一荣誉，但编辑或觉“东方之子”太过耀眼，与李锡胤低调谦虚的一贯作风相左，便将其删去，直接引用“以其不争，故天下莫能与之争”，此题更具概括性，却显得其境界更高，不争之人，无人与争，荣誉归他，水到渠成。

### 18.2.5 矛盾修饰增别致

原稿第四节讲述李锡胤嗜读书，为人却幽默风趣。李锡胤一生沉迷于书海，因而作者引用李锡胤原话“我依然会选择如今生这样的书呆子的一生”。可“书呆子”一向不讨喜，整日沉溺在自己的世界，与周围人都隔着一道隐形的围墙。“书呆子”虽是自嘲，却未免会给人留下呆板不知变通的刻板印象，这与李锡胤的性格其实并不相符。

改题相较原题，更加短小精悍，言简意赅。编辑改为“可爱的书呆子”，初看时觉得极不协调，令人百思不解，不免心生疑惑：书呆子会可爱吗？而后转念一想，仔细推敲，又似符合逻辑，迫不及待读完全文，才真相大白，李锡胤爱读书但不读死书，生活中平易近人、诙谐有趣，实在是招人喜欢。这便是矛盾修饰法的精妙所在，它将两个相互对立或不相调和的概念放置在一起，突出事物和人物的特点，意蕴丰富、感情深刻，出人意料却又引人入胜。编辑重新命名，利用这一修辞手段，增加了可读性。

在该节背后还有一段小小的插曲。作者本以为以上四节会作为一篇文章整版登出，没想到编辑把其拆成两文，将第四节摘出来单独成一文，一来凸显李锡胤可爱的另一面，二来版式显得更为活泼。编辑或是无心之举，却有成人之美之效，这样一来，在同一日的《光明日报》上，编辑赐予作者机会发表了两篇文章。

原稿与改稿每部分都列有一个小标题，全文的层次因此更加清晰明了。标题大都引用原话，比概括式标题具体形象。较之原稿，改稿的标题在表现力上更胜一筹，更为形象生动，吸引读者。

## 18.3 分合显形 逻辑严谨

段落的分合常常会让文章显得错落有致，读来也朗朗上口。段落分得好，文章便层次分明，逻辑清晰。否则，读者就会大费心神，先得将文章抽丝剥茧，捋出一条主线来，才能去细细品读。读者的精力被分去了大半，自然也难以领略文章的风采。

### 18.3.1 分段清晰层次明

作者为清楚地表达思想，通过分段将内容按一定方式组合起来，使文章有行有止，体现行文的脉络。一个段落只有一个中心意思，它构成篇章的最小单位。分段时，或依时间顺序，或依事情发展顺序，或依空间变换顺序，或按内容的性质，或按总起分述的方法等。[①]作者还需厘清每个段落的大意，也要仔细琢磨它与相邻段落间的关系，或是“统率三军”，或是“并驾齐驱”，分清轻重主次，段落安排得统筹考虑形式上的一致性，如表 18.2 所示。

**表 18.2 原稿与改稿段落与称呼语对比**

| 原稿 | 改稿 |
| --- | --- |
| 先生文章透出淳朴的力量。辞朴意丰，如先生本人，虽瘦实腴。以此文风与学风，先生在词典编纂、语言学、逻辑学、翻译学、文学、哲学、认知科学、文学创作、书法篆刻等领域均颇有建树。先生被俄语界公认为国宝级学术泰斗、中国语言学界少有的大家，~~我有幸为先生编辑的《当代中国俄语名家学术文库·李锡胤集》一印再印即是明证。~~先生领衔翻译或主编了多部大型工具书，其中《大俄汉词典》和四卷本《俄汉详解大词典》，是我国两部标志性的俄语辞书，更是海内外俄语人案头必备工具书~~，多次作为国礼送给俄国领导人~~。 | 李锡胤的文章辞朴意丰，诚如本人，虽瘦实腴。以此文风与学风，他在词典编纂、语言学、逻辑学、翻译学、文学、哲学、认知科学、文学创作、书法篆刻等领域均有建树。<br>李锡胤领衔翻译或主编了多部大型工具书，其中《大俄汉词典》和四卷本《俄汉详解大词典》，是我国两部标志性的俄语辞书，更是海内外俄语人案头必备工具书，因此被俄语界誉为国宝级的学术泰斗、中国语言学 |

① 聂云鹏. 俄汉篇章翻译衔接初探[D]. 上海：上海外国语大学, 2004.

续表

| 原稿 | 改稿 |
| --- | --- |
| 先生还是多语资深翻译大家，曾参译苏联科学院《俄语语法》，译格利鲍多夫《聪明误》，译审《苏联百科词典》，译校维诺格拉多夫《俄语词的语法学说导论》《词汇意义的基本类型》等，~~译注《伊戈尔出征记》，合译《俄罗斯抒情诗百首》等~~。英译汉代表作有海明威《老人与海》、格利兹《现代逻辑》~~、米兰《翻译算法》、《伊诺克·阿登》等。英俄语短片的诗歌和散文更是不计其数~~。 | 界少有的大家。<br>李锡胤还是多语种资深翻译大家，曾参译苏联科学院《俄语语法》，译格利鲍多夫《聪明误》，译审《苏联百科词典》，译校维诺格拉多夫《俄语词的语法学说导论》《词汇意义的基本类型》等。英译汉代表作有海明威《老人与海》、格利兹《现代逻辑》等。 |

该部分是一个总分结构。第一段中的“先生在词典编纂、语言学……等领域均颇有建树”，不仅是第一段的主旨句，也是该部分的中心句，下文再分别举例论证李锡胤在词典编纂、翻译学等方面的成就。若将主旨句与几个事例放在一段，不免显得臃肿，还不如干脆将主旨句与第一个事例拆开，先总述李锡胤各领域的成果，后分述各例，主次更为清晰。且将评论性话语“先生被俄语界公认为国宝级学术泰斗、中国语言学界少有的大家”从前挪后，先分析再总结，也比一般的先评价再分析更令人信服。紧接其后的“我有幸为先生编辑的《当代中国俄语名家学术文库·李锡胤集》一印再印即是明证”却不足以证明其大家的地位，故删去。此外，在论述李锡胤在译学方面的成就时，为凸显译者的地位，改稿保留了其主要的翻译作品，删去了译注、合译等作品，毕竟这些方面显得零碎，算次一级成果。

称呼语也是文中改动较大的一处。人物通讯中常以人物的姓＋职业或身份职务，或以“××同志”，或以其姓名等作为称呼语。作者对恩师尊敬仰慕，用“先生”指代李锡胤，理所当然。但尊称一般是社会地位低的人称呼社会地位高的人，抑或自谦之人称呼他人。“先生”的使用将人物的地位抬高，读者与人物已不是处于平等位置，读者站在第三者角度，只能仰望作者对人物的回忆，与人物的心理距离较远。作为新闻体裁，人物通讯的叙述应更为冷静客观，编辑为照顾读者的感受，将其改为“李锡胤”，凸显出读者的主体位置，让读者与人物直接面对面“交流”，拉近了读者与人物的心理距离。编辑将“李锡胤”放在句首，且多次重复，加深了读者印象。

报纸为贴近群众，文风大都朴实清新，尽量避免形式主义的套话。作者在表述时除力求简洁达意，也可不失活泼。“语言是思想的外壳”，作者在树立

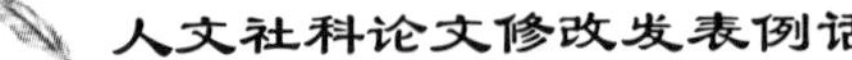


人物形象时，最好的办法就是“请人开口说话”。无论是转引还是直引，都能表现人物的性格特点，不过选取的语言一要生动形象，二要从其千言万语中凝练出只言片语，找准其本质特点，提炼出其最闪光、最智慧的言语，幻化出“一花一世界，一叶一菩提”的境界，如表 18.3 中人物语言的直接引用。

**表 18.3　原稿与改稿段落分离对比**

| 原稿 | 改稿 |
| --- | --- |
| 博士生顾俊玲曾问先生：“如果有来生，您会选择什么样的人生？”先生答得干脆：“我依然会选择如今生这样的书呆子的一生。”那是什么样的一生呢？ | 博士生顾俊玲曾问恩师李锡胤：“如果有来世，您会选择什么样的人生？”先生答得干脆：“我依然会选择如今生这样的书呆子的一生。”<br>那是什么样的一生呢？ |

原稿或引用第三者的评价，或精选人物的言语，或嵌入多个对话，不同人物个性化的语言，展现出人物的思想、性格，令人读起来兴致盎然。例如第四节以一问一答开头，以“书呆子的一生”点明了此节中心，紧接着再引出问题“那是什么样的一生呢？”，承前启后，过渡自然。编辑将这一问单独成段，是有意强调，设置悬念，以问题作为过渡段，凸显其语篇地位，引起读者的关注与思考，预告大部分或整个下文将为此作答，彰显了其语篇修辞功能，让读者带着问题去阅读。

### 18.3.2　合段完整关系顺

一个段落若求思想的单一性，而丢了内容的完整性，就有些得不偿失。不同的语言片段若讲述同一内容，则应将其合并为一个语意段。一个段落有一个主旨句，一般讲来，若事例不长，则将事例放在主旨句之后，构成一个完整的语意段。假使作者在一个段落里只将话说到一半，便收笔另起一段，告诉读者，欲知后事如何，请看下段分解。这样读来，着实让人有些心急，如表 18.4 所示。

**表 18.4　原稿与改稿段落归并对比**

| 原稿 | 改稿 |
| --- | --- |
| ~~先生学问贯通古今中西，其学问是“熏”出来的，~~他们这代学者的知识结构可谓空前绝后。说空前，是因为他懂西学，所知甚丰，先后求学于复旦大学、浙江大学、台湾师范学院的英文专业，燕京大学社会学系和哈尔滨外专俄语专业，精通英俄语言文 | 以李锡胤为代表的这代学者知识结构可谓“空前绝后”。说空前，是因为他懂西学，所知甚丰，先后求学于复旦大学、浙江大学、台湾师范学院的英文专业，燕 |

续表

| 原稿 | 改稿 |
|---|---|
| 学，兼通法、日等语，兼晓哲学、逻辑学、高等数学、社会学等。<br>说绝后，是因为他深谙国学，家学渊源。~~私塾教育夯实了他的国学童子功。时兴“中国诗词大会”所彰显的背功一直为先生所倡导，~~他从小背诵古诗词三千多首，现在依然记得两千首。先生善作古诗词，一直创作，诗集《霜天星影》一版再版…… | 京大学社会学系和哈尔滨外专俄语专业，精通英俄语言文学，兼通法语、日语，研究涉猎哲学、逻辑学、高等数学、社会学等多个领域。说绝后，是因为他深谙国学，从小背诵古诗词三千多首，善作古诗词，诗集《霜天星影》一版再版…… |

改稿的主旨句为第一句，用“空前绝后”四字引起下文，而后分说“空前”与“绝后”，与主旨句相呼应。编辑将这三部分合为一个完整的语意段，这样一合，并且删掉次要信息，逻辑层次也更为清晰。有时，段落的分合同时进行，如表 18.5 所示。

**表 18.5　原稿与改稿段落拆并对比**

| 原稿 | 改稿 |
|---|---|
| ①先生的弟子遍及全国，个个学业有成、事业有成。有时他也情不自禁：“我为部队培养了‘五虎上将’啰！”~~②但先生也有遗憾，有几位同门工作出色，走上了行政岗位，不再“钻故纸堆”了，赞许之余，先生也扼腕：“可惜可惜。”~~<br>③先生扶携后学，不分内外。无论中年，还是青年，无论身边，还是外地，无论书信，还是面谈，只要有心向学，先生都有求必应，或交谈，或寄书，或复印装订相送，或无私奉送思路和观点，或为其引荐专家。④当年我博士后研究严复变译，先生带我登门拜访历史文化学院张锡勤教授，请教近代史问题。现供职于首都师大的贾洪伟博士是先生的私淑弟子，先生为其安排语言学读书计划，推荐他跟俄语学院华劭教授学普通语言学，跟文学院戴昭铭教授听汉语功能语法课，学习人类语言学；跟美国佛罗里达大学屈承熹教授在黑大听“美国功能句法”“汉语认知功能语法”等讲座。他从北外博士毕业后留京，先生仍叮嘱他虚心务学，不为花花世界所惑，专心研习，勤于笔耕。 | 李锡胤的弟子遍及全国，有时他也情不自禁：“我为部队培养了‘五虎上将’啰！”先生扶携后学，不分内外。无论中年，还是青年，无论身边，还是外地，无论书信，还是面谈，只要有心向学，他都有求必应，或交谈，或寄书，或复印装订相送，或无私奉送思路和观点，或为其引荐专家。<br>当年，我博士后研究严复变译，李锡胤带我登门拜访历史文化学院张锡勤教授，请教近代史问题。而现供职于首都师大的贾洪伟博士是先生的私淑弟子，先生为其安排语言学读书计划，推荐他跟俄语学院华劭教授学普通语言学，跟文学院戴昭铭教授听汉语功能语法课，学习人类语言学，跟佛罗里达大学屈承熹教授在黑大听“美国功能句法”“汉语认知功能语法”等讲座。甚至，贾洪伟从北外博士毕业后留京，先生仍叮嘱他虚心务学，不为花花世界所惑，专心研习，勤于笔耕。 |

原稿中的第一部分与第三部分都是讲李锡胤扶携后学，第四部分则举一二例具体论证。编辑先将第二部分旁逸斜出的次要信息删去，使得行文更加紧凑。而后依靠上下文的逻辑联系，先拆后并，形成总分之势，使段落中心思想单一、完整。这样一来，段落显得更加匀称，篇章的逻辑关系也一览无余。

## 18.4 删繁就简 主题突出

报纸的稿源丰富，由通讯社、本报记者、通讯员或其他作者提供。根据新闻价值、社会效果、本报特点，来稿都会经过层层筛选，才能定稿。定稿并非不做改动，刊用稿大都是经编辑修改后采用的稿件，这时就相当考验编辑的水平了，选稿与改稿既要体现报刊的立场与宗旨，又要照顾读者的需要，还要适应版面的要求。随后再将稿件划分版面，时政、经济、文化等一一归类，之后再单稿编发，或配以言论、图片，或组构专栏，再加工编排直至出版。《光明日报》“光明学人”栏目的目的是宣传学人，可写老师同行，也可写其他人。李锡胤是作者的恩师，作者从学生的角度回忆李锡胤，洋洋洒洒几千字，对老师的敬佩与感激之情难以言尽。再则，编排之时，配上图片，版面空间大大压缩，因此不得不对原文进行删减。

### 18.4.1 引导社会促和谐

报纸历来都承担着引领政治导向的社会责任，现代社会需要团结和谐、充满正能量的氛围，在宣传中国学人，倡导人人向学时，也宜删去一些会产生负面影响的内容，避免产生消极的舆论。所以在修改时，编辑常将文中一些与主题关系不大，或似与主题有关，但实则不利和谐的内容删去。

例如：“为外语学科，尤其是俄语学科乃至学校的发展，先生常常主动找校领导献策，纯真赤诚的行为曾为人讥笑，可先生依然故我，反衬出讥讽者俗不可耐。”作者写作时并非有心为之，但说者无心，听者有意，在一些读者看来，有时就多了另一番意味。作者欲强调李锡胤为学科建设奔波劳碌，志向高洁，不同流俗。结尾处提到对此曾有一些讥讽者，这里或许会产生一丝暗示的意味，让人不禁猜想那些人会是谁，李锡胤曾经的同事看到后也不免猜测，甚至随意对号入座，怕是会引起不好的反响。

再如：“先生从不收礼，连我们弟子也不许，对他人更是如此。有一次，××大学 A 教授第一次去拜访先生，买了 20 多元的香蕉，悄悄地放在门口。

没过几日，先生专门让人捎回 30 元钱。”为保护隐私，笔者将原稿中的真名改为 × × 大学 A 教授。此段讲述李锡胤为人正直，从不收礼。晚辈拜访前辈，买些水果去看望，本是人之常情，但万一有较真之人，认为礼物不分大小，给 A 老师造成负面影响，反倒是不好了。

### 18.4.2　画面丰富显贴切

原稿中讲述时多使用过渡句，将许多事例自然地“串联”起来。而在改稿中，编辑使用“蒙太奇”的写作手法将文章切分为一个个画面。“蒙太奇”原为电影中将许多镜头剪辑组合的方法，看似镜头支离破碎，杂乱无章，实则前后连贯，主题统一。用该法将不同时间、空间的事件组合，每一事件都是相对独立的片段，按照一定的逻辑顺序排列，从不同的侧面表达共同的主题。这样便省去了承上启下的过渡句，直接将事例“串联”起来，如同电影，直接切换镜头，强烈的画面感带来干脆利落的感受，符合当代读者的口味，如表 18.6 所示。

**表 18.6　原稿与改稿事例串联与取舍对比**

| 原稿 | 改稿 |
|---|---|
| ~~①先生谦虚是一贯的，方方面面的。分房或评职称时，先生一让再让。他极力推荐一位曾在香港做过播音的英语教师上职称，因名额而未果，先生主动找领导：“如果是名额的原因，那太好办了，我愿意把我的名额让给他。”更有趣的是，也是因为名额少，他与老同事罗玲商量互不投对方的票，竟然如此积极配合，超凡脱俗。~~<br>1994 年，香港读者沈国祥对先生所主编《大俄汉词典》提出意见，先生几次回复说：“您的意见，我们一定认真对待，以改进和提高新词典的质量。……有像您这样认真的读者，我们引以安慰和自豪。”“您的意见和建议我们在新的词典中一定要考虑。……又告，我不日赴俄修学，三个月后回来，容后再请教。”<br>~~②先生的不争，连远在美国的黑大前校长鲁刚也看不过去了。2013 年，他来信称商务版《大俄汉词典》一直印着“黑龙江大学俄语语言文学研究中心辞书研究所　编”，而先生是名副其实、无可争辩的主编。“没有主编的大词典”“这不荒唐吗？”希望“学校做出正式决议”，“改为李锡胤主编，简称李氏大词典，并公布正式，然后通知出版社，嘱再版时改正”。~~<br>近年来，~~③社情巨变，呼语“同志”已不大用，不好用，~~ | 1994 年，香港读者沈国祥对李锡胤所主编《大俄汉词典》提出意见，他几次回复说：“您的意见，我们一定认真对待，以改进和提高新词典的质量。……有像您这样认真的读者，我们引以安慰和自豪。”“您的意见和建议我们在新的词典中一定要考虑。……又告，我不日赴俄修学，三个月后回来，容后再请教。”<br>近年来，李锡胤坚持以“同志”称呼几乎所有的人，在他眼里，真心实意平等待人，无论是同道，还是学生。钱冠连认为，先生属于“真淡心人也”， |

续表

| 原稿 | 改稿 |
| --- | --- |
| ~~“同志”却成了先生的口头禅，~~他一直坚持以此称呼几乎所有的人，在他眼里，真心实意平等待人，无论是同道，还是学生，他都视为志同道合之人。钱冠连教授认为先生属于“真淡心人也”，其典型特征是看透、看开、看淡、不争，以其不争，故天下莫能与之争。 | 其典型特征是看透、看开、看淡、不争，“以其不争，故天下莫能与之争”。 |

原稿的第①、②、③三个过渡句段被删去，虽然每个事例表现的内容不同，但都围绕一个中心，读者靠着“意合”将画面连接起来，立体展现出李锡胤的低调。镜头、画面的分切与组接，往往需要作者对事例进行选择与取舍，将典型事例凸显出来，使内容主次分明，高度概括集中，如表中李锡胤的低调谦虚，作者在原稿中用三个例子来表现。第一例是李锡胤主动谦让分房和评职称的名额，与学术并无多大关系，第三例是黑龙江大学前校长鲁刚为李锡胤争荣誉，只能从侧面反映李锡胤的与世无争，唯有第二例是正面描写李锡胤在学术上谦和虚心，更能展现他作为一位学人的精神，与《光明日报》“光明学人”栏目的定位也相宜。所以在改稿中，编辑将第一例、第三例删去，保留第二例。

### 18.4.3 换位出发易接受

作者写文时常常是从自我出发，尽情抒发自己的情感，有时不免忽视了读者的喜好。按理说，作者也是读者中的一员，整体的偏好应是趋于一致，不过由于作者对他想要表述的内容倾入了自己主观性的情感，先入为主，很难从自己的思想感情中抽身而出，对自己的作品冷眼旁观，因而他所关心的有时并非是读者所爱读的，这时便要借助编辑之力。

编辑是桥，一头连着作者，另一头连着读者。每篇文章都是作者思想的结晶，编辑在改文时一方面要照顾到作者的风格，以免最后改得面目全非，连其中的韵味都丧失了，另一方面要站在读者的角度，揣摩读者的取向。[①]编辑长期的工作经验使之对读者的口味有较准确的把握，因此在改文时编辑多以服务读者为先，考虑他们阅读时的内心感受，增强他们阅读的兴趣。

编辑修改时力求将文章改得生动形象，夺人眼球，符合读者的需求、兴趣；或将原文的长段落、长句子改为短段、短句，以精炼的话语讲述，这样可避免

① 李芝荣. 尊重作者 服务读者——编辑在改稿时的分寸把握[J]. 中国地市报人, 2015, （Z1）: 77-78.

读者阅读时吃力；此外，改稿的过程中，编辑还要时时刻刻考虑到读者的阅读心理。如今的读者大都有一定的文化底蕴，喜欢独立思考问题，有时对强加的观点表面上认同，但心底未必真正接受，他们有自己的价值判断，可以说这是件好事。

例如，原稿中常常出现一些总结评价性的话语，在文中起承转合，衔接自然："先生堪称百科全书式学者，其成就不限于语言学，可谓一代通儒。""在先生，似乎是二者互通，其形象思维与逻辑思维一直浑然天成，能从更高处俯察，能从更深处发掘其间的联系，融会贯通。""如今专家很多，通儒却凤毛麟角。先生不仅是文理兼通的学问家，更是思想家。""一个真正尊师的人，会受人尊重，更会爱护学生。"诚然这些主观评价是建立在客观事实的基础上的，但终究包含作者对人物的崇拜、敬佩、感激的情绪，读者未必买单，不见得会认可。编辑舍去主观评价，直接"摆事实"，让读者自行体会，心悦诚服，这比直言不讳地"讲道理"更容易说服读者，使其对人物的认识更为深刻、客观。

一篇文章如同一块璞玉，需经无数次的打磨加工，才会让人爱不释手，细细把玩。作者成文后，自己先要字斟句酌，反复修改，大抵没什么可改之处时，再交予编辑。编辑首先作为一名读者，对这篇文章有自己真真切切的感受，其次，编辑作为报纸的稿件处理人，也要站在报社的角度，很难说这两个身份孰轻孰重，也许相互交融，因而他改文时考虑的问题自然与作者不同，当然有时的修改也与他自身的文风有关。本章仅提供了一点点编辑修改的思路，读者若能从中寻到些许改文的法子，便是甚好。

## 旁观者清

正如作者所言，文章"动"人必先"动"己！笔者师从博士后协作导师李锡胤先生，投其麾下，就是冲其为人、为学而去的东北。笔者向先生学习，且与之相处 8 年，与先生同住一栋楼，更是近距离地熟悉了先生，为其德识所感动。笔者写《李锡胤》时充满情感，也力求写出其动人之处。

陈赟来广东外语外贸大学访学，为训练其观察力和批判性思维，笔者让她以《李锡胤》为例，展开批评，同时发去所投稿与刊发稿，让她从中悟出编辑修改之道，学得语言与谋篇的艺术。她通过标题的修改与提升、材料的取舍与偏重，尤其是篇章的大调、内容的聚合等方面的前后对比，果然有所发现，揭示了连笔者也不甚了了的思路变化，真是旁观者清。笔者本是旁观自己的先生，作者又立于一旁，对旁观者再次旁观，看得更清楚。作者、编者、读者，多重折射，能为文章捉出更多的"虫子"。因为久居平原，偶入峻岭，可觉山之巍峨；久藏深山，忽落平原，也叹原之广阔；山钦羡大海，海仰慕高山。此外，陈赟能从文章编辑过程之中发现社会和谐、读者接受之类，眼光独到，长此以往，定能大进。

编辑王长江从版面主编角度改文章，更是一次行家旁观。他以李锡胤原话“词典比小说更引人入胜”取代原先的标题“李锡胤：士之通儒”，作者陈赟的分析也鞭辟入里。尤其是他们对各级标题的重新审视与分析，旁观者已入木三分了。如何写出人物特色、如何写出人物的个性、如何挑选人物的最大成就、如何平实表达，等等，均是可以再思的问题。另外，报纸文章，讲究快速阅读、便于浏览，如何图文并茂？图可大可小，能起到活跃和调节版面的作用，所以文字某种意义上可以压缩调整。如此看来，审稿人的批阅和编辑的修改其实是非常值得琢磨的。文如璞玉，需经打磨方能绽放光彩。如果每位作者都重视这一过程，所得的收获将指数级地长进。

读文如赏画。欣赏油画，近看难看清，远看反澈明，正所谓“近看一块疤，远看一朵花”。论文修改，可近读、可远观，近读真切，远观全面。身处文中，难见真貌与真相。旁观，可清醒认识文章。离己越近，越看越不真实。除了自我感觉外，还应借他人映射、反射甚至折射自己。

好文章写得越多、发得越多，得到的批改就越多，若能用心揣摩被改过程，则能反向促进研究。为文之道，妙不可言呐！

# 东西会通类例话

# 第19章　发文原在用“心”中*

**疑点·重点·难点·焦点·突破点**

1. 发表译文或书评是否有学术价值？
2. 如何彰显海外研究成果汉译的学术价值？
3. 如何短平快地发表学术译文？
4. 如何将海外汉学的最新研究成果用于国内的反哺研究？
5. 译介成果时如何处理忠于作者和忠于事实的矛盾？
6. 如何在海外发现对国内有价值的选题？
7. 如何与海外汉学家、华人华侨学者保持紧密联系？
8. 海外学术成果汉译的选取标准和指导原则是什么？
9. 如何有效获得海外研究成果的翻译授权？
10. 译介海外成果时如何寻求原文作者的支持或帮助？
11. 如何为译文选择适合发表的学术期刊？
12. 如何跟编辑部沟通确保译者的发表署名权？
13. 学术研究是“十年磨一剑”还是“一剑磨十年”？
14. 学术研究是“一心一意”还是“三心二意”？
15. 如何基于发表译文或书评衍生出可持续研究的新选题？

译文《读钱不易 译钱更难：〈七缀集〉英译本译者导言》[①]从联系授权到翻译、投稿、校对、见刊，前后不到半年时间，是笔者发表的第一篇短平快的高级别期刊论文。回顾这段喜悦历程，所有的感受归结为一个时髦词：走“心”。

---

* 作者简介：余承法（1974—），男，博士，湖南师范大学外国语学院/语言与文化研究院教授、博士研究生导师、博士后合作导师，主要研究方向：翻译学、“钱学”（钱锺书研究）、翻译传播学。本章系国家社会科学基金重点项目“海外‘钱学’文献系统整理、研究与开发”（19AWW003）的阶段性成果。

① 余承法. 读钱不易 译钱更难：《七缀集》英译本译者导言[J]. 中国翻译, 2016, （2）: 66-69.

## 19.1　潜心追踪是基础

### 19.1.1　学术之路，殊途同归

个人的学术之路，因为家庭背景、教育环境、个人性格、禀赋阅历等差异，呈现出不同的成长轨迹，但不同的学科领域、专业训练和思路范式，都是为了发现、分析和解决不同程度的问题，最终目标都是挖掘科学事实、探究科学真理，可谓"殊途同归"。他人的成功经历不一定可以复制，但失败的经验或许值得借鉴。

### 19.1.2　探究"化境"，痴心不改

笔者属于慢工出细活的类型，一直认为潜心追踪某个研究领域是有所收获的基础。笔者 1992 年上大学时，正值"《围城》热"，不经意之间成为一个"钱迷"。2000 年读研时，主攻方向为翻译理论与实践，经由业师华先发教授点拨，笔者开始对钱锺书的"化境"思想产生兴趣，得到"偶像导师"黄忠廉教授的指教，完成硕士学位论文《释"化"》，受到答辩委员会的一致好评，这也为笔者深究"化境"增添了信心。2008 年，笔者如愿以偿地忝列为黄门弟子，决定继续钻研"化境"，打算以"全译求化机制论"为博士学位论文选题，但几位知名教授、博士研究生导师给笔者"泄气"，因为在他们看来，"化境"是形而上、深不可探的理想境界，"机制"是形而下、易于操作的策略、方法与技巧，常人很难将二者黏合起来，即使勉强建构求化机制，但那种"化"已经不是钱锺书初衷之"化"。黄老师却不停地为笔者"打气"，或耳提面命，或邮件解惑，或电话答疑，或在线指教，或书授秘籍。他的博士学位论文专著《小句中枢全译说》成为笔者的案头必备宝典，让笔者对其中未加详论的语际转化"如醉如痴，屡次慎独，多年冥思，数月苦想"①，历经 5 个寒暑，笔者终于完成了洋洋洒洒近 50 万言的博士学位论文，算是对自己多年痴迷"化境"画上的一个句号，也是对黄老师知遇之恩的一种报答。2014 年暑假，笔者接受派遣，担任美国威斯康星大学孔子学院中方院长，除了继续求"化"，也开始钻研"钱学"，搜集海外"钱学"的研究文献。看到博睿学术出版社（Brill，以下简称"博睿"）出版新西兰汉学家邓肯 · M. 坎贝尔（Duncan M. Campbell）英译的

① 黄忠廉，关秀娟，等. 译学研究批判[M]. 北京：国防工业出版社，2013：255.

《七缀集》（*Patchwork: Seven Essays on Art and Literature*）[①]时，笔者感动于他在译者导言中提到自己翻译这部文集的酸甜苦辣，并萌发了翻译这篇导言的冲动。在不到半年的时间里，笔者通过精心选题、苦心翻译、费心投稿、细心修改、诚心沟通，最终将译文发表在《中国翻译》上。

## 19.2 精心选题是前提

无论是撰写论文、书评还是翻译他人文章，成果发表的基本前提都是精心选题，需要从自己最感兴趣、最擅长的研究领域中，挑选占有丰富资料、具有学术价值、顺应时代需求、促进教学科研的话题，并逐步框定范围、确定文章标题。然后以此为据点，扩大研究视野，一个一个地做下去，就有可能以点带面、聚沙成塔，水到渠成地做成系列研究、形成特色研究。

### 19.2.1 专注“钱学”，放眼海外

笔者的硕士学位论文《释“化”》回答了“是什么”，即何为“化”，博士学位论文《全译求化机制论》解决了“怎么做”，即如何求“化”，是对10余年来孜孜求“化”打上的一个句号，但“句号只意味着过去，却不代表终结。句号放大是个0。往前又是0起点！”[②]由此笔者引发系列新思考：“化境”研究的WHY是什么？钱锺书的“化境说”属于翻译思想还是翻译理论？与文艺美学中的“化境说”有何渊源？跟他一以贯之的“打通”理想有何关系？他本人是如何践行“化”论、追求“化”艺并做到言行一致的？笔者在做国家社会科学基金后期资助项目“基于语料库的化境研究”时进行了一番思考，但未能找到完整答案，于是再次啃读《七缀集》《管锥编》《谈艺录》，钻研跟“化境说”密切相关的钱氏哲学、美学、文艺学思想，自然而然地将研究兴趣扩大到“钱学”。笔者利用自己在美国工作的两年时间，将目光转向海外“钱学”，着重关注钱锺书著作在海外尤其是欧美世界的译介和传播情况，希望获得新发现和新启迪。

### 19.2.2 爬梳文献，学会取舍

笔者爬梳文献时唯恐挂一漏万，寻找选题时又感觉内容繁多，这时就需要

---

① Qian, Zhongshu. *Patchwork: Seven Essays on Art and Literature* [M]. Trans. by Duncan M. Campbell. Leiden/Boston: Brill, 2014.

② 邢福义. 汉语复句研究[M]. 北京：商务印书馆, 2001：序 3.

具备敏锐的嗅觉，结合手头的研究工作，对搜集的文献做出取舍，追踪最新文献或者尚未被关注的旧文献。在海外“钱学”文献中，《人·兽·鬼：短篇小说和散文》（英译本）[①]、《七缀集》（英译本）、《中国的文学世界主义者：钱锺书、杨绛和文学世界》（*China's Literary Cosmopolitans: Qian Zhongshu, Yang Jiang, and the World of Letters*）[②]属于最新成果，可用来反哺国内的“钱学”研究。《人·兽·鬼》和十篇散文在国内已有一些研究，但海外译介和研究并不多见，这个全译本在国内尚未引起关注，编者兼主译、加拿大汉学家雷勤风（Christopher G. Rea）将译者导言重新用汉语表达并在中国发表。《七缀集》阐明文学与艺术的关系、探讨文学创作及翻译、论述中外文化交流影响，英译本作为著名学者张隆溪与美国汉学家魏朴和（Wiebke Denecke）主编的《东亚文学与文化比较研究丛书》之第一部由博睿出版，这种“出口转内销”的著作将对文学研究、翻译理论与实践研究带来启迪。《中国的文学世界主义者：钱锺书、杨绛和文学世界》是雷勤风供职的加拿大不列颠哥伦比亚大学亚洲研究系举办的“钱锺书和杨绛：百年透视”国际研讨会（Qian Zhongshu and Yang Jiang: A Centennial Perspective，2010 年 12 月）的会议论文集，首次将钱锺书夫妇界定为“中国的文学世界主义者”（China's literary cosmopolitans），为国内的“钱学”研究提供了一个全新视野。笔者的研究兴趣主要是翻译学，加上时间和精力有限，决定先从《七缀集》英译本开始。

### 19.2.3 细读导言，决定译介

笔者在拜读《七缀集》英译本时，首先被张隆溪长达 17 页的序言和邓肯本人的译者导言所吸引。张隆溪在 20 世纪 80 年代得到钱锺书私授，后来在美国学习、工作和生活了 15 年。他在序言中认为，《七缀集》是东西比较文学研究的一部代表性著作，邓肯耗费多年心血完成的“通顺可读、忠实可信”的译作，“必将成为我们潜心致力的东西方跨文化研究的学术典范”[③]。邓肯是新西兰汉学家，20 世纪 80 年代开始翻译《七缀集》，曾向钱锺书当面请教，向多方考

① Qian, Zhongshu. *Human, Beasts and Ghosts: Stories and Essays*[M]. Edited, with an introduction, by Christopher G. Rea; with translations by Dennis T. Hu, Nathan K. Mao, Yiran Mao, Christopher G. Rea, Philip F. Williams. New York: Columbia University Press, 2010.

② Rea, Christopher(ed.). *China's Literary Cosmopolitans: Qian Zhongshu, Yang Jiang, and the World of Letters* [C]. Leiden/Boston: Brill, 2015.

③ 此为笔者的汉译，原文见：Zhang, Longxi. "Introduction"[A]. In Qian Zhongshu. *Patchwork: Seven Essays on Art and Literature* [M]. Trans. by Duncan M. Campbell. Leiden/Boston: Brill, 2014: 16-17.

证。他在导言中探究了钱锺书的学术品格，考订了7篇文章的版本细节，向读者交代自己如何再现原著风格、追求“化境”，并回忆了翻译过程中的酸甜苦乐。笔者认为，这两篇序言有助于英语读者了解钱锺书并认识到《七缀集》的学术价值，将为国内读者重新认识钱锺书及其学术思想提供域外视角，遂打算将其都译成中文。但遗憾的是，有人捷足先登，已将张隆溪的序言译成中文并发表了。笔者多次细读邓肯的译者导言，折服于他百折不挠的精神、孜孜不倦的追求、烦琐细致的考据、臻于“化境”的译文，相信这篇导言将对中国翻译界、“钱学”界和（比较）文学界带来不同的启发。机不可失，于是笔者决定先译为快。

## 19.3 苦心翻译是保证

翻译他人文章虽然不像自己撰写那样，需要绞尽脑汁地提出观点或形成思想，但翻译尤其是学术翻译，作为一种“二度创作”，需要译者“正确认识翻译的性质，认真执行翻译的任务”[①]，牢记翻译这门艺业的特点——“讹”之在所难免。译者苦心翻译、提高质量是译文发表的保证。

### 19.3.1 把握精髓，发挥优势

动笔翻译之前，首先需要做好相关准备，包括：研习《七缀集》原著，熟悉每篇文章的写作背景、主要观点和基本内容，了解译者邓肯的学术背景、擅长领域、写作特色等基本信息。其次需要确定全译策略及相应方法，在原文理解、语际转化和译语表达的三个阶段中，坚持以“双原文”为中心，即比读《七缀集》原著和邓肯译著，字斟句酌地解读邓肯的译者导言，把握文章精髓和作者意图，以原著和译著的双重读者兼双向译者（汉译英、英译汉）的身份揣摩邓肯的译者情怀，感悟其译路风尘，领会其写作思路，对文中涉及的相关背景信息再做查证。同时，笔者本人也需要发挥自身钻研原著心得、感受译著美妙的优势，往返穿梭于钱锺书及其原著、邓肯译著及其导言之间。

### 19.3.2 虚心求教，坦诚交流

钱锺书尝言：“一部作品读起来很顺利容易，译起来马上出现料想不到的

① 钱锺书. 七缀集[M]. 北京：生活·读书·新知三联书店, 2002: 86.

疑难，而这种疑难并非翻翻字典、问问人就能解决。”[①]邓肯也坦言翻译是“一件吃力不讨好而又极其艰巨的任务”（a thankless and herculean task）[②]，学术著作的翻译更是如此。虽然邓肯是汉学家，其汉语水平之高、中国文化造诣之深远远超出常人想象，他可以自如地跟笔者用中英文进行沟通，但正因为如此，他有自己的独到见解，对有些词语的汉语表达和句式调整，跟笔者的想法不尽一致。笔者尽可能在吃透原文之后，虚心向他求教，对于有些不符合事实或违背我国意识形态的表达，在跟他友好沟通之后，决定采用普遍接受的表达。原文作者谙熟中国语言文化，会给译者提供一些帮助和便利，但有时反而给译者带来巨大挑战和无形压力。邓肯非常谦虚、友善，笔者与其沟通非常顺畅，但笔者翻译时仍然谨小慎微、如履薄冰。笔者通过电子邮件感谢他对译文的肯定和润饰，指出他才是自己文章最合适、最称职的译者，但为了帮助中国读者了解海外最新的汉学研究成果，中国人也要主动承担外译中的工作，双方的坦诚交流和密切合作必定会加深东西方之间的跨文化理解与沟通。

### 19.3.3　精雕细琢，精“译”求精

钱锺书曾自嘲自谥为“钱文改公”，对《七缀集》多次修订、反复思考，其中为人熟知的《林纾的翻译》有 10 余个版本。邓肯呕心沥血 30 年，历尽千辛万苦，翻译不辍，译不厌改，终于让这部著作在英语世界获得“来世”。两位先生精益求精的态度、尽善尽美的追求，给后人树立了光辉榜样，令笔者无比景仰，虽不能至，心向往之。笔者除了吃透邓肯的原文、精准达意、保留原文的淳朴风格之外，还阅读了钱锺书其他著作英译本的译者导言及其汉译，希望从类似的双语比读中获得灵感，从前人的翻译实践中得到启迪。笔者专注地翻译，邓肯尽职地校对，双方合力对译文精雕细琢，精“译”求精。

## 19.4　费心投稿成关键

推陈出新是学术研究的灵魂，但翻译通常被认为没有新观点或新思想，国内大多数高等学校和科研机构都不将译著（译文）认同或等同著作（论文），相当一部分学术期刊也不发表译文。发表译文有限制、有难度，但费心投稿

---

① 钱锺书. 七缀集[M]. 北京：生活·读书·新知三联书店, 2002: 89.

② 此为笔者的汉译，原文见：Campbell, Duncan M. “Translator’s Introduction” [A]. In Qian Zhongshu, *Patchwork: Seven Essays on Art and Literature* [M]. Trans. by Duncan M. Campbell. Leiden/Boston: Brill, 2014: 25.

是技巧，成关键。

### 19.4.1 瞄准期刊，对接栏目

笔者针对 CSSCI 来源期刊目录（2014～2015 年）中的 23 种语言学类、6 种外国文学类和 16 种中国文学类期刊，经过慎重考虑，选定了其中的 3 家期刊。《中国翻译》是中国翻译界的顶级期刊，跟钱锺书颇有渊源，1985 年第 11、12 期发表了他的《林纾的翻译》，1986 年改版和更名时由他亲笔题名“中国翻译”，而且期刊的栏目设置灵活、文章类型多样，而邓肯的原文题目“译者导言”很适合“译家论译”栏目。《读书》是“以书为中心的思想文化评论刊物”，一共发表了钱锺书的 7 篇文章（截到 2019 年底），而且是一家综合性月刊，投稿、发稿的周期可能相对较短。《中国比较文学》是中国比较文学学会会刊，创刊号上发表了钱锺书的《在中美比较文学学者双边讨论会上的发言》，钱锺书本人也是中国比较文学的首倡者之一，而且《七缀集》被认为是中国比较文学研究的典范之作，因此发表《七缀集》英译本的书评或译者导言符合其办刊宗旨。笔者考虑到不能一稿多投，经过利弊权衡之后，决定先投《中国翻译》。

### 19.4.2 添加标题，突出特色

瞄准投稿期刊后，笔者发现原文标题过于单调、普通、缺乏特色，有必要添加一个能吸引眼球的标题。笔者从 10 多个标题中选定了 3 个：“读钱不易 译钱更难——《七缀集》”更适合《中国翻译》，“将《七缀集》英译本带回家——译者导言”更适合《读书》，“中国比较文学典范之作的英译本——《七缀集》英译本译者导言”更适合《中国比较文学》。于是决定：如果《中国翻译》拒稿，就用不同的标题依次改投《读书》和《中国比较文学》。

### 19.4.3 设计按语，彰显价值

除了为译文添加标题之外，笔者还在正文前增加了 370 余字的“编者按”，介绍了译著的丛书收录和出版情况，引用了张隆溪对原著和译著的赞誉，概述了邓肯“译者导言”的主要内容，指出这是海外“钱学”研究的新进展，并强调译者导言对学界从事比较文学、“钱学”研究和翻译研究的重要学术价值和当代意义。

# 19.5　细心修改点金石

修改虽然不可能使很差的论文“起死回生”或“脱胎换骨”，但细心修改可能让质量一般的论文“点石成金”，使质量稍好的论文“锦上添花”。修改不仅仅是针对期刊编辑部的退修意见，而是贯穿于写稿、投稿和发稿的全过程。学术论文的修改需要尽可能充实内容、创新方法、突出观点、形成思想，同时兼顾语言和格式，而译文的修改主要落实在原文内容的准确传递、风格的完整再现以及语言完善和格式规范等方面。

## 19.5.1　精翻细译，尽善尽美

有人将“翻译”形象地比喻为“翻来覆去地‘翻’”“一（译）心一（译）意地‘译’”，有人将“译”理解为“亦、益、遗、移、异、刈、依”的七种行为[①]，笔者将全译方法分为对、增、减、移、换、分、合，简称“全译七法”[②]。无论哪一种比喻或理解，都要求译者潜心翻译、苦心修改、孤诣求“化”，翻译过程必然遭遇种种障碍、经历颠顿风尘、面临得失风险。文章不厌百回改，反复推敲妙语来，修改译文的过程的确痛苦不堪，但有时灵感突现、妙语偶得、佳句忽来。文章只有改到让自己“心”动，才有可能让读者动“心”。笔者投给《中国翻译》的译稿标明是“第 13 稿”，以后的每次修改稿都标注为“第××稿”，既方便自己核查，又表明自己的严谨态度。

## 19.5.2　“冷热”处理，角色转换

修改过程中，可以对译文“热处理”和/或“冷处理”。“热处理”是对原文和译文“趁热打铁”，以作者兼读者的身份，一边翻译，一边推敲，一边修改，一边双语比读，在文本穿梭和角色转换中，加强对原文的深层次理解、对译文的批判性审读和准确性达意。“冷处理”是指完成译稿后搁置一段时间，让“译”动的心逐渐“冷却”，因为译者在翻译时或多或少受到原文形式的束缚，通常不会对文章进行大幅调整，而且大多数情况下对自己的理解和表达非常自信，有时甚至产生“只缘身在此山中”之感。如果译者跳出自己先入为主的思维定式，以新读者的眼光对译文进行批判性阅读，可能会发现原来忽

① 颜林海. 翻译审美心理学[M]. 北京：科学出版社, 2015: 121-124.

② 余承法. 全译方法论[M]. 北京：中国社会科学出版社, 2014: 21.

视的错误或者瑕疵。对译文"冷处理"之后，可以再对照原文进行二度"热处理"，不时转换读者、译者、作者、批评者的角色，多次换位思考。必要时也可邀请亲朋好友、文章高手以"他者"的眼光审视译文，因为"当局者迷，旁观者清"。

### 19.5.3 收到回复，及时反馈

海外最新成果的汉译一旦进入编辑的法眼，通过了初审、二审，就表明其学术价值得到编辑部的认可和审稿专家的肯定，发表的概率可能比研究性论文更高，因为人们通常相信"他山之石，可以攻玉"。退修意见既是译者的"定海神针"，又是修改时的"指南针"。笔者将译文投给《中国翻译》两个月之后，收到了编辑的反馈："您投来的译稿《读钱不易 译钱更难——〈七缀集〉英译本译者导言》有一定学术价值，拟刊用。……希望您再完善一下，把文内一些关键的词语（您可酌情选择）用括号附上英文词，并且在下周一前发到此邮箱即可。"笔者当即作了简短反馈，感谢编辑部的认可，承诺认真修改。尽管编辑的修改意见不多，只需要笔者总体完善一下并增加一些关键词语的英文表达，而且给出的修改时间是一周，但笔者还是不敢怠慢，又花费了较多精力对译文修订了三遍，及时跟邓肯交流和定稿，将译文的第 19 稿发给了编辑部，并解释修改的内容、理由和标注方式。笔者认为回复编辑的时间，既不能太快，又不能太慢，笔者是在三天之后发送的修改稿。

编辑反馈时，提醒重点关注的内容：①有无事实性错误（人名、地名、英文拼写）和引用错误；②要仔细检查标题（大标题、小标题、标题序号）、摘要、表格（均为排版重做的）、注释号（有无漏排）、参考文献（有无错误）；③其他问题（还特意强调："不是原则性问题，请切勿改动"）。笔者再次慎重对待，抓住翻译中的重难点，有针对性地查阅文献，弄清相关史实、人名、地名，再请邓肯帮忙校对，就某些表述达成了一致，在规定时间的前两天发回编辑部，并在邮件和 PDF 版本中做了详细的修改说明。半个月之后，编辑发来二校稿，希望笔者再次认真校对，注意核对第一次校对的内容是否全部改正过来，并提醒重点关注的内容：①题目、摘要、小标题及序号；②表格和图片（表格是重做的，错误的概率非常大）；③注释号（有无遗漏，顺序对否）和注释内容；④参考文献；⑤文内事实性错误、拼写错误等。从编辑要求的表述来看，这可能是编辑部二校稿的通用要求，但笔者依然字斟句酌地校对打印稿，改正中英文转换时出现的几处标点错误，并就译文中的两处注释向编辑求教。第二天，编辑回

复了邮件，接受了笔者的处理方式。这样，译稿进入了最后的编排阶段，一个月之后见刊。

## 19.6 诚心沟通有惊喜

笔者在跟原文作者和期刊编辑的沟通中体会最深的是：诚心、礼貌的沟通能够获得对方的好感和尊重，有时会收到意想不到的惊喜。

### 19.6.1 联系作者，收获良多

笔者动笔翻译之初，写邮件给邓肯先生，表达对《七缀集》原著和英译本的喜爱，表示自己有信心、有能力翻译他的译者导言，并认为很有必要将他的译著和导言回灌给中国学术界。他很快作了回复，很高兴地接受笔者的翻译请求，表示愿意提供帮助；他紧接着发来第二封邮件，将笔者介绍给博睿编辑 Dr. Qin Higley 和丛书主编张隆溪教授，笔者也很快得到出版社的授权和张教授的热情鼓励。笔者在与邓肯往来的 22 封邮件中，向他请教了翻译中的一些问题，坦诚表达了对翻译几个关键词的看法，谈到了译者作为“一仆二主”的责任和在翻译过程中承受的痛苦，分享了收到编辑部用稿通知时的兴奋和喜悦。双方合作完成了文本的异域旅行，组成了学术共同体，建立了深厚的友谊。笔者通过跟 Dr. Qin Higley 和张隆溪教授的邮件往来，了解博睿的更多书讯，获得授权为另外两部“钱学”研究文集撰写书评和翻译编者序言，并与多位海内外“钱学”专家取得了联系。与此同时，本篇译文和两篇书评都得到张教授的精细审校，投稿不到一年就发表于 CSSCI 期刊。总之，笔者通过与原文作者的诚心沟通，获得了翻译授权、受到了鼓励、得到了帮助、收获了友谊，真可谓“一举多得”。

### 19.6.2 沟通编辑，获益匪浅

笔者在给《中国翻译》投稿时，精心准备、诚心递呈了一封投稿信（cover letter），表达了对“钱学”的长期关注，介绍了自己获得《七缀集》英译者和出版社授权翻译的大致情况，引用了张隆溪对《七缀集》原著和译著的高度评价以及对邓肯兢兢业业从事翻译的赞誉，强调《围城》英译本、《管锥编》英文选译本、《人・兽・鬼》和十篇散文的合集英译本的译者导言都译成了中文并在国内发表。笔者想用诚心引起编辑的重视，用高质量的译文赢得发表机会。

两个月之后，笔者就收到了编辑的回复，产生受宠若惊之感。在跟编辑的 12 封邮件往来中，笔者一直谦虚谨慎、真诚礼貌，并不失时机地表现自己的严谨细致。编辑及时回复，大多采纳笔者在译文中的处理方式，也尽量考虑笔者对译者署名的合理请求。编辑在第一封回复邮件中提到：译文只能署原作者名，但可以在文后注明译者和译者简介。笔者当时觉得能发表译文就已经感激不尽了，没有过多考虑署名的事情，但随后仔细一想：没有署名，自己就成了无名译者，无法体现自己的学术贡献。笔者在随后的回复邮件中，请求编辑部采取“××著××译”的署名方式，也同时表态：无论如何，都将服从编辑部的统一规定和安排。又一次意想不到的是，译文最终以“Duncan M. Campbell 著 余承法 译”的署名方式发表了，而且编辑将笔者原来写的“编者按”改成了“摘要”，并增加了 4 个关键词，这就形成了学术论文的标配格式。因此，通过跟编辑的诚心沟通，笔者进一步明确了《中国翻译》的格式规范，学会了更多编辑知识，自己的部分请求也得到了满足。译文的最终发表也鼓励着笔者继续跟进海外“钱学”的最新进展，及时做好在国内的反哺研究，为自己的学术研究开辟了新天地。

**附：笔者与《中国翻译》编辑部的邮件往来**

2015 年 11 月 16 日，投稿

2015 年 11 月 17 日，收到编辑部的自动回复

2016 年 1 月 21 日，收到实名编辑（以下称“×编辑”）的回复：拟刊用

2016 年 1 月 22 日，当即回复×编辑

2016 年 1 月 22 日，收到×编辑的自动回复

2016 年 1 月 25 日，向×编辑发回译文的修改稿

2016 年 1 月 25 日，收到×编辑的手工回复

2016 年 1 月 28 日，×编辑发来一校稿“邓肯（PDF 版）”

2016 年 2 月 2 日，给×编辑发回一校稿的校对稿“邓肯 3（PDF 版）”

2016 年 2 月 2 日，收到×编辑的自动回复

2016 年 2 月 2 日，收到×编辑的手工回复

2016 年 2 月 17 日，收到×编辑的二校稿“Duncan M. Campbell（余承法 译）（PDF 版）”

2016 年 2 月 22 日，给×编辑发回二校稿的校对稿“Duncan M. Campbell（余承法 译 2）（PDF 版）”

2016 年 2 月 22 日，收到×编辑的自动回复

译文的快速发表看似偶然，实则必然，或是必然中的偶然，是多“心”合力的结晶、多方厚爱的结果。静心沉思，一路走来，有喜悦，有感慨，有收获，有体会。笔者由发表本篇译文扩展到发表其他相关论文，再延伸到申报课题和出版专著，最终取得了系列研究成果，所有这一切都基于有一个有把握、可研究、能持续的选题，同时也需要发挥个人优势，能够持之以恒。总体而言，潜

心追踪是确定选题的基础，精心选题是推进研究的前提，苦心研究是产出成果的保证，费心联系是成果发表的关键，细心修改是点石成金的法宝，诚心沟通是收获意外的秘诀。唯有不忘初心，坚定信心，矢志恒心，方得始终。

## 旁观者清

如何快速发文，选题内容重要，选题视角更重要。要充分利用身边的优势，巧借外力，跨出原有思维范式。本章就展示了另一种研究方式。作者矢志不渝地研究钱锺书，主线不变，一路风景无限。不偏主线，若能将副线变成副产品，却是一种偏得、一种巧得，更能为学术添彩。

21 世纪之初，承法以《释“化”》为硕士学位论文选题顺利答辩，获得好评，后选其部分内容刊于 A&HCI 期刊，发表后居然不知！当局者迷，旁观者清。不过只有当局者才有真切体验与体会。正因为有过酸甜苦辣、喜怒哀乐，当局者才会醉心其中，或不能自拔。钱锺书“化境说”，属于形而上，若能将其与形而下的求化机制贯通，是一种本事、一种硬功，他努力尝试了，也有了一定的获得感。这种真情实感使当局者可能更明白自己需要什么，这是旁观者无从知道、无法体会的。

学术要有根据地，但根据地周边是可以游击的，有的游而不击，有的要游而出击，会有意想不到的收获。作者在国内时主攻钱锺书翻译思想，在美国担任威斯康星大学孔子学院中方院长时不忘旁观，他放眼海外“钱学”，是一种因地制宜的学术战略转移。当局者或有优势，旁观者或有劣势，双方适时、适当扬长避短，可以获得双效。当局者所虑太多，思绪就乱，无法专注，迷失乱象而难自拔。诚如王国维所言：“入乎其内，故能写之。出乎其外，故能观之。入乎其内，故有生气。出乎其外，故有高致。”[①]

作者研察“钱学”，先用内窥镜，后用外窥镜。他发现“出口转内销”式海外汉学或可反哺国内热点和前沿，点子高，下手快，又一次找到了自己专长与新资料、新文献的切点与交点，再次聚焦。国内大多数高等学校和科研机构都不认可译作，相当一部分学术期刊也不发表译文。发表译文有限制，有难度，但用心投稿是技巧，成关键。作者并未“为成果而成果”，经过慎重考虑，分设了 3 个题目，拟投《中国翻译》《读书》《中国比较文学》三刊，可见其用心之良苦！后来，他发现原作题为“译者导言”，很适合《中国翻译》的“译家论译”栏目，便先投了。

① 王国维著. 施议对译注. 人间词话译注[M]. 上海: 上海古籍出版社, 2016: 118.

由该文可知，学术研究既要智商，也要情商。作者投前、投中、投后的系列处理均体现了较高的情商。善处身者，必善处世；善处世者，必严修身。处世之道，在于把握分寸。他在编辑约定的返修时间内既不快也不慢，取中为上，拿捏得非常到位，给编辑既不草粗也不怠慢的处事印象。

作者由硕士学位论文一花引来万花开，催生了博士学位论文、国家社会科学基金后期资助项目等。其思考从未止步，由钱锺书翻译思想推至“钱学”。通过一篇导言的汉译，结识了一批汉学家，更是意外的收获。作者由发表译文扩展到发表论文，再延伸到申报课题和出版专著，取得了系列研究成果，且于2019年获批国家社会科学基金重点项目“海外‘钱学’文献系统整理、研究与开发”。他的这点成功经历或许不可复制，但成功经验也许值得借鉴。

# 第 20 章　另辟蹊径出重围*

**疑点·重点·难点·焦点·突破点**

1. 如何从师高效学习?
2. 文章章法如何细化?
3. 科班训练为何十分必要?
4. 如何搭建学术论文的框架?
5. 文献综述只是资料梳理吗?
6. 一篇论文的“长成”途径有哪些?
7. 如何处理小论文与博士学位论文的关系?
8. 如何赋予一篇论文新的生命?
9. 如何对待屡投不中的论文?
10. 国内投稿不中的论文如何走向国外?
11. 国外学术论文与国内学术论文有何区别?
12. 国外投稿的注意事项有哪些?
13. 作者如何与主编和责任编辑沟通?
14. 博士学位论文的价值如何最大化?
15. 博士后与博士研究生训练如何关联?

国内学者在核心期刊发论文难，发 CSSCI 期刊更难。然而高等学校教师、科研人员、在读博士、博士后，为了评职称、毕业、出站，都需要以论文来证明自己的科研实力。可是盘点核心期刊的数量，需远大于供。拙文《误译类

* 作者简介：顾俊玲（1976—），女，博士，郑州大学外国语与国际关系学院俄语系副教授、硕士研究生导师，主要研究方向：翻译学、外语教育。本章系 2019 年度国家社会科学基金后期资助项目“发生学视角下的译病研究”（19FYYB022）和 2020 年度河南省教育厅人文社会科学研究一般项目“折射与镜像：中国典籍外译之误译发生原理与纠偏机制研究”（2020-ZZJH-456）的阶段性成果。

型考》[①]（以下简称《考》）在国内经历多次投稿被拒，笔者最后对其进行大幅修改，译为俄语，投到俄罗斯 BAK 核心期刊《莫斯科大学学报·翻译理论卷》（以下简称《莫大学报》），有幸被录用。笔者试将《考》成文、重炼、退修、发表的历程写下，供国内学人阅读参考。

## 20.1 原文长成：研究训练之关键

《考》是笔者博士学位论文的起点，它生发于文献综述，成文于博士学位论文撰写过程，完善于学术沙龙的讨论。动笔写论文之前笔者学习了博士研究生的课程，深入阅读导师的论文与著作，经历过若干次师门学术沙龙训练，掌握了学术论文写作的章法。

### 20.1.1 批判学得成文道

导师黄忠廉说：师从一人，要先把老师的东西读透。对于学术大家，要观察充分、模仿充分，并且要谋求突破和创新。导师本人也是如此身体力行，读透邢福义先生的《小句中枢说》[②]，其博士学位论文《小句中枢全译说》[③]才做到创新巧妙，演绎透彻。

笔者博士阶段所修的“翻译学基础理论”课程是对《小句中枢全译说》的透彻阅读、全方位批判。这个训练旨在培养学生深入阅读和批判性思维的习惯，通过研读与批判，学会构建博士学位论文的框架。阅读中学习博士学位论文每个章节的起承转合、理与例的结合、析例的方法……通过这门课学得：一篇博士学位论文的骨架是由核心概念—主体概念—一般概念搭建而起，文献综述是博士学位论文的出发点，核心概念的内涵与外延界定是博士学位论文的核心，是学术登山的第一个台阶。笔者在读导师的论文《释“对译”》[④]《释“变译”》[⑤]《零翻译类型考》[⑥]《变译理论研究类型考》[⑦]真正体会到小题深

---

① Гу Цзюньлин, Хуан Чжунлянь. Система классификации переводческих ошибок. Вестник Московского университета. Серия 22（顾俊玲，黄忠廉. 误译类型考[J]. 莫斯科大学学报·翻译理论卷, 2016 年第 3 期）。论文下载地址: http://esti.msu.ru/netcat_files/userfiles/Files/vestnik/1705Ser-22_2016-3_preview.pdf.

② 邢福义. 小句中枢说[J]. 中国语文, 1995, （6）: 420-428.

③ 黄忠廉. 小句中枢全译说[M]. 武汉: 华中师范大学出版社, 2008.

④ 黄忠廉，贾明秀. 释“对译”[J]. 上海翻译, 2013, （2）: 12-14.

⑤ 黄忠廉. 释“变译”[J]. 外语研究, 2002, （3）: 66-68, 60.

⑥ 李丹，黄忠廉. 零翻译类型考[J]. 山东外语教学, 2012, （2）: 93-97.

⑦ 黄忠廉. 变译理论研究类型考[J]. 外语学刊, 2011, （6）: 101-104.

做的重要性，这样稳固的基础才能支起整篇博士学位论文。

导师开设的另一门课程“翻译学理论基础”是以翻译的 5 个要素——主体、客体、行为、对象、方式为抓手，课前放开阅读，课中思想激烈碰撞出火花。这个方式使学生既学会紧抓翻译本体，保证研究的深度，又充分学习为翻译学提供营养的相关学科和相关理论，保证研究视野的开阔。两门课结合是事半功倍的研究生培养方式。

### 20.1.2 大小论文齐推进

博士学位论文开题之后，同门开始按照导师训练的方法做论文。导师指导博士学位论文写作的方法是大小论文一起推进。博士学位论文框架中的任何一节，都可按照小论文的写作要求完成，写完既可以投稿，又可成为博士学位论文的有机组成部分。小论文融入博士学位论文需要进行修改，引言一般可改为章节之下的过渡段，文内的标题结构可根据大论文的整体疏密适当调整。与之相反，博士学位论文的具体章节也可作为投稿的雏形再进一步深入雕琢打磨。如此大小结合推进，能最大限度提高研究效率，尽早获得博士答辩的资格（每个学校规定的答辩条件不同，基本都是在核心期刊或 CSSCI 期刊上发表 2～3 篇文章）。笔者的《释“误译”》[①]和《考》就是与博士学位论文同时推进的小论文，同时它们也是博士学位论文第一章的两小节。《释“误译”》最后发表在国内中文核心期刊上，《考》的投稿历程较为曲折，多次被拒后另谋出路。

### 20.1.3 文献综述成三文

一般来说，文科研究始于文献阅读。或先有想法，围之阅读；或在文献阅读中产生想法，再结合想法深入阅读。文献综述是一项重要工作，通过阅读已有研究成果，发现别人研究的不足，逐步形成自己的观点。在综述中可产生数篇文章，小论文《释“误译”》《俄国误译研究综述》[②]《“误译研究/学”汉、英、俄术语化探究》[③]均起源于笔者的文献综述。大家曾经为写长一篇论文而发愁，但在实际操作中，当一篇论文不能把所有问题讲清楚时，自然要分成两篇，甚至三篇。在不断的拆分中，研究逐步细化，博士学位论文也逐渐“长胖”。

搜索文献时笔者发现，输入不同关键词所得文献不同，已有成果中“错译”

① 顾俊玲. 释“误译”[J]. 杭州师范大学学报（社会科学版）, 2014, （2）: 91-95.

② 顾俊玲. 俄国误译研究综述[J]. 黑河学院学报, 2013, （5）: 10-13.

③ 该文尚在投稿中。

“误译”“翻译错误”“译病”指代对象大致相同，这促使笔者思考误译术语流变和对“误译”一词进行概念界定。最初的综述是按照常见的划分——国内研究现状和国外研究现状来进行的，后来笔者在深入的阅读中发现俄罗斯对误译的研究很有特点，于是单独拿出做文章，即《俄国误译研究综述》。在读文献时笔者发现几乎每篇论文都会涉及误译的分类，国内外学者对误译的分类各异，有二分法、三分法、多分法等，所以笔者将其单独列出，产生写作《考》的基本思路。最初题目定为“误译分类综述”，打算将国内外学者对误译的分类综合、比较、述评。初稿纲目十分简单，经过若干稿的写作，纲目越来越细化。初稿、第 2 稿、第 3 稿、第 5 稿纲目对比见表 20.1。

**表 20.1　汉语版纲目对比**

| 初稿 | 第 2 稿 | 第 3 稿 | 第 5 稿 |
|---|---|---|---|
| 误译分类综述<br>1. 误译分类回顾<br>1.1 国内对误译的分类<br>1.2 国外对误译的分类<br>2. 各种分类的比较<br>3. 各种分类的简评<br>4. 误译分类的预测 | 误译类型考<br>引言<br>1. 误译分类的研究价值<br>2. 误译分类回顾<br>2.1 国内对误译的分类<br>2.2 国外对误译的分类<br>3. 误译分类整合<br>3.1 错误分类的启示<br>3.2 误译的分类体系 | 误译类型考<br>引言<br>1. 误译分类的研究价值<br>2. 误译分类回顾<br>2.1 国内对误译的分类<br>2.2 国外对误译的分类<br>3. 误译分类体系<br>3.1 静态分类<br>3.1.1 静态分类的理据<br>3.1.2 静态分类的优点<br>3.2 动态分类<br>3.2.1 动态分类的理据<br>3.2.2 动态分类的优点<br>4. 结论 | 误译类型考<br>引言<br>1. 误译分类回顾<br>1.1 国内对误译的分类<br>1.1.1 宏观分类<br>1.1.2 微观分类<br>1.2 国外对误译的分类<br>1.2.1 宏观分类<br>1.2.2 微观分类<br>1.3 对已有分类的简评<br>2. 误译分类体系<br>2.1 静态分类<br>2.1.1 静态分类的理据<br>2.1.2 静态分类的优点<br>2.2 动态分类<br>2.2.1 动态分类的理据<br>2.2.2 动态分类的优点<br>3. 结论 |

由表 20.1 对比可知，每一稿都有较大变化，这些变化中既有导师、同门的修改意见，也有笔者本人在写作过程中的深入思考。

《考》是与博士学位论文的综述同时推进的，成文比较快，未经过纲目推敲，在沙龙汇报时已经完成初稿。学术沙龙上信娜师姐、关秀娟师姐提了修改意见，其他同门也有一些细节的反馈意见，最后是导师点评。导师的点评一般从几个方面展开：选题是否有新意、有价值？还有哪些写作视角？本文的框架有什么长处和不足？论述逻辑和语言的优缺点。初稿在沙龙展示时，导师建议题目改为“误译类型考”，改一字题目立刻醒目新颖，从简单的文献综述变成研究型论文。

笔者在第 2 稿提出自己的分类体系时，想到借用符号学的三分法把误译分为语形误译、语义误译、语用误译。这一稿的字数还不足 5000 字。笔者在第 3 稿的写作过程中发现，还可以结合翻译过程的 3 个环节进行分类。根据笔译结果的静态呈现和翻译过程的动态性，笔者确定动态分类和静态分类的思路，第 3 稿论文篇幅达到 6500 字。写到第 5 稿时，笔者删除了误译分类研究的价值，在国内外分类综述之下再分宏观和微观。第 5 稿文献梳理和新类型体系建构呈 1∶1 的比例，基本定稿。该文从 2012 年 11 月底开始撰写，到 12 月底定稿，用时 1 个多月。

## 20.2　投稿受挫：搁置冷却忌心急

一篇文章成稿如同辛苦孕育一个孩子，作者都希望“孩子”得到好去处。青年学者更是急于出成果，为答辩、毕业或职称筹谋。投稿一旦碰壁容易气馁，拙稿的经历一样坎坷。

### 20.2.1　屡次投稿皆被拒

定稿后，笔者开始依照不同刊物的要求修改引用格式、文内格式，准备投稿。从 2013 年 1 月到 2015 年 9 月，《考》一共投过 8 家期刊，有核心期刊，也有普通期刊，均石沉大海。现在回想，当时投稿心切，每次改投都没有认真修改论文本身，误译分类的新文献未及时补充，对所投刊物的用稿特点也未认真琢磨，所以期刊“虐我”千万遍也有充足的理由。人文学科的学术研究一般是慢工出细活，若非为刊物急需的稿件，急功近利的投稿鲜有一次成功。这篇文章虽未能在国内发表，后来作为参会的发言稿用了一次，也算略尽其用。随着新论文的陆续成稿和博士学位论文的逐步推进，这篇论文暂被搁置。

### 20.2.2　搁置冷却勿屈就

高等学校的“青椒”们（“青椒”为网络名词，青年教师的别称）评职称需要积累论文、报课题需要前期成果，所以写成一篇文章想方设法也要见刊，既为了凑前期成果的数量，也为了单位的年终科研考核。在若干次碰壁后，“青椒”们一般很容易妥协，随便找个刊物就发了，笔者彼时也是这样的心理，所

以有几篇文章甚至不惜低就。这种心理在初学者中尤其普遍。事实上，若能搁置冷却，待到积淀加深，视野变阔，再来修改可能会见新气象。屈就的弊端是，它对作者的学术业绩并无明显提升作用，而博士学位论文中的章节发表过多会增加全文的复制比，导致查重超标。

导师常说综述类的论文引用概率比较大，但也比较难发。纵观中国学者在境外发表的论文，却多数是综述类。其中原因大概是综述能较全面地看到我国相关领域的研究现状，省去国外读者的检索时间。《考》85%的篇幅即是综述国内外关于“误译”的分类，最后一部分才是自己提出的分类体系。这篇论文在搁置冷却后，笔者对其进行大幅度修改，也是投稿成功的必要条件。

## 20.3　延展研究：连接博士后训练

考》的修改和翻译是笔者博士后阶段做的一项重要工作，它既是博士学论文“下山训练”的对象之一，也是博士后阶段开拓新投稿领域的尝试。

### 20.3.1　博后延伸新目标

博士毕业后休整一年，笔者进入博士后阶段的学习。进站伊始，合作导师帮助每个进站博士后进行学术规划和设计。首先是将博士学位论文拆分成小论文进行“学术下山训练”的设计，其次是向国外期刊投稿，拓展发表论文的领域。原因很简单：①国内圈子窄，刊物少，竞争激烈；②国外期刊可选范围较大，且多是SSCI；③发稿会得到修改意见，总结、吸收、修改，有助于自我提高，而国内刊物很少有退稿意见，多数是石沉大海；④走国际发表途径可能更公平。为此，导师带领门下博士研究生和博士后进行一期专题学术沙龙，研究国外论文的写作模式。研究外刊的重点是看论文的题目、摘要、文章的结构、重要表达式，总结文章夹注、尾注、脚注、参考文献、作者介绍、致谢等的写法。笔者当时重点研究的期刊是《莫大学报》，它是俄罗斯专发翻译理论研究成果的核心期刊，可能是笔者未来主要投稿的方向。为使工作事半功倍（既研究其行文格式，也学其思想），笔者选择了该刊“翻译理论”栏目中的文章《翻译的科学系统学模式：超学科性和科学知识系统》（*Системологическая модель наука о переводе. Трансдисциплинарность и система научных знаний*）[①]，认

① Н.К. Гарбовский. Системологическая модель наука о переводе. Трансдисциплинарность и система научных знаний[J]. Вестник Московского университета. Сер. 22. Теория перевода. 2015，（1）: 3-20; Н.К. 加尔博夫斯基，顾俊玲（译）. 翻译的科学系统学模式：超学科性和科学知识系统[J]. 黑河学院学报, 2015，（6）: 9-14.

真研读后发现该文观点颇有新意，在取得作者同意之后笔者将其译为汉语刊发，将“事半功倍”最大化。

### 20.3.2　前辈倾囊授真经

除了带着弟子研究国外期刊论文的特点以外，导师还请来龙海平教授传授海外发表论文的经验，龙教授倾囊传授真经，首先告知投稿注意事项：①国外投稿过程是个互动过程，基本程序是作者→编辑→评论者/审稿人→作者，部分审稿人的观点可能很极端，所以作者要注意与对方的沟通方式、沟通技巧和沟通内容，以妥当的方式阐明自己的理据即可，不必过度辩解；②拿到反馈意见后先冷却几天，然后反思，与审稿人交流，力争获得认可；③研究对象上要注意，一味评述他人思想并非是产生独立学术思想的正途。

龙教授也将写作经验与大家分享：随身带本，及时记下灵感，立刻写下小提纲，多个论文同时推进，有一个突破就是胜利（分析、思索、总结、融合、创新）。国内外学术思考的路径有所不同，国外文章结构一般包括：①引言（introduction）；②文献述评（literature review）要以评为主，以思想为主线，不能仅仅叙述；③理论基础与方法（theoretical methodology）部分要阐明自己的方法论或理论基础/背景等；④论述（discussion）部分要讨论研究对象，建立新的理论，证实或证伪等，所有的观点在此部分完成；⑤结论（conclusion）。摘要、前言和结论是一篇文章的铁三角，依照审稿人的经验，90%的文章在编审读完这三部分后就被毙掉，因此要在这三部分格外花心思。

国内外文章开头的撰写有差异，国外一般在文章开头用简单的语言把文章的精华提炼出来，注意通俗易懂；国内却是在开头引而不发。写文章要注意立意和内容，不要把各种理论都揉在一起，选择一个理论，一以贯之，进行定量或定性研究，凡论断皆需有文献佐证或进一步解释。国际投稿文章篇幅一般较长，平均约 8000 单词，12 000 汉字。因为长文可深入讨论，因此多注意铺垫，其他写作细节方面需自己慢慢摸索。

### 20.3.3　旧文启用再设计

经过一期沙龙的专门研究和龙教授的指点，同门开始瞄准境外期刊拟题写作。因为博士后阶段是继续深入博士阶段的选题，为了节约时间，提高效率，笔者搜罗出几篇“烂尾”的和被搁置冷却的论文，经过比较和筛选，《考》重新被启用。导师建议增加历时的国内外文献（原来的文献是从 20 世纪 80 年代开始），结构上重新设计，完善后投稿。先尝试投俄罗斯的核心期刊，若被拒，再尝试普通期刊。

首次投稿目标锁定为《莫大学报》，因为它是俄罗斯一家专发翻译理论研究成果的核心期刊，被俄罗斯高等学位委员会列入文化学、文学、语言学、哲学方向博士和副博士答辩资格论文刊发的期刊目录（ВАК）。《莫大学报》"翻译卷"关注翻译的社会文化问题、世界语言图景问题、俄语在多语言世界的地位等，刊物主要刊登学术论文、综述、评论、学术史、会议信息、书评等类文章，刊发论文主题比较广泛。通过研究该刊，笔者发现它刊发国外作者论文的比例还比较高，其中包括中国作者的论文。《莫大学报》于 2008 年创刊，仅有 10 余年的历史。作为一个年轻刊物，投稿命中的机会应该比较大。

## 20.4 确定方向：回炉重炼现新颜

确定了投稿方向，笔者开始对论文进行修改：从题目到结构和体例。论文主体已是汉语，修改部分直接用俄语撰写，完稿后再回头翻译主体部分，旨在提高效率。

### 20.4.1 改头换面从题始

汉语学术论文的题目中通常有"论、析、考、辨、谈"等标记词，原稿中文题目为"误译类型考"，如果译为俄语，就是"Обзор типов переводческих ошибок"。在阅读俄语学术论文时笔者发现，其题目很少见 анализ，多是直接以研究对象为题，有些论文添加副标题。另一项特殊之处是题目中可见多种标点符号：句号、冒号、逗号、括号、破折号、双引号，下面这个标题很典型：*Перевод как интерпретация и импровизация.На материале сербских переводов мемуаров и В.Набокова с двух «оригиналов»: английского（"Speak, memory"）и русского («Другие берега»)*这个标题中可见五种标点，这在汉语标题中极为少见。冒号和括号一般用于副标题，说明研究视角、研究方法或研究语料，如 *Трансформации при переводе глютгонических текстов (на материале английского, французского, греческого и русского языков)*和 *Родной язык в системе подготовки переводчиков: современный этап*。既然是想在俄罗斯发表，就入乡随俗，文章从"题"开始模仿。笔者与俄罗斯朋友讨论该文时，她建议用主副标题式——*Проблемы перевода с русского языка на китайский: к вопросу о классификации эрротологии перевода*。到投稿时笔者发现主标题太

大，绕得比较远，于是把副标题直接升为标题。但是主编回复认为，术语 эрратология 是个集合概念，通常指代一个研究领域。而《考》是研究具体的“误译”，应该用 переводческие ошибки 或 ошибки перевода。所以最后修改定稿的题目是 *Система классификации переводческих ошибок*，见表 20.2。

**表 20.2　题目修改对比**

| 题目 | 第 2 稿题目 | 第 3 稿题目 | 定稿题目 |
|---|---|---|---|
| Обзор типов переводческих ошибок | Проблемы перевода с русского языка на китайский:к вопросу о классификации эрротологии перевода | Система классификации эрротологии перевода | Система классификации переводческих ошибок |

### 20.4.2　内容融合层级并

如前所述，笔者动笔前已经研究过俄罗斯期刊学术论文的写作风格，发现俄罗斯学术论文的篇章结构层次不是很明晰，文内少有章、节、目等细分的层次，最多到二级标题。《考》汉语版的标题达到三级，考虑到写作模式是在综述基础上有创新，内容涉及面宽，但无须过于深入的分析，修改后笔者打破国内外宏观、微观的划分，合并国内与国外的成果，直接用不同视角分类。文内分级只到二级。原稿与改稿结构对比见表 20.3。

**表 20.3　原稿与改稿结构对比**

| 原稿结构 | 改稿结构 |
|---|---|
| 误译类型考<br>1. 引言<br>2. 误译分类回顾<br>2.1 国内对误译的分类<br>2.1.1 宏观分类<br>2.1.2 微观分类<br>2.2 国外对误译的分类<br>2.2.1 宏观分类<br>2.2.2 微观分类<br>2.3 对已有分类的简评 | Сестема классификации переводческих ошибок<br>1. Введение 引言<br>2. Обобщение существующих классификации 已有分类的综述<br>2.1 Классификация ошибок по этапам перевода 根据翻译环节的分类<br>2.2 Классификация ошибок с точки зрения языка и логичности 语言与逻辑视角的分类<br>2.3 Классификация ошибок по степени дезинформирующего воздействия |

续表

| 原稿结构 | 改稿结构 |
| --- | --- |
| 3. 误译分类体系<br>3.1 静态分类<br>3.1.1 静态分类的理据<br>3.1.2 静态分类的优点<br>3.2 动态分类<br>3.2.1 动态分类的理据<br>3.2.2 动态分类的优点<br>4. 结论 | 根据错误程度的分类<br>2.4 Классификация ошибок по принципу мотивированности/немотивированности 有意误译与无意误译的划分<br>2.5 Классификация ошибок с учетом причин их возникновения 根据错误原因的分类<br>2.6 Классификация ошибок с точки зрения функциянизма теории перевода 功能理论视角的误译<br>3. Аннотация 简评<br>4. Новая система классификации 新的分类体系<br>4.1 Динамическая классификация 动态分类<br>4.2 Статическая классификация 静态分类<br>5. Вывод 结论 |

### 20.4.3 汉俄并举增效率

根据导师的指导意见，笔者再次进行国内外文献的深度收集和阅读，根据所找到的文献对其进行重新分类。由于笔者进行的是“明确”的误译研究，所以未将翻译史上一些有争议的翻译问题纳入研究中，如钱锺书讨论的“讹”、鲁迅的硬译……国内引用的最早文献是 1952 年的，国外的最早文献来自 20 世纪 80 年代。研读文献之后，笔者发现可以破除国内国外之分，以分类视角来重新设计文献综述部分的结构。为了提高效率，节约后续的翻译时间，新增加的俄语文献直接用俄语写，增加的汉语材料暂用汉语，待完稿后一起翻译整理，保证语言前后风格的一致性。定稿后笔者先将汉语材料译为俄语，依照网上下载的《莫大学报》的最新论文修改格式，最后找外籍教师帮忙进行修辞上的完善和润色。

## 20.5 投稿退修：改无可改斯为善

《考》的投稿历程并不复杂，周期也比较短。相比国内的投稿期和发表期，《莫大学报》是个不错的选择。投稿后笔者很快收到主编的修改意见，主编审核论文的观点、术语、结构等主要问题，责任编辑则就文章的格式细节与笔者沟通。

### 20.5.1　核心术语要准确

投稿后 2～3 天，笔者接到主编回信，礼貌而温暖，告知需要根据刊物最新要求进行格式修改，对文章本身的意见将在阅读后反馈。第二天主编发来第二封邮件，指出拙文术语的问题。主编认为 эрратология 是集合概念，不适用于本文的具体对象指称，建议修改。这确实是一个关键问题，笔者疏忽了俄语构词中-логия 作为“属”概念的一般规律。笔者依照修改建议迅速改完发去，主编没有再回复，之后是责任编辑就格式细节与笔者邮件联系。

### 20.5.2　体例格式合要求

根据主编的意见修改《考》后，笔者再次发给编辑部，一周后责任编辑来信告知，文章将在期刊编辑委员会的会议上审议，决定其是否能刊发。责任编辑要求笔者准备两份博士签名和盖有工作单位印章的推荐信，扫描后发电子邮件即可。笔者发完推荐信一个半月后收到责任编辑的用稿通知以及详细的修改要求和修改范例。笔者在完成最后格式修改时，为方便责任编辑的编辑工作，修改之处分别用不同颜色标识，并在邮件中逐一列举修改之处和区别颜色。

### 20.5.3　《莫大学报》新要求

《莫大学报》在 2016 年以后更改了格式要求，对引文格式有新的要求。正文内要求夹注，如果引用的是外国作者的文献，需要标注双语，即外语＋俄语，以被引的中国作者为例，间接引用在方括号内注明作者姓名的汉俄双语，如[顾俊玲/ Гу Цзюньлин, 2014: 94]，直接引用在方括号内标明作者外语姓名，如 А. Пим [Pym A., 2003: 481-497]。俄罗斯作者只需标注俄语[Шевнин, 2008: 209-214]或 Д.М. Бузаджи [2009:118]。

文内夹注要求还比较容易，但文末的参考文献有点复杂。要求如下：①排列无须用数字序号，按照字母顺序排列，保留页码。②国外的文献只用外语即可。③俄罗斯作者的文献分两种语言标识，先用俄语标识，再把作者、文献名、出版地和出版者转写为拉丁语。作品名称要译为英语，最后标识出版国家。作者姓名用斜体。此外，没有区别文献类型的字母标注，如例 20.1。

【例 20.1】

Гарбовский Н.К. Теория перевода: Учебник. 2-е изд. М.: Изд-во МГУ, 2007.

Garbovskij, N.K. Teorija perevoda [Theory of translation], Moscow: Izd-vo MGU, 2007（in Russian）.

## 20.6 总结与反思

每篇论文的成文过程不易，发表历程更难。当倾注心血的论文刊发核心期刊无路时，换一个思路，也许能海阔天空。论文被拒说明论文质量还有待提高或文章不符合刊物要求，换一种语言或换一家刊物，也许会出现转机。这篇被拒近十次的论文在经过搁置冷却后经过重新深入修改，最终实现华丽转身，找到妥当的归宿。在“山重水复疑无路时”忍耐和坚持，才能等到“柳暗花明又一村”。学术的道路上既需智慧与勤奋，更要忍耐和淡定。保持积极向上的态度，不计较一时的失败，静心去追寻长远的学术目标是做学问的必要素质。

曾经听到《歌手》节目中某导师说：假如历经 5 年、10 年你的音乐都不能被公众接受，而你还有坚持下去的信心和力量，我就同意你来跟我做音乐。言下之意——耐得住寂寞，经得住打击，你才具备做音乐的心理素质。隔行不隔理，做学问又何尝不是如此呢?

### 旁观者清

该文是笔者在广东外语外贸大学训练学生发表国际期刊的试验结果。通过对国外论文庖丁解牛式的透彻研究，再有针对性地仿作，从而走向自由创作。比如作者将外刊某篇文章译成汉语，就属于浸入式精解外语文章的好方法，语际之变、思维之变由此全然了解，这也算是学习外刊、利用外刊、最后走向外刊的一大绝招。通过比较分析，可知中外论文构篇框架乃至语言上的差别。

国内发文难，发名刊更难。学术的“GDP”要求越来越高，供远大于需。学术当局者或迷于事实，或迷于理论，或迷于二者的脱节，或迷于对国内、国外学术发表环境不清。旁观者因在局外，或能整体远观，或能从系统角度指明当局者的局限。当局者迷于事实，旁观者可点明思想；当局者拥有思想，旁观者可佐以事实。

该文不乏启示：若是真下了功夫的文章，自我严判之后觉得有内涵的文章，不宜屈尊，完全可以另谋出路。此外，平时多读、多思、多写，总有一点余粮在手，随着读思的增量，可回头改旧文，新见迭出或溢出后，再投也会遇好运，这便是有备无患。那么，旧稿启用，如何旧貌换新颜？如何由汉语稿变成外文稿？新添内容直接用外文写，国外直接援引原文，剩下就是汉语译成外语，全文外语表达的工作量就少多了。作者发现中外标题拟法不同、结构层次不同、

内容取舍不同，等等，从头至尾，从标题到结构，均有新的改造，而且二度改造再次训练了写作，提炼了思想。

此外，博士学位论文的文献综述如何变成研究型论文？如何将综述类细分，从中产生新的论文，而非综述或述评类文章？该文尝试作了回答。作者巧妙将博士学位论文的综述一分为三，不仅仅是篇名从“误译分类综述”到“误译类型考”的简单变化，更显出文章纲目由一级到二级再到三级的思路历程，是研究的进一步深入，以此可以达到学术训练的目的。写博士学位论文可以龙虫并雕，大小论文齐手抓。以大统小，可明小论文的格局、作用、规模等；以小聚大，可明积木成林、积林为森的上山过程。做博士学位论文要有整体观、全局观、系统观，之后则要有鲜明的具体观，要有打造零件的工匠精神。

当下有一种现象，有的文章国内发不了，国外受欢迎。原因除了中国在海外影响越来越大之外，还在于需求不同、角度差异，国外需要来自中国的声音。目前国外发国内的文章，综述类仍然占比较大，为国际期刊提供了中国的研究动态，这正可以为中国学者海外发文另辟蹊径。

# 期刊书评类例话

# 第 21 章　摸索路径成书评*

**疑点·重点·难点·焦点·突破点**

1. 为何写书评前要先定方向？
2. 定方向可以从哪些方面展开？
3. 不同书评阅读方式有什么差异？
4. 书评阅读与论文阅读有哪些区别？
5. 书评阅读具体可划分为哪两大步骤？
6. 内在阅读分两步走各自侧重点是什么？
7. 系统略读具体有哪些方式，顺序可调整吗？
8. 分析阅读具体有哪些方式，顺序可调整吗？
9. 书评阅读中如果遇到难点该如何分步骤解决？
10. 书评阅读为何需外在阅读，实现途径有哪些？
11. 为何对书评要从语用角度修改，有哪些实现途径？
12. 为何对书评要从语义角度修改，有哪些实现途径？
13. 为何对书评要从语形角度修改，有哪些实现途径？
14. 以符号学指导的书评修改和传统书评修改有何优劣？

2015 年 3 月 3 日，当得知书评《应用翻译学创建的宣言》[①]（以下简称《宣言》）发表于当日《光明日报》图书评论版时，笔者真是颇感惊喜。《宣言》成稿于 2013 年 6 月，当时风风火火地读书、写稿、改稿，投稿之后石沉大海，没想到过了快两年文章竟在《光明日报》发表了。当初写时，笔者未曾想太多，对书评写作的价值和意义认识也不足。现在回想起来，觉得报纸书评虽小众，

---

* 作者简介：李丹（1977—），女，硕士，深圳职业技术学院商务外国语学院副教授，主要研究方向：翻译学、社会语言学。

① 李丹. 应用翻译学创建的宣言[N]. 光明日报, 2015-03-03.

却能锻炼归纳演绎能力，积累读书方法，故撰写此文，以反思成文过程。

## 21.1 认知书评定方向

2013 年 5 月初，笔者拿到黄忠廉等著的《应用翻译学》①（以下简称《应用》），阅读时发现该书在译学界属里程碑式的著作，首次将应用翻译学理论化、系统化和学科化，遂欲将读书感悟付诸笔端。思前想后，发现自己对如何写书评知之甚少，对写哪种类型的书评，并无明确方向，于是打算从了解书评分类开始。

### 21.1.1 了解分类定目标

书评有不同分类标准，专业书籍书评按写作内容的侧重点大致可分为介绍性书评和论文式书评。介绍性书评以介绍图书内容为主，通常带有倾向性，观点鲜明，不是单纯复述书的梗概。这种书评写作相对简单，客观性较强，媒介上常出现的新书评介等栏目往往属于此类。它对图书内容做一全面客观介绍，也兼谈对书的评价。

与之相较，论文式书评具有专业性、学术性等特点，难度也偏大。它既像学术论文那样，要求立论有据，又像介绍性书评那样要求面面俱到；既要求书评者能深刻把握作者和著作，更要求书评者具备独到的学术眼光和批判性的思维。如何能做到上述各点，的确很考验书评者的基本功，写评人需结合自身偏好和知识储备做出选择。

### 21.1.2 锁定报评求特征

介绍性书评和论文式书评的写作风格、侧重点差异较大，先定书评类型有助于后续高效展开。笔者觉得《应用》有许多开先河之处，有新闻价值，加之平时比较关注《光明日报》等报刊书评栏目，发现上面的报刊书评往往选取新出版、影响大、受众广的图书评介，所以笔者尝试将《应用》书评向《光明日报》上的书评风格靠拢。《光明日报》属于我国大型官方新闻媒体，其书评栏目内容以学术型书评为主，所评图书涉猎学科广泛，要求选题既能跟随我国文化产业方针政策，又能紧随学术理论前沿，具有很强的时代性与社会性。

了解了书评分类，结合《应用》的特点和个人知识积累，笔者决定参照《光明日报》书评栏目要求，将写作目标锁定为针对报纸的介绍性书评。把确定所

---

① 黄忠廉等. 应用翻译学[M]. 北京：国防工业出版社，2013.

写书评类型和投稿方向放在准备工作的第一步，可使后续工作有的放矢，事半功倍。

## 21.2 阅读为本法不同

### 21.2.1 阅之不同善比较

书评写作以阅读为本，但其阅读与论文写作阅读有别，将二者区别厘清是明晰阅读思路的前提条件。

从导向来看，阅读可分为问题式阅读和海绵式阅读两种。前者需聚焦特定问题，并以之为核心，纵向拓展，兼涉与之相关的多种文献；后者则需博览群书，注重兴趣导向，以发散的方式，横向拓展，并通过相关性较高或较低知识之间的内勾与外联，形成扎实的知识积累。以此观之，书评阅读偏重于问题式阅读，论文阅读偏重于海绵式阅读。书评阅读以读为本，立足于所评之书，采用多种阅读方法深度阅读。它超越了基础层次的阅读，对阅读的要求更高，在阅读时要提出问题。论文写作虽也需以阅读为基础，但偏重于海绵式阅读。实践型、实证型论文不一定来源于阅读，理论型论文虽有部分来源于阅读，但这种阅读大多不是聚焦于某一本书，不求面面俱到。

书评阅读是从一到多，论文阅读是从多到一。从一到多指阅读从所评之书发散到相关书籍。书评阅读立足于对所评之书的深度问题式阅读，但局限于一本书的评价难免狭隘，甚至有失公允。所以下一步需扩散到相关领域、学科的阅读了解，即既聚焦于所评之书，也要对相关研究、学科有一个全景认识。论文阅读是从多到一，从广泛阅读的“多”产生质变的“一”，即新思想、新发现。

书评阅读：读＞写，即书评成文过程阅读的重要性和所占比重大于写作。写书评来源于对所评之书的深度阅读、对相关领域书籍较为全面的浏览，没有阅读就没有书评，没有广泛深度的阅读就没有高质量的书评。论文阅读：写＞读，即论文成文过程核心思想的产生、论证来源广泛，可在写作中不断深化，不断调整。阅读是途径之一，未必是决定性因素。

### 21.2.2 内在阅读重方法

书评阅读可分为内在阅读和外在阅读。内在阅读是撰写书评的基础，包括系统略读和分析阅读两步。它立足于所评之书，分别运用系统略读和分析阅读，掌握书的主旨、结构、大意，挖掘书的内涵、逻辑、内容。

系统略读即快速攫取书的大意，勾勒结构，类似于英语中的跳读和略读。阅读步骤为先看封一、封四，再看序言和目录页，最后阅读书末的索引和后记。以《应用》为例，封面书名“应用翻译学”告诉读者这是一本关于翻译学分支的理论书籍。封面上方的“应用翻译理论与教学文库”使读者了解来源，预估该书探讨的理论可能与应用、教学有关。完成此步骤会对书的主题有粗浅的认识。此时可略作停顿，在脑海中将此书归为某个特定类型，思索在此类型中，已经包含了哪些书。封四内容多为出版者的介绍和宣传文案。许多书的宣传文案是作者在出版社协助下亲自写就，作者尽力将书的主旨摘要出来，有助于读者概览全文，知其价值。当然如果宣传文案缺乏重点，好似吹牛，读者在深入阅读时也会逐渐看穿。读完封面，系统略读第二步为阅读序言和目录。序言包括书的宗旨和相关说明，是快速获悉内容的钥匙。目录是基本架构的概括性纲要。正如出发旅行前要看地图，阅读目录有助于读者了解书的基本架构。系统略读第三步为浏览书末的索引和后记，这是读者初始阅读容易忽略的内容。多数理论书籍有索引，阅读索引可快速评估此书涵盖哪些议题范围，以及所提到的书籍种类与作者等。如果某词条或某类词条出现频率高，可判断为重要词汇，也是书的重点。整个系统略读的过程就像侦探在寻找线索，能快速厘清书的主题或思想的脉络。此法能高效获取关键信息，为后续分析阅读奠定坚实基础。

分析阅读建立在系统略读上，印证初始判断，深入了解全局、把握局部的深度阅读，可分为通览全局、围绕问题、拟定纲要三步。

虽然整个系统略读的过程都在搜寻书的主题，但终归雾里看花，只有通读全文才能获得感性认识。通览全局指通读全书，碰到不懂的地方不要停顿，需将不懂和重要章节做上记号。将一本专业书籍从头到尾读一遍，可能只是一知半解。倘若遇到不懂就停顿，冥思苦想，试图一次精读就理解所有细节往往脱离现实，事倍功半。不停打断思维，缺乏思考的连续性和整体性，容易陷入困境。通览全局可起承上启下的作用，初步确认系统略读的判断是否恰当，下一步精读也可专注重点、难点。笔者在通读《应用》时，前四章总论读得较为详细，试图以此了解应用翻译学建立的过程、理论基础及理论体系。前三章（创建论、来源论、现状论）易懂，第 4 章体系论却卡住了：对 4.1.2“应用翻译研究的层级”看不太懂，也不知“应用翻译研究”和“应用文体翻译研究”能否画等号。剩下的章节（“分论”所包括的第 5～13 章，“关系论”包含的第 14～21 章）采用主动跳读。采用此种方式，笔者主要从以下几方面考虑：①《光明

日报》书评大多为一两千字，只能抓重点、理主线、舍细节；②前期阅读目录时发现“分论”和“关系论”涉及领域广，逐字逐句读耗时多，容易看迷糊、失重点；③目标是报纸书评，重在时效，要求尽快投稿。据此采取问题+目录的跳读方式：问题为“该章节如何体现应用特色”，结合目录把握此章主要内容。

围绕问题指重点思考系统略读和通览全局的遗留内容（不懂和重点的章节）。笔者阅读时萦绕脑海的问题是：应用翻译学理论体系是如何构建的？包括哪些核心问题，这些问题都解决了吗？读者心中的应用翻译学理论体系包括哪些核心问题，与书中所列是否重合，不同之处在哪些方面，是否书中有忽视的方面？笔者反复阅读 4.1.2“应用翻译研究的层级”部分，它是全书的重难点也是核心。按书中所述，笔者画出以下思维导图（图 21.1）。

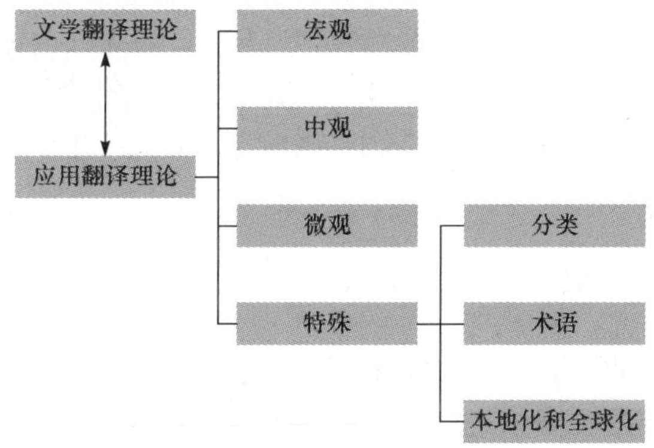


图 21.1　应用翻译学理论思维导图

思维导图画出后，先前的难题迎刃而解，便于下一步拟定纲要时衡量后续章节是否解决应用翻译理论的宏观、中观、微观及特殊等核心问题。笔者在阅读这一部分时，对“应用翻译研究实际上是应用文体翻译理论研究，与文学（文体）翻译研究相对”①不太认同，按此论断，翻译的应用研究（翻译批评、翻译辅助工具、翻译教学）都不包括在内，似乎缩小了应用翻译研究的范畴。

拟定纲要即将书中重要篇章列举出来，说明它们如何按照顺序组成一个整体架构。每本书都有骨架，最好的书有最睿智的结构，书评人要找出骨架、分析骨架的整体性与组织架构，以便写书评时有据可依。笔者在分析阅读前两个阶段的基础上，结合目录和具体章节的阅读体会，将整本书的框架列出，如表 21.1 所示。

---

① 黄忠廉等. 应用翻译学[M]. 北京：国防工业出版社, 2013: 43.

表 21.1 《应用翻译学》结构

| 应用翻译学 | | | | | | | | | | | | | | | | | | | |
|---|---|---|---|---|---|---|---|---|---|---|---|---|---|---|---|---|---|---|---|
| 总论 | | | 分论（内） | | | | | | | | | 关系论（交叉） | | | | | | | |
| 创建 | 来源 | 现状 | 全译 | 变译 | 术语 | 机器 | 语境 | 思维 | 批评 | 教学 | 工具 | 哲学 | 美学 | 心理 | 认知 | 文化 | 地理 | 宗教 | 语料库 |

由表 21.1 可见，《应用》结构清晰，全书分三部分，分论可看作对应用翻译学理论的内部探讨，关系论是应用翻译学与相关学科的交叉研究。这些章节所涉学科大多较前沿，能反映应用特色。对比图 21.1、表 21.1，笔者发现一个问题，总论将应用翻译学理论体系分为宏观、中观、微观及特殊四部分（图 21.1），但书的框架结构却看不出来（表 21.1），第二部分“分论”不是按宏观、中观、微观及特殊来分类，前后缺乏连贯性。同时笔者联想到应用翻译学的核心理论到底有哪些，是否得到充分探讨。

### 21.2.3 外在阅读扩宽度

外在阅读指借助其他一些书籍来阅读评价一本书。外在阅读对准确评价一本书必不可少，通过搜寻相关著作有助于客观定位所评之书，通过揣摩相关论述有益于延伸核心内容的脉络。

《应用》的外在阅读，笔者首先通过网络搜索引擎，输入“Applied Translatology”“Pragmatic Translatology”，来验证是否有类似应用翻译学专著，搜索发现此类书籍确属空白。此外，为进一步理清应用翻译学理论体系这一核心问题，笔者查阅了一些翻译学相关书籍：*Introducing Translation Studies: Theories and Applications*（Jeremy Munday，2001 年）、《翻译学》（谭载喜，2000 年）、《翻译概论》（许钧，2009 年）、《科学翻译学》（黄忠廉和李亚舒，2004 年），及论文《应用翻译：实践与理论研究》（韩子满，2005 年）、《应用翻译学构想》（黄忠廉，2012 年）等。通过外在阅读，笔者发现翻译学的学科体系并无定论，相关理论随着时代的发展而变化。现今应用翻译形式多样，占据翻译实践的主体，理论化是否必要，是否与翻译学的普通理论完全重合都需深入研究，《应用》起到抛砖引玉的作用。参考这些翻译类经典著作，笔者也发现《应用》的一些核心问题如分类、规律、原理、机制等还有待商榷与充实。

## 21.3　麻雀虽小也需纲

撰写报纸书评也应从列纲入手。写论文时我们通常会仔细斟酌、反复修改提纲，报评篇幅虽短，实则小而精，更需逻辑清晰、言简意赅，先写提纲必不可少。因前期阅读方法明确，阅读过程中提纲也逐渐明晰，加之积累的读书笔记，笔者的提纲一气呵成，具体如下。

兼容并蓄的学科体系

——评黄忠廉等《应用翻译学》

1. 创立应用翻译学是时代的需求、学科建设的需要。
2. 建立系统的应用翻译学理论框架，彰显中国气派。
3. 完善翻译学理论体系的划分，融汇中西译论。
4. 涵盖开放、面广的学科领域，注重实效性。
5. 全书有待挖掘之处：①宏观理论的探索；②中观理论加强应用特色。

写完提纲发给黄老师，笔者内心颇为忐忑，不知评价是否全面，是否批得太厉害。黄老师的评价是“有高度，很大气”，并鼓励笔者多挖不足。老师的鼓励给了笔者信心，提纲撰写顺利，初稿应运而生。

## 21.4　循径修改定文章

在完成书评原稿后，考虑到报纸书评的特点，笔者尝试用符号学指导修改过程，使修改有径可循。学界广泛接受的是美国符号学家 Charles W. Morris 1946 年提出的语形学、语义学和语用学三分法，分别研究符号与符号的关系、符号与对象的关系和符号与人类的关系。①符号学修改路径即：不仅考虑语义表达，还需研究语用效果和表现形式，形、义、用综合考量缺一不可。定稿在初稿的基础上修改了五次，主要是依循符号学路径修改文字。

### 21.4.1　语用为先是原则

相较其他书评，报纸书评更具宣传功能。《光明日报》作为在全国有广泛影响的权威报纸，语用更需谨慎斟酌。

标题修改显语用。书评标题是整个书评的“题眼”，对书评主题高度概括

---

① 王铭玉. 从符号学看语言符号学[J]. 解放军外国语学院学报, 2004, （1）: 1-9.

和凝练，好标题能吸引读者，具备较高语用价值。初稿标题定为“兼容并蓄的学科体系——评黄忠廉等《应用翻译学》”，当时笔者考虑该书一大特点是融汇了不同学科的成果，但这个标题较为平淡缺乏感染力，虽概括了书的特色，但没有抓住最核心、最具新闻价值的特点——第一部应用翻译学著作。报纸追求新闻效果和读者关注，翻译并非大众热点，如何让普通读者也有兴趣通读全文，还得依靠标题的吸引力。笔者虽对标题不满意，但对于如何修改却摸不着门道，于是笔者将近两年《光明日报》书评栏目的文章标题逐一分析体会。通过反复揣摩，笔者感受到标题既要凸显所评书作最突出的特征，达到宣传效果，也需考虑大众读者的接受力，增强感染效果。报纸书评需具备双重语用价值，故将标题改为“创建应用翻译学的宣言”，强调学科的首创性，用“宣言”显得通俗易懂，使读者有兴趣探究何为“宣言”。

语用明确不浮夸。中间三段分别概述《应用》的三个特点，每段首句见表 21.2。原稿第 3 段首句是第一个特点：“建立系统的应用翻译学理论框架，彰显中国气派。”发表时编辑去掉“彰显中国气派”，将改稿第 2 段、第 3 段合为一段。笔者估计编辑认为“中国气派”属大话、套话，应尽量就书论书。原稿第 5 段首句是第三个特点：“涵盖开放、广泛的学科领域，注重时代特色。”细细思量“时代特色”内涵较广，反而语焉不详，故修改为“涵盖了广泛的实践与学科领域，凸显了开放格局。”

**表 21.2　主体 4 段首句修改过程**

| 段序 | 原稿 | 改稿 | 发表稿 |
| --- | --- | --- | --- |
| 2 | 品读《应用翻译学》，有三点值得重视。 | 品读《应用》，有三点值得重视。 | 品读《应用》，有三点值得重视。首先，该书建立了系统的应用翻译学理论框架。 |
| 3 | 建立系统的应用翻译学理论框架，彰显中国气派。 | 第一，建立了系统的应用翻译学理论框架，彰显了中国气派。 | 其次，该书完善了翻译学理论体系的划分，融汇了中西译论。 |
| 4 | 完善翻译学理论体系的划分，融汇中西译论。 | 第二，完善了翻译学理论体系的划分，融汇了中西译论。 | 再次，该书涵盖了广泛的实践与学科领域，凸显了开放格局。 |
| 5 | 涵盖开放、广泛的学科领域，注重时代特色。 | 第三，涵盖了广泛的实践与学科领域，凸显了开放格局。 | |

### 21.4.2　语义挖掘为根本

报纸书评更需表述准确、去繁就简，见以下两例修改过程（例 21.1、例 21.2）。

> 【例 21.1】
> 原稿：当下的翻译 90%是应用翻译，应用翻译所产生的问题急需理论回答。
> 改稿：当下翻译的主体是应用翻译，其理论研究更是当务之急。

原稿“90%”看似精确，实则难以精确衡量应用翻译所占翻译总量的百分比，改为“主体”更符合实际，原稿后半句明显没有改稿简洁明了。

> 【例 21.2】
> 原稿：这种近 20 位专家分别撰文的模式，使得专题没有阈于一家之言，博采众长。
> 改稿：分领域分专家著述的模式可博采众长，以避一家之言之偏颇。

原稿表述不准确，容易误解为一个专题近 20 位专家分别撰文。实际想表达的是每个领域由最擅长的专家著述，故改为改稿形式。

语义挖掘的另外一方面指书评就书论书，避免主观拔高。改稿第 1 段结尾“它的问世，应了时代和学科发展之需，可谓是应用翻译学创立的宣言。”第 3 段结尾“《应用》首次构建了应用翻译学理论体系，是基于或不限于汉外互译的学科原创，是中国学者的学术奉献。”以及末段结尾“即使如此，《应用》以应用翻译为基石，绘制了应用翻译学的蓝图，一改国内外应用翻译理论研究领域较为分散、缺乏系统和规模的现状。《应用》的诞生将有助于译艺的提升和解释，更可以深化和促进国内外整个翻译学的研究。”在发表时均被删去。原稿 1542 字，经过多次文字提炼，改稿 1405 字，最终发表稿被删至 989 字，主观评价性句子均被删除。这反映了《光明日报》的权威性，要求书评重在严谨客观的述评，主观评价不宜过多。

### 21.4.3　语形考量贯始终

语形考量指语言的表现形式需根据报纸语言特色做出调整。报纸书评具有新闻语体特征，句子宜短不宜长，见例 21.3。

> 【例 21.3】
> 原稿：国家兴，则译事兴，某种程度，译学发展是社会发展的晴雨表。
> 改稿：国家兴，则译事兴。译事与译学发展某种程度上是社会发展的晴雨表。

此例是文章开头第一句，原稿是一个长句，不够简洁有力。后半句“某种程度，译学发展是社会发展的晴雨表。”句子结构较松散，遂改为“译事与译学发展某种程度上是社会发展的晴雨表。”改为两个短句更符合新闻语体特征。

语形考量还需考虑增加文章的形式感，如斟酌小标题和统一所指。增强小标题的形式感和一致性便于读者阅读，整篇文章也显得更有条理。原稿为突出书评主体的三个特点，第2段只有一句话。接下来三段分述《应用》的主要内容，每段第一句是总述。改稿对第3～5段首句进行了反复修改，分别加入“第一”“第二”“第三”增加层次感，以“动词+了”结构开头，表明事情已经完成，且能增强形式感。最后编辑或出于节省版面考虑将第2段、第3段合并，同时将“第一”“第二”“第三”修改为“首先”“其次”“再次”，小句前加入“该书”，进一步增强三个中心句的形式感（详见表21.2）。

还可通过统一所指来增强形式感，表述也更准确简洁，见例21.4。

**【例21.4】**

原稿：面广量大的应用翻译系统研究正可以催生应用翻译学。

改稿：正是面广量大的应用翻译相关研究催生了黄忠廉等著的《应用翻译学》（下称《应用》），这是海内外第一部应用翻译学理论之作。

原稿本想在首段末导入《应用翻译学》的产生背景，表述不清混淆了《应用翻译学》与“应用翻译学”。改稿做了修改，使读者阅读时对所评之书一目了然。在括号中加入“下称《应用》”，使整篇文章指称一致、易于理解、节省空间，增强形式感。原稿《应用翻译学》的指称方式包括“应用翻译学”“《应用翻译学》”“书中”“这是”“全书”，指称混乱显得文章逻辑性不强。改稿除导入时用完整书名，后均采用《应用》，解决了原稿的上述问题。写作时易忽略语形考量，笔者的修改表明依循文章特点检查、修改语形，是修改文章不可缺少的一个步骤。

文字修改除了本人斟酌，最好能得到他人相助。作者的文字是其思想的反映，存在思维定式和表达习惯，难以穷尽文字表达的问题。笔者在修改了两稿之后，黄忠廉老师以及学友信娜也对《宣言》进行了修改、润色，许多笔者没有觉察到的语病和不准确的表述，均由他们指出，文章的发表离不开老师的心血和信娜的相助。

## 旁观者清

该文总结了2年内在权威报纸发表书评的心得，值得借鉴。

破除学生对权威期刊的盲目崇拜与畏惧的最好方法就是鼓励他们善抓选

题，多写高质量文章，勇于投稿。好刊、大刊不都是只盯着知名学者，只是约稿,青年人的好文章也会受到垂青。笔者31岁时大胆向外语类最高级别刊物《外语教学与研究》投稿，5个月见刊便是一例。

常言道：做一行，通一行。文章写作也是：写一类，通一类。当作者确立可写对象后，就开始做功课，如了解书评分类、文章定位、投稿去向、用稿要求等，为文章写作设好起点，带上望远镜。作者写《应用翻译学》的书评，本身就是在旁观。但她紧扣对象作近观，扣合着专著最重要的领域和特性思考。

正如苏轼的哲理诗《题西林壁》，其名句“不识庐山真面目，只缘身在此山中”不是抽象地思辨论证，而是紧扣游山谈独特感受，借庐山一游观感，深入浅出通俗地表达哲理，故而亲切自然，耐人寻味。距离适当，说理才恰当。相距太远，则不及，则不能欣赏；相距太近，则过实，又看不清。作者正是紧扣《应用翻译学》的“应用”二字，其书评不同于其他书评之处还在于，不在功能上多语，而从内部结构发掘，这样评得有抓手，易找到接触点和批评对象。

为书评而读书，作者分清了外在阅读和内在阅读，道出了肺腑之言“书评阅读是从一到多，论文阅读是从多到一”，简直就是广读薄写。真知灼见！因作者所处空间不同，融入其中者与侧身一旁者，身份不同，角色已变，观山看书的结果与效果自然迥异。旁观者即批评者，作者可置身书外，可以超然心态，可纵览历史，可取宏观视角，或以专业眼光加以审视，旁观者或更富有思想性，或更加客观，这应是身为主撰者的笔者所看重与倚重的。

作者写小文也如临大文，先列纲，理思路，这是一个很好的传统，是举轻若重的范式。继而按符号学三个方面分头指导写作，这是有理有据的操作。由此可知，作者是有章法的，显出很强的逻辑思维能力。

# 第 22 章 借题生文合己长*

**疑点 · 重点 · 盲点 · 难点 · 焦点 · 突破点**

1. 何为受命被动合著?
2. 如何理解逆向成文?
3. 被动合著如何化被动为主动?
4. 单篇文章中宏观、微观结构应如何划分?
5. 寻找突破点可分几个层面? 彼此间是什么关系?
6. 被动合著在内容上如何做到扬长避短?
7. 被动受命合著中合著者的定位如何?
8. 如何明确目的去阅读?
9. 受限阅读如何突破局限?
10. 如何通过"稳、准、狠"三步划定文献阅读范围?
11. 检索文献时如何做到纵向深入辅以横向微扩?
12. 合著增添有哪几种方法? 彼此间关系怎样?
13. 正、逆向写作有何异同?
14. 书评怎样分类? 分别有怎样的写作标准?
15. 如何文生文巧做连环题?

## 22.1 被动合著逼私想

《文学西译经典化之路——兼评王峰著〈唐诗经典英译研究〉》①(以下简

---

* 作者简介: 王小曼(1993—), 女, 北华大学外国语学院教师, 广东外语外贸大学博士研究生, 主要研究方向: 翻译学、西班牙文学。

① 王小曼, 黄忠廉. 文学西译经典化之路——兼评王峰著《唐诗经典英译研究》[J]. 外语与翻译, 2017, (4): 89-91.

称《文学》）为书评类合著。合著是学术论文的常见模式，按成文原因可分为主动合著与被动合著，按成文逻辑顺序可分为正向写作与逆向写作。主动合著属于常规正向写作，被动合著则需要通过已有题目和初稿反推切入点，属于逆向成文，是本章的论述重点。本章以《文学》成文过程为例，力求总结书评类被动合著逆向成文的方法。

### 22.1.1　巧化被动为主动

《文学》的合著邀请源于一次测试，导师黄忠廉命笔者短期结合终稿、所写书评和原有的知识储备进行增添，主要考查应变能力、理解能力、逻辑思维和知识储备。分析后，笔者决定跳出固定要求的局限性，转换思维，化被动合著为主动改写，由根据初稿增添论据，转为思考如何提出具有个人特色的论点，用初稿作为其论据，扬长避短出特色。万事开头难，找到能彰显个人特色并能与原文巧妙融合的突破点，是被动合著成文过程中至关重要的第一步。

### 22.1.2　宏观、微观寻突破

单篇文章中，题目和整体结构属于宏观单位，段和句可看作微观单位。被动合著需双管齐下，宏观、微观寻突破。

题目是全文思想精华的最高概括，分析题目中的关键词、分析它们之间的关系，是寻求突破的第一步。以《文学》为例，题目初步分解为“文学+西译+经典化+书评”，可再细化为“文学+英、法、德、西等西方语种翻译+翻译经典化特点、条件、影响因素、类型+书评”。结合笔者西班牙语专业背景，笔者决定将中西（西班牙语）文学翻译经典化因素作为写作重点。

结构是行文逻辑的显性体现，合著重在思想、逻辑合，作者首先要在宏观上明晰逻辑链，判断其是否环环相扣；其次要在微观上细化每一环的内部结构。《文学》初稿可分为提出问题、分析问题和解决问题三部分，分析问题部分包含翻译经典化特点、条件、影响因素、类型等，逻辑完整，内容全面。短时合著任务重，于是笔者决定不改变原有结构。

段内可从结构、内容两方面着手寻突破。要从宏观视角统筹分析段内的论述逻辑是否成链，若断裂，可视内容需要，进行微观段内增添，增添方法可选择增句或增词（短语），详见表 22.1。

表 22.1 段内增添方法

| 方法 | 判断依据 | 单位变化 |
|---|---|---|
| 增句 | 缺例、阐、评 | 小句—句群<br>句群—句群 |
| 增词（短语） | 小句缺成分 | 小句—小句 |

经上述分析后，笔者选定将“中西（西班牙语）文学翻译经典化因素”作为增添合著特色的突破口及抓手，并结合各段具体情况进行段内添加。

## 22.2 带着目的去阅读

选定突破点后，第二步则为查阅文献，与常规写作的文献阅读由发散到定点，即由面到点不同，被动合著则由点到面，围绕突破点受限发散，虽受限，但可省去常规写作中由面到点的转换过程，直接按点阅读。若方法得当，可以事半功倍。

### 22.2.1 方法求稳、准、狠

“稳”指查阅文献前要有一段短暂的思考、沉淀期，正所谓磨刀不误砍柴工，要结合突破点，再次明确阅读目的、划定阅读范围。例如针对《文学》合著，笔者结合突破点划定“西班牙语文学翻译”和“西班牙语翻译经典化影响因素”两大文献搜索范围。

“准”指关键词搜索要精准定位、细化落实，如笔者将第一步中两大范围细化为“西（西班牙）汉文学经典化条件、西汉文学翻译经典化类型、西汉文学翻译经典化受限因素、西汉文学翻译译者主体性”等。据此检索到如《转译现象与中国翻译文学的现代化转型——以〈小说月报〉（1921—1931）为例》[①]《中国翻译传统研究：从转译到从原文译（1949～1999）》[②]《经典的偶然性与必然性——以〈堂吉诃德〉为个案》[③]《文化传播与翻译研究》[④]等。

“狠”指在查阅过程中要重纵向深挖，抑横向扩展。突破点受限但深度无限，

① 李建梅. 转译现象与中国翻译文学的现代化转型——以《小说月报》（1921—1931）为例[J]. 外国语言文学, 2012, （2）: 112-118.

② 王友贵. 中国翻译传统研究: 从转译到从原文译（1949～1999）[J]. 中国翻译, 2008, （1）: 27-32.

③ 陈众议. 经典的偶然性与必然性——以《堂吉诃德》为个案[J]. 外国文学评论, 2009, （1）: 17-30.

④ 罗选民. 文化传播与翻译研究[J]. 中国外语, 2008, （4）: 91-94.

纵向深入时适度辅以横向微扩。例如：由文献资料可知，转译制约西汉文学翻译经典化进程，适度微扩到探究法汉、德汉等文学转译与翻译经典化之间的关系，这些语种与英语共同构成西方语种整体，最终可归纳得到转译制约文学西译经典化这一结论，可看作一次自下而上的归纳过程。

### 22.2.2 内容扬长避短

经过上述三个步骤，笔者已初步得到符合要求的文献，筛选后确定最终入文的文献。内容的筛选标准应依照作者个人特色和写作目的扬长避短，无法统一标准化。例如《文学》，笔者根据其快速增添的合著目的，同时结合自身西班牙语专业优势，在筛选文献内容时弃英语重西语（西语专业背景）、略唐诗主文学（唐诗外译积累少）、重广度轻深度（时间、篇幅受限，适于泛式研究）。

逆向合著文献筛选要牢牢围绕所选定突破点，扬长避短、明确目的、圈定范围、精准关键词，且细化到点，使关键词范围收放适度。

## 22.3 方法明确巧改文

前期准备完毕后，笔者正式开展写作，因原有结构不改变，此次合著增添主要在段内围绕微观突破点展开。要抓住原文有效信息量和结构两个变量，讲求方法，高立意，细落实，保证所增内容在能与原文完美融合的同时又不乏新意。

### 22.3.1 敢做梦会落实

写文是先做梦再圆梦的过程。做梦即选题，在擅长的知识领域内选取内容脱俗、有高度的选题，想他人之不敢想，挣脱束缚，摆脱思维惯性。但不可一味盲目追求新、奇、特，从而选择冷门的偏题、怪题，要追求从“俗”中“脱俗”，在热门选题中找到独一无二的创新角度，兼顾受众面与创新特色。例如，笔者从“文学、西译、经典化”这三个常规选题中整合、提炼出“西班牙语文学翻译经典化”后，在具体落实展开时便由小做大，化空为实，从西班牙语文学翻译经典化类型/制约因素等具体处着手。

### 22.3.2 增文变与不变

合著增文时，根据原文的结构和信息量是否改变，可归纳出增、阐、评三种增添方法，可单独或混合使用，对原文结构和信息量的具体影响详见表 22.2。

表 22.2　三种方法对原文的改变

| 方法 | 结构是否改变 | 有效信息量是否改变 |
| --- | --- | --- |
| 增 | 变 | 可变可不变 |
| 阐 | 不变 | 不变 |
| 评 | 变 | 变 |

方法之一：增。即增例以增强论证强度。所增内容可分两种类型：第一类是增例与已有例证并列，此时增加有效信息量但不改变结构，如例 22.1。

【例 22.1】

以唐诗西译为例，西译以西方人为主，译介质量虽说有待提高，但中国译者基本失语；唐诗西译态势颇为尴尬，国外权威文选所取的唐诗英译几乎全部出自西方译者，中国译者的格律体译诗，甚至是华裔译者的自由体译诗均难以占其一席。在一些非通用语种国家，中国译者更无话语权，大部分的唐诗都是由英语、法语转译而来，二次转译使其文学性必然大打折扣，阻碍其经典化进程。中国政治、经济等硬实力近 20 年逐渐取得成就，文化软实力仍处于逆差状态。其内外因何在？

例中画线部分是围绕“中西文学翻译经典化因素”增添的西班牙语相关例证，与原文在结构上呈并列关系，改前、改后均为分总结构，总体结构并没有发生改变。内容上是对原文的补充，增加了有效信息量。

第二类是原文无例证，增例改变原文有效信息量和结构，如例 22.2。

【例 22.2】

译本外在因素主要是译语国度的意识形态，受广义的跨文化意识形态的影响，符合当时主导价值观的译作易被接受，进而跻身于经典，如明清时期正值西方启蒙运动萌芽之际，因此《四书》《五经》等儒家经典为伏尔泰的自然神教和莱布尼茨的古典思辨哲学等提供理论支持，刺激了启蒙运动的发展。

例中画线部分属于新增例证，在内容上增加论据、充实论证，并增加原文信息量；同时增例可看作首句总论点的分述，所增改变了原文结构。

方法之二：阐。即对某词、句或段的内容加以解释说明，不改变原有信息量和结构，如例 22.3。

【例 22.3】

完整性全译本和且译且作的变译本均可成为翻译经典，因为中文作品外译需要在满足译者自身目的的同时实现文本目的，并要兼顾文化融合，所以要适当选择翻译策略、方法。

例中画线部分属于阐释句，是对首句的解释说明，辅助论证，帮助读者理解，阐释句与原句在结构上可看作一个整体，不改变原段有效信息量和结构。

方法之三：评。即对某句话、某观点加以评论，增加私想，增加原文有效信息量，改变结构，如例 22.4。

> **【例 22.4】**
>
> 中国译者在中国文学理解和文化底蕴上一般会深过外国译者，他们想借此优势加入文学外译的队伍，但是却忘了，凭着一股豪情或热情，欲打破将外语译为母语的常规，尝试将唐诗译成外语，终究是一件力不从心的事业。文学翻译是一项跨语种、跨文化的交流活动，翻译的目的是文化传播与思想交流，译者的双语素养与翻译策略、方法均是文学经典化的制约因素，缺一不可。百余年来，在“典唐诗”阶段……唐诗英译经典化仍由西方译者主导，是一种不争的事实。

例中所增内容是对首句的评论，是用评论方式来说明中国译者在唐诗外译方面力不从心的原因，增加了有效信息量；文段改前是递进式结构，改后总体递进式结构未改变，但由两级递进变为三级递进，增加了论述的厚度与丰富性。

方法之四：综合。即同时使用两种或两种以上的增添方法，如例 22.5。

> **【例 22.5】**
>
> 唐诗西译经典化过程表明，经典化受制于内部与外部推动因素。外译主体主要是母语译者，至少是译语不错的通汉语的华人译者，《三体》英译获奖即是明证；正如《唐诗经典英译研究》（中国社会科学出版社，2015 年）王峰所提出唐诗英译之八问题，唐诗英译过程是以读者需求为导向并力求达到形与神的统一的一种以变译为主的翻译活动。在这个过程中应发挥译者的主体作用，并增强译者跨文化意识，有意识地通过翻译策略、方法解决文化冲突，促进文化交流。应避免多次转译造成的文化冲突，提高译者的双语素养，如许多中国文学作品的西班牙语译本都是从英语、法语转译得来，这势必会使原作发生形神的变化，并使文学性大打折扣，这也是在西班牙语国家罕有中文作品经典译作的原因之一。协调经典化历程中的翻译主体、出版机构、传播渠道等种种影响因素，也是不可忽视的因素。

例中画线部分情况较前几例较为复杂，综合应用增、评、阐，夹叙夹议，“﹏”部分为增例，以所评书为例，所增内容与已有例证并列，共同作为首句论点的论据。“……”部分是对前例的评论，同时提出改变目前文学西译受制现状的方法。最后“﹏”+“___”+“_ _”三部分可整体看作“……”部分的增加，既充实前文论证又凸显特色，单独看“___”又可分别作为“﹏”部分的评和“_ _”部分的阐。改动后整段信息量较改动前大大增加，结构也较之前更为复杂。

由上例可知，合著的增文绝不是任意而为之，要围绕原文结构和信息量两个变量进行，使增后文章结构连贯、内容融合，本段所总结书评合著“增、阐、评”三法可推广为任意类型合著增文的方法。

## 22.4 解剖麻雀大作为

《文学》全文虽短却特征明显，属于典型的增添类书评合著，麻雀虽小，细细解剖后，总结其成文方法，可试着推广为书评类被动合著增添的普适方法。

### 22.4.1 正逆向成文

合著按成文逻辑可分为正向、逆向两种，二者间存在异同，表 22.3 对比正、逆向写作各步骤，力求总结出逆向写作的一般过程和普适方法。

表 22.3 正、逆向成文异同

<table>
<tr><th colspan="2">可比项</th><th>正向写作</th><th>逆向写作</th></tr>
<tr><td colspan="2">相同点</td><td colspan="2">都需经历文献阅读、初稿、自改、他改、定稿的过程</td></tr>
<tr><td colspan="2">选题</td><td>由平时阅读、思考中的灵感沉淀而成</td><td>（1）直接接受他人选题<br>（2）与他人合作定题</td></tr>
<tr><td rowspan="3">文献阅读</td><td>步骤</td><td>日常泛读、思考得灵感—深入阅读确立选题、列纲—写作中补充阅读</td><td>根据突破点有目的地阅读</td></tr>
<tr><td>方式</td><td>横向扩展+定点+纵向深入</td><td>定点+纵向深入+横向微扩</td></tr>
<tr><td>难点</td><td>收放自如（发散中定重点）</td><td>受限中有节制地发散</td></tr>
<tr><td rowspan="2">成文过程</td><td>步骤</td><td>灵感—定题—列纲—初稿—自改—他改—定稿—投稿—编辑改—再改 —返稿—定稿—发表</td><td>确定突破点和写作方法—带着目的阅读文献—撰写合著—自改—合著者审阅—定稿—投稿—编辑改—与合著者共同修改—返稿—定稿—发表</td></tr>
<tr><td>特点</td><td>火花变火团，出私想</td><td>借他人树开自己花，融合又不失特色</td></tr>
<tr><td rowspan="2">总结</td><td>优点</td><td>主动写作，正向思维，自由不受限</td><td>借他人力易成好文，文献阅读受限但效率高，成文速度较快</td></tr>
<tr><td>缺点</td><td>成文周期长</td><td>被动写作，逆向思维，思维受限</td></tr>
</table>

### 22.4.2 书评如何评

书评可分为纯书评和兼评两类，均由书中内容加评论构成，书评要从读者角度出发，提供读者所需，引发读者阅读兴趣。二者在写作目的、方法、侧重点上均有区别，二者的本质区别是书与评之间主客体关系不同，纯书评以介绍书的内容为主，评论为辅，评论为书服务；兼评的立意基于书同时又高于书，由点到面，提升研究层次，如《文学》的研究对象受“唐诗经典英译研究”启发进而上升到“文学西译经典化”，以书为例辅助论证、充实论据。无论是哪一类书评都只起到“引”的作用，引发读者阅读兴趣，激发学者的批判冲动。写作时要控制引用原书的篇幅，使文章重点突出、语言简洁，令读者意犹未尽。

书评类被动合著首先要明确所属书评类别，严格遵照该类书评的写作规则。其次，作为被动合著，明确定位，“合”字要时刻牢记心间，要与另一合著者统一思想，遵照合著者提出的要求，逆向思考巧寻突破，实现目的明确的思考、阅读和写作，“合”而不失个人特色。书评类被动合著成文过程虽稍异于常规写作但却有规律可循，掌握其道，一通百通。

### 22.4.3 巧做连环题

一篇文章的终点应是下一篇文章的起点，文生文再生文，做专题，成系列，可为日后申请项目、撰写专著打基础。被动合著是站在他人肩膀上，借他树开己花，文献筛选要收放自如，纵向深挖辅以横向微扩，判断哪些可入文、哪些能单独成文。以《文学》为例，笔者查阅文献时发现，在 20 世纪 70 年代以前，西汉文学翻译转译数量多且持续时间久，影响西汉文学翻译经典化进程，但受限于立意和篇幅，西汉文学转译现象只得一笔带过，由此笔者深入将“转译与西汉文学经典化转型”作为下一篇文章的主题，同时新旧结合，将《文学》中的论点直接迁移或间接转换入新纲，详见表 22.4。

表 22.4 新、旧纲目转换对比

| 类型 | 文学西译经典化之路 | 转译与西汉文学经典化转型 |
|---|---|---|
| 直接迁移 | 译本外在因素主要是译语国度的意识形态 | 意识形态催生转译 |
| | 有意识地通过翻译策略、方法解决文化冲突，促进文化交流 | 翻译政策促进转译 |
| | 译作是否经典，入史率高同样是翻译经典形成的必要条件 | 转译本入史率低 |
| | 失于真实的经典仍然是经典，不能称其为伪经典，一时经典可能是更适当的说法 | 转译之典＝一时之典≠经典 |

续表

| 类型 | 文学西译经典化之路 | 转译与西汉文学经典化转型 |
|---|---|---|
| 间接转换 | 在这个过程中应发挥译者的主体作用 | 人才紧缺被迫转译 |
| | 经典化具有阶段性和渐进性 | 转译是西汉文学经典化的必经阶段 |
| | 译本内在因素主要是翻译质量 | 转译促进翻译水平进步 |

## 旁观者清

考察有志考博者的方式有多种，该文便是被考者基于拙文初稿完成逻辑延伸甚至是批判的试验报告。

作者开篇便为合著定性。有清醒的分类意识，是研究的第一步，否则一切便成了“乱炖”。正是明白了合著的类型，作者从被动合著角色出发，化被动为主动，对已有题目和初稿反向推敲，见缝插针，为初稿查漏补缺，扬己长，补人短。比如在宏观、微观结构上齐下手，结合自己的西班牙语专业优势，补入中西文学翻译经典化的内容，很快就完成了训练任务。

领得任务，首先要明确目标。但仅靠已知去补写修改，相当受限。受命之作就是挑战自我，要读新书、开新界，趁年轻不妨多做这种活，十分有益，能扩大知识面，能益智。为此，作者居然整理出了稳、准、狠三字经，以助快速锁定文献，深度阅读。至于扩容，作者比较文章前后的变化，归纳出增、阐、评三种增添法，这既是实践经验的总结，也是对变译理论在单语写作中的借鉴运用，更是一种方法论层面的启示，跨学科理论借鉴，能提供新视角，助生私想。作者认识到这是可“推广为书评类被动合著增添的普适方法”，且进一步提升为方法论，对比分析正向合著与逆向合著，总结为合著之道。

学问人生，有岭有峰，换个角度看问题，大事可以看小，坏事可以看好。因此或可辩证地看、全面地看，自己横着看，他人竖着看。一篇文章，作者写出了 ABCD，旁观者或合作者又提出甲乙丙丁，二者巧妙结合，或能改出集二人智长的作品。合作不仅仅是旁观，要有代入感，批判性深入思考，会产生身临其境之感。谁在旁观？行家旁观，多半清醒；外行旁观，多半不清。所以，听旁观者言，要多个心眼。旁观者清，哪些算“旁”？可“观”什么，又“清”于什么？当局者常能直接而专业地解决问题，当局者并非总限于局部，旁观者并非总能系统把握。作者修改补写的内容不多，修改调整之处倒不少。所写的修改经验则比书评本身还要长，这正是学术札记功用之所在，常写学术札记，自我反思与总结，谁能坚持，谁就收获。

最后想强调的是，作者由训练A延伸到研究B，善于类比，善于生发，又产生了新的论文写作的主意。学生能举一反三，触类旁通，这正是为师者最愿意看到的。

# 代　跋

## 文章不厌百回改　反复修缮佳作来

业师黄忠廉教授等合著的《人文社科论文修改发表例话》付梓在即，黄师发来书稿，嘱我作跋；身为弟子，深感荣幸，得令立即拜读。全书由黄师及其弟子和学友所撰文章组成，通过各自“现身说法”，为读者呈现了作者从论文的选题到内容、从谋篇到措辞自我修改的心路历程，同时呈现了论文定位、选刊投稿、编读往来、不断与他人思想碰撞的互学修缮过程。这是一部构思新颖，能授人以渔、使之学以致用的好书，尤其在目前学界尚无类似书籍出版的背景下，该书的出版能拨开遮蔽读者双眼的迷雾，让其看到佳作的打造出炉过程，能近距离洞察论文发表的奥秘所在。

回想在黄师指导下读博的学术训练历程，再结合书中黄门弟子的论文修改发表感悟，笔者发现治学严谨的黄师一直在强调文不厌改的写作理念，并聚焦于文章思想观点的修改提炼和文章词句章的推敲修缮。黄师的思想可归结为八个字：拔新领异、不蔓不枝。此真乃人文社会科学文章修改的两大切入点和聚焦点。学人若真正习得这八字精髓，便能在投稿前有的放矢地对文章做相应的打磨，自觉完善和提升文章质量，可大幅提高文章被录用刊发的概率。

所谓拔新领异，就是黄师强调所写的文章要向读者凸显自己的独到见解，展示新思想、新观点，力避掉书袋现象，力避通篇罗列和借鉴别人的观点，力避思想不鲜明、不突出。论文，特别是外语类论文写作，许多作者为了展示博学多才、涉猎广泛，在文中旁征博引，大量引用不同学者的观点，结果自己的思想和观点反而寥寥无几，通篇文章看不出作者自己的观点，这种文章难刊于核心刊物。国内绝大部分期刊退稿时往往不提供退稿意见，不直接写出稿件的缺点或待改进的地方，常写“不符合本刊用稿要求”之类的模糊评语，投稿人不知具体的被拒原因，因而也不知从何改起。《人文社科论文修改发表例话》强调如何突出自己与他人不同的思想、如何拔新领异、如何修改以去其枝叶而

突出主干、如何充分展现自己的论点以提高刊发率，为学人提供了可仿、可学的操作指南，不善于为其学术之路点燃了一盏指路明灯。

所谓不蔓不枝，就是黄师对其指导的硕博学生提出的一项基本要求。他常常要求弟子们所写文章要语句凝练、逻辑性强、富有文采，以此增强文章的可读性，改变人文社会科学学术论文文字枯燥乏味的刻板模式。为此，他要求学生增强汉语修养，加强修辞逻辑学习。对从事人文社会科学研究的学生和学者来讲，这是撰写文章的语言基本功，也是作者文字运用能力和逻辑思辨能力的具体表现。当前学界忽视了学术论文的可读性，特别是外语类论文，绝大部分语言平铺直叙，表达没有文采、没有文气，味同嚼蜡，甚至有的文章语句表达晦涩难懂，佶屈聱牙，句与句、段与段之间逻辑性不强，因而许多稿件投稿后，松散拖沓的语言削弱了文章对审稿人的吸引力。为践行改文之道，黄师常将自己所撰文章的初稿发给各位弟子，让大家批评、润色。收到意见后，黄师汇总成新稿再反馈，甚至会在沙龙上集中讨论。这样，大家通过比读体悟，从而获得修改训练。师徒互鉴互学，可以彼此吸收学术养分、集思广益，查漏补缺、精益求精。这不仅可保障文章不蔓不枝，而且更重要的是训练了语言表达能力和逻辑思维能力，对提升遣词造句和语篇构建能力大有裨益。

总之，该书是黄师及其弟子和学友践行“文不厌改”写作理念的一次集体呈现，是向读者进行的一次集体传道解惑活动，是向学界展现精益求精、严谨求实学风的一次集体亮相。相信读者能从中悟出“拔新领异、不蔓不枝”的文章修改完善之道，能更充分领悟“文章不厌百回改，反复修缮佳作来”的问世之道。

张永中

2019年6月16日

于武汉江夏藏龙岛